品质革命 突围战法

一座制造业城市的“平常功夫”

林焕辉　叶洁纯　主编

佛山市工商业联合会（总商会）　南方日报珠三角新闻部　出品

南方日报出版社
NANFANG DAILY PRESS
中国·广州

图书在版编目（CIP）数据

品质革命 突围战法 ： 一座制造业城市的“平常功夫” / 林焕辉，叶洁纯主编. — 广州 ： 南方日报出版社，2021.6

ISBN 978-7-5491-2367-4

Ⅰ. ①品… Ⅱ. ①林… ②叶… Ⅲ. ①制造工业－研究－佛山 Ⅳ. ①F427.653

中国版本图书馆 CIP 数据核字(2021)第 069926 号

PINZHI GEMING TUWEI ZHANFA

品质革命 突围战法： 一座制造业城市的“平常功夫”

编　　者：林焕辉　叶洁纯
出版发行：南方日报出版社
地　　址：广州市广州大道中 289 号
出 版 人：周山丹
责任编辑：巫殷昕
装帧设计：易　界　邓晓童
责任技编：王　兰
责任校对：肖　颖
经　　销：全国新华书店
印　　刷：广州市尚铭印刷股份有限公司
开　　本：787mm×1092mm　1/16
印　　张：23.25
字　　数：450 千字
版　　次：2021 年 6 月第 1 版
印　　次：2021 年 6 月第 1 次印刷
定　　价：68.00 元

投稿热线：（020）87360640　　**读者热线：（020）87363865**

发现印装质量问题，影响阅读，请与承印厂联系调换。

本书编委会

策　　划：周其仁　李　德　叶德林

主　　编：林焕辉　叶洁纯

主创人员：龙建刚　陈立坚　俞红平　张培发　尚双鹤

吴欣宁　林东云　王芃栞　王　谦　华声宇

孙景峰　罗湛贤　黎詠芝　杨杰利　闵　锐

王虹丹　李嘉欣　田人心　戴嘉信　杨　建

严庆华　杨文婷　张俊铭

出　　品：佛山市工商业联合会（总商会）　南方日报珠三角新闻部

序　言
将品质革命进行到底

特约评论员 / 龙建刚

“品质革命”是佛山制造的基调，也是一座城市致力于高质量发展的方向和路径。围绕品质革命展开的系列调研堪称佛山近年来最受瞩目、影响最大的调研活动，主要有三个标志：调研跨度最大、企业家参与度最高、舆论反响最好。

佛山品质革命调研由佛山市政府指导、市工商联主办，调研组主要由企业家、学者和记者组成，四年时间走访过百家企业、国内八座制造业城市，还奔赴德国、荷兰、丹麦三个老牌制造业大国取经问道。进行品质革命的城市不少，但进行如此深度和广度的调研，佛山之外，国内还找不到第二个。

佛山品质革命调研最大的成果不是走了多少地方、看了多少企业，而是参与调研的佛山企业家们积极行动起来，写下了10多万字的观察与思考，其中很多文章已经在报刊上公开发表并集结成书。这样的成果形式，是佛山所罕见的。

在佛山，外出调研的企业家每年都有，著书立说的企业家也有那么几个，但企业家如此聚焦一个主题、开展持久的调研和大规模写作，之前不曾有过。或许可以做一个判断，佛山企业家集体思想、组团突围的大幕已经拉开。

不得不说，这一现象的发生，有一位非常关键的推手，他就是著名经济学家、北京大学国家发展研究院教授周其仁。

在中国学界，周其仁教授素有“执着于真实世界的经济学家”之称，成果很多、口碑很好。这位一流学者和佛山有很深的交往和缘分，20多年前他就关注和研究当时的科龙，佛山案例也频繁出现在他的著述中。

这些年，周其仁教授是往返佛山次数最多的知名学者，也毫无疑问是最受佛山企业家欢迎和敬重的大咖。见多识广的佛山企业家之所以有如此态度，既是因为周其仁教授的功力和人品，更是因为他为佛山这座制造业城市的转型升级付出了巨大而无私的心力和热情、思想和智慧。周其仁教授全程参与了佛山品质革命调研，扮演了事实上的灵魂人物。他的格局和视野、资源和经验，是佛山品质革命调研取得成功的关键因素。

古人云：学而不思则罔，思而不学则殆。佛山品质革命调研活动的行程安排是白天到企业参观访问、晚上复盘讨论，周其仁教授的启发和引领，确保每一次分享都是一场思想的风暴。他不同寻常的观察视角、信手拈来的丰富案例、妙语连珠的精彩点评，让所有参与者脑洞大开、醍醐灌顶。参与调研的佛山企业家众口一词：这种形式独特、营养丰富的调研活动，佛山应该多多组织。

品质革命调研是情感的交流，是眼界的拓展，是思想的碰撞，更是实战的突围。佛山企业家都非常忙碌，他们愿意花时间四处奔波、辛苦调研，很大程度是冲着周其仁教授来的。每一次见面都充满期待，每一次告别都弥漫不舍。佛山企业家对周其仁教授的深情与信赖，就是在表达一座城市的谢意和敬意。

从国内到国外，佛山品质革命调研所到之处，周其仁教授总是反复强调：佛山制造的品质革命必须从佛山企业家的思想革命开始。

这是智者的告诫。

日本管理大师大前研一说，21 世纪，国家之间最大的竞争是“思考能力”的竞争。一个国家能否在全球经济大舞台上扮演重要角色的决定因素，已经不再是丰富的矿产资源、庞大的人口规模和强大的军队，而是思考的能力。

美国著名经济学家保罗·罗默也指出：解释经济差距，我们不但要研究工厂和交通设施，还必须以一样的热忱去研究“思想的差距”，以及与创造思想相关的知识生态和思想市场。

长期关注中国经济发展的诺贝尔经济学奖得主、著名经济学家罗纳德·科斯，生前一直充满善意地提醒中国要培育一个“思想市场”。而深受科斯影响的周其仁教授有一个观点：中国经济总的来说是仿照性经济——通过开放红利，利用相对低的劳动力成本把人家的东西做了。这无可厚非，后发国家发展经济之初都会走这条路。但模仿是一个阶段性的现象，中国必须为下一阶段做准备。他说的“下一个阶段”指创新经济，所谓“准备”，就是需要有一大批敢于思想的人、需要有一个宽容的思想环境。

企业家是经济活动的重要组织者，是实施创新驱动发展战略的中坚力量。我们看到一种现象：企业之间的竞争，最终表现为企业家格局和思想的竞争，缺少思想能力的企业家总是被具有创新思想的企业家打败。大凡真正的企业家，必定是思想家。

知识经济时代，最有权力的资源是思想。只有掌握了思想，才能影响客户的决策，在竞争中取得主动。我们看到一种趋势：很多工业制造业巨头正在走从“卖产品”到

"卖技术"、再到"卖思想"的历程。它们不再满足于产品制造商的形象，而是极力表明它们在思想方面对时代潮流的引领。像 IBM 这样以生产机器设备起家的公司，不但在软件开发、系统集成方面业绩惊人，而且以数百亿美元的营业额稳居世界第一大咨询公司的交椅。紧随其后的还有美国惠普、德国西门子、日本丰田等公司。

佛山品质革命调研组走进了华东多家企业，也走进了华为、富士康、腾讯和美的等珠三角企业。我们发现这些有国际影响力的中国企业也在致力于实现 IBM 的升级：卖产品—卖技术—卖思想。提出全面数字化、全面智能化的美的集团，有一个创新思想勃发、创造精神旺盛的团队，不仅很好地支持了美的的创新，而且有力地策应了诸多企业的需求。他们所提供的系统集成和解决方案，其实就是变现他们的创新思想。

企业家是有思想的老板，思想是行动的先导。历史已经反复证明：有思想的人总是高人一筹、胜人一等、快人一步。

人的全部尊严就在于思想，一座城市也是。佛山改革再出发，必须是思想解放再出发。

在中国的版图上，佛山的地盘很小，但佛山制造的名声很大，很多产业做到了全国第一、全球第一。全世界 25% 的电饭煲、33% 的抽油烟机、43% 的热水器、48% 的微波炉都产自佛山，各种家电每天从这里发往世界 210 个国家和地区。在各种各样的富豪榜上，佛山企业家的名字和排位一直都很抢眼。所有这些，都在说明佛山是货真价实的"大户人家"。

佛山制造风景独好，但绝非高枕无忧，挑战和考验无时不在，而且异常严峻。

其一是中国制造"低成本 + 开放"的特征，这样的路径和方式已经被印度、越南等国家复制，中国制造业面临成本红利消失的紧张局面，佛山制造就是最好的诠释。再造佛山制造的新优势——这是一场不能不打而且没有退路的战斗，品质革命是唯一的突破口。

其二佛山面临这样的时刻：一路奔波的佛山企业家很多跑到了交棒的年龄，佛山民营企业逐步进入"掌舵人"代际传承、新老更替的阶段，未来 5—10 年是企业传承高峰，代际传承的成功与否已成为民营企业可持续发展面临的新问题。

其三是佛山新一代企业家能否像老一代企业家那样扎根实业，扎根本土，不离不弃，久久为功。这是一个全新的历史命题。中国没有样板，佛山必须做出示范。

在这样的背景之下，佛山做了几件引发全国关注的事情：第一是提出来一场佛山制造品质革命，代言中国制造最高品质；第二是提出让企业家精神、工匠精神成为照亮佛山工业文明的"双子灯塔"；第三是先后在清华大学、北京大学、上海交通大学举办了 7 期青年企业培训班；第四是多次组织企业家到国内外进行品质革命调研，参与调研的大多是青年企业家。特别值得一提的是，欧神诺董事长鲍杰军卖掉股票、卸下职务创办归然书院，全力以赴做一件事情——传授自己积累几十年的企业经验，帮助年轻老板成为真正的企业家。周其仁教授评价说：企业家出来办教育，这是一个很好的传统。老一代企业家，将自己多年经营企业的心得，变成一套课程，深入到学员的思想里面去，挺不容易的。但各国的竞争，也包含着这个维度的竞争。立足于企业且从企业成长出来的企业教育，也是佛山下一步应该努力的方向。

品质革命调研，是学习别人，也是发现自己。

走过很多城市，我得出两句话：第一句话是佛山要有足够的心理准备。这几年随周其仁教授奔波忙碌，一个最大的发现是中国省会城市的快速发展，当下中国的很多省份都在举全省之力提高省会城市的首位度，实施“强省会战略”，这势必催生两个现象：第一是省会城市的虹吸现象将越来越突出；第二是会有更多的省会城市进入万亿城市俱乐部。佛山在中国城市实力排行榜上的最好名次是第 11 位，现在到了第 17 位。超越佛山的机会几乎都是省会城市，佛山现有的城市 GDP 排名有可能还要被其他省会城市超越，这是一个大概率的事情，佛山要从容面对。第二句话是佛山要有足够的战略定力。佛山过去、现在和未来都不可能成为省会城市或者特区城市，但佛山从古至今的江湖地位都不是靠城市级别取得的，这是历史的真实，更是历史的经验。在当代中国的城市格局中，佛山的城市价值也许不是 GDP，而是观察中国实体经济、民营经济高质量发展的风向标和晴雨表。佛山的江湖地位来自于佛山制造，佛山制造的品质革命、转型升级、长盛不衰有赖于企业家精神和工匠精神的涵养和捍卫，这个不能动摇。佛山正在进行的村级工业园改造、城乡融合创新发展改革、全国一流营商环境的打造，以及佛山提出的让企业家精神、工匠精神成为照亮佛山高质量发展的“双子灯塔”——这些都是引起全国关注的大动作。做好这些富有佛山特色的“自选动作”，佛山就可以在中国城市的“高台跳水”比赛中技压群雄。

佛山是全国唯一的制造业转型升级综合改革试点城市，也是全国唯一把品质革命调研纳入制度设计并持续进行的城市。佛山的雄心是以世界先进制造业城市为标杆，向最高最好最优看齐，在高质量发展上跑在最前面。要当标兵、作示范，必须要有舍我其谁的精神、将革命进行到底的气概。我们这座城市应该有一种自信：功夫佛山，东方不败。

前　言

《中共中央关于制定国民经济和社会发展第十四个五年规划和二〇三五年远景目标的建议》指出，要坚持把发展经济着力点放在实体经济上，坚定不移建设制造强国、质量强国、网络强国、数字中国，推进产业基础高级化、产业链现代化，提高经济质量效益和核心竞争力。

2020 年 5 月，习近平总书记指出，要坚持用全面、辩证、长远的眼光分析当前经济形势，努力在危机中育新机，于变局中开新局，并明确要求推动形成以国内大循环为主体、国内国际双循环相互促进的新发展格局。

面对全球经济新挑战与时代发展新阶段，佛山奋力突围，坚定不移把品质革命作为突破重围、开创新局的关键一招。

自 2018 年以来，经济学家、北京大学国家发展研究院教授周其仁与佛山市工商联（总商会）、南方日报社以及佛山企业家共同组建专题调研团队，持续聚焦“品质革命”开展主题调研：

2018 年，调研组深入佛山 34 家企业展开调研，并成功举办“品质革命·创新力量——2018 年佛山企业大会”，提炼佛山品质革命“十条战法”，在全国地级市首发品质提升倡议书；2019 年，调研组从佛山走向全国、全球，走向德国、荷兰、丹麦等世界品质强国的智造前沿，对标全球品质企业标杆，并举办“品质革命·对标世界——2019 年佛山企业大会”。

2020 年，结合疫情因素，调研组聚焦“品质革命与市场突围”主题，以实地调研、座谈会的方式对话 43 家佛山企业，坚持对标先进，对标华为、腾讯、工业富联以及美的南沙工厂等标杆力量，同时奔赴长三角无锡、苏州、宁波三市，深入方太、公牛、亨通等企业的发展一线，并成功举办“育新机　开新局：品质革命与市场突围——2020 佛山企业大会”。

在调研的基础上，调研组形成了一系列丰富的调研成果，同时在《南方日报》、南方 + 客户端及中央、省、市各级媒体刊发全媒体报道，调研成果与报道成果共同汇总收入此书。此书共分为五大部分，第一部分为序言部分，第二部分为“佛山战法”，收录了周其仁在“育新机　开新局：品质革命与市场突围——2020 佛山企业大会”上 80 分钟的演讲实录，系全年调研成果的集中总结，以及佛山制造在疫情形势下的突围战法，解读一座制造业大市的发展韧性；第三部分为“实战观察”，从微观企业个体的角度，展现佛山制造业企业逆势突围的系列实践；第四部分为“跨城对标”，收录了调研组赴珠三角、长三角的系列调研成果；第五部分为“企业笔记”，收录了近 30 位佛山企业家在《南方日报》发表的署名评论文章，集中展现以企业家为第一视角的实战心得和一线实践。

综上，本书紧扣“品质革命与市场突围”主题，以佛山为城市样本，系统呈现了一座制造业大市的“平常功夫”，提炼出了中国制造业逆势突围的“佛山战法”，希冀为国内其他城市推进制造业“品质革命”提供参考，为中国制造业加快迈向高质量发展提供助力。

目 录 CONTENTS

第一章 佛山战法

第二章 实战观察

第三章　跨城对标

第四章 企业笔记

第一章

佛山战法

善阵者不战，先突围再攀登

文/周其仁（经济学家、北京大学国家发展研究院教授）

“折叠2020，重划起跑线”“最好的应对是平常把工夫做足”“善阵不战，善战不败，善败不乱”“企业错过了消费互联网，绝不能再错过产业互联网”……在2020年7月16日举行的“育新机　开新局：品质革命与市场突围”2020佛山企业大会上，经济学家、北京大学国家发展研究院教授周其仁现场以“突围再登攀”为题发表主旨演讲。

2020年，佛山市工商联与南方日报社共同发起“育新机　开新局：品质革命与市场突围”专题调研，周其仁教授带领专题调研组深入本土，跨城对标，先后调研43家佛山企业，奔赴深圳、广州等珠三角城市，走访腾讯、富士康、美的广州南沙工厂等标杆力量。

在调研的基础上，周其仁在2020佛山企业大会现场进行了80分钟的主旨演讲。他说，人算不如天算，在企业家蓄势待发之际，疫情突然来了。在没发生战争、大地震、其他重大自然灾害的情况下，疫情对人类的生活已经造成巨大的创伤。在这种情况下，品质革命是否还继续？品质高峰还攀不攀登？很多企业在这个环境下首先面临的是生存问题，然后才是发展。这是2020年调研给定的一个约束条件。事情不可能延续我们2019年想好的规划，形势已经变化了，我们就要顺应形势变化。

在演讲的最后，他向佛山政府和企业界发出号召：“虽然疫情是意想不到的冲击，但是突围后，我们还要继续攀登品质革命一个又一个的高峰。”

2020年到底有多长

2020年到底有多长？有几个月？这是一个问题。

我在海天看到一幅标语：“夺回一个月。”我就请教海天，什么叫“夺回一个月”？海天原定2020年收入增长15%，结果第一、第二季度的增长只有7%，那就丢掉了正常的速度。

□ 北京大学国家发展研究院教授周其仁

但是海天在疫情中的市场调整非常快，因为疫情下人们都回到家里做饭了，他们的调料就迅速从大包装换成小包装，转得非常快。即便这样，海天也要“夺回一个月”。

我们问海天的管理层2020年的发展目标会不会改变，他们的回答是至少不调整2020年年增长的计划，希望通过以后的追赶，把新冠病毒给企业造成的损失“夺回来”。

但是，每个企业在回答“2020年有几个月”问题上是不一样的。

我这里列了一些企业的情况。溢达纺织是亚洲最大的衬衫制造工厂，它的产品大量外销，2020年3、4月境外疫情严重起来后，他们很多订单都送不了货了，一季度溢达纺织减少了2500万件订单，算下来等于企业一个季度的产能就没了。也有高增长的企业，华特气体增长13%；小熊电器上半年增长45%；德冠利润第一季度增长80%。

可以看到，同样的冲击面前，企业分化非常严重。一部分是外部原因，对我们来说，更关注的是内部原因，要从这里头来找怎么应对。

大家关心全国的情况，我把现在看到的几个预测放在这里。国际货币基金组织对于2020年全球的最新预测是，2020年全球经济下降4.9%。上一个预测是下降3%。

国内2020年第一季度GDP（国内生产总值）增长是－6.8%。从中国疫情控制图可以看到，确诊病例从每天几百名再到个位数，所以到了5月国内经济增长转正。今天（2020年7月16日）国家统计局公布第二季度数据，GDP同比增长3.2%。国家统计局原来预测是2.5%，全年算下来是3%的增长。

想想看，2019年全年中国GDP增长是6.5%，2020年如果是3%，什么意思？就是对整个国民经济而言，2020年只剩6个月的，因为增长速度一半没了，现在看来二季度数字高于预期，不是2.5%，而是3.2%，那么，三季度、四季度怎么样？

看起来这个势头在往好的方向走，但是不确定性仍然存在。我们对疫情这么大力度地管控，还没有完全消失。

从全国的数字来看，全年可能会有5%的经济增长，但是跟过去相比掉下来很大一块。对比来看，如果每家公司在算2020年有几个月的时候，如果你2020年多于6个月，你基本上就高于全国平均水平。当然，365天这个天数没有缩短，我们的土地租金、银行贷款都是按365天计算，如果收入去掉了6个月，你所有的成本就要拿这6个月的收入来分摊，所以2020年对于企业发展来说，还是非常严峻的一年。

在这种情况下，我们到底怎么来认识企业的发展、企业的增长？我们这次调查首先向佛山企业家请教的就是这个问题。

向死而生，练平常功夫

第一个非常重要的收获：再大的困难、再大的风浪当它来的时候，讨论应对就已经晚了，最好的应对是平常把功夫做足。

这是华兴玻璃董事长李深华的经验。在这次调研中，我们去到华兴玻璃，了解到这家企业全国16个工厂在疫情期间没有一家停厂的，全部都处于连续生产状态，包括他们在湖北黄石的1000个工人也是一天都没有停产。

因为玻璃行业本身就不能停，玻璃窑炉一旦开了就不能停。但是这么大的疫情怎么能做到不停？李董事长的回答是靠平常功夫，没有什么特殊功夫。

我们就请教他，什么是平常功夫？他说，这个行业窑炉一开就不能停，一停就是巨大的损失，所以多少年来就练一门功夫，怎么样让市场需求适应我们的产能，不是产能变动去适应市场。

这一门功夫哪个学校教的？没有，是华兴玻璃在玻璃行业几十年摸索出来的，知道炉子不能停，所以他们一定要均衡地组织市场需求。可是市场需求价格、对手、环境都在变动，为此，他几十年来就练一门功夫：分散的管理需求，永远不把自己的产能压在某一个方向。

因为玻璃是一个应用场景广泛的材料，可以做药瓶，做饮料瓶，也做酒瓶，也可以做建筑材料，玻璃的广度比我们老祖先留下来的陶和瓷还要广泛，所以几十年来他们一定是每年都管理10到12个市场需求，哪个需求也不能过大，过大了，他们就主动把产能停下来。

不是一有订单就开足马力，而是一旦一个需求的订单超过了全部产能的1/10、1/12就不接了。同时，华兴玻璃每年总是做10到12个不同的需求，研究这些需求在不同季节期间、不同经济高峰低峰之间如何对冲、平滑需求、互补等。

这多年练就的功夫，2020 年就让华兴玻璃厂做到在这么一个全球罕见的风险冲击面前，连续生产，一天都没有停。在湖北黄石要开工要保持连续生产，地方政府承担很大的风险，因为万一你出了问题怎么办？华兴玻璃就带着一套严密的方案过去，告诉他们，这些工人与其放回家还不如由企业集中管理，集中管理防疫效果要比他们回家强，同时还可以生产。华兴玻璃还带上自己的客户，一块去说动了黄石。最后他们很争气，华兴玻璃的黄石工厂开到现在都没出问题，全国 16 个工厂全部连续开工。

这是因为华兴玻璃多年来就注意管理，工厂在全国要比较均衡地管理，要布局在不同的地区，北方、南方、东部、西部，工人招聘都不能集中在一个地域，分开来。

听完以后，我就对这家公司很有兴趣，就找华兴玻璃的材料看，李深华念过初中，之后就到玻璃厂当学徒，就这样一个背景，然后他就不断琢磨、研究，等到改革开放出来办民营企业。

大玻璃厂有的是，怎么轮到你？他当时就挑大厂不做的小的需求，把它做好。有了小作坊以后，最欣赏李深华的一条是，他在任何时候都敢于碰硬，曾经有一条生产线，全国国有大玻璃厂都没有上过，他上了。那个设备当时他那个厂买不起，于是李深华拉了一帮研发人员进行研发，最后他们组装出来了，啃下全国玻璃生产线的硬骨头。

然后他们勇立潮头，别看华兴玻璃是小作坊出身，我们可以把它做成世界好的企业、好的工厂，一套套的管理制度改革，于是华兴玻璃一家一家去求教，做精益制造，就去日本请专家。当时跟日本专家学习，华兴玻璃工厂光学扫地都学了 3 年，因为当时小作坊工作环境就不合格，一步步学。

就像爬台阶一样，每年改。不是大动干戈，但是每年更新，不断引进新的管理办法、先进系统。就在疫情期间，他们还用了西门子提供的“灯塔工厂”的标准改造工厂。

疫情前，西门子安排了几十位专家去看他的工厂，看了以后，李董事长讲了一句话，其实他还蛮自豪。他说西门子的专家看了华兴玻璃的工厂，讨论了几个月后，西门子专家认为，华兴有资格跟他们讨论。

我们听了挺替佛山的企业感到骄傲，就是你在技术上已经很好，但是按照德国标准看，你只是德国工业 4. 0 当中的那个工业 1. 0。不过华兴玻璃现在准备和西门子一起打造“灯塔工厂”，改造后就可以到工业 3. 5，到了工业 3. 5 就能登顶大本营了。

李深华董事长也写了他认为如何应对疫情的文章，发表在《南方日报》。他认为应对危机靠平常功夫，不是靠什么特殊功夫，这个平常功夫就是在危机来之前就要下手。

能下手是对危机要有认知，不是说病毒来了它是危机，战争也好，贸易战也好，病毒也好，疫情也好，山洪也好，海啸也好，这都是引爆点，关键是你的公司是什么状态，你状况不好，任何一个外部冲击你都可以垮台，所以要在外部冲击没发生之前天天练这一门平常功夫，有机会就要改，有机会就要改进，要把自己的健康在日常（进行）管理。

李董事长的这个哲理，我觉得是我们这次对疫情总结当中非常有深度的一次总结。他的具体经验大家可以找机会去学。

我觉得这些思考是这种疫情冲击下非常有价值的财富。他练了这么多年平常功，所以在这次疫情中可以表现出全国16个工厂连续不断生产，这是有说服力的。其他厂平时没有练怎么办？他的经验也是可以学的。你只要还没有死，你这个公司只要还在，一息残存，就可以练基本功。

这次调研座谈当中，有一位非常年轻的佛山“创二代”——承安铜业总经理周建新。他讲了企业在疫情冲击下做的五件事，我们最感兴趣的是第三件事，那就是磨刀，利用这个机会磨刀。

他说如果员工们整天看疫情报道，就会越看越伤心，越看越害怕，精力分散。所以他让员工时间花在学习上，用阿里的钉钉将公司日常管理数字化，这也是很好的经验。

还有一家公司，南兴果仁，专注做坚果，一做就是60年。成立之初，创始人到香港闯荡。改革开放后，父辈回到佛山，看到许多妇女没有工作待在家里，于是在佛山设厂。南兴果仁首先是做外销，内需起来以后也在做内销。坚果的生意就做了60年。

别以为一家公司用同样的办法做60年，他也不断在改进，不断在升级。事情很单一，但是做坚果的工具、技术、管理一直在改变。现在龙江在做村改，村改也是佛山将来品质革命非常重要的一个基础。他们说，村改后公司就可以上更高水平的自动化生产线，目前在“家家户户村村冒烟”的情况下施展不开。

平常功夫平常就可以练，疫情发生以后其实就转为了平常。业务量掉下去三个月、两个月，剩下的时间做什么？练平常功夫。

善阵者不战，在“冬天”里投资

“善阵者不战”，教人下围棋，第一句话就是这句。企业最重要就是布局。局布好，仗不打就赢了；局布得不好，就没办法了。

在此次走访的佛山企业中，在布局方面，我认为值得学习的企业是蒙娜丽莎。2020年4月，我们开线上讨论会时，蒙娜丽莎董事、董事会秘书张旗康说，蒙娜丽莎还在广西投项目，三期的项目还要上。那时是3月，疫情形势还很严重。

当时，蒙娜丽莎的决策层内部还有不同意见。有人觉得天下都这样了，扩充的产能还有人要吗？只有他们萧董事长一锤定音，“病毒早晚要走”。他不是医学专家，是通过常识判断。这样的疫情在人类历史上出过很多次，最后都没把人类干掉。所以，萧董事长第一句话就说："病毒早晚就要走的，投一个项目就要两三年，大家不要吵了，投！"蒙娜丽莎投了广西藤县，我专门把当地报纸找来看，藤县一片欢呼，好几个亿的项目，这是布阵。

这种"冬天"投资的战略思想，顺德企业家早就有了。第一个给我上这门课的是科龙的潘宁。有一次在成都开会，那时候大环境不好，到处都在砍产能。潘宁跑到成都发动机厂车间，说要把冰箱生产线伸到西南地区。他说，所有投资都应该"冬天"投。

第一是因为"冬天"投成本低，所有地方政府都欢迎你，各类投资成本都低；第二条更重要，投资需要周期。如果等到市场回来企业没有产能，企业拿什么赚钱，拿什么占领市场。很多企业是到了"热"的时候去投，投资有周期，钱还没赚到，市场就转"冷"了。

第二家值得学习的佛山企业是德冠薄膜。德冠2020年一季度利润增了80%，公司董事长罗维满说，这就是品质革命的成效。

跟着好客户走向好市场，让好客户带到高端去。在德冠的市场布局图里面有个小小的点，这是日本市场。这个市场只有几百万人民币的收益。过去德冠看不上，觉得日本客户挑剔、麻烦，对产品质量要求很高。这两年参加了品质革命调研后，罗维满决定日本市场虽然生意小，也要打。日本是出了名对品质要求高的地方。能打进日本市场，就是买到一张通行证。品字不是三个"口"吗？让人家认为你东西好，比做好产品本身还要难，最重要是人家的口说你东西好。

日本人接受的产品，产业界就觉得这个东西不会差，比企业自己讲产品好更管用。同时，你的产品要卖到日本，肯定要在产品工艺上使一把劲，才能打进日本市场。前年，我们研究的纯米电饭煲被拿到日本盲测，比日本产的电饭煲评价还好。品质革命，所谓登上高峰就这么登。

德冠薄膜"打"全球市场。2020年3—4月，全球疫情形势恶化，企业怎么应对巨变？他讲了一个经验：多少年前，我就知道有这个问题，专门找我们内销产品中销量最大的一款专门成立一个部门，让它做整个德冠经营的"调节器"。如果国际市场好，这款产品就提价，间接把产能调节至国际市场；如果国际市场不好，这款产品价格就降一点，国内市场就大卖。

我听了深受启发，这就是都江堰啊。江的水量是有大有小。如果江水全都灌到成都平原，就会出现涝灾。所以水量大就走外江，水小就进入成都平原，这是调节。要在公司管理过程中做到这点，不容易。

刚才提到的那个事业部做内销，如果公司随便让他的产品降价，就会影响该部门的业绩，部门领导肯定不干。所以，德冠采用轮岗制度，事业部之间轮岗，总裁也轮岗，让每个人都有全局观念。轮值最重要的不是形式，是要每个局部都有全局观念，否则“以客户为中心”这些口号都可能会成为墙上的口号。

《任正非传》里说得很精彩。有一次，记者问任正非，华为是以国内市场为主还是国际市场为主，任正非说我真的不知道。我可以告诉你一句话，客户要你去哪，我们就冲到哪里去。

这个思想，在 2020 年、在今后，对佛山企业家非常重要。全球化到底什么前景，没有人完全知道。我们的产能摆在这里，你怎么来定这个目标，定这个战略，如果布局不是按我们预想走，怎么灵活调整？德冠的经验可以作为参考。这一条是我们这次调研中非常可贵的感受。

以我为主，选标对标

在珠三角调研的第一站，我们去了松山湖，这是华为公司研发部门所在地，投资 100 亿元建成。当然，这个园区有经济功能。它除了可以帮华为招到一流人才，也让客户相信华为可以生产好产品。他们介绍说，华为在全球打市场的基本招数，是一定要把客户请回总部看看。

我们看了这个园区很开心。有个团员说，这让企业怎么学？华为按照 12 个欧洲知名地点修出来的园区，其他企业怎么学？

当天晚上，我在复盘的时候说，这是个好问题。企业出去对标学习，不大能找到和自己一样的公司，一样的公司有什么好学的。面对与自己不一样的公司，企业怎么下手学？你们对标要选好标杆。

2019 年，我做主旨演讲的时候放过一张图，谈华为的成长。华为 2020 年上半年财报出来了，营收 4000 多亿元。这种体量让一般的佛山制造业公司怎么对标？但是华为的体量不是天上掉下来的，它也有过几百亿人民币的时候，也有过几亿人民币的时候。这很有意思。一定是华为当时做对了什么，才有后来的发展成就。所以华为在 10 亿、20 亿、30 亿的时候做了什么？这个标杆，企业可以对。

2000 年，美国 IT 泡沫破裂，影响很大。次年，任正非有篇讲话叫作《华为的冬天》。再过一年，任正非带队去日本学习怎么过冬。20 世纪八九十年代，日本泡沫经济破裂后长期低迷。我们在长期高速增长的经济中，而人家过了好多年“冬天”。人家怎么过的“冬天”？“冬天”有没有可以学的地方？

任正非去学完后回来和内部干部说，要学习日本人民的忍耐与坚韧不拔，这么糟糕的情况下要平静对待，才能做好产品。所以选标对标非常重要。三人行必有我师。你只要善于对标，可以对场景对标，也可以对某个问题决策时的为难进行对标。只要你有问题，你就一定能在周围的世界找到可能性。

我们这次也去看了富士康，现在富士康的规模体量不是一日而成的。我把富士康的历史表格放在这里。1974 年郭台铭在台湾地区创业，9000 美金的起家资本。富士康收入到达 10 万新台币时就开始进军大陆，到深圳发展。这是他们的战略定位能力与布局能力。当天晚上我就问在座的佛山企业负责人，有没有在台湾地区开展业务的。那么多台湾公司在大陆发展业务。康师傅，一个方便面，做得这么大。它不能对标吗？它也不是一生下来就是三头六臂，也不是有了不得的功夫，都是草根企业从下打上来的。

屏幕上面那张图，就是我们去看的富士康“灯塔工厂”；屏幕下面那张图（工厂员工在生产）能学吗？那也是富士康。大家都是这么过来，都是从劳动密集型、技术含量较低的时候一步步改、一步步走。所以企业对标一定要把自己放进去，想想自己有什么问题，更重要的是想不想解决问题。只要想解决问题，你一定能在中国找到给你营养的标杆与榜样。

佛山企业中，在选标对标方面做得好的真有一批，嘉腾机器人就是其中一家。一开始，嘉腾机器人的老板陈友就说要搞有技术含量的产业，一上来就瞄准了 AGV（自动导引搬运车、无人搬运车）机器人。

在这个领域，世界上做得最好的是一家德国公司。陈友与这家德国公司一谈下来发现，对标公司的工人平均工作年限长达 21 年，而自己这边的工人时常跳槽。于是，嘉腾设计了一个体制：工人每多服务一年就有一笔奖金；服务五年、服务十年都有奖金。

因为嘉腾是做出口的，是给全球知名品牌做 AGV 的。疫情一来，出口订单没了，工人养不住了，怎么办？陈友说，董事会讨论过要不要辞工人，也很纠结。最后找到的答案让我也拍案叫绝。嘉腾不辞退一个工人，没有订单，就不领工资；订单少，一个月就领三个礼拜工资；订单再少就再减工资，但是工龄连续计算。而且是从陈友本人、从管理层开始执行。这就是对标对得好的结果。对标对得好，企业会觉得有个“跳一跳能够得着”的目标，企业的管理、团队精气神就不一样。

离开佛山后，我去到了长三角，看了江南造船厂。造船厂的董事长聊起来说佛山有家公司很有意思，就是嘉腾机器人。

2017 年，江南造船厂里的业务人员向工厂董事长介绍，嘉腾想去做造船厂的生意，给他们供应 AGV。这个董事长说厂里全是巨无霸，嘉腾的产品达不到要求。没想到两三年过去，嘉腾现在拿出了可在户外抬起十吨设备的 AGV。当然，这个体量对于江南造船厂来说也不是很大，但是这股劲引起了造船厂的注意。他们认为，嘉腾的上进心很强。

陈友说，他去看了德国一个小村庄的 AGV 公司，做了一个可在平底将 60 吨设备升起 9 米的叉车。这种叉车谁要？没有人要。这个公司造了个没人要的设备，就是为了告诉客户自己有这个能力。这是亮肌肉。陈友回来后，就开始与 2 吨、3 吨、6 吨、10 吨、20 吨的产品较上劲了。所以选标对标学标，会把公司带上一个非常好的阶段去。

普拉迪这家公司也是我们在佛山调研中看到的。这家公司的老总说，中国培养了这么多大学生、研究生、工程师，应该可以造一点东西、研发一点东西吧。所以他一上来就定位精密设备、高端制造设备的研发生产销售。公司 2008 年成立，现在产品卖到了美国、德国、日本、韩国。

“把装备卖到德国去”——这句话本身就值钱。机器卖过去，公司还得派工程师去调试服务。2020 年 2、3 月，普拉迪工程师去欧洲调试设备。当时，欧洲疫情还不严重。等调试完后，当地疫情很严重了。公司买了最贵的机票把工程师接回国，隔离 14 天。佛山企业有这样的团队，和对标有关系。

我再讲一家公司，华特气体。这家公司做特种气体，销售额也不大，但是技术很过硬，可以从传统工业气体做到特种气体。其中一些特种气体与芯片制造是离不开的。2002 年，这家公司把特种气体作为发展方向。打开它的客户名单，可谓星光闪闪：中芯国际、台积电、京东方等，全部都是它的客户。2019 年，我们调研团去到荷兰阿斯麦尔公司门口，结果进不去。这家是做光刻机的，技术很敏感。而我们这家公司，有四款特种气体获得了阿斯麦尔的认证。

我们都知道贸易战、科技战，核心是关键技术被卡脖子。这个问题有几个解决路线：一种是所有产品我都会做；另一种是我们也有一些卡脖子技术，可以和对方谈。如果我们佛山、广东、中国多一点这种公司，大家想想在全球这种格局会怎样。而这个公司就长在佛山。

所以，这次疫情期间虽然我们不能出去调研，调头向内调研收获一样不小，在佛山企业群里好好听、好好看、好好谈，一样能挖到宝。在我看来，这些都是佛山新生代，在下个五年、十年中，完全可挑大梁的。

用新技术为自己赋能

这次还有一个收获：武装自己、装备自己。不要被动地等别人给你赋能，你不给自己赋能，别人很难给你赋能。

这次珠三角调研我们去了腾讯，滨海大厦是腾讯新的大厦。我们有一位参访企业代表说走到这里，感觉自己恍恍惚惚。当天调研完，晚上开复盘会的时候，我们就接着这位老总的话研讨，讨论中国的企业家哪有对机会不敏感，既然我们对机会是敏感的，为什么互联网这个机会就没看见？

互联网刚出来的时候，我们集体失去了认知能力。用马云当年讲的三句话就是：看不懂、看不起、看不上。互联网最早是美国国防部用来保持通讯的，后来是科学界用于跨国科学研究，方便大家互通论文。中国第一条互联网就是中科院装的，也是为了让中国研究者可以看到全球的文献，当时没有人往生意去想。

很多新技术刚出现时是很贵的。从产品曲线来看，因为产品初期很贵，用户很少，所以下一步要做规模化。但是互联网从一开始就是免费的。很多企业家就认为这跟生意无关，因为他们技术上不懂，他们不知道信息成本的节约是什么含义。当时除了认知不足，比如网上怎么把货物销售给消费者？当年也没有配送条件。

直到一批人在互联网方面解决了问题，打出来了，等到产业界能看懂的时候，发现我们已经没法追了。这就是看不懂，然后看不起，看不上。

回头看，今天产业界能看得懂互联网了，却已经没法追赶。腾讯是靠实力走到了今天，这样一个有实力的公司是从市场里来的。

现在“新武器”来了。我们错过了消费互联网，绝不能再错过产业互联网，因为从 2000 年到现在，20 年过去了，你看现在谁没有智能手机？尤其这次疫情带来最正面的效果，就是极大普及了互联网。

现在的孩子可能最开始不懂互联网，但知道这个东西好玩，满怀好奇。因为好奇，互联网让他们茶不思饭不想，无论如何都要买一个智能手机，要下载 App。

反过来看，现在产业互联网有什么特点？那就是许多老板一听产业互联网，马上想到是要花钱、要成本、要上设备。所以先要解决这个问题，互联网到了今天不是说你用上它可以比别人走得更快，而是如果再拒绝这个东西，你就没有立足之地。一个东西一旦到了临界点，问题就改变了。

今天很多事情，没有互联网是做不成的。疫情期间，我们这么多人隔离在家，物资供应问题是怎么解决的？所以外卖是了不起，可是外卖小哥如果没有一个手持设备，不可能知道哪个货要送到哪儿去、送到了没有。

我们现在出差要扫健康码，如果没有那个码，你需要多少话才能讲清楚你到底是哪里人、到底有问题没问题、到底 14 天内去过哪里，你讲了他怎么查？不可能的。

我们认为，推广产业互联网的第一问题是认识问题，它关系到企业的生死存亡。人是有情绪的，不可能每个动作都一样，是可能出岔子的，连续、重复、简单、枯燥的工作应该交给机器去做，否则我们很多品质控制根本就是挂在墙上的口号。

这次我们团里正好有维尚家具的老总李连柱。以前我们去看过他的厂，李连柱说当时工厂生产是机械的，但包装环节还是用人工的。我说其实很好，说明用这个东西是可以渐进式应用的，可以想明白一块再改一块。

为什么维尚家具可以走到行业前头，他说就一条方法：我们把这件事情交给一群 30 岁以下的年轻人去做，对于他们没有那么难，没有那么多搞不清楚的事。

现在很多公司都到了要换代的时候了，60 后、70 后人员都退后，这不是无情，是技术进一步加速迭代。如果现在还是位高权重的人在拍板，有可能会把整个公司给误了。

这里讲到了日丰，日丰发现一个问题，虽然日丰的管道很好，但是市面装配工很差，很多质量问题就出在装配环节。日丰他们下一步计划要配几千名工程师。

这时候如果没有产业互联网的话，日丰应该怎么做？全国各地怎么指挥、怎么收集情况、怎么知道他们的行为？我当时就提议，你要好好看看美团的管理经验。如果没有信息系统，你上哪儿追溯？

今天我非常感谢来自美的南沙工厂的赵攀来给我们分享，在座的各位有机会一定要去看一看美的南沙工厂，会很受教育。

美的南沙工厂不像腾讯那么高大上，它是非常接地气的，工厂内有一段流水线全是密密麻麻的人在做电焊。但是明年他们这个环节就要换机器了。我去看过宝马的“黑灯工厂”，前前后后还有一百几十个工人。美的可以把库卡的机器人跟自然人平滑地结合到一起，我觉得我们所有传统企业去看，再好好领会刚才赵攀讲的那些可操作的步骤。

赵攀的演讲 PPT 中，我印象最深的一个词就是“通”，所有环节都要通。现在任何环节跟互联网无关的已经很难找，但是要把生产、制造、品质检查全打通的，现在还蛮稀罕。但是这个“通”非常有价值，中医有一句话，“不通则痛”，痛点哪里来的？就是不通，下一步就要一个工厂、一个企业、一个渠道打通。

2019 年我们讲过一个题材叫打造品质革命大本营，2020 年这个大本营虽然受到疫情影响，但是佛山市政府加了两个“重头戏”，一个是工业富联，一个是腾讯工业互联网。这两家企业中，一家是互联网往产业来加，一家是产业往互联网加，好比从两头打一条隧道。

为什么工业富联和腾讯都看中了佛山？当然，一方面是佛山市委、市政府主动布局，这是决定性的。还有一方面是佛山这里有许多传统制造业，其在国民经济总量占有罕见的比例，这都是非常难得。

继续攀登品质革命高峰

调研最后一天，我去佛山市顺德区看了顺德工业发展馆，深受教育。位于佛山市南海区的珠三角工匠精神展示馆我也去看过，从这些馆里，我们看到中国从一穷二白发展到今天这个水平，我们完全有条件在这个基础上继续攀登。

今年的发言概括起来就几句话：折叠 2020，重划起跑线；一息尚存，练平常功夫；善阵不战，善战不败，善败不乱；选标对标，见贤思齐；用新技术为自己赋能；建好大本营，突围再攀登。

折叠 2020，重划起跑线。2020 年非常不平凡，全世界主要经济体无一幸免，但是折叠一下，我们也可以坦然应对，无非就是变成了 6 个月，那就重划一条起跑线。

一息尚存，练平常功夫。来自李深华董事长的经验，一息尚存，只要活着就来得及。

第三句是围棋里的话：善阵不战，善战不败，善败不乱。我也研究过在市场中趴下了的企业，我问过佛山市顺德区龙江的情况，他说当地有 2.5 万个市场主体单位，但 2020 年以来到现在真正注销的只有 801 家。

中国应对这个事情很有意思，企业卷旗不缴枪，等着市场好了再干。20 世纪 80 年代乡镇企业都是这个模式，为什么？多少民营企业能够走到今天，哪那么容易，不能随便放弃。当然，对于头部企业来说，是更好的发展机会，因为你还活着，很多订单集中到你这里来，你更有责任把自己的队伍、自己的产能再提到一个新水平。

选标对标，有无数的榜样可以让我们学习，激励我们学习，世界上很多事情就是踏踏实实，草根贴着地面实践去完成。很多世界经济史真正伟大的故事实际上是这些平凡人创造的，我们就生活在这个环境当中。

错过了消费互联网，不要再错过产业互联网。水管子已经接到门口了，你接不接？产业互联网将来就跟水电一样，是所有其他能力的一个基础。这个各有各的情况，各家好好去做研究。

最后，建好佛山登顶品质革命的大本营，要有一些公共平台、公共服务以及可以外溢的资源。我们现在有学院，有工厂，有培训中心，南方日报已经评了两次南海制造业全国隐形冠军，有 109 家“隐形冠军”诞生，我们还评选了佛山大城工匠 90 名，这都会让我们这个地方的社会资本变得厚起来。

往后看，虽然这个疫情是一次意想不到的冲击，但是突围出来以后，我们要继续攀登，继续攀登品质革命一个又一个的高峰，让我们共同为此努力。

居安思危：佛山制造的韧性所在

一团团红色火焰，经行列机定型后，成为一个个玻璃瓶。在广东华兴玻璃股份有限公司（简称“华兴玻璃”）的产线上，过千款玻璃瓶正以24小时不间断发货的方式，被送往全球各地。

很少人知道，包括坐落于湖北的黄石工厂在内，华兴玻璃全国16个生产基地即使在疫情最严峻期间，也未曾停工。华兴玻璃绝非孤例。在新冠肺炎疫情的冲击下，仍有一批佛山头部企业表现稳健：他们要么不停工，要么最早复工复产。

要做到这一点，不仅考验防疫力，更考验“免疫力”。疫情“黑天鹅”的出现，对企业局部地区的供应链、生产以及市场需求带来持续负面冲击。率先复工已不易，一批佛山企业更是逆势增长。数据显示，在受冲击明显的外贸上，2020年全年，佛山外贸进出口总值首次突破5000亿元，增速居珠三角首位。

这离不开佛山制造的居安思危。一批佛山企业在日常经营中，主动规划企业生态，做好市场布局、人才分布等的均衡布局，未雨绸缪地做好风险防范。这些看似寻常的工作，日积月累地内化为佛山企业的“免疫力”，进而锻造出佛山制造的韧性所在。

逆势而上 ▶ 率先运转的佛山流水线

在广东格兰仕集团有限公司（简称“格兰仕”）顺德工厂内，明黄色的机械手正快速运转，仅6.7秒，又一台微波炉顺利下线。在疫情期间就持续多月处于满负荷生产的格兰仕，其订单往往都排到了下一个季度。为扩大产能，格兰仕仅用50天紧急建成新基地，在2020年4月底启用。

格兰仕正是2020年疫情下，佛山第一批复工复产的企业之一。

疫情之下，素来以稳健著称的佛山制造业中，涌现出了一批仍保持逆势增长的企业，这批业绩飘红的企业大多都是各自行业中最早复工复产的代表。

□ 格兰仕打造工业 4.0 智能家电制造车间

作为广东首家在 A 股上市的陶瓷企业，蒙娜丽莎自 2017 年上市以来，曾立下两个百亿目标，其中一个正是市值稳定地站上百亿。但蒙娜丽莎董事、董事会秘书张旗康不曾想到，公司的市值首次站上百亿之时竟是在疫情冲击年，且已持续数月站上这一高点。

首次触碰百亿市值线的当天，正是 2020 年 3 月 5 日。这一天，蒙娜丽莎宣布全国 3 个生产基地 25 条生产线全面复工复产，而当时陶瓷行业还在普遍推迟复工。

在佛山，越是在复工速度上领跑的企业，其业绩的增长态势越是明显。

距离蒙娜丽莎不足半小时车程，正是佛山海天调味食品股份有限公司高明总部的所在地。同为上市公司，疫情期间海天酱油曾传出“酱油‘贵’过石油”的佳话，总市值一度超过中国石化。与之相对应的是，早在 2 月 3 日，海天已与上下游 24 家企业共同联合申请复工复产。

能做到疫情期间不停工者，其发展势头在业内则更甚。华兴玻璃正是这样的例子。作为海天的供应商之一，起步于叶问故乡——佛山市南海区罗村的华兴玻璃，其全国 16 个生产基地在疫情期间也几乎一直处于加班加点赶订单的状态。

在增长订单的带动下，华兴玻璃管理副总裁曾雪琴等一批高管奔走在福建、重庆、哈尔滨等地，忙于筹备新工厂。2020 年华兴玻璃至少有 3 间新工厂动工或建成。

与华兴玻璃的逆势飘红相比，自新冠肺炎疫情发生以来，国内日用玻璃行业至少近六成企业先后停工，而华兴玻璃却做到自疫情以来，包括其坐落于湖北的黄石生产基地在内，全国生产基地均不曾停工。

柔性产销 ▶ 产品与市场间的均衡布局

要做到最早复工复产，甚至不停工，这绝非易事。

企业在疫情下要保证生产，做好防疫仅仅是第一步。更重要的还必须有上游供应链的支撑，自身人员、设备等要素的及时到位，以及持续不断的下游市场订单作为保证。

而这些“功夫”，都在平时。

比如在市场布局上，企业若能主动拥抱全球大市场，在疫情下即能凸显出重要性。科达制造正是这样的受益者。2020 年 4 月，科达制造股份有限公司（简称“科达制造”）宣布，与广州森大集团拟对合建的赞比亚陶瓷工厂追加 1700 万美元投资。

在非洲，2020 年一季度科达制造与森大合作投建的 4 个陶瓷厂营收和净利润均大幅增长。疫情暴发后，科达制造对海外尤其是非洲新兴市场的投资耕耘，在对冲疫情对集团业务的冲击上，发挥了关键作用。

从非洲市场看，科达制造在疫情中逆势上扬是偶然的。但从全球布局上看，科达制造的“免疫力”又具有必然性。

近年来，科达制造一方面在欧美高端市场继续输出陶机设备，同时在非洲等“一带一路”倡议的沿线新兴市场合资建陶瓷厂，不断拓宽与做深企业的全球市场版图。

多市场的均衡布局，让科达制造在疫情于国内外蔓延的时间差中，捕捉利润空间，弥补疫情造成的损失。

这种“不把鸡蛋放在同一个篮子”的平衡理念，同样贯穿于华兴玻璃的日常经营理念中。

专注于日用玻璃的华兴玻璃，目前产品涉足七大品类，包括食品、饮料、调味、保健、酒类以及化妆类等，共有 1000 多种在线生产的不同型号的瓶罐产品。产品在应用上形成一定的互补性，例如白酒与啤酒玻璃瓶在销售季节上是错开的，恰好能平滑不同产品市场需求的波动。

产品需求的平衡管理，是华兴玻璃稳健销售的“法宝”。这体现在疫情期间，尽管对啤酒、白酒等产品的需求呈现断崖式下滑，对应的玻璃瓶订单暴跌，但仍在增长的饮料与调味品类产品成为企业的有力支撑。

甚至在招聘员工时，华兴玻璃也很注重均衡，避免只招局部区域的员工。这样的做法在日常并不会体现出明显的效益，但在疫情来临时，面对湖北员工返岗难的问题，华兴玻璃的生产组织就能做到不受影响。

相对均衡的布局，为企业实现柔性的产销平衡提供空间。利用多产品、广市场的布局理念，华兴玻璃做到了产能在不同产品、市场之间的灵活切换。

华兴玻璃在日常方方面面锻造的“平衡术”，构成了其在新冠肺炎疫情中展现出的“免疫力”，使其做到在疫情下不停工。

“所以大危机面前，考验的都是企业的平时。”北京大学国家发展研究院教授周其仁说。

战略定力 ▶ 在平时做好危机应对

居安思危，知易行难。这要求企业无论发展形势如何，在任何时候都必须保持战略定力。

“企业要忍得住诱惑，不该要的千万别要。”华兴玻璃董事长李深华说。在他看来，拓宽更大的市场版图，这是大多企业共同的追求。但在实际发展中，企业要做到坚定地根据发展需求来布局，这是考验定力的。

广东溢达纺织有限公司（简称“溢达纺织”）总经理马伟萍至今还记得，几年前，曾有一个国内的知名品牌主动找到溢达纺织，希望该公司生产一批童装。

考虑到当时公司产能已满，负责对接的销售人员婉拒了订单。由于订单涉及几百万元，公司内部一度有员工表示“心疼”。但溢达集团的管理层知道后，反而赞扬了销售人员，认为这是坚持了公司专注生产男士成衣的定位。

所谓定力，既要有坚定的拒绝，也有坚定的追求。广东德冠薄膜新材料股份有限公司（简称“德冠薄膜”）就感受到了“定力”的重要性。

2020 年以来，德冠薄膜在日本以及澳大利亚的出口订单一直保持稳健增长，这在同行普遍遭遇外贸重挫的情况下，实属少见。

但这两大市场偏偏被誉为业内“最苛刻”的市场。以日本市场为例，早在几年前，德冠薄膜也想进军当地市场，但考虑到需求总量较少，且客户要求较高，企业主动放弃了这一战场。

但近年来，德冠薄膜在发展的过程中意识到，越是苛刻的市场，越有利于企业提升产品品质，必须“奉最苛刻的客户为上宾”。于是，即使订单稳步增长，德冠薄膜仍抽出精力钻研难啃的日本市场。2019 年下半年，德冠薄膜宣布再次进军日本市场。

相比其他市场的客户对于薄膜产品，一般都只要求质量抽检，日本市场的客户则要求采用全面质检，并且任何瑕疵也不放过。

针对这一要求，德冠薄膜引入了先进的在线瑕疵检测仪。这一设备的引入，进一步提高了德冠薄膜全系列产品的质量。在此后经过努力，德冠薄膜成功斩获日本订单。

打进日本市场，不仅能够使得德冠薄膜在疫情下多一个市场支撑，更重要的是品质的持续提升，从根本上提高了德冠薄膜的“免疫力”。

2020 年，国内薄膜行业已遭遇一轮又一轮的“停机潮”，而德冠薄膜不仅在业内最早实现复工复产，更是凭借高端的品质，趁行业重新洗牌聚集了更多的客户。

“上医治未病。”周其仁认为，真正对产业界重要的，正是平时的管理与努力。

佛山案例

华兴玻璃：全国基地不停工

因玻璃生产工艺限制，玻璃企业常年是不停产的。

这缘于窑炉的作业特点。一般情况下，窑炉点火的成本较高，所以一旦点火后，玻璃企业就会让设备保持生产，直到机器寿命结束。这种不停产的作业方式，有助于降低生产成本。

往年春节，华兴玻璃一般采取员工轮休的方式，以确保工厂持续开工。

2020 年受新冠肺炎疫情的影响，特别是在上半年疫情暴发初期，华兴玻璃若要继续保持工厂不停工，并非易事。

尤其是华兴玻璃的黄石工厂。这家工厂坐落于湖北省黄石大冶罗桥工业园，于 2002 年建成，该厂每年有近七成产能供应于距厂不足 10 公里外的白酒企业——劲牌有限公司。

紧跟客户所在地设厂，是华兴玻璃工厂的选址原则。这些年来，跟随海天、老干妈等不同客户的发展步伐，华兴玻璃已在全国 13 个省、直辖市内，累计布局了 16 家工厂。

相比于另外 15 家工厂，因湖北省是新冠肺炎疫情的国内首发地，黄石工厂彼时防疫压力显然更大。

“从防疫的角度看，工厂不停产比停产更安全。”李深华回忆道，当时因黄石工厂的 1000 多名员工一直在厂内吃住，若是工厂不停产，反而实现了相对封闭式的防疫。同时李深华深信，疫情只是一种短痛。

为此，他做了一个大胆的决定：在确保防疫安全的前提下，华兴玻璃全国生产基地，包括黄石工厂继续保持生产。此后，他带领高管进入“战时”状态：手机 24 小时开机，以随时应对各地工厂，特别是黄石工厂可能发生的问题。

自 2020 年 1 月 26 日到 3 月 14 日，黄石工厂进入“封厂”模式。内部员工严格按照防疫要求，包括员工就餐时分布就座，在宿舍休息时尽量不集聚交谈。

由于防疫得当，包括黄石工厂在内，华兴玻璃全国基地都不曾发现一例新冠肺炎病例，而黄石工厂更是被当地政府列为推进企业复工复产的学习标杆。

相比之下，据统计，在疫情期间，国内玻璃行业先后有接近60%以上的厂家选择停工。一旦停工，按照行业的情况，一般需要至少4个月才能恢复生产。

不停工的华兴玻璃不仅能够保证客户订单的及时交付，更稳健的生产保证也让华兴玻璃很快追回了2—3月下滑的订单量。

企业来论

危机管理要从战略层面规划

文/李深华（广东华兴玻璃股份有限公司董事长）

在市场经济领域里，对一个微观经济主体（企业）而言，危机的出现，不是一时之患，而是累积之故；不是无条件的偶然，而是充分条件的必然；更不是局部原因所致，而是系统问题造成。

俗语言之，“冰冻三尺非一日之寒”，从来没有“无源之水，无本之木”，“单丝不成线，独树不成林”。概言之，任何事物包括危机的形成，都是需要时间的基础和多种因素，即充分条件的切合。

所以说，作为微观经济的企业，当危机形成才急于采取化解之策，忙于表面，这是下医治已病，这是一种舍本求末，本末倒置之作，功必倍之，而其果微之或未知。如若采取这种下策，最好的效果都只不过是在不同程度属性上而已。

因此，危机也好，风险也罢，它的形成既是基础性的，又是系统性的。那么，有效之策定然是采取预防为主，从企业的法律、市场、财务、经营和人才等每一个关键要素进行全面整体性考察、分析和评估，以战略性高度作出针对性的重置和布局。以使企业的各种要素能够运行在安全线上，实现互相支配，互相促进并保持整体平衡，内在地形成一种能够抵御外部风险影响的“全程健康管理体系”，把风险隐患消除于未然之中。这是本观点强调危机管理预防重于化解之缘故。

具体可归纳为以下几点：

一是防范危机从认识开始。首先要认识危机的实质，千万不要把“诱发”危机的表面现象误解成危机的本身。造成危机实质永远不在于“诱发”的表面，而在于事态的本身。“诱发”与危机事态本身这种关系和“导火索”与“炸药”的关系道理是一样的。同时，危机的实质就是打破原来“常态的平衡”，促进再一次平衡而建立一种

“新常态”。这种“新常态”没有对“强者”和“弱者”的针对性，而是需要“强者”或“弱者”的适应性。

二是危机“是主体内决说，而非客体外加曰”。企业要防范危机，避免危机发生，要不断自我反省，在企业内部寻找导致风险的痛点或短处，取长补短再平衡，不断完善运营模式。切勿把客观影响的“诱因”视为构成危机的充分条件和必然的造成者的一种外在强加。因为危机出现或形成不是绝对的，而是相对的；不会是无条件的，定然是有条件的；不该是环节的，更是系统性的；没有偶然的，都是必然的。

所以，防范危机在于主体，通过主观努力创造条件，把自己（C 端）打造成为航母或把品牌塑造成为行业的佼佼者，使自己具备实力，或让自己（B 端）营造一种氛围，进入一个“航母编队”而形成合力，有效抵御和避免外部因素可能导致的危机发生。

三是危机管理预防重于化解。因为危机的形成，都是需要时间的基础和多种因素，即充分条件的切合。所以，危机的发生不是一时之患，而是累积之故；也不是无条件的偶然，而是充分条件的必然；更不是局部原因所致，而是系统问题造成。

可见，当危机发生后才采取所谓的“化解”之策，从企业而言，已经处于岌岌可危，奄奄一息之境地，何能有回天之力去“化解”危机。这种只不过是一种掩耳盗铃，自欺欺人的说法而已。有效之策，定然是采取预防为主，好比人的健康管理一样，通过体检，形成“全程健康管理体系”，使企业运行保持在安全线上，把风险隐患消除于未然之中。

以上归纳的几个要义所指出问题，及其防范危机的关键点和有效举措，都同样处于战略性维度，属于战略管理范畴，因此，防范危机必须从战略层面着手，才能得到根本性的有效解决。

逆势扩张：佛山企业的“冬天”投资论

2020年6月30日，在佛山高新区三水园，日丰企业（佛山）有限公司董事长许伟钊携在场嘉宾为项目“奠基石”培土，总投资43亿元的日丰管道智能机械设备及新型管道制造基地正式启动建设。

同月，投资3.3亿元的恒洁集团智能洁具全自动生产线项目按期投产，规划年产能100万套，人均产出效率提升50%。

2020年初，新冠肺炎疫情突如其来。延期复工、物流受阻、员工返岗难等诸多挑战，使得多数企业家对市场前景持谨慎态度，尽管如此，仍有一批佛山企业率先突围、逆势投资。

疫情只是暂时，而市场需求长存。在佛山企业家看来，疫情之下，企业能以较低的成本完成产能扩张与转型升级，待到市场回暖，敢于亮剑者便能夺得先机。

疫情之下 ▶ 佛山企业扩张“加速度”

在疫情尚未完全过去的日子里，日丰新型管道制造基地建设现场就已经是如火如荼的景象。

“现在公司几个生产基地已满负荷生产，迫切需要扩大生产基地。”许伟钊坦言，随着公司出口新产品在欧美市场需求快速增长、国内市政项目快速发展以及管道市场对新型管道智能机械制造设备的需求加大，新基地的布局迫在眉睫。

此次动工的制造基地项目一期、二期将分别于明后两年投产，预计年产值可达40亿元。建成后，将可快速缓解日丰产能紧张的局面，为日丰可持续发展注入源源不断的动力。

疫情之下，日丰企业（佛山）有限公司的逆势投资显得有些“另类”。突如其来的疫情，让传统制造行业遭受冲击。基于对疫情形势与经济基本面恢复进度的谨慎态度，许多企业暂缓甚至撤销原有投资计划。这其中固然有市场需求萎缩的客观因素，但企业家对未来的预期消极也是主要原因之一。

在此背景下，一批佛山企业率先突出重围，增资扩产，以满足市场长期需求。

在恒洁集团智能洁具全自动生产车间内，一批批设计精良的陶瓷卫浴产品，经过149米脉冲式隧道窑等先进设备焙烧而成。

启建于2018年7月的恒洁集团智能洁具全自动生产线，于2020年6月18日按期正式投产，年产能可达100万套。而且，整条生产线相比传统生产方式可节约人力320人，人均产出效率提升50%，自动化程度在行业处于领先水平。

当一批企业着力扩充产能的同时，还有一批企业加大创新要素投入，加快转型升级步伐。

2020年6月19日，格兰仕集团开源芯片基地项目建设迈入新阶段。当天，佛山顺德区政府、上海赛昉科技有限公司、广东跃昉科技有限公司三方正式签订合作协议。接下来，三方将围绕RISC-V开源芯片的研发及应用为核心，重点打造RISC-V生态和产业应用，助力形成百亿级规模的产业主体集群和万人级的产业人才集群。

同为家电巨头，美的集团投资50亿元的上海全球创新园区也于2020年3月正式签约。该创新园区计划吸引8000—10,000名全球高端研发人才进驻，规划导入工业互联网、人工智能、智慧供应链等九大领域的研发板块，进一步升级美的全球研发体系。

从宏观来看，投资对经济平稳发展的贡献不可小觑；从总需求来看，投资也可以在短时间内刺激复苏。

疫情之下，无论是增资扩产，还是加大创新要素投入，均是佛山企业逆势扩张的生动写照。

逆势抄底 ▶ 市场“冷”时是投资佳机

受疫情影响，众多行业生产停滞，不少企业面临困局。在此背景下逆势投资，佛山企业有着自己的考量。

从短期来看，低迷时期企业扩张总体成本更低。蒙娜丽莎董事、董事会秘书张旗康就算了一笔账，过去企业向银行贷款3年期的资金，年利息至少在6%以上。但在疫情期间，由于金融机构以及各地叠加出台相关优惠政策，企业此时融资的3年期资金，其年利息还不到4%。他感慨称，这样的贷款利息，至少是近20年来最低的。

张旗康的分析不无道理。疫情发生以来，为支持企业有序复工复产，各级政府推出了一揽子扶持政策，加大对企业信贷支持，纾解企业在疫情防控期间资金周转的困难。

以佛山为例，2020 年 2 月以来，该市银行机构通过落实转贷、展期延期、降低利率等稳贷措施支持企业 26,409 家，累计金额 1529.1 亿元。

除了融资成本低，企业扩张所需的人才成本也更低。2020 年年初，格兰仕集团逆势扩招 1.4 万人的消息引发广泛关注，甚至有人质疑这是企业炒作的噱头。

对此，格兰仕集团董事长兼总裁梁昭贤回应道，非常时期，很多人都在抄底。而对于格兰仕来说，人才是公司第一资本，当时正是公司抄底人才的大好时机。

疫情之下，抓住机遇为企业做好人才储备，这也是不少佛企逆势扩张的方法论。

“这次疫情给我们的机会是什么？是人才机会。”普拉迪数控科技有限公司总经理李爱军直言，现在的情况下，企业更容易挑选到合适的人才。

从长期来看，佛山企业家逆势投资，是对未来市场保持乐观预期。在他们看来，疫情影响是暂时的，但投资的收益时间永远在未来，投资收益率更需要研判未来的市场需求和供给的相对情况。

“疫情会过去的。”蒙娜丽莎董事长萧华的判断十分简洁。就是在这样的预期下，蒙娜丽莎启动了广西藤县第一期第二阶段 3 条生产线的投资建设。

张旗康称，该基地一旦建成，相当于再造一个蒙娜丽莎。“市场一旦恢复，有利于蒙娜丽莎迅速提升产能水平。”在他看来，若是等到疫情过去，扩张的机会也许就再也不会有了，因此企业一定要提前为市场恢复做好准备。

持同样观点的，还有国星光电董事长王广军。2020 年 3 月，总投资达 20 亿元的国

□ 新冠肺炎疫情期间，蒙娜丽莎在做好防控的前提下启动了广西藤县第一期第二阶段 3 条生产线的投资建设。图为蒙娜丽莎生产线

星光电 LED（发光二极管）器件封装及应用产业项目正式启动。该项目旨在继续扩充公司现有优势封装器件及应用产品产能，并加大 Mini LED 等新兴领域的布局及发展。项目启动后，有望形成超百亿元的产业集群，并对佛山的智能家电、汽车制造产业产生良好的促进作用。

“疫情阻挡不了发展的步伐。”王广军说。

注重积累 ▶ 重资产铸就企业“护城河”

疫情之下，企业是否应该逆势投资？不能一概而论。“每家企业情况不同，要根据企业自身情况决定，实事求是。”在谈及疫情下制造业如何突围时，北京大学国家发展研究院教授周其仁认为，一般而言，企业离生存线越远，越有条件想得长远、争取更高目标，“绝不要浪费危机中蕴藏的机遇，逆势上行，把企业带到更高的高地。”

海天味业便是这一观点的践行者。如今，该公司已启动新一期 750 亩生产车间的技术改造，预计 2023 年完成。事实上，2001 年至今，海天味业已投入过百亿元开展技改。

“即便有人拿了我们的菌种，也很难酿造出同样的味道。”海天味业董秘张欣介绍，在海天，酱油酿造需要经过 494 个环节，每个环节的温度、湿度、时间等指标的把控都决定了酱油风味的好坏。公司对每个环节的指标都有数据定点，这源于海天持续技术研发的经验积累。

可以说，正是海天味业不断地投资积累，把酱油酿造这一传统行当，做成了一个资本和技术密集型的行业。雄厚的资本积累、丰富的技术储备，为企业发展铸就了“护城河”。

□ 2001 年至今，海天味业已投入过百亿元开展技改。图为海天生产基地

疫情之下，销售业绩逆势上扬的还有格兰仕。2020 年，该公司在全球不同国家和地区的销售额都有不同的增长，出现多年未见的“国外订单挤占国内产能”的现象。有些地区、品类甚至出现增长大于100%、200%的情况。“疫情期间，格兰仕担心的不是订单，而是如何加班加点地完成订单以及顺利交货。”相关负责人称。

外贸不降反增，得益于格兰仕长期积累下来的完整的产业链，以及更为突出的品质。

2020 年 6 月，国务院召开稳外贸工作座谈会，梁昭贤在格兰仕工业 4.0 基地通过视频连线，介绍了企业生产经营和进出口情况，使得这一工业 4.0 基地得到公众的关注。

2020 年 4 月，格兰仕工业 4.0 示范基地正式投产。该基地在疫情期间仅 50 天就完成投产，具备 1100 万台微波炉的年产能，6.7 秒就可以下线一台微波炉。这极大缓解了当前格兰仕健康家电的产能压力，为内外销订单的稳定保驾护航。

梁昭贤表示，格兰仕一直坚持以造汽车的标准造家电，就算是一个普通零件，都要用最好的技术、装备去做。在他看来，企业只有发展，才可以解决各种困难和挑战，“只有舍得大规模的投资未来，企业才能发展，才能去掌握自己的命运。”

佛山案例

蒙娜丽莎：逆势投资赢市场信心　疫情期间市值破百亿大关

疫情期间，蒙娜丽莎集团股份有限公司动作连连：斥资 3.08 亿元购买新办公楼，用于展示新品、吸引高端人才；总投资 6 亿元投建技改项目，以迅速抢占特种高性能陶瓷板材市场……

自疫情发生以来，国内陶瓷行业受到较大冲击。以佛山为例，2020 年该市陶瓷行业一季度产值同比下降了 22%。而蒙娜丽莎却笃定地认为在行业“冬天”更适合扩张，不仅在全国最早实现复工复产，还启动了广西藤县第一期第二阶段 3 条生产线的投资建设。

学会在危机中寻找机会，这是蒙娜丽莎战“疫”的一大策略。“疫情迟早都会过去的，但错失的扩张机会也许不会再来。因此企业一定要提前为市场恢复做好准备。”蒙娜丽莎董事、董事会秘书张旗康说。

事实上，蒙娜丽莎也是这样做的。从产值计算，广西藤县生产基地一旦建成，相当于再造一个蒙娜丽莎。市场一旦恢复，有利于蒙娜丽莎迅速提升产能水平。

此外，该基地还拥有行业首个智能制造大数据中心，整个建设标准的自动化、智能化、绿色化水平均远高于同行。以同一条长380米的生产线来看，业内一般需要配备110名生产工人，但在蒙娜丽莎广西藤县生产基地只需要70名，生产效率大大提升。

蒙娜丽莎“冬天”投资的理念，不仅停留在生产端，还延伸至销售端。疫情发生初期，零售业面临停滞，大部分线下销售门店遭受重挫。

在此背景下，蒙娜丽莎主动玩转“宅经济”，通过线上直播等方式，在短短的几天内得到26万人关注，获得1万多笔订单。与此同时，该公司还鼓励经销商趁机占领好“码头”：不仅出台政策支持经销商度过现金流危机，还主动给予资金扶持，鼓励经销商扩大门店面积，或是抢占更佳店面位置。

“做生意都要抢占好‘码头’。”张旗康认为，在疫情下，如果不懂得找到有利的因素，会错失很多机会。企业不能一味地强调节流，更重要的是学会开源，否则就很容易错失机遇。

蒙娜丽莎这一系列做法给了市场极大信心。2020年3月5日，在蒙娜丽莎宣布全国25条生产线已全部复工复产的这一天，蒙娜丽莎市值突破百亿，达到新高。

“蒙娜丽莎近年提出了市值与产值的双百亿计划，没想到第一个百亿计划在疫情期间就提前达到了。”张旗康说。

尽管市值存在波动性，但蒙娜丽莎率先复工复产、主动逆势扩张的做法确实赢得了市场的持续看好。就在2020年5月8日，蒙娜丽莎市值突破110亿元，创下疫情以来的第二次百亿元纪录。

企业来论

秉持 “利他” 管理理念　在危机中孕育生机

文/张旗康（蒙娜丽莎集团股份有限公司董事、董事会秘书）

2020年3月5日，蒙娜丽莎集团股份有限公司实现收盘价24.95元，总市值达到100.3亿元。复工复产不到一个月，公司市值再次突破百亿元，对于将2020年定为增量元年的蒙娜丽莎来说，成绩的取得殊为不易。

在应对疫情带来的各种挑战中，蒙娜丽莎到底做对了什么，我认为坚守“四心”非常重要。

要稳住企业这艘航船的舵，首先需要高管团队强大的信心。疫情是暂时的，过分担忧甚至增添恐惧心理无助于解决问题。正是基于企业高管团队对趋势和大局的深邃洞见，复工复产才跑出“加速度”。

如何让普通员工安心，一度成为蒙娜丽莎管理层着力思考的问题，尤其是身处受疫情影响较大的湖北员工。为此，管理层出台相关政策，确保湖北籍员工不因延迟返工而在职务和待遇方面受到任何影响。

除了管理层有信心，员工更安心，蒙娜丽莎还致力于让经销商放心，并且让供应商暖心。一方面，公司允许经销商适当延缓缴款；另一方面通过与供应商沟通主动适当提前打款。在“一快一慢”的平衡策略中，蒙娜丽莎将商业关怀充分传递给上下游合作商，将暖心和放心真正直抵人心。

事实证明，蒙娜丽莎用“四心”激活了企业在非常之时的非常之力。面对建材行业企业普遍遭遇的难题和挑战，蒙娜丽莎快人一步化危为机。生产环节巧提速、销售部门不打烊、合作伙伴全盘活、资本市场信心足，这些都化为蒙娜丽莎转危为机的有力注脚。

面对消费市场变化愈发复杂多样、经历高速发展后陷入增长瓶颈、疫情仍在全球范围内蔓延等风险挑战，每一家企业出现的困难几乎大同小异，但企业管理者的思考却大不相同。在危机降临时，企业要做到不被迷雾扰乱视线，进而在蔓延的危机中孕育出新的生机，归根结底考验的是企业管理者应秉承“利他”的价值理念。

这里的“他”是消费者，也是同舟共济的商业伙伴，更是商业生态共同体。一家时刻“利他”的企业在面对风浪时已经不再是孤军前行，其短板可能成为另一个他的长项；其需求可能成为另一个他的供给；其风险可能成为另一个他的机遇。千万种风险因为“利他”缔结的生态共同体，而有可能被化解为共同的发展机遇。

危中寻机：佛山制造的需求响应术

佛山南海区大沥镇，中南机械工厂内，原来放置数控机床的地方，如今被一台台口罩生产机取而代之。在这里，每天可以下线3台平面口罩机和1台N95口罩机。

2020年初，新冠肺炎疫情暴发，口罩、防护服、测温枪等防疫物资需求剧增。作为全国重要的制造业基地，在佛山，一批企业积极响应防疫紧急需求，在短时间内搭建起一条口罩产业链，以“佛山速度”驰援全国抗疫。

同时，面对疫情后不断升温的“无接触市场”，一批佛山企业发挥市场优势和制造优势，开发出无接触电梯控制系统、钱币消毒柜、远距离测温枪等防疫“爆款”产品，率先抢占新兴风口。

疫情是企业应变能力的较量场，同时也是企业洞悉新趋势能力的竞技场。一批佛山制造企业迎“风”而上，推动品质和技术升级，抢抓疫后发展新机遇。

佛山速度 ▶ 10天造出口罩机

在中南机械工厂内，短短几个月，口罩机经历了从无到有，再到迭代升级的过程。不久前，该公司最新开发的ZNKZJ－1T1－00全自动口罩机通过广东省质量监督机械检验站检测，开始批量投放市场。

创立至今，这家企业一直致力于大中型柴油机关键零部件国产化，是“雪龙号”科考船、国产大飞机等大国重器的重要零部件生产商。

2020年初，疫情暴发导致口罩产业链从原料到成品的极度紧缺。1月31日大年初七，一通紧急电话打到了中南机械，来电者是国内最大的非织造布生产企业之一——佛山市南海必得福无纺布有限公司（简称“必得福”）。

1月24日大年三十，必得福就紧急开通3条口罩生产线，由于国内物流陷入停滞，一些精密核心零部件损耗后，原厂家无法短时间内替补上。必得福希望中南机械能够帮其生产部分精密零部件。

从柴油机关键零部件跨界到口罩机零部件，从技术原理上来讲并不难。但一切从零开始，考验的是企业快速的组织生产能力。

口罩机从零件到整机，所需大大小小的零部件达300多种，同时要保障精度和匹配度。短时间内备齐所有的零部件，绝非仅靠中南机械一家企业就能完成的。而疫情造成的各省各市间物流交通的暂时封闭，也使得更广泛地寻求零部件供应的思路不可行。

此时，佛山地区的工业基础和产业协作能力的优势凸显。

为了响应抗击疫情的号召，佛山市机械行业协会组织下属10多家企业全力配合进行零部件制造。仅在佛山供应链内，中南机械就获得了基本零部件支持，并“共享”了职业院校的技术学员。

凭借几十年精密制造技术积累和行业内的紧密协作，2月28日，中南机械第一台口罩机下线。从作决定到出成品，前后耗时仅10天。

在这场造口罩机的“突击战”中，中南机械不是“唯一”，仅是“其一”。在佛山，有一批企业紧急转产口罩生产设备，短时间内填补了产业链上的空缺。

位于顺德陈村的佛山市松川机械设备有限公司（简称“松川机械”），曾经有过短暂的口罩包装机生产经验，但由于市场需求量小，企业并未发展这项业务，转而深耕包装机械行业。面对疫情，松川机械迅速决定重操旧业。

2月10日，松川机械全力投产口罩包装机，工程师们连夜赶工，2天就完成了技术提升改进和测试，将原定20天的交货期，直接压缩至5天。其间，部分原材料和零部件供应不足一度成为扩产难题，松川机械采取调整工艺和寻找替代品等方式解决，有的部件甚至直接让员工在车间内自己开发出来。

除此之外，在口罩机的供应商名单上，还有宝索机械、华焯科技、瑞普华机械、益百机械等佛山装备机械企业。疫情期间，来自全国各地的口罩生产商日夜蹲守在这些佛山工厂门口，等待口罩机下线。

如今，随着国内疫情缓和，口罩行业也进入波峰后的“冷静期”。佛山这批转产口罩机的企业开始从应急生产转向高质量生产。“中南机械会继续经营口罩机这条业务线，并且继续提升口罩机的自动化、智能化水平，助力口罩厂商生产高质量的口罩。”中南机械副总经理毛卫东说。

深挖痛点 ▶ 用“防疫+”开发新品

以民营企业为底色的佛山，其最大的特点正是快速响应的“地面战”能力。面对疫情催生的新需求，一批佛山企业精准洞察市场痛点，打造了一批“疫外”爆款新品。

疫情期间，作为高层建筑不可或缺的代步工具，电梯因密闭性和乘坐时人员交叉接触而受到高度关注。为了避免接触可能带有病毒的电梯按键，纸巾、牙签、一次性手套等搭梯方式层出不穷。

在佛山南海桂城街道，专注研究电梯人机交互系统的佛山市伟邦电子科技有限公司（简称“伟邦科技”），迅速意识到市场对于无接触操控的电梯有迫切需求。春节假期期间，伟邦科技的团队就隔着网络为新产品打起了“腹稿”。

在 2020 年 2 月 10 日复工当天，伟邦科技团队就拿出了“电梯加装手势呼梯模块”的设计开发方案，率先将手势控制技术引入电梯行业。用户只需在电梯前自下而上扬一扬手，就相当于按了电梯“上行”键，自上而下扬手就按了“下行”键。

这种使用简单的手势来控制电梯的方式，有效地避免了疫情期间不必要的接触。当天晚上，伟邦科技董事长潘伟欣发布朋友圈，宣告了新产品“诞生”，当即就有 3 家地产、物业和产业园区客户下订单。

接下来 5 天内，伟邦科技相继推出了“电梯智能紫外线消毒控制器”“体温人脸识别终端”两款新产品。2 月 18 日，伟邦科技的“电梯智能紫外线消毒控制器”在一家电梯企业的产品中试装成功。此时，距离伟邦科技复工仅过去 8 天。

位于顺德杏坛镇的广东康宝电器股份有限公司（简称“康宝电器”）也在疫情下迎来了一次“高光时刻”。作为消毒柜行业领军品牌，针对疫情防控，康宝电器于 3 月份就宣布推出了“钱币消毒柜”“衣物消毒柜”“茶杯消毒柜”“鞋帽消毒柜”“消毒洗碗机”等多款新品。

□ 伟邦科技生产车间内，工人们正在组装产品

通过“紫外线+高温”“臭氧+高温”相结合的技术原理，康宝电器的几款新品可以给人民币、书籍、口罩、内衣、外套等进行全面消毒。这些切中需求痛点的新产品推出后迅速获得了市场的认可。其中，国内多家银行和金融机构向康宝订购了数千台“钱币消毒柜”。

距离康宝电器30公里，顺德陈村镇一家名为广东昇辉电子控股有限公司（简称“昇辉控股”）的公司，开发出远距离测温枪，可在1—3米范围内起作用，减少了近距离接触带来的交叉感染风险，大大地提升了检测效率，更适应高速路口、社区、商超等场景的需求。得益于新产品，该公司一季度接到的订单超过去年同期的两倍。

更有企业另辟蹊径，发现需求痛点。广东嘉腾机器人自动化有限公司（简称“嘉腾”）的董事长陈友在新闻中获知，某监狱发生集体感染事件。究其原因，是监狱内集体生活和就餐方式存在很高的感染风险。

陈友敏锐地发现了其中的商机，他尝试用嘉腾的工业AGV物流机器人产品，来实现监区内送餐。嘉腾很快就完成了送餐机器人的研发，并与广东等地的监狱开展对接。

疫情下，“佛山制造”用行动彰显，不仅是“有家就有佛山造”，更是“有需求就有佛山造”。

迎“风”而上 ▶ 从快速响应到发现趋势

“中国的产业与企业对突发需求的供应能力是不用发愁的，供应弹性很大。但考验是，疫情过后，如何将产品再推上一个台阶。”经济学家周其仁说。他认为，紧急需求会刺激出应急的供应，但不一定能造出长久的好产业。

当下，企业面临的挑战是，辨识哪些紧急需求会发展为常态化需求，用高品质产品去满足常态化需求。

在陈友看来，疫情将大大提升公众对机器人的接受度，毕竟机器人不用担心感染病毒。尤其是在医疗领域，消毒机器人、手术机器人、尸体运输和解剖机器人会有广阔的市场。这是值得企业深耕的新方向，嘉腾也决定发力进军医用机器人领域。

过去，嘉腾的机器人产品主要应用在制造业工厂，要拓展至医用领域，并不简单。为此，嘉腾找来一位好帮手——英国皇家工程院院士、英国帝国理工学院哈姆林手术机器人研究中心创始人、上海交通大学医疗机器人研究院院长杨广中。

2020年6月底，嘉腾三位联合创始人与杨广中就AMR（自主移动机器人）在医疗领域的应用前景和落地方法进行了探讨，双方建立了定时沟通机制，将合力打造医用机器人。

伟邦科技也看好电梯无接触操控将演变为常态化需求。潘伟欣预测，未来，无接触操控将成为电梯的一项标准选配功能。因此，伟邦科技计划在电梯无接触操作的研发上做更大投入。

伟邦科技还与中国科学技术大学的科研团队成功“牵手”。双方将合力推动“空中成像交互屏”在电梯行业实现产业化。空中成像交互屏可以实现空中投影及虚拟操作。潘伟欣表示，未来，这项新技术不仅可以让电梯实现无接触控制，还可以运用在远程虚拟会议上，应用场景丰富，市场空间广阔。

即便是在紧急需求的响应上，产品也有品质高下之分。就在口罩这个紧急风口上，也有佛山企业不满足于制作普通一次性口罩，而是加大研发力度，制作更高品质的口罩。

位于佛山高明的广东溢达纺织有限公司便是其中一家企业。作为全球最大的衬衫生产商，2020 年 2 月初，为了解决员工及社区的“口罩荒”，溢达“跨界”转产口罩，并成立了口罩生产筹备组。

溢达研发中心在公司现有防水和抗菌化学处理技术的基础上，进一步研发、突破和改良。同时，溢达研发中心快速启动自动化口罩生产设备的自主研发。在多轮头脑风暴和自主摸索后，溢达开发的“十如仕”棉布口罩应运而生。

不同于医用一次性口罩，这款民用“十如仕”口罩可水洗重复使用至少 30 次，极大地节约了疫情下紧缺的专业医疗物资，也能满足普通居民基本防护要求。同时，口罩配有独特的耳绳调节器，关注使用者的佩戴体验；商标上的二维码，方便消费者查询货品真伪和使用清洗方法等信息。

溢达的高品质口罩与市场上大部分口罩形成了差异化的竞争力。数据显示，截至 2020 年 6 月中旬，溢达生产口罩近 4000 万只，已销售 3500 万只。

短期需求响应，出手快者也许获利；但当市场回归理性，仍然逃不出“品质高者为王”的市场规律。“佛山制造”在疫情中展现的以快制胜的功夫，是雄厚制造实力的体现；但只有关注长期的市场前景，在产品品质和技术上不断升级，方可在激烈的竞争中突围而出。

佛山案例

嘉腾：掘金“无接触”经济

疫情发生前，广东嘉腾机器人自动化有限公司的董事长陈友没有想到，AGV（自动导引搬运车、无人搬运车）可以应用到如此多的场景中。

作为佛山机器人企业代表，嘉腾于 2005 年开始专注于移动机器人 AGV 软硬件的研发创新。2005 年，嘉腾推出第一款无人搬运车。2008 年，嘉腾推出第一款简易型搬运机器人。随后又推出了“小白豚”“大黄蜂”等一系列高度智能化的搬运机器人。

为了防控疫情，住宅、办公室、公共场所等各类场景都增添了“无接触”的新需求，可以跑腿的机器人成为不少场所的替代选择。

这让陈友意识到机器人市场潜力正在快速释放。他在朋友圈记录道：“今年很多人会唤醒，会知道机器人的重要性，2020 年才是机器人的元年。”

嘉腾开始积极寻找新商机。首先是医院，事实上，早在 7 年前，嘉腾就曾针对医院的消毒需求，开发一款医疗消毒机器人，但由于“生不逢时”，这款机器人当时并没有获得市场的认可，也没有成为嘉腾机器人的主流产品。

“过去，机器人的定位主要是节省人力。”陈友分析。机器人成本和人工费用的权衡是决定机器人能否推广的重要因素，而医疗消毒机器人可替代的人工有限，两相比较，医院依然倾向于选择人工消毒。

但是疫情的暴发改变了这一传统认知。“无接触”已经成为各类消费、服务场景的刚性需求，医院正是对无接触服务需求最迫切的场景之一。嘉腾再次将医疗消毒机器人的开发和推广提上日程。

另一个让人意想不到且市场潜力较大的场景是监狱。监狱采用集体生活制度，以往人工送餐和集体就餐的方式，在疫情下存在接触感染的风险，AGV 恰好可以实现无接触搬运，降低感染风险。“相比工厂等复杂的应用场景，监狱送餐属于较为简单的 AGV 应用场景。”陈友说，嘉腾已开始与广东等地的监狱对接需求。

机场作为重要的交通枢纽是防疫工作的重中之重。其中，登机廊桥消毒以往是由两名工作人员背着设备花费两个小时进行消毒。嘉腾针对廊桥做了解决方案，机器人不仅可以消毒，还可以在消毒后进行自动检测。

在这期间，也有公司主动找上门寻求合作。比如，香港一家环保公司希望嘉腾为其打造一款回收垃圾的机器人，执行自动搬运垃圾桶，将垃圾倒入垃圾车的任务。

由于垃圾桶都是标准化的形状，倒垃圾机器人要做的就是将其抱起来，倒出垃圾并放回原处，相比需要避开障碍物的扫地机器人，倒垃圾机器人实际上更为简单。“嘉腾当前已经拥有相关的技术基础，当前要做的是将其产品化并推向市场。”陈友说。

企业来论

技术研发要超前规划

文/陈友（广东嘉腾机器人自动化有限公司董事长）

嘉腾能在疫情下快速反应，推出一系列针对新场景的AGV，并且吸引企业主动掏钱投入研发，这是嘉腾长期以来沉淀的技术优势在发挥作用。创立近20年来，嘉腾坚持在研发上加大投入。在研发方向上，嘉腾不沉迷于做容易的事，而是主动另辟蹊径，在硬的地方、难搞的地方下力气。进入创新研发的“无人区”才是更有价值的事。

举一个例子，大约4年前，嘉腾接到可口可乐饮料厂的一个项目方案。因为饮料厂地面湿、黏、滑，一般来说，在AGV运行过程中，若环境潮湿，地面太过光滑，有油污或有水渍，都可能导致AGV运行打滑、跑偏或者牵引力不足的情况发生，安全和稳定性都无法保障。

可口可乐希望我们能帮忙解决这个问题。要破解打滑的难题，最重要的是要有能防滑的轮胎。我们找遍全球大大小小的AGV轮胎供应商，但最终都未能找到满足潮湿环境使用条件的AGV驱动轮。当时，嘉腾放弃了可口可乐饮料工厂的项目。

但是这个难题不仅在可口可乐饮料工厂存在，在其他饮料厂也存在。行业内没有人去解决，有可能是认为回报率不高，但是我们认为这件事值得做，做成了可能就会为企业打造了一个“杀手锏”。

所以，我们放弃了项目，但是没有放过这个技术难题。我们与中南大学合作，进行了立项开发，成立研究小组。经过三年多的努力，终于在2020年取得突破，研发出了AGV防滑驱动轮。我们现在再拿AGV防滑驱动轮跟可口可乐谈合作，对方也很开心，他们也一直苦恼没人去破解这个难题。

这次疫情以及当前的经济形势，更让我们意识到自己存在哪些弱点，很多技术都没有自主研发的能力，但是看到了弱点就要下功夫解决。我们最近还与北京大学、西安交通大学展开合作，我们想要突破一个有关传感器的“卡脖子”技术，目前这个项目已经取得广东省科技厅的立项资助。

放眼全世界，德国是公认的工业制造强国，他们的企业是如何对待技术研发的呢？我说一个自身经历的事情。几年前，我在德国一个小镇拜访供应商的时候发现，这个小镇企业，竟能将叉车承载能力做到承载60吨升高9米。要知道，国内大部分企业承载超过10吨都做不到。嘉腾曾经做过一个承载10吨的叉车，但是仅能升高1米。

他们研发60吨位的叉车肯定不是源于市场需求，60吨位的叉车现在还没有“用武之地”。但是未来一旦出现了突发事件，需要用的时候，全世界只有他们能做到，这就是可以“卡脖子”的技术，这就是让企业领先于行业的核心竞争力。

从另一个角度看，从10吨到60吨，背后需要改进的东西非常多。并不是6个10吨位叉车的电机拼在一块就能满足60吨位叉车的需求，必须要做一个满足60吨位叉车的电机出来。承载能力提升“牵一发而动全身”，需要一系列相关技术的改进，还需要经过大量的实验。这个提升的过程对企业的技术跨越很重要。当你能做60吨时，可能你在10吨、20吨的领域就能对别人形成“降维打击”。

西门子公司也有这个理念，他们做一个加工设备，最早的时候可以加工2米长的导轨，后来一直将设备加工能力做到10米、20米。他们当初还不知道这些设备可以用在哪里。但是现在，大型的工业母机需要了，西门子的加工设备有“用武之地”了。

很多创新研发不会马上就能应用。但企业在有余力的时候，就要去做一些暂时还没用的事情。德国的厉害之处就在这里，华为也是这样。嘉腾也是一直学习德国企业，学习华为的思维方式。

3年前，我们就立项研究60吨位叉车，现在已经进展到样机制造阶段，制造一台样机需要超过2000万元投资，但我们坚信这些投入是值得的，未来有可能在关键时刻发挥作用。

“尖刀”涌现：佛山制造长“新枝”

2020 年 7 月初，距离广东华特气体股份有限公司（简称“华特气体”）成功登陆科创板刚过去半年多。这半年，不少上市公司受疫情冲击业绩下滑，但华特气体却多次涨停。2020 年 5 月下旬在佛山召开的一场大会上，华特气体总经理傅铸红更当众宣布，公司在当年一季度疫情下逆势增长近 14%。令人瞩目的业绩背后，是高精尖产品对市场的征服。

华特气体并非外界传统印象中的佛山企业。与改革开放后从专业乡镇经济中诞生的众多陶瓷、家电、五金等佛山传统制造业企业不同，华特气体主要生产特种气体及相关设备，是芯片制造等“高精尖”产业供应商之一。全球顶尖光刻机制造商阿斯麦为其产品背书；国内 8 英寸及以上集成电路的制造商，90% 都是其客户。尖端技术撑起的光鲜履历，全国鲜有。

回望佛山制造发展历程，善打市场、规模取胜的企业层出不穷，但凭借过硬的技术杀手锏赢得市场地位的企业并不常见。而如今，一批手握高精尖技术绝活的佛山企业，从传统的佛山制造军团中接过接力棒：他们站上了基础材料、工业母机、精密制造等新赛道，向产业技术金字塔顶端攀登，在全球产业版图冒尖。

这批高技术“尖刀部队”，正成长为佛山产业族谱中的“新枝”。他们不仅在疫情中表现坚挺，更扩展了佛山制造乃至中国制造的深度和广度。

“超级材料”成风口，佛山制造硬核蝶变

2020 年，在产业界受疫情冲击陷入一片忧虑之际，申旭斌却在六七月份给他的企业发出了一个乐观预测：公司预计 2020 年能实现 25% 左右的增长。作为佛山市中研非晶科技股份有限公司（简称“中研非晶”）的董事长，申旭斌的乐观来自中研非晶“独特”的产品。

一卷卷酷似钢卷带的材料，如纸张轻薄柔软，从生产线上滚动下线。这些材料看似普通，实则是被称为纳米晶与非晶的新材料。与其他拥有固定使用范畴的传统材料不同，纳米晶与非晶能耗更低、成本更低、精度更高，是真正的“超级材料”，被广泛应用在电子、电力、航空等领域。疫情下崛起的5G、新能源汽车、新基建等产业，都离不开这个“超级材料”。可以说，只要有电的地方，就有其用武之地。

目前，全球仅有5家企业能量产这些高精尖材料，其中一家正是中研非晶。尤其是全球疫情蔓延，切断了很多电子、光伏企业的国外供应链，倒逼其关键零部件的进口替代。在自主技术攻关上蛰伏多年，申旭斌和他的“超级材料”一下子站上了风口。

在拥有“家电之都”“日用五金之都”等称号的佛山，家电、陶瓷企业遍地开花，但像中研非晶这样专注于基础材料研究和应用的企业并不常见。更为难得的是，中研非晶钻研出了过硬技术，也因此拥有了雄厚的行业立身之本。

目前光伏产品高端灵敏度较高的零部件之一——漏电保护器件，依赖一种特殊纳米晶材料。这种材料还应用于高精度电流传感器，可在120℃到－40℃的温度区间中，保证测试电流的稳定不变，提高车辆加速性能，成为汽车产业的刚需。而国内可以生产这一材料的，只有中研非晶一家企业。

这与外界印象中的佛山制造或许大相径庭。活跃在这片产业土地上的，不再只是以往善打地面战和攻占市场的“珠江水、岭南衣”，还有一批高度重视技术的佛山企业家。这些新科技“创一代”带领佛山制造闯入基础材料、精密制造等技术密集型产业，成长为全球高科技舞台的新角色。

2009年，正在进修博士学位的陈贤帅，将博士论文题目从高端机械手表的精密制造改成了医疗器械精密制造。“因为这块需求更加迫切，而且被国外垄断。”这个转变，催生了陈贤帅在牙种植体研究上的“十年磨刀”，及其在国内相关产业领域的开疆辟土。

2015年，陈贤帅团队成立佛山市安齿生物科技有限公司。他们在世界首创3D打印个性化牙种植体，成为3D打印口腔颅颌面修复材料领域首个吃螃蟹的人。将极高的技术含量注入小小的牙种植体中，安齿生物为牙病患者的健康和生活质量带来颠覆：通过3D打印技术设计出最适合病人的种植体，不会破坏口腔其他部位，最大程度保护病人骨头；即刻种植的新技术，让病人的修复周期从9个月缩减为3个月。

在陈贤帅更改博士研究课题的时候，普拉迪数控科技有限公司总经理李爱军和几个年轻人在佛山刚刚开启一个极富雄心的梦：进军数控机床领域。这类工业母机是制造业基石，但当时国内相关行业一片空白，设备坏了只能付出昂贵维修费请德国工程师维修。2008年，李爱军成立普拉迪数控科技有限公司，深耕型材类的精密设备开发。在不断追赶全球先进中，普拉迪填补了国内技术空白，并开始分羹原属于海外巨头的市场蛋糕。

技术硬核，市场地位提高，佛山正长出不一样的制造业之魂。

获巨头背书，凭技术绝活造“尖刀部队”

手握技术绝活，佛山企业开始跨入巨头的世界。

站在全球光刻机生产金字塔顶端的，是荷兰企业阿斯麦。它几乎占据了世界高端光刻机的全部市场份额。企业若能打入阿斯麦供应体系，进入其产品说明书，无疑拥有了征战世界市场的最佳通行证。而佛山企业华特气体就拥有了这张通行证。

华特气体生产的特种气体是生产芯片的必需原料。芯片制造中，将稀有的混合气体通入光刻机的激光腔内，可激发出特定波长和能量的激光，在芯片表面形成线宽为纳米级的特定电路图案，实现芯片的刻录。特种气体的品质对芯片工艺精度至关重要，其全球主要生产商并不多，华特气体正是其中之一。

2019 年营收约 8 亿元的华特气体与不少国际同行相比，体量并不大，却凭技术打入巨头供应链。

2017 年，华特气体的光刻混合气通过阿斯麦认证，将自己的名字印入了阿斯麦的供货产品说明书上。这意味着阿斯麦强烈建议用户在使用阿斯麦生产的光刻机时，配套使用其认证企业的光刻气。若用户发现光刻效果不好，阿斯麦不承担责任。而获此认证的，全球只有 4 家企业，华特气体是其中唯一的中国企业。

这是一种含金量极高的巨头背书，华特气体用了 19 年才实现，从气体纯化、运输

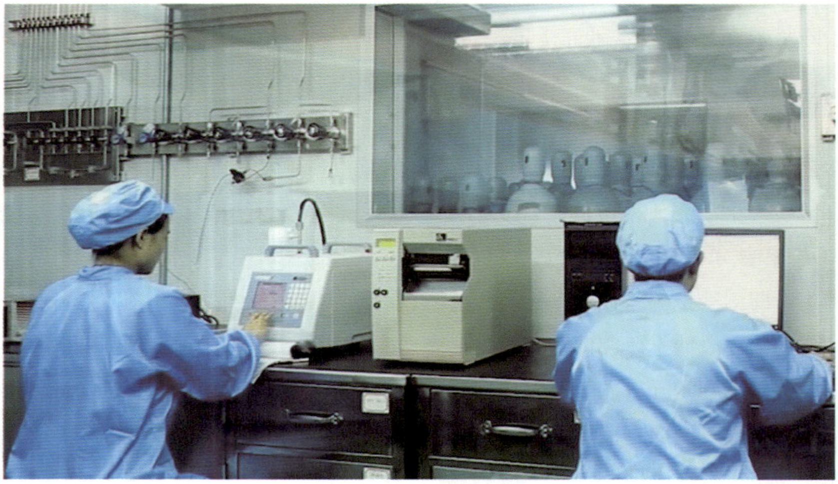

□ 一批高技术“尖刀部队”，正成长为佛山产业族谱中的“新枝”。图为华特气体研发员

设备和检测方法创新等技术攻关，到取得阿斯麦认可的信任建设。过程的曲折外界无从得知，但有一点可以确定，那就是只有真正高精尖的技术，才能敲开巨头的门。

经济学家周其仁将这类规模不大，但创新异常活跃、技术实力强劲的企业，称为“尖刀”。他认为：“以后产业竞争的仗越打越细，只要你技术强，小企业也可以成为大产业组织中的‘尖刀部队’。”

在佛山，“尖刀部队”持续亮剑。他们不仅为全球知名企业供货，还凭“尖刀”技术，逐渐成为巨头创新价值链上的一环。

在全球，只有三家企业拥有基于钴基材料的刺探真式电流传感技术，其中一家就是中研非晶。中研非晶在国内对该技术的独家“垄断”，让它进入了华为、比亚迪的采购、合作视野。除此之外，全国前七位的光伏企业，都将中研非晶列入了核心供应商名单。

在供货过程中，中研非晶产品技术的“不可替代”，进一步吸引科技巨头与其合作研发，共同创造价值。中研非晶和华为西安、上海、深圳等地的研发中心及 212 实验室开展合作。二者合作研发的钴基非晶等已在华为漏电传感器上批量应用。

从打入外部供应链到切入巨头价值链，佛山“尖刀部队”甚至征服了以“挑剔”闻名的日本大企业。非特新材料，国内民用陶芯领产业的隐形冠军企业，为汽配行业提供精密陶瓷型芯这一必不可少的材料。在高技术与品质加持下，企业和丰田达成长期合作。“丰田需要发动机，我也可以提设计思想，找人去给他研究。”企业负责人说。

挑“硬骨头”啃，创新研发瞄准“高精尖”难题

“尖刀部队”的炼成，绝非一件容易的事。相反，技术“尖刀”能出鞘，恰是因为有一批佛山企业愿意挑难的事情做。他们主动放弃杀价竞争，而是从以往“卡脖子”技术上撕开口子，投身更高阶的竞争。

嘉腾机器人，德国红点奖获得者。在其生产车间内，一辆装有明黄色防滑轮胎的 AGV 小车在湿滑的测试地面上，平稳地行驶而过。这是嘉腾历时 3 年研发的 AGV 防滑驱动轮，破解了 AGV 行业一直无人可解的防滑难题。

一切源自 2017 年嘉腾与可口可乐的擦肩而过。彼时，嘉腾接到可口可乐饮料厂的项目方案。但由于该工厂地面湿、黏、滑，AGV 运行时轮胎容易打滑，无法满足客户对安全性和稳定性的要求。嘉腾找遍全球大大小小的 AGV 轮胎供应商，始终未能找到可在潮湿环境使用、具有防滑功能的 AGV 驱动轮。

无奈之下，嘉腾放弃了可口可乐饮料工厂的项目，转而自主立项研发破解难题的技术。它成立研究小组，并与中南大学展开合作。经过 3 年多的努力，AGV 防滑驱动

□ 嘉腾机器人

轮在2020年面世。它能在潮湿、积水、油污、极光滑地面等各种特殊地面上稳定行驶，防滑驱动轮与地面的附着系数比一般驱动轮高50%以上，从而保证AGV在各种负载下能够提供足够的牵引能力，不跑偏、不打滑。

“仅从赚钱角度，这件事不一定值得做，因此一直没人去破解。但它可能在以后某个时刻成为杀手锏，甚至成为‘卡脖子’的技术。从难处入手，才有价值。”嘉腾董事长陈友说。

敢挑“硬骨头”啃，究其根本在于佛山企业在创新建设上的用心投入。

周其仁谈国内创新困境时指出，后发国家实际上是一个系统性的落后。制造落后是因为设备落后，设备落后是因为人才培养落后，人才培养落后则源于科学理念落后，落后困境要一个个来突破。佛山“尖刀部队”正是从人才培育和创新管理根源入手，在创新研发上高举高打。

每一年，普拉迪都会将销售收入的6%投入研发和人才培育上，雷打不动。即使新冠肺炎疫情下企业想方设法在各方面节省开支，但对研究院的投入却一分不少。用总经理李爱军的话说，“研究院院长的任务就是要花完这个钱，花不完就要问他为什么。”

与此同时，普拉迪高度重视工程师人才。在企业内部，普拉迪尽力营造出热爱车间、尊重工程师的环境，并且提升高级工程师的荣誉，甚至给予其不低于经理的重视与待遇。

同样靠人才建设“磨刀”的还有中研非晶。中研非晶的起家，本身就得益于其集结了国内最早一批接触研发非晶与纳米晶材料的人员。为保证高端研发实力，企业在佛山和深圳设立研发中心，不仅拥有国内顶级的博士团队，还引入了不少国外顶级专家，在研发上少走弯路。

逆流而上挑战技术难题，佛山的“尖刀部队”正撬动着制造业的新格局。

佛山案例

华特气体：特种气体行业尖兵如何炼成

能获得顶尖光刻机生产商阿斯麦的认可，是件十分不易的事。而广东华特气体股份有限公司突破层层重围，凭借光刻混合气获得了巨头的认可。

“我们从1998年就开始研发这款气体，过程非常艰难。”华特气体总经理傅铸红回忆光刻混合气的研发历程说。这家成立于1993年的佛山企业，主打特种气体及相关设备与管路工程研发，如今已成为国内特种气体行业尖兵。

特种气体被视作工业气体的“特种兵”。其中，应用于半导体工业的电子特种气体，更被称为半导体材料的“粮食”和“血液”。

“我们首先要攻克的，就是对组分气体进行纯化这道关。”傅铸红说，“有些组分气体含量非常少，只有几克甚至零点几克，要将他们精准地混合在一起，还要保证他们在管路的输送和钢瓶的存储过程中长期保持量值的稳定，这对我们的技术要求非常高。”

华特气体的研发团队在几乎没有任何专利文献可以参考的情况下，不停试错和摸索，在积累了几千组实验数据后，最终研制成功，攻入了光刻混合气这一高端领域，并通过了阿斯麦认证。

作为一家中国的民营气体企业，华特气体在国际竞争对手面前，体量并不大。2019年，华特气体营业收入为8.44亿元人民币。而法液空、林德等国际巨头气体企业，营收都在千亿元人民币以上。

傅铸红回忆，正因如此，阿斯麦在最初的接洽中甚至不愿意测试华特气体生产的光刻混合气。“我们不断地和他们沟通，通过展示生产过程、品控手段、精准检测的技术等，前后用了近一年的时间，让阿斯麦相信了我们的专业能力，最终通过了认证。”

得到巨头背书，还源自华特气体在高端技术研发领域早有积累。10多年前，国内的特种气体市场几乎被法液空、林德等国际巨头垄断。而如今，华特气体已研发并推出了20余种进口替代的高端产品。

凭借比肩国际一流品质的特种气体产品，华特气体拥有了中芯国际、华虹宏力、长江存储、台积电、京东方等国内一线知名企业客户，实现对国内8寸以上集成电路制造厂商超过80%的客户覆盖率。其产品还进入了英特尔、美光、德州仪器、海力士等全球领先的半导体企业供应链体系。

“华特气体要成为推动中国半导体行业高端化发展的‘尖刀部队’，还有较长的路要走。但我们会通过拓展产业链和产品线，向这个目标靠近。”傅铸红说。

企业来论

用好创新三招　磨炼技术“尖刀”

文/申旭斌（佛山市中研非晶科技股份有限公司董事长）

北京大学国家发展研究院教授周其仁指出，中国的中小企业要通过掌握核心技术、核心产品，做大产业组织中的“尖刀部队”。

这个观点为中小企业的发展提供了很好的思路。特别是对聚焦于前沿研究的中小企业而言，通过掌握顶尖技术、研发顶尖产品，嵌入大产业体系中，能够加快技术的应用速度，提高中小企业的业内知名度。

但要做好“尖刀部队”并不容易。以中研非晶为例，2020年，在新冠肺炎疫情影响下，中研非晶预计还能增长25%。主要源于华为等大企业在国内寻求高端材料和器件的进口替代，而中研非晶成为他们的重点合作对象。

总结起来，中研非晶能在疫情危机中迅速把握机遇，做大产业的技术“尖刀”，主要是因为13年来摸索并践行了三条核心经验。

第一，高额投入，持续创新。说得直白一些，就是我们敢砸钱、砸大钱。在我所处的行业，如果企业不在核心业务、核心技术和核心产品的研发上给予持续的高额投入，就很难立足。到目前为止，中研非晶作为一个年销售额3亿元的中小型企业，年均R&D（研究与发展）投入都在1500万元以上。这种投入让我们有能力实现更多技术突破。

比如，在非晶和纳米晶粉末上，我们有将近16项专利，包括5项发明专利，十多项的实用新型专利，这些制粉工艺完全是自主创新，和行业通用工艺完全不同，这也使得我们的制粉工艺在国内处于领先地位。

第二，紧盯高端，快速迭代。通过高水平研发，不断推出可以替代进口的更高端产品。

一方面，我们致力于推动非晶和纳米晶高端产品的进口替代。过去，非晶和纳米晶新材料长期被国外企业垄断。2000 年后，国内开始对非晶和纳米晶材料展开研究和应用，如今，我国非晶和纳米晶已基本打破了国外垄断。

但是我们必须看到，国内的非晶和纳米晶企业还处于追赶者地位。大部分产品都是宽带非晶等中低端产品。而行业内的高端产品，其研发和生产仍被德国、日本的企业牢牢控制。

另一方面，国内的市场环境还不成熟，主要是产品间的高度相似以及业内的无序竞争。这突出表现在许多小型企业以快速仿制为竞争手段，缺乏自主创新能力。比如，近年来，能够生产宽带非晶的企业如雨后春笋般多了起来，而宽带非晶是一种低频产品，技术含量不高，众多厂商的出现导致这个产品出现产能过剩，价格大幅下滑。

因此，中研非晶采取的策略，是紧盯国际高端产品，不断提升创新、研发速度，推出更多更优质的高端进口替代产品，让自己跑得比市场更快一点，用速度、技术和产品，形成“护城河”。

比如，我们放弃了宽带非晶产品，致力于高技术含量的非晶和纳米晶粉末研发和创新；我们强调与华为、比亚迪、特斯拉等头部企业合作，在解决行业高端问题中提升企业竞争力和行业价值。这样一来，企业在不断向上壮大发展的同时，也避免陷入中低端的价格战之中。

第三，激励人才，聚拢团队。中研非晶是新材料前沿研发企业，对研发团队要求极高。我们之所以能够在较短时间内实现产能和销量全国领先，并且只用了不到 10 年时间就使产品达到国际同等技术水平，离不开研发团队的支持。

目前，我们已经组建了一只 130 余人的研发队伍，几乎覆盖了从材料渗透到器件的每个工序。仅在材料的研究上就聚集了十几位硕士、博士人才。我们还分别在佛山和深圳设立了研发中心。

但是要聚拢一支稳定的研发队伍并不容易，因此，这些年中研非晶在激励人才上下了不少功夫。我们给核心研发人员以股权激励，让他们和公司共成长，真正享受公司发展的红利。同时，企业竭尽所能提供关怀与服务，比如在员工的子女入学方面给予必要帮助。此外，我们坚持推动中研非晶始终走在行业前列，让研发团队始终拥有新的挑战、新的成就感和更高的个人价值体现。

佛山“逆行”：通商难题下的往来策

2020 年 7 月 7 日，合肥。戴着口罩的广东嘉腾机器人公司副总裁陈洪波再一次抵达出差目的地。从当年 3 月起，陈洪波平均一周出差一次。早期因出行的人太少，他频频“包机”，成了不少航班上唯一的乘客。

这是佛山企业家全球“逆行”的缩影。受新冠肺炎疫情冲击，全球商务往来受阻，跨国出行更是一度停滞。但一批佛山企业家在确保防疫安全的前提下，主动破解往来难题，走在“逆行”通商的路上。

此时的“逆行”是富有价值的。在来来往往中，率先伸出商业触角的佛山企业，或是收获客户更强的信任感，或是立竿见影地赢得订单，在市场竞争中得以抢占先机。

“这就是来来往往的经济，也是所有经济政策、经济行为中高度重视来来往往的根源。”北京大学国家发展研究院教授周其仁说。

“逆行”全球 ▶ 戴着口罩出差去

直到现在，德国客户对佛山市普拉迪数控科技有限公司（简称“普拉迪”）的“逆行”之举，仍表示非常感动。

那是国内疫情最严重时。2020 年 2 月，在国内新冠肺炎疫情已暴发的情况下，为确保售后服务，普拉迪的员工仍在德国为客户提供设备测试服务。

这源于 2019 年底，普拉迪与一德国客户签订合同后，确定出售 6 台数控设备到国外。按计划，这批设备从 2019 年 12 月开始发货，从秦皇岛出港后，再走水路前往德国。

设备抵达德国时正是 2020 年 1 月 30 日，彼时距离武汉宣布“封城”仅过去一个星期，国内“抗疫战”已打响。

普拉迪总经理李爱军一度也有些犹豫，此时到底该不该派出员工赴德。但是，及时完成设备安装与调试等工作，向来是普拉迪的核心竞争力之一。

考虑到当时新冠肺炎疫情还未在国外包括德国等地暴发，2020 年 2 月初，普拉迪决定在确保员工防疫安全的情况下，分两批派出员工到德国开展售后服务。

受疫情影响，同期国内大多数控设备企业仍在为如何实现防疫与复工复产两手抓而努力，但普拉迪的员工已经在德国进行设备调试多日。

然而疫情的发展超出所有人的预料。2020 年 3 月，新冠肺炎疫情开始在欧洲地区暴发。此时普拉迪在德国进行售后服务的员工，面临回国航班一票难求的问题。

“既然已经在外，我们就要冷静地处理好。”李爱军回忆道，在员工暂时无法归国期间，普拉迪总部与在外员工保持紧密联系，每天了解员工身体情况，并随时跟踪归国航班信息。

可喜的是，随着国内疫情逐步受控。德国赴中国的航班在此后开始恢复，普拉迪选择花高价为在国外的 10 多名员工购买归国机票，自 2020 年 3 月起开始分批搭乘航班回国。到了 2020 年 4 月，最后一批 6 名员工顺利回归。他们在完成 14 天隔离后，无一感染病例，均已返岗上班。

与普拉迪一样，佛山市海天调味食品股份有限公司同样在疫情最严重时，努力开展商务活动。

“当时市场人员一度只能住在经销商仓库。”海天董事会秘书张欣回忆道，2020 年 2 月底，在国内疫情仍未完全受控的情况下，率先复工的海天为了掌握市场一线信息，在确保市场人员防疫措施到位的情况下，大胆派出员工出差。

作为全球酱油生产规模第一的企业，海天在国内多个地方设有办事处。正常情况下，市场销售人员出差时，都可住在办事处。但是疫情暴发当时，销售人员去到某县城跑市场，各地社区封锁，他们已经来不及赶回办事处。加之当地宾馆均被关闭，最终该员工只能在经销商的仓库中留宿。

从国内到国外，尽管自疫情发生以来，企业要开展商务往来活动并不容易，但一群佛山企业仍然选择保持来往，通过不同方式坚持开展商务活动。

伸出触角 ▶ 在来来往往中抢商机

保持来往的背后，正是为了抢占先机。

“因为谁最先走出去，谁就能最先赢得客户的认可。”李爱军说，尽管从设备销售周期来看，此前普拉迪跨国“逆行”的服务暂不能立竿见影地带来新订单，但是客户对其的信任感与合作黏性已经明显提高了。

与此同时，一部分在疫情下“逆行”通商的佛山企业已经尝到了甜头。

蒙娜丽莎集团股份有限公司（简称“蒙娜丽莎”）就是这样的例子。面对疫情期

□ 蒙娜丽莎位于广西藤县的生产基地

间企业开展商务往来的防疫风险问题，蒙娜丽莎选择主动加大投入。过去公司的业务员跑市场，都是去搭乘高铁、大巴等公共交通。在疫情暴发初期，为了确保防疫安全，蒙娜丽莎让员工以自驾的方式出行。

虽然出行成本高了，但成果显著。蒙娜丽莎经过对比发现，在疫情下，只要去到一线的业务员，带回来的订单都会比坐在家里通过互联网方式对接客户的员工多。

广东德冠薄膜新材料股份有限公司也有同感。在海外疫情严重的 2020 年 3 月，德冠薄膜的出口订单仍能保持增长，事后回想起来，德冠薄膜执行总裁何文俊认为，“口罩外交”发挥了重要的作用。

在海外疫情暴发时，德冠薄膜依托自身前期的抗疫经验积累，把自己做的抗疫指南翻译成英文版本，并主动赠送给客户参考。同时很多出口部的同事主动购买口罩寄给海外客户。

德冠薄膜执行总裁何文俊算了算账，但凡是有口罩“助攻”的客户，其订单的带动效果更明显。

“当代的财富都是在来来往往中生产的。”在周其仁看来，新冠肺炎疫情的出现对互联互通造成了巨大的打击，越是这种时候，越需要“来来往往”。

小米手机的崛起正是如此。在手机业务创业初期，小米创始人雷军曾经希望找到日本夏普作为屏幕供应商，他亲自跑到日本，一遍又一遍地向夏普介绍小米手机的商业模式等，但是面对彼时还处于起步阶段的小米，夏普表现谨慎，始终没有答应供货。

然而在 2011 年，日本大地震造成核泄漏。当时很多手机厂商都因为核泄漏不愿意到日本，但是雷军却带着团队直奔夏普。夏普对此非常感动，表示感受到了小米手机的诚意，当场就答应给雷军供货。

“这是企业发展的好经验。”周其仁认为，在别人困难之时，企业若是选择“逆行”通商，其所带来的价值与效率都会明显高于平时。

AI 赋能 ▶ 探索“云”上通商

目前企业要重启“来来往往”的挑战依然比较大。

特别是在国际市场上。相比国内疫情已相对受控，新冠肺炎疫情仍在全球持续蔓延，不少国家或地区暂时仍采取限制商务签证等做法，而国际航班大多仍处于停滞状态。

基于此，各种线上的商务往来模式应运而生。

在 2020 年 6 月的第 127 届广交会上，470 家参展的佛山企业就体验了一把线上商务。与往年的广交会不同，受疫情影响，第 127 届广交会被“搬”到了“线上”。展会设立了线上对接平台，其中就包括了网上直播专栏与链接。

利用该平台，在广交会期间，广东兴发铝业有限公司（简称“兴发铝业”）专门设计了“云看厂”，由出口部业务员通过车间直播的方式，向客户介绍工厂情况。

为了这次“云看厂”，早在广交会前，兴发铝业销售总监黄李琼已开始组织海外员工成立广交会主播小组，并邀请有直播经验的主持人来为小组做培训。

已从事了超 10 年外贸工作的黄李琼认为，过去受网络和设备影响，国外客户要深入了解工厂，更多只能通过打“飞的”的方式前来考察。如今迎着“直播”风口，“云看厂”有望在今后成为国际商务往来的新趋势。

广东星联精密机械有限公司（简称“星联精密”）总经理姜晓平也有同感。最近，他带领团队正试图打造更真实的“云看厂”模式。

星联精密是一家生产销售瓶盖模具的企业，因模具产品作为工程产品，从立项开始，就需要了解客户需求。对该企业来说，要开展订单合作，迫切需要安排工程师到现场进行沟通。

基于目前商业来往困难的现状，星联精密正在寻找技术合作方，希望打造“云”上的商务会客厅，把远程可视化的技术引入工厂中，尽可能缩小在线交流沟通与面对面沟通之间的差别。

在姜晓平看来，这不仅是为了应对眼前疫情下商务往来的困难。从降低企业商旅成本、提高与客户的沟通效率来看，让新技术赋能商旅工作，也是未来发展的需要。

这样的探索，也得到了周其仁的认可。他认为，通商是产业当中最难的部分，疫情只是让问题变得更加突出。如果“云”上商务会客厅能够建立起来，未来一旦信任建立以后，常规的往来就可以利用虚拟客厅进行。

“因为谁也不敢说，下一次疫情什么时候会再出现。”周其仁说。

佛山案例

普拉迪：疫情下赴德国调试设备

为了确保售后服务在疫情期间不缺位，最近，佛山市普拉迪数控科技有限公司正试图嫁接“互联网+”技术。

受海外疫情持续暴发影响，许多国家目前已经停止了商务签证。“我们希望通过互联网的方式，在疫情期间，实现远程服务。”普拉迪总经理李爱军透露，公司正与联通合作，计划共同开发解决方案。

但对普拉迪而言，这只是次优的选择。因为只要条件允许，普拉迪就会想方设法地派人出行。

而在疫情最严重的时刻，普拉迪就曾经实现了“逆行”。

按照计划，一批2019年已确定要卖到德国的数控设备，在2019年12月开始发往德国。从运输所需周期来看，设备抵达德国时，已到了国内疫情暴发最严重的时候。

按照往常，以最快的速度为客户进行设备安装和调试，是普拉迪的核心竞争力之一。毕竟当初李爱军选择创业的原因之一，正是因为购买国外设备存在服务响应周期过长的问题。

那是2000年，当时刚好从湖南来到广东工作的李爱军，参与了对一款德国数控加工设备的操作与调试工作。彼时，国内此类设备大多是进口德国或日本的。

但是这些进口设备不仅价格高，且服务的反应周期非常长。李爱军在工作期间就曾遇到一次设备出现故障，当德国的工程师到达工厂开展维修后，提出需要采购一个5万元的配件才能修理好故障问题，但这个配件需要1个月才能到货。

等待配件的过程中，李爱军抱着试一试的心态，决定自行处理故障问题。结果配件还没到货，设备就被李爱军修好了。

这让李爱军看到了创业的机会所在。而此后他所创立的普拉迪，也一直视及时的售后服务为企业竞争力之一。

疫情下，普拉迪依然决定“逆行”开展服务。2020年2月，在确保员工防疫措施到位的情况下，普拉迪分两批派出员工前往德国进行设备调试服务。其间，由于新冠肺炎疫情此后也开始在海外暴发，普拉迪的员工一度受此影响，滞留在了当地。

但是身处中国的李爱军与其他总部同事时刻与在德员工保持联系，在监测其身体状况的同时，随时寻找可以回国的方式。

随着国内疫情在此后受控，这批员工到了2020年4月已经全部顺利返回国内。而因为新冠肺炎疫情在海外的持续暴发，受此影响，许多商务签证已经停止发放，企业要开展国际商务往来就更难了。

而那一次“逆行”也成为普拉迪自2020年6月以来，最后一次员工的跨国出差。

尽管如此，普拉迪仍然在等待机会。李爱军表示，只要外出通商的渠道一开放，普拉迪在要求加强员工自我防护的情况下，仍然会第一时间派出员工出外进行商务和技术支持。

企业来论

越是有挑战，越要走出去

文/李爱军（佛山市普拉迪数控科技有限公司总经理）

普拉迪诞生于2008年的“危机年”。这之前的国内中高端数控设备大多是以进口德国和日本为主，这类设备的质量更优，但价格昂贵以及服务响应周期长的问题非常明显。

21年前，我在操作进口数控设备，曾经有一次遇到设备坏了，就故障排除都需要等一个月，更别说维修好设备需要的时间，维修费用也是非常高昂。当时我的第一感觉就是，这是一个机会。因为我相信肯定不止我所在的企业有这种状况，别的企业应该也会遇到。

此后，在普拉迪的发展中，我们把更高效的售后服务作为企业的核心竞争力之一。所以，即使在疫情期间，我们仍然逆向而行，派人到德国调试设备。

记得当时已是2020年2月初，国内正处于抗疫初期。我们在确保员工防疫措施到位的情况下，分两次派人到德国进行设备的调试和安装。德国的客户对我们的举动表示非常感动。

装备行业的企业需要在技术、品质、成本、交期、服务等方面较量，相比欧洲和日本的装备企业，我认为我们要和他们竞争，在努力追赶技术和品质的同时，就必须通过后三项的优势来赢得市场。特别是服务，因为从产品来看，我们必须通过这种付出来赢得市场，再通过市场需求提升我们的技术和品质，最终以综合优势来提升企业竞争力。

过去两三年，我几乎每个月都会去德国和日本等工业发达国家学习他们的先进技术和管理。在数控装备领域，中国要提升，我认为需要主动对标国际先进一流企业和产品，不断走出去，这有利于我们加快学习先进经验。

新冠肺炎疫情出现后，企业要开展国际业务的难度更大了。但是，越是这个时候，越要努力走出去。

早在疫情前，我们就订购了一台德国设备。到疫情来了，对方以为我们不会要这台设备。结果我们仍然正常采购，支付定金，这让合作方非常感动，连续写了3封感谢信来表达感激。

可见，在疫情期间，无论在全球中主动买，还是主动卖，其实价值都更高了。因为要做这件事难了，但做成了，带来的有形与无形价值都更高了。

当然，在疫情期间，外贸很多订单停滞了。不过普拉迪不会放弃，我们的目标仍然是不断加大国际市场的开拓。

一个客观的问题就是，现阶段受疫情影响，不少国家都暂时停止了商务签证。所以现在解决国际商务往来，普遍只能走线上模式，比如线上广交会等。

从效果来看，线上展会始终是一种次优模式。面对面的交流，对企业的商务工作来看才是最优。目前能看到的是，有一些国家之间也会针对商务工作开辟绿色通道。

解决商务人士出行问题，需要政府来主导。一旦有了绿色通道，普拉迪一定会主动申请走出去，毕竟在这个阶段，谁最先走出去，谁就能最先赢得客户的认可。

第二章 实战观察

华兴玻璃：亚洲日用玻璃大王的平衡术

2020年6月底，广东华兴玻璃股份有限公司全国16家工厂车间内，过千款日用玻璃瓶正以24小时不间断发货的方式，被送往全球各地。

这种加班加点赶订单的状态，华兴玻璃已持续一个多月。在订单的带动下，华兴玻璃管理副总裁曾雪琴等一批高管在6月以来，一直奔走在福建、重庆、哈尔滨等地，忙于筹备新工厂。按照计划，2020年华兴玻璃至少还有3家新工厂要动工或建成。

与华兴玻璃的逆势飘红相比，自新冠肺炎疫情发生以来，国内日用玻璃行业至少近六成企业先后停工，而华兴玻璃却做到了自疫情发生以来，包括湖北黄石工厂在内的全国生产基地不停工。

“这得益于华兴玻璃居安思危，在平时就做好危机应对。”华兴玻璃董事长李深华认为，如果企业等到危机来临时再做应对，往往为时已晚。

发展韧性 ▶ 全国生产基地不停工

因玻璃生产工艺限制，玻璃企业常年是不停产的。

对亚洲最大日用玻璃制造生产商、占据日用玻璃市场近20%份额的华兴玻璃而言，同样不例外。

但受新冠肺炎疫情影响，特别是在2020年上半年疫情暴发初期，华兴玻璃若要继续保持工厂不停工，并非易事。

尤其是华兴玻璃的黄石工厂。这家工厂坐落于湖北省黄石大冶罗桥工业园，每年有近七成产能供应于距厂不足10公里的白酒企业——劲牌有限公司。

紧跟客户所在地设厂，是华兴玻璃工厂的选址原则。这些年来，跟随海天、老干妈等客户的发展步伐，华兴玻璃已在全国13个省、直辖市内，累计布局了16家工厂。

相比于另外15家工厂，因湖北省是新冠肺炎疫情的国内首发地，位于当地的华兴玻璃黄石工厂彼时防疫压力显然更大。

“从防疫的角度看，工厂不停产比停产更安全。”李深华回忆道，当时因黄石工厂的 1000 多名员工一直在厂内吃住，若是工厂不停产，反而实现了相对封闭式的防疫管理。与此同时，李深华深信，疫情只是一种短痛。

于是，李深华做了一个大胆的决定：全国生产基地，包括黄石工厂在内继续保持生产。此后，他带领高管进入“战时”状态：手机 24 小时开机，以随时应对各地工厂，特别是黄石工厂可能发生的问题。

2020 年 1 月 26 日到 3 月 14 日，华兴玻璃黄石工厂进入“封厂”模式。内部员工在厂内严格遵循防疫要求，包括就餐采取分布式就座，在宿舍要求尽量不说话等。

因防疫得当，黄石当地政府在此后推进企业复工复产的过程中，直接把华兴玻璃黄石工厂列为当时其他欲复工企业的学习标杆。

实际上，不仅是黄石工厂，自疫情发生以来，华兴玻璃 16 家工厂在不停工的情况下，全国累计近 1 万名员工至今都未曾发现疑似或感染的新冠肺炎病例。

相比之下，据统计，在疫情期间，国内玻璃行业先后有接近 60% 的厂家选择停工。而一旦停工，按照行业的情况，一般需要至少 4 个月才能恢复生产。

不停工不仅能够保证客户订单的及时交付，提供相比同行更稳健的生产保证，也让华兴玻璃很快“追”回 2020 年 2—3 月下滑的订单量。截至 2020 年 6 月，华兴玻璃同比 2019 年销量已呈明显的正增长态势。

居安思危 ▶ 把对危机的应对做在平时

在李深华看来，这得益于华兴玻璃在日常做到了居安思危，主动规划企业生态。

毕竟在疫情期间，华兴玻璃能做到全国生产基地不停工的背后，做好防疫仅仅只是第一步。企业在此时要保证正常的生产，既要有上游供应链的支撑，更要有下游市场订单的保证。

这正是华兴玻璃的“功夫”所在。

李深华认为，所谓风险管理，理念上是预防重于化解，关键是让风险不再出现。这对华兴玻璃而言，意味着要通过内部设置财务预警，外部通过供应链与市场布局的平衡来实现。

比如在市场布局上，企业要有淡旺季的平衡理念。

专注于日用玻璃的华兴玻璃，目前产品涉足食品、饮料、调味、保健、酒类以及化妆类等品类，共有 1000 多种在线生产的不同型号的瓶罐产品。产品在销售上已形成一定的互补性，例如白酒与啤酒的玻璃瓶在销售季节上是错开的。产品相对均衡分布，确保企业在疫情下稳健销售。

注重平衡的经营战略，贯穿于华兴玻璃的众多决策中。在与客户合作时，华兴玻璃会有意识地控制合作规模，特别是避免过度依赖单一企业。

同样地，尽管华兴玻璃在设厂时一定会根据当地市场规模或资源情况进行合理布局，尽量避免把生产集中于一个区域。

这种布局方式在疫情期间发挥了作用。自疫情发生以来，华兴玻璃除了中部地区受疫情影响，销售下滑明显，其分布于江苏、河北以及新疆等地的工厂因当地受疫情影响相对较弱，市场需求仍保持一定增长。

甚至是在招聘员工时，华兴玻璃也很注重均衡，避免只招局部区域的员工，避免因地域影响出现的返工难题。

华兴玻璃在日常方方面面锻造的平衡术，构成了其在新冠肺炎疫情前展现出的“免疫力”。而这些能力都非一日所能练成，比如设厂，在玻璃行业，从建厂到能够实现产品交付至少需要两年。

“这要求企业要真正地把对危机的应对，做在平时。”李深华说。

技术赋能 ▶ 牵手西门子打造“灯塔工厂”

2020 年，华兴玻璃继续开展数字化改造计划不变。在李深华看来，华兴玻璃未来要实现发展的跃升，光靠传统的生产模式已经“挤不出一滴柠檬汁”，必须向人工智能要生产力。

打造工业 4.0 工厂正是其发展目标。自 2019 年以来，华兴玻璃正式牵手西门子。作为德国工业 4.0 的代表企业，西门子对华兴玻璃的数字化水平进行了一次全面“体检”。

西门子通过对华兴玻璃在产能规划、快速和柔性的生产计划、高效的产品和过程数据追踪等 15 个维度进行分析后，判断华兴玻璃正处于工业 1.0 到工业 2.0 之间。

在此基础上，西门子与华兴玻璃计划从今年起，逐步把华兴玻璃打造为“灯塔工厂”。所谓“灯塔工厂”是指在第四次工业革命尖端技术应用整合工作方面卓有成效、在大规模采用新技术方面走在世界前沿的领先企业。

按照初步计划，这至少需要 5 年的时间。但在此前，华兴玻璃已经在基础管理、标准化方面做足准备。

早在 2005 年，华兴玻璃与日本专家合作，引入丰田精益生产模式。在当时，每个月都会有 4 天的时间，由丰田的专家来到华兴玻璃现场，指导员工开展精益生产。

曾雪琴认为，十几年管理变革持续推进，形成了变革文化，让员工形成了不满足于生产现状的习惯，这有助于提升公司基础管理水平。而近年来，华兴玻璃大力推动

□ 华兴玻璃开展数字化改造计划

车间的自动化，大量引入自动化设备，为后续开展标准化、数字化再到信息化与智能化奠定基础。

引入西门子后，华兴玻璃将通过持续投入资金的方式，逐步实现工厂的改造升级。

这项变革工程，对华兴玻璃来说，同样也是“居安思危”的举措之一，毕竟让自身保持更高水平的发展能力，本身就是锻造企业“免疫力”的重要内涵。

但这样的华兴玻璃依然有危机感。

从新冠肺炎疫情在国内的发展情况来看，防疫工作已取得阶段性成果。在这种情况下，华兴玻璃确实实现了很好的应对。假如疫情延续的时间更长，华兴玻璃能否应对？对于这个问题，华兴玻璃目前并没有答案。

“没有答案就是没有准备，这就是疫情下，我们现在最大的危机。”华兴玻璃“企二代”李智校说。

手记

危机来时，考验企业“日常功夫”

“如果等到危机来了再去应对，那就为时已晚。”华兴玻璃创始人李深华在谈及如何应对新冠肺炎疫情冲击时的这句话，道出了企业在风险管控时的重要理念，那就是预防胜于应对。

这是一个朴素的道理，但知易行难。

以华兴玻璃的产品布局为例，华兴玻璃拥有 1000 多款在线生产的不同种类的产品，这些产品涉及饮料、调味品、酒类等八大品类。在专注日用玻璃领域的同时，不断拓宽产品的应用场景。这是许多企业在实际发展中的共同追求，但并不是每一个场景都能够轻易打入。

以这次在疫情下成为华兴玻璃重要销量支撑的调味料玻璃瓶为例，要打入这个市场并非易事。比如海天味业作为全球知名的调味品企业，该公司对于日用玻璃瓶的破瓶率要求是十万分之一，这个指标在行业看来，基本等同于要求企业零破瓶率，对企业产品品质提出了极高的要求。而且从合作的经验来看，伴随海天的发展需求，对华兴玻璃破瓶率的要求只会越来越苛刻。

但海天这样的“好客户”，以及其背后代表的调味品市场，对于华兴玻璃构建稳健的经营模式而言，是不可或缺的一环。这要求华兴玻璃在日常必须有战略定力，要有不断攀爬品质高峰的追求，才能跟得上客户的发展需求，在企业未来应对可能的危机上，提前多找到一个支撑。

对其他企业来说，在风平浪静时，这是一种定力的考验，很多企业往往不一定能做到，或者不能坚持做。但每当大危机来时，实际上考验的就是企业日常能否有这样的定力。

海天味业：国内调味品业龙头的战“疫”法

2020 年，海天味业的两组新数据受到瞩目：6 月 29 日，该公司最新市值达 4039.21 亿元，连续多日突破 4000 亿元，堪称“酱油界的茅台”。而早前的一季报显示，2020 年一季度海天味业实现营收 58.84 亿元，同比增长 7.17%；净利润 16.13 亿元，同比增长 9.17%。

疫情之下，餐饮行业遭受重创。与餐饮业休戚相关的海天味业却实现逆势增长，体现了强大的抗风险能力。

这种抗风险能力一方面得益于海天味业积极应对疫情挑战，例如与上下游企业联动复工等；另一方面，也源于海天味业在研发、生产、渠道等关键环节的持续投入。海天味业董秘张欣表示，从 2001 年起至今，海天味业已投入过百亿元开展技改。

虽然疫情寒冬尚未过去，海天味业对未来的发展仍持乐观态度。目前，海天味业已启动新一期 750 亩生产车间的技术改造，预计 2023 年完成，届时产品生产的连续性与智能化程度会再上新台阶。

紧跟风口 ▶ “有人烟处，必有海天”

2020 年 6 月 29 日，海天官方旗舰店的淘宝直播间推出了“限时抢第二件 0 元”活动。直播间里，主持人耐心讲解着多款产品的口味特点与优惠力度，热烈的氛围引得观众不断下手“买买买”。

疫情之下，线下零售行业出现停摆，带火了线上直播。海天自然不会错过这一风口。“我们电商公司的员工天天在淘宝直播。”早在 2020 年 5 月，张欣就上线拼多多平台，推销海天酱油、黄豆酱、蚝油等经典产品，“风口来了，我们就得跟上。”

2018 年，海天味业成立电商公司，通过多元化线上网络渠道，完成在各大主流电商平台的布局。张欣介绍，电商公司成立当年销售额便突破 1 亿元，2019 年达到 3 亿元。2020 年受疫情影响，电商销售额同比增长了 50%，全年线上销售有望突破 6 亿元。

在快消品市场，谁控制了渠道，谁就拥有发言权。紧跟风口布局销售渠道，是海天应对疫情挑战的一大举措，也是其稳居行业龙头的重要法宝。目前，海天味业的销售网络覆盖了国内所有地级及以上城市，其中 90% 的省份销售过亿元。

开辟渠道是细活慢功夫。早在 20 年前，为应对市场上各类山寨仿冒产品，海天味业专设了一个部门叫“打假办”。3 年后，海天味业董事长庞康提出，假货的存在是因为消费者买不到真货。自此，海天味业取消了“打假办”，转而全力铺开渠道，力争做到“有人烟处，必有海天”。

如今，海天味业拥有 5806 家经销商，深入到全国超半数县份。海天味业将市场划分成了一块块“责任田”，每块“责任田”都由特定经销商覆盖，经销商之间不允许串货，而且会定期对各个经销商进行考核，优胜劣汰。

“5000 多人的经销商，是一支很大的团队。每个人从入门发展至中级经销商，需要多年时间进行开发。这支团队的成长，不是短时间能完成的。”张欣说。

广阔的市场网络与深入的销售渠道，确立了海天味业的竞争优势。目前，在酱油市场占有率方面，海天味业占比约 18%，而第二名到第五名加起来的市场占有率为 15%。

凯度消费者指数发布的《2020 亚洲品牌足迹报告》显示，海天味业以 5.66 亿消费者触及数、75.7% 的渗透率，排名中国快速消费品品牌第 4 位，也是榜单前十位中唯一的调味品品牌。

攻关技术 ▶ 1/7 员工工作涉及研发

从产品市场分布来看，餐饮渠道收入占整个海天味业收入 60%。受疫情影响，餐饮业遭受严重冲击，也令海天味业 2020 年第一季度的营收增速低于全年 15% 的目标增速。

对此，海天也采取了灵活的应变措施，例如推出家庭装产品，即购买一定数量产品给予价格优惠，以此满足日益增长的家庭端消费需求。

对于下阶段发展前景，海天味业仍持有乐观态度。张欣分析称，近年来消费升级趋势明显。“2014 年，我们高、中、低端产品销量比是 1∶6∶3，2019 年这一比例变为 4∶5∶1。我们计划至 2023 年，这一比例达到 5∶4∶1。”在她看来，中国人口红利的释放，加上各类外卖平台的普及应用，整个餐饮行业的增长迅猛，调味品行业也随之增长，“海天的目标是比行业增速多三至四个百分点，这样市占率就会更高”。

□ 在海天高度自动化的生产车间，单条生产线每小时最多可以生产 52000 瓶酱油

消费升级离不开技术升级的支撑，海天味业深谙此理。作为一家拥有 300 年历史的中华老字号，如何抓住消费者的胃，是海天味业长期研究的课题。

看似平平无奇的酱油，当中藏着菌种培育的“秘诀”。张欣说，现下年轻人喜爱清淡的食物，对于酱油的鲜度要求更高。而鲜味的本质是在发酵中将黄豆中的蛋白质转化成氨基酸态氮。氨基酸态氮含量越高，则酱油品质越高，鲜味也就会越浓。

菌种培育固然重要，但生产工艺链条的把控同样重要。在海天味业，酱油酿造需要经过 494 个环节，每个环节的温度、湿度、时间等指标的把控都决定了酱油风味的好坏。“我们对每个环节的指标都有数据定点，这源于海天一代代技术人员的经验累积。”张欣说。

在海天味业，每 7 名员工中就有 1 名与研发工作相关。2019 年，海天研发投入总额占营收比例为 2.97%。“公司每年都会列出多项重点攻关技术目标。当下流行的简盐酱油便是典型案例。”张欣介绍，一般情况下，酱油的盐分与鲜味成正比。而简盐酱油做到了鲜味不减、盐分下降，这源于海天味业的一项技术研发成果。“正是基于持续的技术研发与迭代更新，一些推出 60 余年的产品，目前仍保持着 10% 的销售增速。”她说。

品质稳定 ▶ 出口内销“一视同仁”

目前，海天味业整体产能利用率达到 95% 左右，已处于饱和状态。据透露，公司在佛山高明已启动新一期产能改造，预计 2023 年完成，届时产品生产的连续性与智能化程度会再上新台阶。

在海天味业的第三个“五年计划”中，核心内容主要有两个方面，市场领先与科技领先。从传统的酱缸酿晒，到现代化大规模生产，每一次生产力的大幅度提升，不仅是技术创新软实力增长的成果，还有赖于智能化设备硬件的升级。张欣表示，从2002年至今，海天持续投入超过百亿元，不断对生产线进行技术改造。

如今，在海天味业的生产车间，单条生产线每小时最多可以生产5.2万瓶酱油，全程无人工接触；智能机器人系统一改以往依靠人工驾驶的叉车拉货，一个智能机器人从下达指令到装载完成只需120秒；在立体仓库，从进仓到出仓不再依赖人力调度，由智能化数据平台统一协调，效率大幅提升……张欣形容：从一颗黄豆进厂到最后制成酱油成品，整个生产过程基本不需要人工干预，看不到一滴外露的酱油。

高度自动化的生产过程，意味着更为稳定的产品品质。“公司要求产品品质要与国际接轨，不能搞内销、外销双重标准。这意味着公司产品质量要对标国际上最严苛的标准。”在张欣看来，科技是核心优势，科技提升促使品质稳定。而品质稳定又意味着成本控制更好，进而扩大利润空间。因此，持续不断的研发投入驱动着这一正向循环，逐步为海天味业在行业竞争中筑牢了“护城河”。

手记

企业不妨多点创新“焦虑”

在海天味业的调研中，当被问及“企业未来发展面临最大的挑战是什么”，张欣毫不犹豫地回答：“创新力。”

作为国内调味品行业的绝对龙头，海天味业对技术创新的孜孜以求有目共睹。从研发投入来看，2019年，海天投入超过5亿元用于技术创新，研发费用同比增长19.15%，这意味着每卖出5瓶酱油，就有1瓶汇入了创新的正向循环中。

张欣所指的“创新力”并不限于技术创新，还包括品牌、渠道、经营理念等全方位的系统化创新。当下，一个新兴事物的诞生，能迅速重塑整个行业格局。直播带货便是一个典型案例。不少过往依靠经销商的传统制造企业，为跟上这波风口，专门成立电商部门运营线上渠道。还有一些年轻化企业走得更前，着手培育自家的网红。

企业不创新，就会被淘汰；创新不够快，也会被淘汰。只有持续创新，快速响应外界的变化，才能在激烈的市场竞争中存活下来，发展起来。做到这点不容易，需要有创新的思维方式、科学的体制机制、上进又年轻的人才队伍以及宽容失败的企业文化。而一以贯之的，就是对创新的不断追求。

放眼当下，企业不妨先多点创新“焦虑”。

新明珠：抢滩“宅经济” 开启数字化变革

光触媒清新砖、石墨烯智控发热瓷砖、线上智慧门店、沉浸式设计互动体验……在2020佛山（潭洲）国际陶瓷展上，广东新明珠陶瓷集团带来了最新的产品和技术。

这是2020年陶瓷建材行业首个大型的线下展会，也是新明珠遭遇疫情挑战后的一次实力展示。在疫情中，作为拥有27年历史的老牌行业龙头，新明珠积极应对、主动求变，抢滩“宅经济”风口，因应疫情下的新消费需求，力推一批健康科技的功能性产品。

与此同时，依托自主研发的“明珠家世界”线上线下融合的营销体系，新明珠带动数万家门店开启一场前所未有的大转型：经销商纷纷从线下走向线上、导购员变身卖砖主播。

这是新明珠雄心勃勃掀起的新零售变革，目标是要从制造型企业向数字型企业迈进。

满足新需求 ▶ 健康类“黑科技”产品走俏

2020年以来，在新明珠线上线下门店的销售及多场电商直播中，除醛、防滑等功能性产品成为爆款。

“当全社会越来越重视家居生活和空气质量，这些附加属性的产品更能获得消费者青睐。”在新明珠陶瓷集团副总裁邓勇看来，疫情期间，人们待在家的时间长了，也刺激了相关“宅经济”的崛起。“疫情让全社会对健康的关注骤然提升，也催生了相关消费需求的增长。”

事实上，早在两三年前，新明珠就开始对传统的瓷砖融入“黑科技”，开发出一批功能性产品进行布局推广。“以前推一些健康产品，消费者可能会不以为然。”新明珠陶瓷集团市场总监李尧坦言。

疫情发生以后，消费者普遍对健康认知更加深刻，一些搭载健康科技的强功能属性产品颇为走俏。比如，新明珠的一款光触媒清新砖，瓷砖创新地融入纳米 TiO_2（二氧化钛）材料，利用光触媒技术原理，能有效降解如甲醛等有害物质。

另一款石墨烯智控发热瓷砖也是新明珠2020年主打的爆款。这款产品融合了石墨烯发热技术，可以实现在32℃—49℃的智能控温，较传统地暖节能超过30%，所释放出的远红外线还能促进人体血液循环。

“虽然疫情对整个消费市场的影响较大，但人们对优质产品的需求并未减弱，反而进一步增强。”李尧说，这些产品虽然价格比普通瓷砖要高，但疫情以来销售却异军突起，由此说明人们的消费水平并没有下降，高附加值产品在危机之下更具竞争力。

为此，今后新明珠将加大健康类瓷砖、石墨烯发热瓷砖等功能性产品的研发和推广力度，满足即将到来的全新消费者需求。同时积极拓展瓷砖在泛家居领域的多元化应用，通过产品应用的跨界，唤醒消费者的消费需求。

稳住产业链 ▶ 率先复工复产赋能供应商经销商

在新消费需求带动下，新明珠四大生产基地马力全开，产能已恢复近90%。

“受疫情影响，公司生产目标将根据市场需求适时作出调整，但总体来看，2020年的各重点项目以及生产研发方向并未受到影响。”邓勇表示，多条岩板生产线在近期密集投产。新明珠能在短时间内恢复，正是得益于产业链的稳定。作为行业龙头，新明珠积极响应政府号召，顶住压力，率先从2020年2月28日开始分批有序复工复产，并根据市场需求，以销定产，逐步调整规模，稳定员工岗位，保证产品供应。

新明珠顺利复工投产，短期内成功投产近50条生产线，也给供应商提供了极大信心。而对于线下庞大的经销商团队来说，以往3月份是销售的开门红，但2020年受疫情影响，终端零售门店都无法正常营业。新明珠也坚定地和经销商站在一起，及时调整营销策略，共度时艰。“我们的经销商过去主要依赖传统的线下销售，一些夫妻店可能连抖音都不太会玩，疫情倒逼下，很多人都咨询怎么做直播开拓线上销售。”邓勇表示，为了提振信心，公司积极推动经销商应对市场的变化。

2020年2月以来，新明珠数万名经销商和一线销售人员接受了一系列在线培训，课程包括微信群营销、业主服务、线上直播、产品卖点塑造等。同时，公司还策划“宅家微购会”活动，通过微信爆破模式可以帮助经销商开展线上促销活动，实现“居家引流突出重围，微爆成交破千万”的效果。

在赋能经销商的同时，整个线下销售体系也在向线上加速转型。

邓勇透露，目前公司还计划与MCN（多频道网络）机构合作，开展网红培训计划。“希望我们的经销商里面有一些人基于门店，去运营好抖音等新的营销渠道，并打造自己的网红导购，建立自己的私域流量池，尝试转化变现。”

布局新零售 ▶ 数据驱动线上线下融合营销革新

“我们首先介绍展厅，介绍品牌历史，拿着手机边逛展厅边介绍产品，中间会插播一些秒杀优惠，或点赞抽奖活动，刺激观众下单。”从线下导购变身线上主播，家装顾问导购许晶晶显得游刃有余。

抢抓疫情催生的直播带货风口，新明珠旗下品牌冠珠陶瓷在 2020 年 2 月率先开启“直播卖砖”新模式。直播将团购会从线下门店直接搬到线上，仅 80 分钟成单量破万。

推动营销转型，新明珠还在下更大的一盘棋。

在线下，许晶晶还有 3 个营销“神器”。现在，她会引导客户通过微信关注新明珠的线上智慧门店，消费者可在上面浏览产品信息或下单，而导购员则可以获取到客户的浏览痕迹、喜好习惯等数据，从而有利于将潜在客户转化为目标客户。

为了增强体验感，导购员、设计师还会操作设计软件“快绘”。“快绘”内置了全国数千个楼盘的信息，将新明珠的产品嵌入其中，采用 720 度的云渲染，至今已形成几万个效果图。“线下空间有限，线上空间无限，可以打造琳琅满目的虚拟样板间。”李尧说。

除了瓷砖外，客户如有整体家居采购的需求，也可在新明珠的整套搭配方案及软装配饰的家居线上商城“爱窝荟”上得到满足。李尧介绍，接下来消费者在爱窝荟线上商城看到的产品可以到线下门店体验，在线下门店看到的合作品牌的家电、家具、配饰等，有合适的就可以扫码进入“爱窝荟”购买，从而实现线上线下的打通。

这三大核心系统通过数字化实现设计、营销、管理的环环相扣，正是新明珠发力新零售，重点打造“明珠家世界”互联网 + 营销的生态体系。

邓勇介绍，“明珠家世界”作为战略发展性项目，是新明珠近年来建设新赛道，转变经营模式的一次创新。项目采用自建团队自主研发平台，在新零售核心技术上处于行业领先地位。

新明珠布局新零售的核心在于获取利用消费者的数据。传统的门店销售主要依靠个别导购员去获取客户信息，而“明珠家世界”打破了过去线上线下资源无法有效共享的困局，从而更好地指引销售和经营的及时调整。

“疫情前很多人不明白我们为何要大举推智慧门店，疫情后很多经销商都积极申请加入。”李尧说，今年智慧门店的入驻率要达到 100%。这意味着今后新明珠所有经销商都会有线上门店，他们将成为新明珠数字化转型的生力军。

□ 新明珠通过数字化技术，为客户提供线上线下融合的互动体验

手记

打造客户链，制造型企业要变用户型企业

在佛山的泛家居产业丛林里，相比家电、家具等终端消费品，陶瓷建材企业常常会感叹离消费者太远。这固然受到陶瓷的半成品、重服务的属性影响，也与行业习惯盯住客户而非用户的思维定式有关。

作为佛山陶企龙头，新明珠经历了此次疫情的考验，所受触动更为深刻。因为疫情阻隔人与人交流，陶瓷行业高度依赖线下的经销商分销体系一度陷入停摆。

北京大学国家发展研究院教授周其仁认为，企业不能只有供应链的概念，还要有客户链的概念。“即使是主营业务面对企业端的公司，也要把产品形象伸到用户圈层里去。产品质量是通过用户体现出来的，用户不直接面对你，中间要经过客户链转移。”

反观陶瓷建材行业，它的客户链应该是厂家—经销商—导购员—消费者。在信息“漏斗效应”下，企业如何才能有效地连接上用户，将自己的品牌形象、产品信息等植入?

新明珠的破题之道就是数字化，通过搭建“明珠家世界”的线上线下新零售体系，收集分析客户链全流程中沉淀的数据，这样即使不能直接对接每一位用户，也能通过数字技术获取用户画像，从而实现精准营销。

未来几年，新明珠还将加大对用户的研究，在重点区域设立零售运营中心。从传统制造企业向用户型企业转型，一场商业战略的革新悄然开启。

格兰仕：建基地抢人才　转向科技型企业

2020年，突如其来的疫情，使得传统制造业遭受冲击，不少企业发展停滞。相比之下，格兰仕集团的表现有些“另类”：出口业务逆势飞扬，面向全国扩招1.4万人，投资新建生产基地，与阿里巴巴签订合作协议将在产品创新、新品研发等领域开展全方位数字化合作……

对此，格兰仕集团董事长兼总裁梁昭贤表示，疫情是暂时的，发展才是永恒，“只有发展，才可以解决各种困难”。

显然，疫情并未阻拦格兰仕转型发展的脚步。2019年，这家家电巨头宣布了其在芯片产业的一系列布局，向数字科技型企业迈出关键一步。2020年，该公司自主开发的首款智能家电开源芯片“BF－细滘”全面完成测试；更新一代开源芯片模组“NB－狮山”正加快推进。

2020年是格兰仕加速向科技型企业转型发展的关键之年。“疫情不会影响格兰仕的发展战略，2020年，再造一个‘格兰仕’。”梁昭贤说。

出口业务逆势飘红，所有订单零延误

2020年的线上广交会举行后，格兰仕的海外订单纷至沓来。

随着全球疫情不断蔓延，出口型企业发展面临诸多挑战。在此期间，格兰仕外贸订单却逆势飘红。2020年1—5月，格兰仕的销量在全球不同国家和地区均有不同程度的增长。

从外部因素来看，受疫情影响，“宅经济”迅速发展，消费者在家时间增多，微波炉、冰箱等家电产品切中时需；从内部因素来看，这与格兰仕采取的各类应对措施紧密相关。

早在2020年初，格兰仕集团便成立了疫情防控指挥部，由梁昭贤任总指挥。白天，他指挥防疫和复工复产；晚上，则带队与全球战略合作伙伴沟通对接。

2020 年 2 月，正值国内疫情暴发之初，不少外贸型企业面临催单的问题。而格兰仕没有延误一份订单，全都按期交付。“这是我们对合作伙伴的尊重，也是一种契约精神。”梁昭贤说。

2020 年 3 月，疫情在全球蔓延。格兰仕积极与海外合作伙伴沟通，分享防疫经验；同时，还利用各种途径为合作伙伴寄送口罩等防疫物资，帮助他们渡过难关。

“我们积极主动与国外沟通，市场有困难我们和客户一起想办法。”在梁昭贤看来，特殊时期，不是甲方、乙方的问题，大家是一家人。

从短期来看，格兰仕此举有利于产业链、供应链上下游迅速恢复，尽可能减少疫情对生产销售带来的冲击；从长期来看，此举不异于雪中送炭，有力巩固企业与产业链、供应链上下游的感情联系，为未来长期合作打下了良好基础。

作为第一批“走出去”的中国家电品牌企业，格兰仕每年有超过 5000 万台家电走向全球约 190 个国家和地区，外贸占集团整体业务约 70%。疫情中取得优异的外贸成绩，这与其深厚的海外市场的客户基础和口碑沉淀不无关系。

早在 2003 年，为确保一批 3000 台自主品牌微波炉准时到达法国，格兰仕决定全部空运到欧洲。在当时，空运 1 台微波炉的价格相当于 5 台微波炉的销售价。这一举动背后，正是格兰仕契约精神的体现。

疫情发生以来，格兰仕的健康家电需求在很多国家和地区激增，其中北美市场供不应求的形势不断高涨，新增紧急订单的货期由往常的 6—7 个星期，缩短到 2—3 个星期。

面对激增的订单和快速出货的压力，格兰仕定下了一条原则：面对不正常增长的订单或来自疫情高风险地区的订单，为安全起见，选择不接；一旦接了的订单，必定要按期交付。

疫情期间，格兰仕保证了所有订单的零延误。用梁昭贤的话说，“按期交付，是我们对合作伙伴的尊重；诚信，是格兰仕走向世界的一张名片。”

50 天建成工业 4.0 基地，加速向数字科技型企业转型

金链银链不如产业链，这是梁昭贤经常提及的一句话。在他看来，格兰仕一季度能“扛”住风险、逆市上扬，正是得益于长期积累下来的完整的产业链。

一直以来，格兰仕都在下大力气完善家电产业链的布局。以最初的微波炉产品为切入点，打造了一个更为庞大的产业链条。从螺丝钉等零配件到磁控管等关键零部件，格兰仕实现了全产业链自我配套能力的一步到位。

□ 格兰仕依靠全产业链的配套优势释放产能，最大限度地放大自身优势

直到今日，格兰仕仍未停止产业链布局的脚步。2020 年 6 月，国务院召开稳外贸工作座谈会，梁昭贤在格兰仕工业 4.0 基地通过视频连线，介绍了企业生产经营和进出口情况。一时间，工业 4.0 基地成为众人关注的焦点。

2020 年 4 月 28 日，格兰仕集团在总部佛山顺德打造的首个工业 4.0 项目如期投产。值得一提的是，这个示范基地仅仅 50 天就建成投产，具备 1100 万台微波炉的年产能，单线 6.7 秒可以下线一台微波炉。有媒体形容，这是目前为止家电制造业最为成熟的工业 4.0 基地之一，标志着格兰仕向高质量转型加速迈进，对其有着里程碑的意义。

从短期来看，这将极大缓解当前格兰仕健康家电的产能压力，为稳定内外销订单保驾护航；而从长期来看，这不仅能成为格兰仕新的经济增长点，更从内而外创新了格兰仕的发展模式，提升其发展质量，为扩工扩产注入新的内涵。

工业 4.0 项目仅是格兰仕转型路上的一小步。近年来，格兰仕加速从传统家电制造企业向数字科技型企业转型。

2019 年，在“超越制造”2019 格兰仕 9·28 大会上，格兰仕宣布了对芯片产业的一系列布局。“每一台从格兰仕出厂的产品都要用上新的 IOT 芯片。”格兰仕集团副董事长梁惠强在会上宣布。

这是其走向智能家居的第一个里程碑，也意味着格兰仕正从制造产业链向半导体芯片、人工智能、边缘计算等前沿科技创新链不断拓展。

目前，格兰仕自主开发的首款智能家电开源芯片“BF－细滘”已经全面完成测试，已逐步搭载在格兰仕智能家电上；更新一代开源芯片模组“NB－狮山”正在加快推进。

据悉，自主开发的开源芯片投入使用后，格兰仕高端系列产品将不再接受代工生产，而是统一以自主品牌在全球销售。“我们按下芯片启动键是迈向自主知识产权的关键，而工业4.0将成为格兰仕可持续发展的发动机。”梁昭贤表示，格兰仕2020年的增长目标不变，加大发展的规划不变。

面向全国招聘1.4万人，抢抓“人才抄底”大好时机

企业的创新发展，归根结底离不开人才支撑。

2020年7月9日，格兰仕官方网站发布了工程师相关岗位的最新招聘需求。这是当月，该公司第三次发布的招聘信息。

疫情下，不少企业开始调整全年招聘计划，并优化内部人才结构。而格兰仕却宣布2020年面向全国再招1.4万人。

格兰仕人力资源部负责人介绍，1.4万的招聘名额中包括了10,000名一线技工，3000名应届大学毕业生，1000名专家和工程师。在专家和工程师中，则重点聚焦人工智能等领域进行招聘，契合了格兰仕当前及今后的发展战略。

格兰仕的逆势扩招引发广泛关注，甚至有人质疑这是企业炒作的噱头。

对此，格兰仕集团董事长兼总裁梁昭贤回应道，目前多个重大项目在全球推进，在整个发展过程中，要有一流的人才、技术和团队。此外，非常时期，很多人都在抄底。而对于格兰仕来说，现在正是公司“抄底”人才的大好时间。

“人才是格兰仕第一资本”，这句话在公司车间墙壁上随处可见。无论是在早期轻纺行业做到亚洲知名，还是后来转型成为“世界微波炉大王”，格兰仕能发展至今日，倚靠的正是泉涌不竭的人才。

“我们不能单纯解决员工的温饱问题，而是要给他们赋能，让他们有成长的空间，真正长成格兰仕大家庭的一员。”梁昭贤坦言，除了要给员工好的待遇，更要让他们在格兰仕这个平台上成长为社会栋梁。

格兰仕对员工的体贴并非停留在口头上。此前，梁昭贤通过视频为企业的湖北籍员工送去“大礼包”——在湖北过年的格兰仕员工、干部的岗位、工资待遇“一个都不会少”，全部由企业负责。

就在佛山全面吹响复工复产号角之时，格兰仕组织复工包机将外地员工接回广东，将复工专线大巴开到了员工的家门口，不仅为员工送去满满关心，也缓解了企业复工复产的压力。在格兰仕的1.4万人招聘计划中，面向湖北籍贫困人群优先开放，缓解了当时疫区的就业压力。

手记

把握住困境中孕育而生的机遇

随着国内疫情趋于稳定，后疫情时代已经来临，各行各业正在迅速恢复正常秩序，疫情冲击也在逐步得到消化。

但同时，我们也要清醒地认识到，疫情冲击不是暂时性的，它带有长期性和规律性，不仅直接冲击经济社会发展，还将深刻改变企业发展的方式和轨迹，甚至于引发未来格局变化。

如何在这一态势下保持发展的动力和锐气，是摆在每个企业面前的课题。逆市上扬的格兰仕，以自己持之以恒的价值观和实际行动，交出了一份圆满的答卷：坚守定位，锐意创新。

不变初心，做好本分，这是格兰仕在市场竞争中立于不败的重要法宝。面临外部形势的变化，并未因现实的挑战而动摇发展的方式和方向，而是选择进一步夯实主业，在立足本行的基础上顺应形势，依托全产业链的配套优势释放产能，最大限度地放大自身优势。不仅进一步擦亮了诚信的金字招牌，也体现了企业的奉献精神与社会责任感。

唯变所出，万变不从，这更是格兰仕化解危机乘势而上的不二法门。疫情当下，受短期经营压力影响，部分企业选择“收缩”战略，但格兰仕却以敏锐的眼光捕捉到创新的机遇，不仅反其道而行之大力充实人才储备，更是突出发挥科技创新动能，将内外部力量汇聚成支撑企业长远发展的磅礴势能。

疫情是全社会共同面临的挑战，更是释放企业最大价值的机会。如何把握住困境中孕育而生的机遇。格兰仕的经历，为我们提供了启发和思考。

德冠薄膜："品质革命"的定力与爆发力

2020 年 7 月初，在广东德冠薄膜新材料有限公司杏坛生产基地内，工人正忙于新产线的调试和生产工作。

在疫情的冲击下，德冠薄膜表现出极强的爆发力。在 2020 年国内薄膜行业遭遇了一轮又一轮"停机潮"的背景下，德冠薄膜不仅是业内最早实现复工复产的企业，而且还聚集了更多客户。

截至目前，德冠薄膜一直处于稳定生产状态。其中在同行普遍遭遇重挫的外贸领域，以日本、澳大利亚代表的，以"苛刻"著称的薄膜市场成为 2020 年德冠薄膜在外贸上的重要支撑。

"这是品质革命的成果。"德冠薄膜董事长罗维满说。早在疫情发生之前，德冠薄膜耗费 8 年时间打入"苛刻"的市场，不仅为企业在疫情下提供市场新支撑，还带动了德冠薄膜的品质提升。

这种品质的定力，日积月累地重塑德冠薄膜的"体质"，让企业在疫情下展现出更强的"免疫力"与爆发力。

逆势增长 ▶ 疫情之下仍保持稳定生产

2020 年，在国内薄膜行业掀起的"停机潮"背景下，德冠薄膜却忙于增资扩产。2020 年以来，德冠薄膜陆续引入了数字化设备管理软件、产品在线瑕疵检测仪等多项自动化设备。

"按照计划，我们将继续投产新的母料和薄膜生产线。"德冠薄膜轮值总裁何文俊说。他的桌前放置了几瓶农夫山泉矿泉水，瓶身标签用的正是德冠高速环贴珍珠标签膜。德冠薄膜是国内 BOPP 行业中拥有产品种类最多的企业，其产能在国内位居前列。

作为国内薄膜行业的佼佼者，德冠薄膜是业内最早实现复工复产的企业。

早在 2020 年 2 月初，受疫情影响，蒙牛通过供应渠道紧急向德冠薄膜发来保证包装物料供应的函件，以确保疫区的牛奶供应。

按照往年，一季度本是薄膜行业业绩淡季。但是受疫情影响，在许多行业无法复工复产的情况下，能够做到最早复工的德冠薄膜，迅速抢占到了国内市场订单。

与此同时，疫情期间，“宅经济”兴起，在消费转变的推动下，快消品市场的需求明显增加，带动了用于快速消费品包装的薄膜产品需求。

德冠薄膜在疫情期间，稳定无胶膜、标签膜、双向拉伸聚乙烯薄膜等各类产品的供应，在国内快消品市场日趋紧俏的特殊时期，努力保证供应链的稳定，物料不断链。

数据显示，在这个叠加疫情冲击的传统淡季中，德冠薄膜 2020 年以来却一直处于高速稳定生产。在订单带动下，德冠薄膜已制订了扩产项目计划。

灵活调度 ▶ 设置业务“调水阀”

实际上，2020 年以来，薄膜行业面临的国内外形势非常严峻。

国外市场一度掉入“至暗时刻”。目前，全球新冠肺炎累计确诊病例已突破 1 亿例。受疫情影响，许多国家间限制商务签证，企业开展国际贸易受阻。

但德冠薄膜坚持“与客户为中心”的核心价值观，保持对国际市场的供应。

事后回想起来，何文俊认为，“口罩外交”发挥了重要的作用。他表示，在海外疫情尚未显著暴发之际，很多出口部的同事主动购买口罩寄给海外客户。在帮助客户抗疫后，客户的信任感明显提升了不少。

实际上，除了送口罩，德冠薄膜依托自身前期的抗疫积累，还把德冠薄膜自己做的“抗疫指南”翻译成英文版本，主动赠送给客户参考。

秉着以客户为中心的理念，在推进出口订单的过程中，遇到供应商复工有困难的，德冠薄膜主动派员工上门帮助解决。比如供应商无法解决物流配送问题的，德冠薄膜则主动把厂车派过去。

何文俊认为，这些做法帮助企业快速赢得了客户的信任，在同等条件上，也使得客户更加愿意选择德冠薄膜。

而国内市场受疫情影响，一些局部产品的需求明显受抑制，受此拖累，国内某些薄膜品类销售出现“断崖式下跌”。但得益于德冠薄膜此前已在业务部门中设计了“调水阀”，这让企业的产能能够在不同产品间切换，实现柔性化的产销平衡。

所谓“调水阀”是指由于德冠薄膜处于供不应求的状态，并不能满足所有营销部门的订单需求，为此，德冠薄膜并没有把订单全集中在某些效益较好的薄膜上，而是保留着一些特定功能性薄膜的客户和生产。

当某些产品和市场遭遇寒冬时，这些一直保留着的“备胎”就会立即转正。从表面上看，在薄膜市场供不应求时，产品结构并没有做到利润最大化。但这样做既能提升企业面对恶劣经营环境时的抗风险能力，又能让企业时刻做好发展壮大的准备。

品质定力 ▶ 两度“攻打”日本市场

无论是在同等情况下，要更受国外客户青睐，还是说国内产能得以在不同订单间实现灵活切换，前提都在于企业凭借更高的品质，掌握了订单主导权。

“这是我们持续开展‘品质革命’的成果。”罗维满表示，近年来，德冠薄膜不断钻研高端标签产品，从 2019 年开始，德冠薄膜在高端标签膜上突破了品质的瓶颈。

这一突破让德冠薄膜顺利打入薄膜领域的高端市场，比如日本、澳大利亚等。过去这类市场往往被美国、日本、韩国等企业所盘踞，但从 2019 年起，德冠薄膜在高端薄膜市场的品质明显提升。

特别是在疫情下，以日本为代表的高端薄膜市场，在 2020 年 5 月的返单量迅速扩大，目前该市场成了德冠薄膜国际贸易能够实现重大突破的有力支撑。

这种业绩的“爆发力”离不开德冠薄膜日常的品质定力。为了打入日本与澳大利亚市场，德冠薄膜可是耗费了足足 8 年的时间。

这两大市场被业内称为“最苛刻”的市场。以日本为例，早在几年前，德冠薄膜也想进军当地市场，但因为用户需求较少，且客户要求较高，企业主动放弃了这一领域。

对于德冠薄膜来说，在平日的发展中似乎并没有一定要打进日本市场的必要性。但近年来，德冠薄膜在发展的过程中意识到，越是“苛刻”的市场，越有利于企业提升产品品质。于是，即使在订单稳步增长的时期，德冠薄膜仍保持品质定力，坚定攻打“苛刻”的日本市场。2019 年下半年，德冠薄膜宣布再次进军日本市场。

相比一般其他市场的客户对于薄膜表现瑕疵，都只要求抽检。日本市场的客户则要求采用全检的方式。针对这一要求，德冠薄膜引入了先进的在线瑕疵检测仪。这一设备的引入，进一步提高了德冠薄膜的产品质量。

“打入这些市场的艰难，就在于这是企业不断突破品质瓶颈的过程。”何文俊表示，为了推动品质提升，德冠薄膜不断加大创新力度。近年来，德冠薄膜陆续建立了 4 个高端实验室，涵盖原材料和成品的测试、基础原理的研究、前沿技术的探索等领域。在持之以恒的努力下，企业成功打进行业中“最苛刻”的市场。

品质革命需要久久为功。目前，德冠薄膜在推进新建一座高端实验室。“我们将继续向更高的品质难题冲刺。”何文俊说。

近年来，德冠薄膜陆续建立了4个高端实验室

手记

品质革命重塑企业“体质”

疫情“黑天鹅”的出现不仅考验个人的免疫力，更考验企业的“免疫力”。

而企业的“免疫力”表现在面对突如其来的危机时，企业仍然能保持稳健的生产经营。比如保持稳健的产销平衡，不至于骤然出现局部市场订单的猛烈起伏。

德冠薄膜在此番疫情下，就表现出了这样的稳健。这种稳健，在德冠薄膜董事长罗维满看来，靠的正是企业持续开展“品质革命”。

从销售业绩上看，在2020年行业普遍遭遇重创的外贸领域，德冠薄膜因此前突破了品质瓶颈，成功打入高端薄膜市场。其中，以日本、澳大利亚为代表的“苛刻市场”，不仅标志着德冠站稳高端薄膜市场，也成了疫情下德冠薄膜外贸市场新动力。

“品质革命”为德冠薄膜带来的不仅是新市场，品质的升级本身就需要人、机、料、法、环系统性的提升作为支撑。所以开展品质革命，实质上是重塑了德冠薄膜的“体质”，增强了企业的综合实力。

有了这样的综合实力，在疫情下，品质更高的德冠薄膜也获得更多客户的青睐。于是，呈现出一种，危机下反而有更多客户聚集到德冠薄膜中的现象。

这正是企业开展“品质革命”的力量。

日丰集团：坚守品质战略　业绩逆势飘红

佛山高新区三水园，日丰管道智能机械设备及新型管道制造项目建设现场，施工中的重型机械轰鸣不息，满载土石的工程车辆往来穿梭，一派热火朝天的景象。

这一投资43亿元、规划总建筑面积33万平方米的项目，是2020年佛山单个投资额最大的增资扩产项目之一。

2020年以来，为对冲疫情影响，各地接连出台政策，一批批重大建设项目接连开工，成为日丰企业集团有限公司（简称“日丰集团”）的新机遇。根据规划，日丰集团三水新基地将主要生产各类市政管道、新型出口管及管道智能机械设备，建成达产后预计年产值达40亿元。

而在日丰集团位于广东、湖北、陕西、天津、重庆的生产基地，产能已经基本恢复。日丰集团副总裁郑立贤透露，2020年第二季度，公司民用订单接单量同比增长20%左右，而工程订单更是供不应求，产能缺口达到10%。

从订单恢复到逆势增长的背后，日丰集团做对了什么？

免费消毒 ▶ 提振信心还斩获订单

几个月前，复工初期的日丰集团，情形与当下截然相反。

2020年2月17日，日丰集团正式复工，但在复工初期，不少下游代理商存在重重顾虑，担心营业环境不安全，加上消费者对安全的担忧，公司订单并不多。

如何帮助代理商们恢复信心？日丰集团想到了帮助代理商进行免费消毒的办法。

于是，从2020年2月中下旬开始，在保证安全的前提下，发动了全国各地的总代理和直营结构的工作人员，“挨家挨户”帮助分销商进行免费上门消毒，消毒范围包括店门、地面、收银台、柜台、货架等，还向他们免费提供包括口罩、消毒液、免洗洗手液等防护物资。

□ 日丰集团联合总代理商，帮武汉地区渠道客户免费消毒

“当时处于防疫物资紧缺阶段，一家分销商我们最多只能提供10个口罩，虽然不多，但这都是公司和各地总代理以及直营机构千方百计筹集来的。”郑立贤笑着说。

为保证渠道客户都能顺利复工，除了给经销门店进行免费的消毒外，日丰集团还免费为合作的装饰公司派发洗手液、口罩等防疫物资，开展消毒工作，保障装饰公司尽早恢复经营。标准化的消毒，不仅帮助代理商扫清了复工复产的顾虑，还在一定程度上为他们筑起健康防线。

2020年4月初，全国10万家分销商门店完成了消毒，纷纷开张，订单也纷至沓来。郑立贤透露，2020年2月份订单同比下滑明显，但3月份就开始回升，4—6月3个月均同比保持两位数以上的增长。

“疫情只是暂缓需求，疫情一缓和，需求就重新爆发出来。疫情过后，品质更高、质量更好的管材产品反而更受欢迎，消费者更加愿意选择大品牌、好产品。可以说，疫情也加剧了行业的洗牌。”郑立贤说。

加大研发 ▶ 与智能家居设备融合

日丰集团成立于1996年，经过20余年的发展，日丰集团已经发展出日丰管、日丰地暖、日丰卫浴和日丰玻璃胶等几大品类产品线，并向消费者提供PPR健康饮水管道系统、中央配水系统、舒适地暖管道系统等解决方案。此外，日丰的产品还涵盖家电配件、市政工程、商用管道等领域。

近年来，日丰集团加大了对抗菌、健康产品的研发力度，推出系列抗菌管材，疫情中，这些产品收获了更高的增长率。为何在疫情发生之前就想到研发抗菌管材？这离不开日丰集团对管材产品的深刻理解。

“管道，承载着家中所有水、电、气的流动，对生活环境的舒适、健康至关重要。正如同人的血管一样，你看不到它，但是它不能出问题。”郑立贤说。

管材之所以能够实现抗菌功能，也离不开日丰集团的“工匠精神”。

2020 年 6 月 23 日，在第三届佛山“大城工匠”命名大会上，首届“佛山·大城工匠”、日丰集团总工程师李白千透露，他们将管道的内表面粗糙系数一步一步做到 0.4 微米，相当于头发丝直径的 1/150—1/200，这种低阻力、高流速的管道内壁，结合纳米抗菌离子层，造就了日丰 PPR 瓷芯抗菌管。

2020 年，日丰集团再次加快了新品研究的步伐，包括智慧排水、过滤净水系统等。随着用户对舒适、便捷、健康等人性化、个性化需求的日益增加，日丰集团还在搭建 IOT 智能产品平台，未来将向用户推出“日丰智家”App 和小程序，方便用户使用日丰智能化产品和系统，并与更多的智能家居设备实现融合。

聚焦城乡美好生活 ▶ 为市政工程造更好的管道产品

据统计，截至 2020 年 3 月初，全国已有 13 个省、市发布了 2020 年重点项目投资计划，列举了超过 1 万个投资项目，总金额高达 34 万亿元。

尽管各地基建投资有望同比增加，但市政管材领域早已成为红海，竞争十分激烈。对此，日丰集团又将如何突围？

在郑立贤看来，只要公司继续专注做精品，就更符合当前城市建设需求，长远来看必将“笑到最后”。“我们的市政业务起步时间并不长，但不做‘大路货’。哪怕现在需求量少一些，我们也依然看好未来。”郑立贤说。

据悉，正在建设的日丰管道智能机械设备及新型管道制造项目，将重点突破针对特定应用领域的功能型复合管道系统的制备关键技术，发展可自增强、防静电、隔氧、防垢等具有不同功能的新型复合管道系统。

何谓“复合管”？根据日丰集团研究院提供的资料，该管材集金属管与塑料管的优点于一身，安全无毒、耐高温高压、耐腐蚀、弯曲韧性好、安装容易，特别是具有良好的阻氧遮光性能和抗蠕变能力。这种复合管，不仅可用于建筑给排水、燃气及地面辐射采暖，还可满足工业流体输送领域（如固体粉末输送等）、新能源利用领域（如新能源汽车用管等）、航空航天领域（如商用大飞机用管等）、交通运输领域（如高铁管路系统、船用管路系统等）等战略性新兴产业应用领域。

为促进复合管材的研发，日丰集团还打造了广东省复合管道系统工程技术研究开发中心。“国家塑料复合管道系统工程技术研究开发中心是公司未来努力的方向，若顺利建成，将标志着公司研发水平再上一个新台阶。”日丰集团研究院相关负责人表示。

此外，在新基地，日丰集团还布局了智能管道机械制造业务，对传统管道制造装备或配套设备进行升级迭代，并对日丰集团现有管道产品智能化升级。

尽管在工程领域正处于起步阶段，日丰集团已经收获了中电建、京基集团、东莞水务等合作伙伴，还中标了中山市未达标水体综合整治工程、深圳福田中心区交通设施及空间环境综合提升工程等。

“绿水青山就是金山银山。目前，国家在海绵城市、厕所革命、城市智慧管网系统等方面的战略方向是明确的，我们定位高端，正是面向未来做准备。只要看好中国经济的前景，我们一定能够抓住未来的机遇。”郑立贤说。

手记

坚守好品质才能行稳致远

“有家就有佛山造”，佛山制造“为家而造”的鲜明特点，却也让他们进入了更加密集的红海。家居、家具、有色金属、陶瓷、建材……这些行业，无一不是“大市场、小企业”，竞争对手密集、区域市场分散，且行业门槛不高，极易出现同质化、价格战。

近年来，形势开始发生变化。随着经济的发展和消费观念的提升，消费者对产品品质要求越来越高，居住环境更加舒适、智能，政策对“精装房”的鼓励，也相当于为行业划定了一条底线。而在市政建设领域，随着城市管理水平的不断进步，“海绵城市”等概念不断提出，用于市政工程建设的管道产品也必须符合更高的标准。

这就成为“管用50年的”日丰集团的突围契机。通过8760小时长期静液压测试的PP－R管、抗菌系数达到99.9%的瓷芯抗菌管、内表面粗糙系数低至0.4微米的采暖管……这些能够满足人们对美好生活追求的新型管材，为日丰集团迎来了令同行羡慕的订单，也为日丰集团实现疫情下的市场突围提供了强大动力。

愿意造“管用50年”的管材，折射出日丰集团对管材的深刻理解。在日丰集团看来，小小一根管，承载的却是建筑物内部水、气、电等物质的流动，正如同血管之于人体，更是护佑城市正常运转必不可少的设施。如此，坚持高品质，持续做精品，才是真正的制胜之道。

有家就有佛山造，为家更应造好物，这正是日丰人的追求。

蒙娜丽莎：居危思安的投资论

2020年6月底，蒙娜丽莎集团股份有限公司（简称“蒙娜丽莎”）举行岩板高定战略发布会。会上透露，围绕家居高定市场，蒙娜丽莎将推出系列远红外线抗菌岩板，同时该公司计划在2020年下半年建设3条特种性能岩板生产线。

这是蒙娜丽莎逆势投资的缩影。受新冠肺炎疫情影响，国内陶瓷行业受到一定冲击。以被称为“建陶之乡”的佛山为例，2020年当地陶瓷行业一季度产值同比下降了22%。

在这样的背景下，相比同行奉行的“现金为王”，蒙娜丽莎却笃定地认为“冬天”更适合投资。疫情发生以来，蒙娜丽莎不仅是全国最早复工复产的陶企之一，该公司的广西生产基地在疫情下继续逆势扩张。

在蒙娜丽莎董事长萧华看来，这是为随时恢复的市场做准备。“因为病毒总会走的，但是错失的机会就不会再来。”萧华说。

逆势扩张 ▶ 广西基地再建3条生产线

蒙娜丽莎管理团队一度也曾犹豫，广西藤县生产基地一期第二阶段3条生产线到底应不应该如期建设。

广西藤县生产基地是蒙娜丽莎走出广东的首个投资项目，该项目共计划建设11条生产线。2019年3月，蒙娜丽莎广西藤县生产基地正式动工。同年，该基地一期第一阶段4条生产线启动建设。

按计划，2020年该基地将启动建设一期第二阶段3条生产线。但受新冠肺炎疫情影响，国内基建项目、线下家居门店在一季度基本处于停摆状态，对建陶行业造成较大冲击。以被誉为“南国陶都”的佛山为例，2020年第一季度佛山陶瓷产值达133.58亿元，同比下滑22%。

在这样的背景下，建陶企业普遍奉行“现金为王”。由于市场停摆，即使是行业龙

□ 蒙娜丽莎位于广西藤县的生产基地现场图

头企业，大多选择3月以后才复工复产，更勿论启动新生产线的建设。

但蒙娜丽莎却选择逆势而为。“企业要学会‘居危思安’。”蒙娜丽莎董事、董事会秘书张旗康说。在他看来，企业一定要用长远的眼光看待疫情冲击，这一时期反而是企业扩张的好时机。

其中一个原因正是，企业此时融资成本更低。张旗康算了一笔账，过去企业向银行贷款3年期的资金，年利息至少在6%以上。但在疫情期间，由于金融机构以及各地叠加出台相关优惠政策，企业此时融资的3年期资金，其年利息还不到4.3%。他感叹，“这样的贷款利息，至少是近20年来最低的。”

且广西藤县生产基地对蒙娜丽莎的意义非同一般。从产值计算，广西藤县生产基地一旦建成，相当于再造一个“蒙娜丽莎”。结合一期第二阶段3条生产线7—8个月的建设周期，待生产基地建成时，市场一旦恢复，有利于蒙娜丽莎迅速扩大规模，提升产能。同时，该基地还是蒙娜丽莎提质增效的重要利器。该生产基地拥有行业首个智能制造大数据中心，整个建设标准的数字化、自动化、绿色化水平均远高于同行。

以一条长380米窑炉的生产线为例，业内一般需要配备110名左右的生产工人，但在蒙娜丽莎广西藤县生产基地只需要70名；同时烟尘、废气等多项排放指标，均远严于国家标准。该基地有望成为中国建筑陶瓷行业自动化、智能化、数字化、绿色化水平最高的示范性生产基地。

“新冠肺炎疫情迟早都会过去，但错失的扩张机会不会再来。企业一定要提前为市场恢复做好准备。”张旗康说。

布局线下 ▶ 在“冬天”里占领好“码头”

秉承“冬天”里投资的理念，蒙娜丽莎还趁机调整了线下门店的格局。

疫情发生初期，因防控需要，人们大多宅在家里，普遍不聚集、不出门。对陶瓷这类拥有庞大经销商体系的家居企业而言，直接导致线下门店遭受重挫。

在这种情况下，蒙娜丽莎一方面主动玩转“宅经济”。在2020年的“6·18”大促节点上，蒙娜丽莎专门在京东直播间举行了一场以“蒙娜丽莎定制连纹大板全球预售”为主题的线上直播新品发布会。

实际上，自疫情发生以来，蒙娜丽莎通过京东等平台积极尝试直播带货，曾经创下一场直播26万人关注、获得1万多笔订单的销售业绩。

另一方面，蒙娜丽莎鼓励经销商趁机占领好“码头”。张旗康表示，过去，在疫情未发生前，无论是蒙娜丽莎还是其经销商，他们要在大卖场拿到位置最好的门店往往很难。但是疫情发生以来，短短几个月的时间，不少门店直接关闭撤场，许多家居卖场因此腾出了不少位置极佳的店面。

与此同时，蒙娜丽莎出台帮扶政策，在资金方面给予经销商大力支持，即允许经销商延期付款；同时还主动给予资金扶持，鼓励经销商在此时或是扩大门店面积，或是抢占好的店面位置。

“做生意都要抢占好码头。”张旗康表示，在疫情下，如果不懂得找到有利的因素，会错失很多机会。他认为企业不能一味地强调节流，更重要的是学会开源，否则就很容易错失机遇。

为了开源，蒙娜丽莎还率先派出员工到一线跑市场。

疫情对线下门店及人流造成了巨大的冲击。受疫情影响，许多企业都无法开展正常的市场销售行为。但蒙娜丽莎主动加大对“复商”的投入，过去公司的业务员跑市场都是采取搭乘高铁、大巴等公共交通。在疫情暴发初期，为了确保防疫安全，蒙娜丽莎组团，让销售人员以自驾的方式出行，第一时间与经销商面对面接洽、沟通，帮其解决困难，从而快速实现了复工、复市。

这种做法尽管让公司的销售成本提高了不少，但是蒙娜丽莎分析发现，只要去到一线的销售人员，带回来的订单都会比坐在家里通过互联网方式对接客户的员工多。

加大创新 ▶ 引来碧桂园战略投资

在蒙娜丽莎看来，疫情下要节流，但更要开源。推出新品也是其中一种方式。

2020 年 6 月 30 日，蒙娜丽莎举行岩板高定战略发布会，宣布将以岩板为抓手，进军家居“高定”市场。围绕这一战略，蒙娜丽莎当天还透露，企业计划推出远红外抗菌岩板等产品。

张旗康表示，过去，蒙娜丽莎的研发人员要对新品进行中试等，往往要等到年底，公司临近停窑的时候，才能腾出生产线试产。但在疫情下，蒙娜丽莎通过合理排产，能够调整出某个时间段的生产线，优先让研发人员用于新产品的中试和大试。

“这种做法能够保证企业的创新引领。”张旗康认为，危机下是企业研发新产品的最好时机。因为一旦市场恢复，就很容易陷入“价格战”。为此，企业必须在此时加大力度锻造更强的“造血”功能。

这样的蒙娜丽莎，也在吸引更多的合作伙伴。2020 年 5 月 6 日，蒙娜丽莎发布公告披露，碧桂园创投拟现金认购不超过 2765.48 万股股份，认购价格为每股 18.08 元，总认购价格约 5 亿元，若发行完成后碧桂园创投将持有蒙娜丽莎约 6.33% 股份。

对于此次合作，蒙娜丽莎方面表示，公司已与碧桂园创投所属的碧桂园开展业务合作多年，碧桂园在房地产开发领域具有市场、渠道、品牌等战略性资源，且对新产品、新工艺、新应用场景在不断地探索和追求，此次战略投资，能够推动蒙娜丽莎市场拓展和销售业绩的大幅提升。

而对于本次的认购方，未来碧桂园集团将在新产品开发、新应用场景等方面向蒙娜丽莎提出具体需求，双方将在陶瓷砖、陶瓷大板、陶瓷岩板、陶瓷艺术、瓷砖胶等陶瓷建材和家居类产品领域进行长期而又全面的战略合作。

资本市场也对这样的蒙娜丽莎表达了肯定。疫情期间，蒙娜丽莎的市值首次站稳百亿。截至 2021 年 3 月 12 日，蒙娜丽莎每股报 36.01 元，市值突破 147 亿元。

手记

危机下，企业要有长远眼光

北京大学国家发展研究院教授周其仁曾经分享过他与科龙创始人潘宁的一个小故事。

有一年，潘宁在成都收购了空军发动机厂的车间，拿下了以后做科龙冰箱西南地区的生产基地。当时的经济大环境不太景气，于是周其仁问他在那种条件下怎么敢大动干戈投资呢？潘宁说：“投资就要在最差的时候投，在这时候，你运转形成项目，一步步磨合，经济也慢慢好转，产能已经成熟了，等到市场热起来再投是错的。”

潘宁的这番话给周其仁留下了深刻的观点，那就是投资就要在“冬天”。

这种逆势投资的理论背后，彰显的是企业长远的发展目光。

以新冠肺炎疫情为例。尽管疫情的出现对企业的发展，从供应链管理、线下门店销售、海外业务等多方面造成了一定的冲击。但正如蒙娜丽莎董事长萧华所言，“病毒总会走的，但错失的扩张机会却不会再来”。

这句话正体现了蒙娜丽莎以长远的发展眼光看待当前的危机。从新冠肺炎疫情的持续时间来看，最长就是一直停留到疫苗出现。从企业漫长的发展周期来看，这只是属于一个“短痛”。

但是若能在此时抓住低成本的扩张机遇，实际上就构筑起了企业在“短痛”后的“护城河”，因为无论是怎样的扩张都需要时间周期。而谁敢于做这样的投资，谁就能在随时到来的机会面前，率先突围。

联塑集团：打造重资产“护城河”

走进位于武汉东西湖区的联塑科技发展（武汉）有限公司厂区，呈现一派繁忙景象，厂区内车辆穿梭，货物装运上车准备发往全国各地，车间内工人戴着口罩，热火朝天地在各个岗位作业。很难想象，2020年上半年，这里经历着一场前所未有的大危机。

作为全球最大的塑料管材生产企业，中国联塑集团在国内外布局多个生产基地。疫情发生后，武汉厂区一度陷入困境，联塑多年积累的全国布局网络成为抗风险的关键，通过集团统一调配，确保产品供应稳定。

疫情挡不住联塑扩张的步伐，江西、福建两大新建基地正如火如荼建设中；在海南，联塑的海洋养殖网箱已初现规模；在广东梅州，联塑投入了1亿元打造世界高端花卉产业园……传统塑料管材不断延伸应用，正加速向现代农业拓展，形成新增长极。

布局新产能，投资新产业，这是联塑不断深挖的企业“护城河”，也是应对疫情“黑天鹅”的“定海神针”。

布局新产能 ▶ 加码全国投资，提升市场占有率

2020年1月底，疫情率先在武汉等地暴发，联塑的生产经营也因此被迫停滞。即使如此，联塑还是向武汉雷神山医院等全国的应急医院伸出援手，捐赠建设所需的给排水管材管件及安装设备和技术支持。

随着疫情得到有效控制，各地生产建设有序恢复。2020年2月10日，位于广东佛山联塑总部率先复工。“当时形势比较严峻，工人回来得比较少，我们决定先发货清库存，尽可能回收现金流。”中国联塑集团副总裁、总工程师宋科明说。

8天后，除武汉工厂外，联塑集团内部开始陆续复产。面对疫情和政策的区域差异，联塑在全国布局的优势开始凸显。

联塑的布局由来已久。2010年在香港上市后，联塑走出佛山，加快在全国乃至全

球的设厂。目前在全国18个省设有28个生产基地。“塑料管道运输半径大约为500公里，据此来布点，运输成本可以降低。”宋科明说。

“武汉工厂因疫情停工，但随着其他地区的工厂复产，武汉厂区原来所辐射的市场可以改由湖南、广东等地的工厂供应。”宋科明表示，在全国一盘棋的格局下，集团总部采取集中统一式调配资源。任何一个生产基地情况有变，通过灵活地调整，也能保证产品在全国的供应。产品保质保量的稳定供应，让联塑在应对危机时很快就“站稳脚跟”。尽管2020年一季度订单出现整体下滑，但3月份单月订单已基本恢复到往年同期正常水平，4月更是实现了明显的增长。

一场大危机充分检验出全国布局战略的可靠性，也增强了联塑全国扩张的信心。2020年5月，联塑投资20亿元落子江西南昌的新基地正式动工，项目达产后年产能约18万吨，实现销售收入约15亿元。这是联塑布局江西的首个大项目。

几乎同时，联塑也在加快福建工厂建设的步伐。未来，该公司还将继续拓展生产基地布局，并留意市场上潜在收购项目，为产能拓展提供支持。

“疫情之后，依托当地的市场需求，我们希望进一步本地化。”宋科明说，联塑希望在人口多、有一定经济规模的省份，基本都建一个工厂，以形成对全国市场的有效覆盖。“我们希望借此进一步提升市场占有率。”宋科明表示，作为行业龙头的联塑市场占有率约20%，每年保持超10%的增长。疫情会加速行业洗牌，腾出部分市场空间，联塑希望利用公司的资本、品牌和产品优势，进一步扩大在全国各地市场份额。

挖掘新需求 ▶ 调整业务重心，抢抓新基建风口

大危机中往往也孕育着新机遇。联塑逆势扩张，不仅为了抢占全国市场，还有对新需求崛起的信心。

联塑的客户主要集中在房地产和市政建设领域。受疫情影响，房地产市场一度陷入低谷，但市政建设等大型基建则作为拉动经济增长的重点项目，在全国各地陆续上马。“疫情之后，经济面临较大下行风险，传统市场短期内处于较为平稳的状态，但新的基础设施项目的需求正在崛起。”宋科明说，针对这一形势，公司已主动调整策略，加大了市政基建的业务比重。

联塑武汉工厂就是其中的典型。自2020年3月20日复工以来，除了消化积压的订单外，还主动承接大量来自当地市政基建项目的订单。在此驱动下，目前该工厂产能已处于历史高位。

作为民营企业，紧跟国家政策和市场需求，联塑还主动加强与基建龙头企业的战略合作。不久前，联塑先后与中建三局、中建四局签订战略合作协议。

□ 联塑生产车间

“联塑与中建三局、中建四局在产品应用、项目合作等方面具有广阔的合作空间。”中国联塑执行董事兼总裁左满伦表示，双方建立全面战略合作伙伴关系，有利于增强彼此的核心竞争力。

除了传统基建项目，火热的5G、充电桩、换电站等新基建，也是联塑抢抓的风口。“新基建中也有传统基建需求，也会拉动传统基建的增长。”宋科明表示，5G 基站、大数据中心、充电桩、高压电网等新基建项目对通信管道、电力管道等建材产品存在较大的需求。虽然尚未爆发式增长，但已经能够觉察到这些产品有明显的增长势头。

开辟新跑道 ▶ 管材“破土入海”，进军现代农业

在推动塑料管材主业纵深发展的同时，联塑也积极横向扩张，先后布局建材家居、环保治理、渠道服务等产业板块。2020 年以来，一个全新的产业版图正浮出水面。

在海南，一个个周长过百米的“大家伙”被固定在水深 20 米的海域。这些由联塑塑料管道制作而成的海洋养殖网箱经过反复的试验，具有 12 级以内抗风、5 米以内抗浪的能力，年养殖产量是传统网箱的 30 倍。

而在 1000 多公里外的梅州五华，由联塑投资 1 亿元打造的高端花卉产业园项目也在加紧推进中。未来，联塑的塑料管道将破土而出，用于灌溉、种植各色世界优良花卉品种。从管道建材到深海养殖再到花卉种植，宋科明认为，这样的跨界并非凭空而跃，而是把几十年的管道优势整合延伸，赋能到现代农业，提供农业设施。“一方面丰富了管道的应用，另一方面开辟了一片新的产业板块，形成新的业务增长点。”

为了进入全新的领域，联塑也在产品和技术上加紧布局。

2019年6月，联塑与广州田盈农业科技有限公司达成战略合作，成立广东联塑田盈设施农业科技有限公司，将产品应用进一步延伸至设施农业工程、节水灌溉系统、深水海洋网箱、家庭休闲农业等多个领域。2020年以来，联塑又先后与广东省农业科学院、华南农业大学、广东省设施农业工程技术研究中心开展产学研合作。

看好现代农业的发展，中国联塑集团董事局主席黄联禧更是亲自抓项目的进展。“进军农业板块，扩大收入来源，我们对这一业务的发展前景充满信心。”

“虽然有疫情影响，但我们今年的增长目标并没有降低，所以必须挖掘新需求、开发新产品和拓展新业务。”在宋科明看来，无论外在环境如何变化，只要“护城河”挖得足够深，并根据形势及时调整，就可以无惧风险，有能力应对风险。

手记

重塑核心竞争力，应对不确定性风险

管理学大师彼得·德鲁克曾说过：一家公司只有经历3次以上的经济危机，才能变成一家伟大的公司。经历了30多年沉浮的联塑集团应该对此深有体会。面对突如其来的疫情“黑天鹅”，宋科明并不感到过分忧虑。“从企业角度，任何时候，无论外在环境怎么变，市场怎么变，自身竞争力才是最核心的。”

联塑的核心竞争力体现在哪？从过去来说，是深耕主业塑料管道30年所形成的产品、技术、品牌和资本。从眼前来说，是应对危机的主动作为。

正是长年打下来的基础，让联塑在此次危机中能稳中求进：依靠多年积累的全国布局较快地摆脱疫情影响，然后又进一步加码在全国投资设厂，同时又进军现代农业延伸管道业务的应用场景。宋科明说，这是企业一以贯之的战略，并非因应疫情而骤然为之。

“今年没订单也应该投资，这时投资是最对的，冬天里投资是好时候。”与社会上所流行的“轻资产”理念不同，北京大学教授周其仁认为，企业发展要“重资产”，选对方向以后要敢于投资，这样才能形成门槛，不怕追兵来把行业搞乱。

而对联塑而言，就是要将自己的“护城河”打造好，挖得深。在行业一片惨淡之时，逆势的投资扩张，可以抢占市场制高点，进而为提升未来占有率布好局。

从这个角度来看，风险对“护城河”深的企业反而是一件好事，是一个重塑核心竞争力的过程。我们期待，随着行业在大冲击下重新洗牌，集中度提升，生产力重组，一批佛山大公司主动出击，创造自己的春天。

普拉迪：逆势下的为与不为

“$1.01^{365}=37.8$，$1.02^{365}=1377.4$。这个等式告诉我们，只比你努力一点的人，其实已经甩你很远了。”在佛山市普拉迪数控科技有限公司的三水车间内，一面墙上贴着这组醒目的标语。

在疫情下，普拉迪继续坚持比别人多努力“一点”，在国内疫情最严重的时候，企业仍然坚持派出员工到德国开展售后服务，赢得客户的一片赞赏。

作为一家发展至今仅 13 年的数控设备企业，专注于型材类精密设备的普拉迪既有“逆行”通商的坚定，又有理性看待口罩机热潮的冷静。在疫情下，普拉迪选择继续保持定力，深耕主业。

这种逆势下的“为”与“不为”，让普拉迪更能集中精力抢占市场机遇。据统计，普拉迪在 2020 年 3—4 月不仅创下近两年销售新高，其在短短 4 个月内，更是实现了 5G 类设备开发的“从 0 到 1”，为企业后续抢抓新基建风口，奠定重要基础。

“逆行”通商 ▶ 疫情下赴德国调试设备

新冠肺炎疫情仍在全球持续蔓延，目前全球新冠肺炎确诊病例已破亿。受此影响，一些国家或地区一度实行“封国”“封城”，对商务往来造成一定限制。

多家外贸企业因此遭遇重挫，跨国出行更是一度停滞。在这样的背景下，普拉迪却完成了一次“逆行”。

普拉迪总经理李爱军介绍，为了确保售后服务工作，2020 年 2 月，在新冠肺炎疫情已在国内暴发的情况下，普拉迪仍派出一批员工前往德国进行设备调试。

这源于 2019 年底，普拉迪与一德国客户在签订合同后，确定出售 6 台数控设备到国外。按计划，这批设备从 2019 年 12 月开始发货，从秦皇岛装机后，再走水路前往德国。

设备抵达德国时正是 2020 年 1 月 30 日，彼时距离武汉宣布“封城”仅过去一个星期，国内“抗疫战”已打响。

考虑到当时新冠肺炎疫情还未在国外包括德国等地暴发，2020 年 2 月初，普拉迪在确保员工防疫安全的情况下，派出首批近 10 位员工到德国开展售后工作，并在此后再增派 6 人抵达当地。

“对于我们的举动，客户当时非常感动。”李爱军回忆道。

然而随着售后服务工作一天天过去，新冠肺炎疫情开始在包括德国在内的欧洲地区暴发。此时普拉迪在德国进行售后服务的员工，面临没有航班归国的问题。

“我们选择加强监控。”李爱军表示，在员工暂时无法归国期间，普拉迪总部与在外员工保持紧密联系，每天了解员工身体情况，并随时跟踪归国航班信息。

可喜的是，随着国内疫情逐步受控。德国赴中国的航班在此后开始恢复，普拉迪出外的 10 多名员工，自 2020 年 3 月起开始分批搭乘航班回国。同年 4 月，最后一批 6 名员工顺利回归。他们在完成 14 天隔离后，目前均已返岗上班。

“只要条件允许，我们就要想方设法走出去。”回忆起这次“逆行”，李爱军认为这是普拉迪核心竞争力的体现。

为了确保售后服务在疫情期间不缺位，普拉迪目前正积极嫁接“互联网 +”技术。“我们希望通过互联网的方式，在疫情期间，实现远程服务与维修。”李爱军透露，公司正与联通合作，共同开发解决方案。

但他强调，只要外出通商的渠道一开放，普拉迪在确保员工防疫安全的情况下，仍然会第一时间派员工出外进行商务和技术支持。

专注主业 ▶ 拒绝转产口罩机

在坚定走出去的同时，普拉迪却果断地拒绝了口罩机。

新冠肺炎疫情暴发后，全球口罩需求“井喷”。据世卫组织的统计显示，自疫情发生以来，口罩等个人防护用品的需求量已是过去正常水平的 100 倍。受口罩的带动，以口罩机为代表的设备需求量同样迅速爆发。

对于常年专注精密型材数控加工设备的普拉迪来说，转产口罩机实际上是“降维打击”。

李爱军表示，从技术上看，普拉迪转产口罩机并没有任何难度限制；且在防疫初期，因为口罩机“一机难求”，其设备利润也非常可观，甚至从业人员的薪酬也水涨船高。

疫情期间，一位普拉迪的离职工程师，在离职后选择到其他企业负责口罩机设备

□ 普拉迪生产车间

调试工作，其月工资高达 15 万元。

面对这样的风口，国内涌现出了一大批转产口罩机的企业，但普拉迪的选择却是拒绝。

“不能让短期利益影响了长期利益。”在李爱军看来，若是公司选择了切入口罩机领域，从薪酬架构来看，新招聘的外来设备调试生产人员的薪酬受短期需求激增影响会比较高，这容易影响主业员工的“军心”。

另外，从投入周期来看，即使口罩机的生产并不难，但是要转入这一新业务，前前后后至少要耗费公司 3 个月的时间，这将直接影响公司在主业上的投入力度。

对此，北京大学国家发展研究院教授周其仁认为，在疫情下，企业是否转型生产口罩机有两种例外情况。一种是公司快没顶了，这时候选择生产口罩机无可厚非；另一种则是基于国家的公共需求，需要企业来支持生产。

“除这两种情况以外，做不做口罩机，实际上是检验公司定力的窗口。”周其仁说。

普拉迪的选择是保持定力。李爱军认为，不把精力分散到其他业务，有利于企业继续专注于主营业务。

在他看来，普拉迪作为后起之秀，一路走来，能够在精密型材的加工设备领域中崛起，正是得益于公司一直专注于一个细分领域。

“我们一直坚持把产品做专做细做精。”李爱军表示，疫情期间，专注主业的普拉迪选择继续加大设备投入，引入各类新型设备，投资近 1 亿多元。

危中寻机 ▶ 拥抱新基建风口

这种专注也是为抢占机遇做准备。

李爱军认为，与“危”并存的是“机”。在危机下，往往会有新的发展机遇产生。

而普拉迪的诞生，本身就是一个关于“危中寻机”的故事。

早在2000年，当时刚好从湖南来到广东工作的李爱军，参与了一款德国数控加工设备的操作与调试工作。彼时，国内此类设备大多是进口德国或日本的。

但是这些进口设备不仅价格高，且服务的反应周期非常长。李爱军在工作期间就曾遇到一次设备出现故障，当德国的工程师到达工厂开展维修后，提出需要采购一个5万元的配件才能修理好故障问题，但这个配件需要1个月才能到货。在等待配件的过程中，抱着试一试心态的李爱军，决定自己去处理故障问题。结果配件还没到货，设备就被李爱军修好了。

这以后，李爱军对数控加工设备产生了极大的兴趣。2008年，他决定出来创业。当时正值金融危机，李爱军清晰地记得，身边很多人劝他，不要在危机的时候出去创业。

但他认为，“既然是危机，已经到了谷底，还能危机到哪里去?”抱着这种想法的李爱军，开始走出去并创立了普拉迪。

时隔12年，尽管新冠肺炎疫情与当年金融危机的冲击完全不可同日而语，但李爱军还是习惯性地从危机中发现新机遇。

比如在人才招揽上。李爱军表示，2020年受疫情影响，就业压力相对更大。但与此同时，由于大企业今年在招聘的名额上难免会有所收缩。对于类似普拉迪这样的企业，反而有机会招揽到更多优秀的人才。

实际上，更大的机遇还在于新市场的出现。

2020年以来，国内加大基建投资力度，以建设新型信息化基础设施为代表的“新基建”成为风口。数据显示，今年以来各地陆续公布的与新基建相关的项目金额高达50万亿。

在50万亿的新基建“蛋糕”中，普拉迪正主动拥抱5G市场。李爱军表示，瞄准5G市场，普拉迪利用短短4个月的时间，开发出一款适用于5G基站的加工数控设备，目前已有客户采购这款设备。

“危的后面一定是机，企业要分析好危险，更要把握好后面的机会。”李爱军说。

手记

专注与开放的“冠军”之道

作为专注于型材类数控设备的细分龙头企业，普拉迪身上有非常典型的“隐形冠军”特质。

所谓“隐形冠军”最早是由德国管理专家赫尔曼·西蒙提出的，特指一类在细分领域占据绝对市场份额，但并不为人所知的企业。西蒙在其所著的《隐形冠军——全球化先锋》一书中曾经提出，专注与开放是成就“隐形冠军”企业的重要支撑。

这两点普拉迪均表现得非常突出。所谓专注，并不仅仅在于外部环境平稳时，企业能够把精力集中于主业之上，更重要的是在诱惑出现时，企业仍能保持定力，专注于原来业务之上。

在疫情期间，普拉迪就做到了保持定力，深耕主业。即使面对转型口罩机这种属于“降维打击”的新业务，普拉迪依然果断地选择了拒绝。

与此同时，正如西蒙研究所得，大多的“隐形冠军”企业本身就是开放经济的先锋部队。普拉迪尽管目前的外贸业务占比并不大，但企业却一直保有开放的发展战略。

越是走出去有阻力时，企业越是要“逆行”。这不仅体现在疫情下，普拉迪敢于派出员工跨国开展业务。在日常，这家企业也非常注重拥抱世界。

一个小细节正体现在，作为普拉迪总经理的李爱军在过去两三年，几乎每个月都要出国一次。这位曾经担任老师的企业家认为，一家企业的胸襟将决定它能走多远，而普拉迪的愿景正是要成为世界级的企业。

星联精密：“云端”会客　通商突围

2020 年 7 月初，夏日的阳光照射在新疆麦盖提连绵不断的棉花田上。一棵棵棉花长出了小小的花蕾，以每天 1 厘米左右的速度快速成长。

守护这些棉花生长的，正是星联科技生产的高堡膜。作为全国首个旨在解决农田“白色污染”、实现循环经济的示范点，到 2021 年，麦盖提全县用上高堡膜的棉花田有望达到 50 万亩，并将持续扩大。

星联科技董事长张伟明希望，借助麦盖提县示范点的示范效应，并与大型农垦集团合作，公司将在农业服务赛道上开辟一片新天地。而他曾经的主战场——星联精密，也正在筹划利用 5G 及 VR/AR 技术，实现远程商务沟通和技术协作，与产业链上下游企业实现真正的价值共赢。

千里走单骑 ▶ 小地膜闯荡大新疆

2020 年 5 月，广东星联科技有限公司董事长张伟明，与两千公里之外的新疆麦盖提县举行了一场特殊的“云签约”。签约项目名为广东星联科技（麦盖提）塑料生态产业园。在文件上郑重签下名字后，张伟明站起身，伸出手臂。两千公里外，麦盖提县招商负责人张振祥同样伸出手臂，通过高清直播镜头，两个人隔空完成了“云握手”。

为了推动项目落地，2020 年，张伟明没少忙碌。2020 年 3 月下旬，他还前往新疆，走访伽师、阿克苏、图木舒克、麦盖提县等地区推广高堡膜。为了赶路，张伟明和同事有时候在车上过夜，不断的抽血检测，让他们的胳膊满是针孔。

这条道路上，张伟明已经耕耘了近 5 年。

2015 年，中国工程院院士、华南理工大学教授瞿金平携全球首创的“基于拉伸流变的高分子材料塑化输送方法及设备”专利技术，与星联达成合作意向。

这种简称为“ERE”的技术，与原有的剪切流变技术相比，能耗降低 25% 左右，

新疆麦盖提，使用了“高堡膜”的棉花田

制品力学性能提高 20% 以上，可以加工此前无法混合的材料，解决了多项高分子材料加工行业技术瓶颈。

如何让新技术派上用场？一次偶然的“院士新疆行”活动，让他们想到了农业。

“20 世纪 80 年代初，农用薄膜在新疆的应用带来了一场‘白色革命’，它让盐碱地上的农作物大幅增收。然而，传统的农用薄膜废膜容易破损，难以回收，残留在土壤中，日积月累，‘白色革命’已经变成了‘白色污染’。”张伟明说。

数据显示，在麦盖提，耕地 0—40 厘米耕作层的地膜残留高达 20 公斤/亩以上，严重影响了作物生长。有农业专家预测，若地膜污染问题不解决，再过几年，当地将无地可种。利用拉伸流变技术生产的地膜，强度高、韧性好，被称为“全回收高性能增产地膜”（简称“高堡膜”），回收率高达 90% 以上，恰能解决“白色污染”。

“来自试验田的数据显示，耕地使用高堡膜后，平均亩产增产 5%，棉花增产量达到 20 多千克，每亩收益相比普通地膜提高 170 元左右。”张伟明说，此外，回收料价格为每吨千元左右，某种程度上也可以为农民增收。

在张伟明看来，基于制造业的第一产业，是他“二次创业”的最佳赛道之一。“虽然是制造业，但我们其实是给第一产业做服务。进入第一产业这几年，我觉得它的市场空间太大了，全国有 18 亿亩耕地，可复制、推广的空间不可估量。”张伟明说。

突围新市场 ▶ 传统主业迎来新增长

在麦盖提，星联科技还在与当地一家大型农业公司对接，将高堡膜的推广面积增加到 300 万亩，甚至 1200 万亩。广东星联科技（麦盖提）塑料生态产业园项目也将投资 2 亿元，完成“高堡膜”的生产、回收造粒，并引入相关企业对残膜进行高值化再利用，形成化“白色污染”为“绿色循环”的产业闭环。

与此同时，在张伟明曾经的主阵地星联精密，一场又一场技术革命仍在进行中。

这些天，星联精密总经理姜晓平，正在围绕某种新型包装产品的推广，与上下游客户对接。这种新包装，采用夹层技术，大大延长了酸奶产品的保质期，常温条件下也可以实现冷藏酸奶 2 倍以上的“赏味期限”，包装成本还降低了 30%。

姜晓平透露，星联精密正在与一家大型乳制品企业联手，推广新型常温酸奶产品，预计产品未来年增长幅度将超过 10%；不仅如此，星联精密还计划与医药企业合作，将自家技术推广到医用 PP 吹塑瓶或玻璃瓶领域。

不过，如同张伟明在推广高堡膜时遭遇的挑战，疫情也给星联精密带来了挑战。

“之前，香港一家客户购买了 1000 多套模具，但是我们的工程师无法前往施工现场。我们已经在工厂测试好了生产方案，正在尝试申请‘绿色通道’前往香港。”姜晓平说。不同于张伟明的“千里走单骑”，姜晓平似乎更加注重用技术手段打破地理限制。2020 年发生的这场疫情，更激发了他对新一代通商方式的思考。

根据姜晓平的设想，公司将采用 VR、AR 技术，配合 5G 通信、3D 建模和大数据库等，搭建“线上商务厅”，首先应用于与客户的洽谈，再逐步应用到产品研发、工艺测试、技术交流、客户服务等场景。

打破时空距离 ▶ 技术造就通商新路径

在姜晓平看来，这不仅是应对疫情的应急策略，更是降低企业运营成本、提高沟通效率的必然要求。

1993 年成立的星联精密，20 多年来一直致力于 PET 塑料瓶形、瓶坯和瓶盖的设计及相应模具的研发与制造，为全球 40 多个国家和地区的 600 多家企业提供服务，客户包括可口可乐、百事可乐、雀巢等知名品牌企业，营业规模在全球模具行业名列前茅。

业务遍天下，便要求星联精密的技术人员时常走出国门，现场为客户解决技术难题。经济与时间成本居高不下，星联精密正计划与联通等主要运营商展开合作，搭建 5G 通信网络和节点，未来还将与腾讯、阿里等互联网企业展开合作，建立 VR/AR“会客厅”。在姜晓平看来，VR/AR 只是未来技术的一个层面，企业必须向客户提供整套技术解决方案。结合 5G、VR/AR 和 3D 技术，星联精密积累的数百家企业、上万台设备数据将真正派上用场。

未来，星联精密计划将数据融入专业软件搭建的标准化设计平台，帮助模具工程师建立电脑 3D 模型，进行一系列的仿真分析和判断，并结合客户端搭建的 5G 端口和高速通信网络，让客户生产线的数据实时回传，在星联精密呈现3D实时运行画面，工程师借助VR、AR设备就可以对设备作出诊断，第一时间解决用户的技术难题。

“在这个专业化、高效率的时代，客户希望拿到设备立刻投产，有了问题立刻解决。因此，我们也必须尽可能缩小在线交流与面对面交流的差距，甚至不见面就能解决问题，”姜晓平说，“这样，客户跟你合作的深度、广度才会越来越高、理念的契合度也越来越紧密，大家才能实现真正的共赢。”

手记

向农业要潜力，向创新要效益

统计显示，2020年，第一产业占据我国GDP的比重仅为7.7%左右，在广州、佛山等珠三角经济发达地区，更是仅有1.5%左右。

然而，作为国民的“粮袋子”“菜篮子”，在国民经济序列中，第一产业却不可或缺。我国的农业有着广阔的升级空间，城乡发展不均衡是我国经济发展不平衡的重要表现。当珠三角发达地区正在为产能过剩发愁时，新疆等地的农民，却在寻找着更好的农资产品；当珠三角知名高校的教授学者正在苦思新技术的应用前景时，远方的农民却在发愁田间地头的“白色污染”……

对于企业家来说，这种不均衡，既是社会责任的用武之地，也是新商机的肇始。近年来，佛山企业家张伟明，将中国工程院院士、华南理工大学教授瞿金平首创的ERE技术，与其深耕制造业多年所积累的雄厚制造实力结合，走在了制造业反哺第一产业的前列。预计到2021年，使用“高堡膜”的耕地面积将达到50万亩，相当于南海区面积的1/3。而在全国，耕地面积将达到18.26亿亩，应用前景不可估量。

向农业乃至更多新领域进发，正是应对这场疫情的重要策略。在张伟明曾经的赛道——模具行业，曾经的搭档、星联精密总经理姜晓平正在推进自己的5G、VR/AR应用设想，希望可以让工程师们远隔万里远程为客户排忧解难。

向农业要潜力，向创新要效益，这是佛山制造业疫情突围的市场策略，更是赢得未来的关键布局。

承安铜业：拥抱智能化　为长远竞争“磨刀”

2020 年，佛山市承安铜业有限公司（简称“承安铜业”）的首个智能化车间上线。周建新的工作日程也越发忙碌起来。

作为承安铜业的总经理，周建新所处的印制电路板专用磷铜阳极行业，是一个十分小众的产业，全球相关企业不足 10 家。不同于其他早已拥抱工业互联网的行业，该产业的智能化改造需要高度的定制化，因此业内鲜有改造成功的先例。提前上马工业互联网改造工程，完全是周建新短期规划之外的事。用他的话来说，这是被疫情“逼”的，也是为危机后重塑长远竞争力而“磨刀”。

在他看来，“一切只为做最坏的打算，做最好的准备。”

危中寻机 ▶ 防疫与电子产品领域需求大增

对于周建新来说，他所处的线路板行业在疫情的冲击下，或将迎来“冰火两重天”。周建新担任总经理的承安铜业，是行业隐形冠军企业，主打产品是印制电路板专用磷铜阳极。这个形状像一颗颗铜球的产品，其实是放在线路板内用来导电的铜材。很多电子产品功能的实现，都离不开这个基础材料，因此，其广泛应用于手机、计算机、汽车、数控设备，甚至航空航天设备等领域。

在疫情让不少行业陷入危机时刻的关头，下游客户的“生死存亡”也直接影响着承安铜业。而“危与机并存”，则是承安铜业面临的境况。

“危”指的是汽车、手机行业的下跌。“汽车的订单 2020 年春节前已经开始变差了，疫情之下这个行业更是雪上加霜，全球 100 多家汽车厂都关停了。手机的销售量在这段时间也下降了很多。而这两大行业贡献了过半的线路板市场。”周建新说。

“机”则藏在因疫情而崛起的防疫、线上经济中。疫情发生后，很多机场、地铁站、医院等公共场所对集体检测体温的设备需求激增，而这些设备中装有线路板，成为线路板

提前上马工业互联网工程，承安铜业为长远竞争“磨刀”。图为承安铜业工厂

行业订单的新来源。据周建新介绍，承安铜业在2020年2月1日复工后生产了一些防疫产品线路板所需的铜材。“不过医疗板块只占线路板市场2%—3%的份额。”

同时，居家防疫带来网课的火爆，也带动了电脑的生产销售，从而带来了电脑线路板订单的饱满。“电脑线路板客户的订单到9月份还是满的。”

而对于承安铜业来说，更长远的机遇则在5G经济和工业互联网的逐渐兴起中暗涌。5G技术研发和基础设施在大力铺开，“更多公司也开始建设工业互联网，我估计线路板的用量会大大增加。”周建新说。当然，疫情带来的订单起伏只是暂时的。适应市场环境变化、抓住潜藏机遇只是一方面。对于周建新来说，他把更多的功课做在了不受市场波动干扰、事关企业长远发展的改革上。

破解行业难题 ▶ “大考”中上马工业互联网

周建新做的最重要的功课之一，就是提前将工业互联网改造提上日程。他将其称之为疫情“大考”下的“磨刀”。

对于不少佛山制造业企业来说，工业互联网变革并非新鲜事，早在几年前就在不少行业铺开。然而对于印制电路板专用磷铜阳极这个小众行业来说，拥抱工业互联网是一件非常不易的事，在整个业内并不常见。

周建新表示，全球有一定规模生产磷铜阳极的企业不过10家左右，因此其工业互联网改造需要高度的定制化，找到高度契合企业需求的供应商，一切都要从长计议，同行中也鲜有改造成功的先例。“而且，由于承安铜业的铜球在全世界的市场占有率比较高，怎样在产品保质保量的前提下完成改造提升，是一个难题。”

疫情这个特殊背景，倒逼周建新思考更多深层改革，也让他在部分订单减少的情况下，得以集中时间与精力去精细谋划企业的工业互联网蝶变。

供应商的选择，是改革成败的关键。对于承安铜业来说，一个拥有强大而灵活的工业互联网服务资源的供应商，是改革刚需。在周建新谨慎选择的时候，三一重工旗下的子公司进入了他的视线。其实早在2019年赴三一重工的一次调研中，周建新就对三一重工自主开发的工业互联网平台留下了深刻印象。“同一个工作台可以自动下线不同的车型，这需要数据、人力、物料、工具在高效的配合下才能做到。”周建新说。

2020年3—4月，承安铜业开启了工业互联网改造部署；5—6月与三一重工子公司签约合作。目前，承安铜业已全力开始改造，其智能化车间的完整改造已完成，将推动企业精细化管理再上一个台阶。

提前踏出拥抱工业互联网的第一步，在危机下灵活应变，只是周建新“磨刀”的一个侧面。对于他来说，还有一种磨炼更为重要，那就是自我的沉淀学习。

顶着危机考验“磨刀”“备战”的同时，哪怕在最迷茫的时刻，他和员工们也没有停下学习。“我要求员工学习，我自己也上网课，学习关于管理、采购、生产甚至股权等各方面知识。我在后台可以看到员工们学习的时间和课题，也间接了解到哪些员工有积极上进的心。”周建新说。

跨界再出发 ▶ 立足主业进军智能环保行业

为智能化改革磨刀的探索，不止于坚守了数十年的主业上。智能化环保处理行业，也成了周建试水的新赛道。

4年前，周建新跨界进入环保产业，成立了德同环保。作出这个跨界决定，用他的话说，是为了拓展市场空间、提取新的产业价值。“磷铜阳极从问世至今，已拥有超50年历史，利用率超过99%，带给客户的价值已经很难进行革命性的创新。”

周建新创立的德同环保，专注线路板厂的环保处理。这家企业开发蚀刻废液处理设备和技术，为线路板厂从源头上降低90%以上的危废蚀刻液的排放，能有效提取危废蚀刻液中的贵金属，重新用于承安铜业铜球生产，还能将蚀刻废液重新调配后循环利用。对于周建新来说，这既没有完全脱离承安铜业主营业务，又能够乘着高质量发展趋势下环保产业的东风，创造巨大的经济效益和社会效益。

如今，周建新再次跨界，开始自主研发智能环保处理设备。通过传感器，德同环保开发的设备可以自动记录设备数据、进行远程管理。如此一来，机器可自动监控环保处理过程，实时了解废水处理、物料使用，并自动处理异常。而德同环保研发工艺部门则能通过数据分析设备产品性能，与设备供应商进一步合作优化产品研发。

周建新表示，如今环保行业崛起，大量的资金和人才投入到这个领域，技术工艺投入提升很快。不过由于线路板蚀刻废液环保处理的市场比较细分和小众，国内自动化智能化设备应用还不普遍和完善，业内缺乏统一权威的成熟产品，蕴含了很大的市场空间。疫情危机则加速了企业掘金这片市场的步伐。

其实，在当下布局智能环保处理产业，同样不在周建新原先的规划中。“由于疫情的发生，原来的时间计划表里的因素都已被打乱。有的计划被重新拾起，有的项目提前开展。”周建新说，但即使在最坏的时刻，也不能放弃每一个发展机会，哪怕只是一个发展的念头。

手记

有底线思维，也要有起跑线思维

“做最坏的打算，做最好的准备”，是周建新说得最多的一句话。这句话的潜台词是，企业应该多为自己划几条底线。这对于疫情危机下的企业来说，不失为一条好的策略。

此前，北京大学国家发展研究院教授周其仁在佛山参加“佛山制造：疫情下的市场突围”线上研讨会时表示，佛山企业要讲底线思维，每家企业不妨多划几道底线，一定要准备对付最严峻的情况，调度一切力量，苦撑苦熬。而承安铜业正是朝这个方向前进。

强化风险管控，不盲目追求疫情下的风险订单，而是牢牢守住安身立命之本；在看不清楚的时候，往远处看，反而能得到更稳妥的生存发展空间。正如周建新所说，“我们像在绝处求生，很累，但却对未来充满信心和力量。”承安铜业的这些探索，就是以底线思维来求站得住、活下去。

同时，承安铜业还为自己新划了一条“起跑线”。这家企业及时调整发展计划，提前上马重要的改革工程，推进工业互联网改造。这对承安铜业来说是一条全新的赛道，却也是其塑造长远发展的核心竞争力，在疫情过后再出发的新起点。

这一切也说明，越是在危机时刻，企业家越要对企业的底线和“起跑线”做到心里有数。如此，企业才能朝着发展愿景真正稳步前进。

利迅达：机器人出列　抢滩全球市场

2020年7月10日，星期五。这天一早，佛山市利迅达不锈钢设备有限公司、广东利迅达机器人系统股份有限公司总经理霍锦添，就踏上了去北方的航班。

他此行的目标，是太原钢铁集团（简称“太钢”）近几年研发出的新品——抗菌不锈钢。

突如其来的疫情，让带有健康理念的产品瞬间走红，霍锦添没少接到下游客户对抗菌不锈钢材料的需求。带着需求，他与太钢不谋而合，双方有望在佛山建立一个战略合作的实体，共同推出新型抗菌不锈钢及加大太钢产品在华南地区的市场占有率。

与此同时，霍锦添集中精力打造的新跑道——机器人产业也在积极应对新挑战。目前，公司正在紧抓重型汽车等行业的新需求，让更多的机器人设备走出国门。

服务“宅经济”▶ 不锈钢行业现韧性

让霍锦添有合作底气的，首先是来自下游行业对抗菌不锈钢的需求。

“疫情发生后，我收到一些客户的咨询、询价，尤其是在厨具、餐具和医疗器械这些行业，应用还是很广泛的。”霍锦添说。

而需求则来自不锈钢下游应用行业在疫情当中展现的韧性。成立于1991年的利迅达，下游客户主要包括大型工程、钟表料、水槽、厨具、家电和医疗器械等。受疫情影响，海内外的“宅经济”兴起，让水槽、餐厨具、小家电等产品需求大涨。

“应该说，不锈钢行业受到疫情的影响并不大，即使整体略有下滑，幅度也在5%左右。而家居用品、厨房用品、水槽、医疗器械等的需求更是不降反增。”霍锦添说。

同时，抗菌不锈钢材料，成为市场新的“必争之地”。“疫情可能也就是几个月时间，就看谁能更快速地推出抗菌的产品，或许谁先推出，谁就可以成为‘网红’爆款。”霍锦添说。

成立于1991年初期的利迅达，最初从事钢铁进口贸易及国内销售。2003年开始，为满足客户需求，公司投资兴建了不锈钢大型加工中心。经过十多年发展，利迅达已经成为华南区域设备最先进、加工与销售能力最强的企业之一，也是山西太钢、张家港浦项、青岛浦项、上海宝钢、昆山大庚华南地区战略合作伙伴，月代理销售冷、热轧不锈钢板过万吨。

这就为利迅达抢抓抗菌不锈钢材料推广机遇创造了优势。霍锦添透露，早在2005年，公司就与太钢建立了合作关系，如今已经成为太钢在华南区域的总代理。未来，双方有望在佛山建立一个战略合作的实体，利用利迅达的生产加工平台、管理团队和营销渠道等，共同推出新型抗菌不锈钢及加大太钢产品在华南地区的市场占有率。

“太钢早在几年前就研发出了这种新品，在品质等方面都具有优势。而在疫情发生后，其他的钢厂也在加快研发抗菌不锈钢，我们更要加快与太钢的合作步伐。”霍锦添说。

直面“天花板”▶ 机器人产业逆势突围

在传统不锈钢业务寻求新突破的同时，近年来霍锦添集中精力打造的新跑道——机器人产业也在积极应对新挑战。

作为佛山最早一批机器人企业，早在2008年国际金融危机之时，霍锦添就敏锐地意识到中国制造“人口红利”消退的转折，用了3年时间“烧钱”6000万元，果断进军机器人集成系统领域。

此时，一场机器人变革正在中国制造业兴起。2013年中国成为全球最大的工业机器人市场。站在风口之上，2014年以后，抢得“头啖汤”的利迅达实现了厚积薄发。仅2014年产值就同比增长了几倍，销售收入突破1亿元。

然而，经过了6年的高速增长，国内机器人产业开始触碰到“天花板”。国家统计局的数据显示，2018年9月，国内工业机器人产量首次转入负增长。

在霍锦添看来，机器人产业收缩很大程度上受下游需求影响。其中工业机器人应用量最大的汽车行业逐步探底，尤其是近年来国内乘用车进入负增长，拖累了工业机器人产业的整体发展。

不过，下行中亦有向上的机遇。在庞大的汽车自动化应用市场中，重型汽车还有较大的发展空间。“在新一轮基建热潮之下，重型汽车的需求量会大增，而且与乘用车相比，更新换代的周期更快，对生产自动化的需求也更大。”霍锦添分析。

相比起乘用车，重型汽车的供应链体系较为开放，早在几年前，利迅达就开始与全球最大半挂车桥制造商——富华机械建立合作。东风汽车、一汽重卡、潍柴发动机等国内知名企业也在运用利迅达的机器人，为汽车零部件去毛刺、装配、打磨，实现

□ 利迅达推出的机器人产品

减员增效。

作为国内打磨抛光行业领头羊，利迅达凭借多年技术的深耕，填补了国内打磨抛光机器人领域的标准空白。其中“力控强度”和“位移补偿”两个关键性能指标，与同行业水平相比工作效率提高50%以上，产品合格率提高30%，为产品应用提供可靠技术支撑。

霍锦添认为，作为民企，除了价格上有优势外，更重要的是利迅达在汽车以及其他一般工业领域积累的技术经验和应用解决方案更丰富。

而在一般工业领域，机器人应用市场亦不乏一些细分需求的增长。“疫情期间，人们都被迫在家里做饭，小家电及餐厨具制造领域‘机器换人’的需求依然保持较好的态势。”霍锦添说。

主动“走出去”▶ 助力中国智造布局全球

凭借着产品良好的性能和可靠的品质，利迅达的机器人业务不但在国内市场“攻城略地”，还强势挺进海外市场。

最近，霍锦添正在忙于为两批设备做最后调试，随着疫情的好转，预计下月就可以正式出口到东南亚。“如果不是疫情的影响，我们的出口业务会发展得更快。”

早在5年前，随着国内人力成本上涨，在利迅达驻扎的大本营珠三角，不少企业开始向东南亚、北美等地设厂。利迅达再次捕捉到这一次机会，成功打开佛山抛光打磨机器人在海外的市场，向墨西哥出口了数十套自动化抛光打磨设备。

近两年来，随着国际贸易摩擦加剧，为了规避出口风险，国内企业向外扩张转移的趋势越来越明显。“我们合作的一个中山的工厂，因为水槽遭遇美国反倾销，他就将中国工厂复制到海外，在欧洲设两条线，在北美设两条线，全部上自动化。”霍锦添介绍，在此带动下，近年来公司每年出口业务均保持20%—30%的增长。

利迅达机器人的出海经历，正是中国制造从引进来到走出去的一个典型。当初，霍锦添曾冒着风雪到意大利寻求引进先进抛光打磨自动化技术合作。如今，经过多年的积累，凭着机器人冲向国际的利迅达，也建立起中国智造的海外优势。

在他看来，国内整个机器人自动化技术和方案已经成熟，将其搬到国外，成本要比在海外操作要大大降低。

霍锦添预测，未来中国将从产品走向世界到制造业商业模式走向世界，越来越多中国制造企业到海外设厂，形成研发销售总部放在国内，制造生产放在海外的全球产业链新格局。利迅达机器人将加大研发，努力实现整个车间的智能化生产，帮助客户把工厂输出到海外。

“我们的目标已经不仅仅是多卖几台机器人，而是帮助中国制造在全球进行再定位。”对利迅达的国际化前途，霍锦添信心满满。

手记

让中国的机器人走遍全球

提到机器人，或许有人会第一时间联想起发那科、库卡、ABB、安川电机这“四大家族”。这些业内龙头，常常以令人炫目的“黑科技”给人留下深刻印象。然而，常常被人忽略的是，论及机器人应用场景的丰富性与可能性，中国必定是全球第一。

五金机械、家电3C、纺织服装、陶瓷餐厨……有多少“中国制造”擅长的行业，几乎就有多少个机器人的应用场景。而随着5G、人工智能、物联网等技术的进步，以及人力成本不断攀升，机器人在国内应用场景只会逐步增加。

巧合的是，国产机器人业务的发展史，也是一部中国产业不断升级、自动化程度逐步提高的演变史。从最初为厨具、家电、日用品等企业提供钢材，再到为他们同时提供钢材和加工钢材的机器人，利迅达的机器人，正是这个演变史的最好注脚。

今天，随着中国制造业不断走出去，利迅达也得以走出国门，迎来更广阔的发展机遇。我们期待，随着中国制造业的全球再定位，中国造的多种多样的机器人，也可以走遍全球。

宝索机械：转产支援　10天造出口罩机

2020年7月，在佛山市南海区桂城街道的宝索机械工厂内，工人们正调试即将下线的口罩机。过去数月来，这个工厂生产了大批口罩机、水刺无纺布分切机、抑菌绵柔湿巾折叠机、防疫餐巾纸生产线等防疫物资配套设备。

2020年初，疫情突如其来，口罩等防护物资成为紧缺资源，口罩生产线关乎全民健康。作为国内生活用纸设备领域的龙头企业，宝索机械积极响应需求，快速转产口罩机，全力支援抗疫。

创立30多年来，宝索机械专注“纸上功夫”，不断创新突破，成为恒安纸业、中顺洁柔、理文造纸、亚洲浆纸业有限公司等国内外纸业品牌的供应商，跻身于全球造纸设备行业前十。面对疫情冲击，宝索机械坚持全球化战略，即便在疫情期间也全力保障为海外客户提供售后服务。

快速转产 ▶ 从零部件到熟练工响应需求

“我们一开始也没想到需求量会这么大。”宝索机械助理总裁彭伟东回忆道。他所说的正是疫情暴发期间“一机难求”的口罩机。

彼时，为了抗击疫情，全国各地掀起一股转产口罩的热潮，同时带动了口罩机需求量的暴涨。佛山作为全国重要的制造业基地，虽然之前并没有口罩机产业链，但是不断有机械装备企业转产口罩机。宝索机械并不是头一批立项研发口罩机的佛山企业，一开始也并没有转产的念头，但来自市场端和客户端的需求改变了企业高层的想法。

“口罩机在技术层面上，部分工艺跟造纸非常相似，我们可以很快承接上去。”彭伟东说，不仅下游转产的造纸公司希望宝索机械转产，政府层面也在推动合适的企业转产，以满足抗疫需求。2020年2月7日，宝索机械迅速组织研发力量进行远程开发，完成了口罩机设计，并在复工后马上开始组织生产。

□ 宝索机械全自动防疫生产线制造基地

口罩机虽小但是“五脏俱全”，整机涉及300多个零部件。即便佛山拥有健全的工业体系，也无法集齐所有零部件，零部件采购成为口罩机生产的主要难题之一。为了解决这一难题，宝索机械协调国内外资源，不惜高价购进一些关键零部件。比如必需的超声波零部件，在大陆没有找到合适的供应商，最终在中国台湾购进合适的零部件。

技术人员欠缺是另一主要难题。事实上，对比其他行业的设备，口罩机的技术含量并不高。而原来就生产口罩机的企业之所以不能快速扩产，正因为欠缺相关技术人员。“对做设备来说，机械设计、电机控制自动化和工艺调试这三点非常重要，需要一些对口罩机设备非常理解的人。”彭伟东表示，宝索机械能够快速转产，一方面因为设备工艺具有相似性，另一方面就是企业有大量的熟练技术工人，在工艺调试方面可以保证设备流畅运转。

2020年2月18日，在立项开发口罩机10天后，宝索机械的第一批口罩机开始交付。

彭伟东透露，目前公司已经成立了口罩事业部，并且组建了研发小组，继续推动口罩机往自动化方向发展。“我们在做出第一代口罩机后，半个月就研发出第二代，在自动化、稳定性方面有所突破。”

重视研发 ▶ 科研人员占比超过1/6

能够在短时间内完成口罩机的迭代升级，这是基于宝索机械在研发投入上的不遗余力。“每年研发投入占销售收入的 4%，宝索机械目前员工约 600 人，其中科研人员占比超过 1/6。”彭伟东介绍。2019 年底，宝索机械正式获评“2019 年国家知识产权优势企业”。同时，宝索机械还获得“广东省技术中心”“广东省造纸装备工程技术研究中心”等认定。

在刚进入造纸设备行业的时候，宝索机械通过外雇工程师，对国外设备进行“拆封撤废”，研发出适合的样机，随后在实践中不断改进，走上自主研发之路。

从 20 世纪 90 年代开始，为了打破国外的造纸设备垄断，宝索机械坚持对技术保持高标准的要求。2009 年，宝索机械在费时一年多的研发后，在行业内率先推出可同时生产有芯和无芯两类纸产品的加工设备，大大简化了生产工艺，降低了生产成本。

这款“明星产品”奠定了宝索机械在行业内的领先地位。2012 年，宝索机械再次在全国率先推出了一条全自动抽式面巾纸生产线，解决了抽式面巾纸的自动化生产难题，并由此将抽式面巾纸普及到千家万户。

“目前，宝索机械的造纸设备已经涵盖造纸前端、中端及后端，可以为客户提供一整套的解决方案。”彭伟东说。

而国内极具潜力的用纸市场是宝索机械的练兵场。与欧美等地高度专业化和集中化的行业发展不同，国内用纸市场集中度比较低，并且用纸的地域性特征明显。“用纸的区域性特征非常强，因此没有一家企业能够做遍整个中国的市场。”彭伟东说，这要求设备作出相应的改动，适应每个地方不同的用纸文化。

在彭伟东看来，中国人均用纸量仍有较大的上升潜力。这意味着，未来造纸设备增长的空间很大，并且将往高端化、自动化、信息化的方向进步。

为了进一步缩小与国际顶尖企业的差距，宝索机械一直高度关注并积极参照国际同行发展。除了每年参加国际相关展会，在研发上，宝索机械也采取中西合作的方式，与欧洲等海外地区的研发工作室建立合作关系。

“海外工程师更多是专注前沿性技术的研发，企业工程师则更为关注应用层面的技术开发。”彭伟东说。通过对海外研发工作室的投入，宝索机械能共享更多前沿技术，在认知与行动上与国际先进同行保持相同的步调。

布局全球 ▶ 拓展“一带一路”市场

“宝索机械一直坚持立足国内、面向全球的经营策略。”彭伟东透露，目前公司海外销售占比约为 30%，海外市场主要集中在亚洲、非洲地区市场。

“一带一路”沿线国家和地区是宝索机械近年来积极开拓的海外市场。近年来，宝索机械在非洲拿下来多个大项目，并且在多个非洲项目中，宝索机械创新推出了

“交钥匙工程”——宝索不仅负责提供设备，还对厂房布局、设计及建设等各方面提出建议，项目完成后直接将厂房钥匙交给客户。

2017年，宝索机械与南非PROXIMOLTD签订生活用纸设备总承包项目合同。两年后，年产1万吨生活用纸项目建成投产。宝索机械也完成了首个“交钥匙工程”。

在中亚地区，宝索机械也取得了突破。2018年，宝索机械与哈萨克斯坦KarinaTrading公司签订了年产1.2万吨生活用纸设备总承包合同。2019年底，宝索机械的纸机在该公司正式投产。

除了技术优势，售后服务也是品质的重要组成部分，尤其是对于机械设备而言，良好的技术服务有利于增加客户黏性。在拓展海外市场的过场中，宝索机械一方面注重培训当地代理团队；另一方面，不断强化团队的服务意识和服务能力。

“疫情对国外项目造成了一定影响，主要是提货时间延后，但是对企业来说，国际化战略不会改变。”彭伟东透露，在国内新冠肺炎疫情初期，为确保售后服务，在做好安全问题沟通与防护准备后，宝索机械员工还“逆行”飞往沙特，为客户提供设备测试服务。

手记

“隐形冠军”彰显区域制造业技术底蕴

20世纪80年代，德国管理学家赫尔曼·西蒙提出“隐形冠军”企业概念。所谓“隐形冠军”企业，是指那些不为公众所熟知，却在某个细分行业或市场占据领先地位，拥有核心竞争力和明确战略，其产品、服务难以被超越和模仿的中小型企业。

在制造业大市佛山，过去40多年来孕育了一批“隐形冠军”企业。从小小的零部件到大型生产设备，这些佛山企业在各个不同细分领域默默耕耘，积累了深厚的技术沉淀与底蕴。

2020年初，新冠肺炎疫情暴发，全国防疫物资瞬间需求激增，从产品到生产机械都极度紧缺。此时，佛山有一批这样的企业挺身而出，如宝索机械，作为全球前十、国内前列的造纸设备制造商，10天内造出口罩机；又如中南机械，科考船“雪龙号”共轨单元的国内唯一供应商，也是在10天内造出了口罩机。

危机之中，这些企业的“爆发力”再次印证“隐形冠军”企业对于地区生产能力的重要作用。根据佛山市委、市政府的部署，未来佛山将培育更多制造业“隐形冠军”，加快推动佛山制造由量大转向质强。

必得福：快速响应　成就“抗疫明星”

位于佛山市南海区九江镇的必得福无纺布生产厂区内，医用防护服和口罩生产线满负荷运转，工人们正加班加点赶制发往国内外的抗疫医疗防护物资。

就在疫情暴发初期，这家医用基础材料大厂还面临缺乏足够熟练工和的原材料的困难。不过，他们在最短时间内作出响应，调用一切可能的人力和原材料资源，并最大限度压缩生产时间，在当时迅速将口罩和医用国标防护服等紧缺物资发往湖北等受疫情影响严重的地区。

如今，国内疫情回落，必得福在全力做好国内外防疫物资订单的同时，也放眼长远，在瞄准设备投入等方面，通过提升国际资源配置水平，开拓更宽广的市场。

紧急征召 ▶ 以作战状态生产防疫物资

2020年1月21日（农历腊月二十七）上午，当必得福董事长邓伟其接到国务院联防联控机制医疗物资保障组的电话，要求该公司启动应急预案全力保障医用防护物资供应时，其无纺布生产厂区防护服生产车间仅剩下4名熟悉流水线操作的工人留在本地过年。疫情就是命令，防控就是责任。放下电话后的邓伟其立即召集能够调动的所有人员，开始筹建防疫物资生产车间。发出紧急招工信息时原定只招约120人，结果吸引超过300人前来报名。

在相关部门的协调努力下，必得福迅速解决了缺人力和缺原材料的问题。

此后，全厂上下正式进入“战时”状态。“令行禁止、有呼必应”成为必得福全员在保障物资供应这场应考大战的真实写照。为了尽可能早一点向国家交付防疫物资，车间员工甚至尽可能少喝水从而减少上厕所的次数，厂区管理层24小时在线应对随时可能出现的问题，并保持与各政府部门的密切联络。

在临近年关和疫情的交织影响下，为稳定员工情绪，并激发在厂员工投身防疫物资生产的积极性，邓伟其亲自坐镇厂区指挥，使出当场派发现金等福利方案。

复工复产后，必得福进入全速赶工状态，工人倒班生产，设备全速运转，一件件防护服从生产线被送到检验区，再经打包封装。厂区复工复产后的第3天，2000件防护服被一箱箱打包装车发往武汉。必得福能建立如此快速的响应机制并非一时之功。在医用基础材料行业，必得福已经是位久经沙场的老将。

2003年非典、2011年日本福岛核泄漏事件、2014年西非埃博拉病毒肆虐……很多重大突发公共卫生事件背后，都有必得福防护物资“逆行”助力的动人故事。必得福还曾因为抗击非典作出的贡献，而获得“广东省医药行业抗击非典先进单位”称号。

除了应战经验丰富，必得福深耕纺熔无纺布领域26年所打造的产业链默契度同样不容小觑。必得福厂区周边，无纺布上下游产业链完整，在10公里范围内基本就能调配医疗防护用品生产所需的所有物资，这对复工复产后的产能提升功不可没。

循环投入 ▶ 始终保持产品旺盛生命力

无论是国内疫情暴发之初紧急向湖北保障防护服供应，还是现在不断向海外市场出口医用口罩，都离不开必得福18年前的转型魄力。

2003年非典之后，必得福首度转型，从传统工业用无纺布转向新材料研发，开始向高端生活用和医疗卫生用非织造布领域转型。

为了提高企业的市场竞争力，必得福一直坚持重金投入，用重资产技术优势为企业铸成一条既宽又深的“护城河”。这条河不仅在物理上抵御住同行追兵的步伐，也间接提高行业标准。为保持技术领先，必得福单单在医疗链条的基布生产就投资4.7亿元，涉及高档纺熔技术生产以及医疗定型防护制作。

必得福还探索借助大数据优化生产管理，从而降低企业生产成本。2018年，必得福投资1000多万元与软件企业合作打造SAP管理系统，进一步提升生产设备和工艺智能化水平。通过持续的技术研发投入，企业在生产过程中的品控能力得以进一步提升。

在传统制造领域，前期资金投入带来的盈利多被用于后期激励。在必得福，企业赚到的钱基本没有分红，反而都被投入到生产线、厂房升级和新产品开发当中。在必得福管理层看来，只有通过不停投入，领先竞争对手几年，才能保持屹立不倒。不盲目跟风，这背后其实是邓伟其算清了两笔“账”。

第一笔是“回报账”。必得福曾在升级厂区中尝到过实实在在的甜头。有一次，必得福通过优化厂区设计与科学布局，将生产线的各个环节合理分割摆放，每吨非织造布的生产耗电量得以降低500度以上，如此丰厚的节能回报让企业更加坚定创新投入是一笔值得花也必须花的钱。

□ 必得福在设备升级等方面加大投入，用真金白银换取高品质

第二笔是“保鲜账”。假如企业投入 1000 万元进行研发，通常能带来 5 倍左右的利润，新研发产品最少能保持 4—5 年的生命力。在这段时间，企业必须继续投入资金开发新产品，保证产品在下一个生命周期继续领先同行 4—5 年。

经历行业的风风雨雨，必得福深知，一时的技术领先并不能给企业带来真正的优势与安全，唯有循环投入、接续创新，才能给领先“保鲜”。因此，必得福在本可以选择安逸的时间强势“买买买”，为厂区不断购置新生产设备，也才有了稳坐全国医用基础材料产量第一把交椅的实力。

放眼未来 ▶ 配置国际资源与引领行业标准

在判断医疗防护用品有着巨大的发展潜力后，必得福便不惜花费重金对有助产业延伸的硬件设施进行升级，领跑高端非织造布生产。

即便身处全球经济下行带来的各种压力之下，必得福也没有放慢国际化的脚步。2016 年必得福在美国北卡罗来纳州设厂；翌年更是花重金并购德国的 7 米双组分纺粘非织造布生产线，正是这条年产量 20, 000 吨的生产线在这次漂亮打赢防疫物资保供战中立下了汗马功劳。

目前，必得福出口比例占 40%，主要以北美市场为主。随着发达国家进入老龄化阶段，必得福计划把更多的精力放在非洲、印度等新兴市场以及国内市场。

在必得福看来，开拓新的国际市场不仅是提升产品辐射面那么简单，还可以通过与世界先进的行业企业交流合作，更好地判断新材料开发的前景，也有更大的底气进行研发和设备方面的投入。此前，必得福曾成功研发出应用于保温袋的复合保温材料，这款材料顺利通过专利审批后迅速抢占国际市场，创下占领日本保温袋市场份额超过50%、占领加拿大保温袋市场份额超过70%的佳绩。在邓伟其看来，这得益于必得福团队长期与全球客户进行材料领域的交流。

从工业用布到卫生材料再到医用材料，必得福完成了医用终端制品的延伸，从而构建了一条完整的产业链，成为国内知名无纺布生产企业。放眼未来，必得福希望成为一家生产高端医用无纺布、防护服和手术服成品等产品的科技型制造企业。

在保持接续创新，并不断提高研发投入的同时，必得福积极主导并参与起草多项国家纺织行业标准。至今，必得福已参与制定4项纺织行业标准，参与全国纺织品标准化技术委员会产业用纺织品分技术委员会组织的3个标准审定工作。

对必得福而言，引领行业标准是一场只能不断向上攀爬的自我革命。在竞争十分激烈的医疗基础材料市场，得到广泛认可的仅有几家知名的国际大企业。善用国际顶尖资源最大限度地提升企业产品质量，最终目的是实现产品在国际市场的高辨识度，必得福让全球客户越来越清晰地看到自己。

手记

舍得投入方能“得福”

从创立之初的家庭小作坊到如今稳坐全国医用基础材料产量冠军宝座，必得福用26年的时间完成了从默默无闻到“抗疫明星”的华丽转身。

如果不是在3天内完成国务院联防联控机制医疗物资保障组下达的交付上千套医用防护服的“战时”任务，如果不是在接下来的30多天内完成国家调拨的达9.6万件医用防护服的保供任务，进而被国务院点名表扬，必得福可能还会继续默默无闻。

必得福如此拼命从来都不是为了出名，崇尚专注追求品质才是这家企业的基因。但企业负责人口中“不足为外人道”的高品质背后是必得福自2003年非典疫情以来深耕医用基础材料领域、坚持不懈重视投入打磨出的看家本领。

避免陷入与竞争对手拼成本、拼价格的恶性循环，必得福总是舍得把利润投入研发创新、生产流程优化、设备升级等方面，用真金白银的大投入换来无可挑剔的高品质。正是这种不断投入、不断领先的发展路径，才让必得福一路走到今天。

中研非晶：磨砺“尖刀” 打入华为供应体系

“这次疫情加速了我们产品的进口替代进程。”佛山市中研非晶科技股份有限公司董事长申旭斌说。

中研非晶位于佛山市南海区，是一家研发、生产非晶纳米晶系列产品的新材料企业。非晶和纳米晶材料作为一种磁性材料，广泛应用于5G、新能源汽车、新基建、电力、航空航天、环保、国防安全、交通、通信微电子等领域。

非晶纳米晶产品是技术门槛较高的产品，过去，国内市场长期被国外企业垄断。但新冠肺炎疫情引发的全球产业链危机，迫使国内企业更加重视供应链本土化。深耕非晶和纳米晶材料、拥有核心技术和自主知识产权的中研非晶，成为华为、阳光电源等龙头企业的重点合作对象。

进口替代加速，产品获大厂商青睐

“这与我们企业的特殊性有一定的关系。”申旭斌解释，中研非晶主要从事基础材料及应用综合方案的研究，国内5G、新能源、汽车、新基建等发展势头较好的产业领域，都和企业都有关系。

以光伏产业为例。有机构预测，受益于海外市场的增长，2020年，我国光伏市场将保持向好态势发展。

而中研非晶的增长，更多源于这些行业的企业进口替代需求加强。

过去，在特殊器件方面，光伏领域、汽车领域的企业都较为依赖进口产品。全球疫情暴发后，产业链“断链”问题引发全球关注。特别是在国际贸易环境不确定性大增的情况下，提升产业链安全度、加强本土供应链完整度成为跨国企业的重点诉求。

比如在光伏领域，华为、阳光电源等百亿级大企业的一些特殊器件都依赖进口。但2020年，这些企业都开始寻找并培育国内供应商。

□ 拥有核心技术和自主知识产权的中研非晶，是华为、阳光电源等龙头企业的重点合作对象

中研非晶的光伏磁材、磁件产品因技术过硬，市场化进程得以提速。“特别是光伏高端灵敏度较高的零部件之一——漏电保护器件，需要一种特殊纳米晶材料，国内可以进口替代的材料只有中研非晶一家企业能生产。”申旭斌说。

目前，华为逆变器用的漏电保护磁芯材料已全部选用中研非晶的材料。

近年来，中研非晶持续致力于成为全球领先的磁性材料及应用综合方案供应商，并取得了突出成绩，特别是在光伏、充电桩模块领域的共模电感材料方面，中研非晶占领了70%的份额。

而在新能源汽车领域，中研非晶同样遍地开花。

据介绍，中研非晶粉末磁芯已被特斯拉认证，电磁屏蔽材料和中车、金旅、五龙等达成合作。“此外，由汇创技术研发的大巴汽车控制器中的所有纳米晶材料都选用了我们的产品，”申旭斌说，“奇瑞、上汽、比亚迪等很多汽车公司都与中研非晶有合作。”

打破国外垄断，向技术制高点迈进

中研非晶所生产的电流传感器专用材料，在业界有着“超级材料”的美誉，在电流测量上具有极高的精度。从应用领域来看，在新能源和新基建领域优势突出。近年来，非晶、纳米晶材料产业化趋势逐渐增强，中外企业都在提前布局，德国VAC、日本日立金属等国际知名企业都在争夺技术制高点。

“我们研发出了一款材料，温度漂移基本为0。”申旭斌介绍，中研非晶自主研发的一款材料，可以实现在－40℃～120℃的温度变化中，其测试电流的性能不变。

这种材料主要应用于高精度电流传感器，对光伏产业和新能源汽车产业有着重要意义。

以汽车为例，在汽车的加速中，正常是需要直线加速，如果传感器材料精度不够，汽车在加速中，一旦受温度影响就容易产生波动，就不能实现线性加速。

过去，这种高端产品长期被德国、日本企业垄断。而通过不懈努力，中研非晶成功地突破了国外技术壁垒，为中国光伏和新能源汽车产业寻找进口替代提供了优质选项。

“我们这个材料进入了华为的供应体系。”申旭斌说，目前，中研非晶是华为的二级供应商，因其材料测温精准度高，已和华为西安、上海、深圳等地的研发中心及212实验室开展合作。

并且，二者合作研发的钴基非晶、钴基超薄非晶已在华为漏电传感器上批量应用。目前，华为的所有漏电保护已全部由中研非晶提供。

成立仅12年的中研非晶，早于几年前，就已对标欧洲第一大磁性材料生产厂商——德国的VAC及日本日立金属，致力于成为全球领先的磁性材料及其应用综合方案供应商。

跑得比市场更快，做强技术“尖刀”

北京大学国家发展研究院教授周其仁指出，中国的中小企业要通过掌握核心技术、核心产品，做大产业组织中的“尖刀部队”。

申旭斌对这个观点深以为然，他认为，对中小企业而言，做大产业的“尖刀部队”不仅能够推动企业快速迭代高端产品，更有助于中小企业打响业内品牌、提升业内知名度。特别是对中研非晶这样聚焦前沿材料研发的企业，能够加速其产品的市场化应用进程。

“比如，我们选择与比亚迪共同研发电流传感器，并不是因为我们自己不能生产这个器件。”申旭斌举例说明，“主要还是因为中研非晶是一家中小型企业，规模不大，在器件领域知名度还不高。依托与比亚迪的合作，我们能够很快打开市场。”

据介绍，目前，包括中研非晶在内，全球只有3家企业拥有基于钴基材料的刺探真式电流传感技术，另外两家分别是德国和瑞士的企业。比亚迪之所以选择与中研非晶合作，也是看中了中研非晶在国内的不可替代性。

“除了与华为、比亚迪开展合作研发，我们还是国内光伏产业的核心供应商。”申旭斌介绍，“全国前七位的光伏企业都将我们列入了核心供应商名单。”

从非晶以及纳米晶材料的发展历史看，这类新材料在国际上，从发明至今也仅有40多年的历史。而国内对这类材料的研发，也就是21世纪初才展开的。

也就是说，作为全球纳米晶材料产能和销量名列前茅的中研非晶，只用了对手1/4的时间，就达到了国际同等水平。

究其原因，申旭斌认为这与中研非晶下大力气“磨尖刀”密不可分。

作为一家年销售额在3亿元的中小企业，中研非晶每年投入的研发经费都在1500万元以上，并组建了一支130余人的研发队伍。

“现在的市场变化太快了！”申旭斌感叹，产品生命周期日益缩短，不再有某一两款产品就可以长时间地为企业提供高额利润的时候了。特别是在国内非晶与纳米晶材料企业数量与日俱增，部分技术含量不高的产品已出现了产能过剩。

为避免陷入中低端竞争，不断提升中研非晶的市场竞争力，“我们必须要跑得比市场更快一些，”他补充说，“中研非晶只对标全球高端产品，通过与华为、比亚迪、特斯拉等头部企业合作，在解决行业高端问题中，做‘尖刀部队’。”

手记

用创新速度筑造“护城河”

仅用了国际竞争对手1/4的时间，就做到了细分行业全球销量与销售额领先，申旭斌表示，中研非晶最核心的经验就是大力度的创新投入和快速的产品迭代。

近年来，随着市场应用领域的拓宽，越来越多的资本进入非晶和纳米晶领域，众多中小型企业如雨后春笋般出现。但囿于国内市场成熟度较低，大量中小型企业以仿制为主，低端化、同质化严重。

申旭斌介绍，比如，宽带非晶技术含量不高，近年来，国内能够生产这类产品的企业数量不断增加，众多厂商的出现，导致这个产品已出现产能过剩，价格大幅下滑。

在这样的市场环境下，中研非晶选择了最难的路——紧盯高端，自主研发。通过不断淘汰中低端产品，逼迫自己向高端迈进。申旭斌说，现在中研非晶已经放弃了宽带非晶产品，致力于高技术含量的非晶和纳米晶粉末研发和创新。

此外，中研非晶只选择与华为、比亚迪这类头部企业合作，在解决行业高端问题中，不断向行业制高点迈进。

通过不断提升创新与研发速度，逼迫自己跑得比市场更快一点，中研非晶用速度、技术和产品，筑造了“护城河”。

华特气体：顶尖“混气” 抢占行业制高点

“我们2020年一季度的经营没有受到疫情影响，同比增长了13.85%。”广东华特气体股份有限公司总经理傅铸红表示。华特气体的主体业务是特种气体，其中，电子特种气体被广泛应用于半导体行业。“由于半导体行业是我国战略性新兴产业，基本不受疫情影响，因此我们也保持了快速增长。”傅铸红解释。

能在疫情下“逆风飞翔”，根本原因还是华特气体产品的高品质。电子特种气体是真正意义上的高精尖产品，在芯片制造中必不可少，想要做到进口替代，必须具备国际一流品质。

过去，这一市场几乎被国际厂商垄断。但就是凭着十几年的坚持，华特气体硬生生地在这一市场中撕开了一道口子，实现了对国内8寸以上集成电路制造厂商超过80%的客户覆盖率。

深耕芯片业 ▶ 疫情下销量逆势增长

2020年一季度，尽管新冠肺炎疫情来势汹汹，华特气体仍然实现了逆势增长，一季度同比增长13.85%。他认为，这与华特气体在特种气体产品的深耕有关。

目前，华特气体主营业务分为三个板块，分别是普通工业气体、特种气体，以及与特种气体相关的设备与管路工程。“工业气体和设备两块业务还是受到了疫情影响，一季度，这两块业务收入同比有所下降，”傅铸红说，“但是我们的主体业务，也就是特种气体业务增速较快，一降一升，总体仍然实现了增长。”

2002年，华特气体确定了以特种气体为发展方向，时至今日，华特气体的特种气体主要用于半导体芯片行业，目前已实现对国内8寸以上集成电路制造厂商超过80%的客户覆盖率。

打开华特气体的客户名单，堪称星光熠熠：不仅涵盖了中芯国际、华虹宏力、长江存储、台积电、京东方等国内一线知名企业，华特还进入了英特尔、美光、德州仪器、海力士等全球领先的半导体企业供应链体系。

应用于半导体行业的气体都是真正的高精尖产品，哪怕 0.1 克甚至更低的质量变化，都会影响产品性能。因此，如果不具备国际一流品质，产品就无法打开市场。

与国内大部分替代性产品主打性价比不同，华特气体的产品在品质上与国际竞品完全一致，达到国际一流水准。例如，华特气体的产品已能为台积电批量供应 5 纳米工艺，而国内（其他企业）最先进的产品仅能供应 14 纳米工艺。

傅铸红说，经历前期严格的认证并通过后，一旦进入供应链体系并开始批量供应后，华特气体与客户的合作关系也就趋向稳定，“我们现在的竞争对手基本都是国外企业”。

获阿斯麦认证 ▶ 全球仅 4 家企业入围

目前，华特气体已经有近 20 种气体实现了进口替代，其中光刻混合气产品于 2017 年通过全球最大的光刻机供应商阿斯麦的产品认证。

光刻是芯片制造最关键的工艺之一，光刻需要由光刻机来完成，而全球顶级的光刻机公司就是荷兰的阿斯麦。

“光刻机里有一个激光腔，激光腔体内要通入稀有的混合气体，利用稀有气体电离激发出一种特定波长和能量的激光。”傅铸红说，“光刻机再使用激光，去除芯片表面的光刻胶涂层，在芯片表面形成线宽为纳米级的特定的电路图案。”

因此，这个工序是决定芯片工艺精度的最重要的工序。光刻混合气是非常复杂且高精度的产品，一般一种光刻气中会含有 4—5 种组分气体。“用激光来加工芯片表面，需要让激光波长和能量长时间保持稳定，如果气体纯度不够或配比不精准，就会导致激光能量时高时低或不持续。”他解释，“这必然影响光刻效果。”

2017 年，华特气体的光刻混合气通过阿斯麦认证，在这个认证名单中，全球仅有四家企业，华特气体是中国唯一一家。

这个认证对华特气体意义巨大。“进入阿斯麦的认证，意味着阿斯麦强烈建议它的光刻机用户，在使用阿斯麦光刻机时，要配套使用这四家企业的光刻气。否则，若用户发现光刻效果不好，阿斯麦不承担责任。”傅铸红介绍。

从研发光刻混合气，到获得全球顶级光刻机企业的认证，华特气体用了 19 年。

“我们从 1998 年就开始研发这款气体，过程非常艰难。”傅铸红回忆光刻混合气的研发历程说。特别是有些组分气体含量非常少，只有几克甚至零点几克，要将它们精准地混合在一起，还要保证气体在运输和储存过程中没有任何变化，这对气体企业的技术要求非常高。

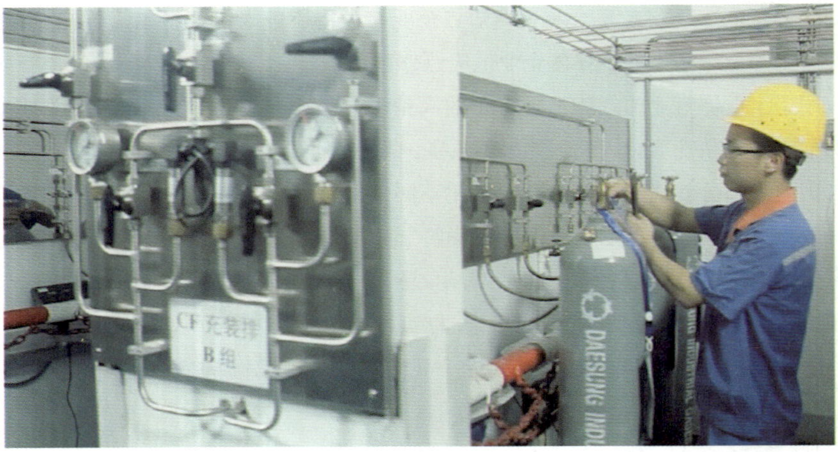

□ 华特气体生产车间

当年，在几乎没有任何专利文献可以参考的情况下，华特气体的研发团队就是凭着毅力，不停试错和摸索，在积累了几千组实验数据后，最终研制成功。

但很快华特气体又迎来第二个挑战：如何让阿斯麦相信华特气体？

作为一家民营气体企业，华特气体在国际竞争对手面前，体量并不大。2019 年，华特气体营业收入为 8.44 亿元。而法液空、林德等国际巨头气体企业，营收都在千亿元以上。傅铸红回忆，正因如此，阿斯麦在最初的接洽中甚至不愿意测试华特气体生产的光刻混合气，“但我们不断地和他们沟通，通过展示生产过程、品控手段、精准检测的技术等，前后用了近一年的时间，让阿斯麦相信了我们的专业能力，最终测试并通过了认证。”

抓住危“机”▶ 未来开展海外并购

近几年，华特气体保持着每年研发推出 2—3 种新气体的节奏。现在在研气体项目 13 种，其中 8 寸片气体 10 种、12 寸片气体 3 种，主要涉及光刻、蚀刻、清洗、沉积等环节。基本都用于进口替代，其中某氢化物合成研发项目是为了填补全球技术空白。

凭借过硬的产品，华特气体的特种气体已进入了英特尔、美光、德州仪器、海力士等全球领先的半导体企业供应链体系，成为一把不容忽视的中国力量。

但是，对标法液空、林德等国际巨头，华特气体要成为推动中国半导体行业高端化发展的“尖刀部队”，还有较长的路要走。这主要体现在产业链纵深程度和产品线的广度上。

傅铸红表示，一方面，特种气体对上游原材料品质要求较高，纵向一体化发展有利于华特气体加强对上游的把控；另一方面，是特种气体品种繁多，通过横向并购成熟的、优秀的细分产品领域企业，能够快速补充华特气体的产品线，将公司做大做强。

2019 年，华特气体成功登陆科创板，这给华特气体开展横纵向拓展带来了资本利好。特别是本次疫情引发了经济周期的下行，也给华特的扩张带来了不小的机会，傅铸红表示："我们会认真研究那些能给华特带来较强协同效应、对主业有所帮助的标的，适时开展并购或投资。"

"未来，我们计划开展海外的兼并和收购，"他展望，"目前，我们的气体已出口海外 50 多个国家和地区，销售占比 20% 左右，但这些都是通过当地的气体公司进行分销。我们希望通过海外兼并和收购，以直接设点的方式去服务我们的海外终端用户。"

手记

以全球视野抢占行业制高点

在当前特殊的发展情况下，佛山企业应该如何审视国际市场的危与机？

正如北京大学国家发展研究院教授周其仁所鼓励的，佛山的民营企业一定要在全球化的视角下，抢占行业制高点。

自 2002 年确立以特种气体为发展方向以来，华特气体的成长路径恰恰暗合了这一观点。特种气体品质对电子产品生产影响较大，一旦气体质量出现问题，下游客户将会产生较大损失。为保持气体供应稳定，客户在与气体供应商建立合作关系后不会轻易更换气体供应商。

特种气体，尤其是应用于半导体行业的电子特种气体的国产化，没有国际一流的品质，就进入不了半导体行业的供应链。

作为"后起之秀"，华特气体之所以能够在这一巨头垄断的高端细分市场中撕开一道口子，就是因为 10 多年来，华特一直瞄准国际一流产品，坚持研发高端特种气体，继而实现进口替代。

未来华特气体还会继续以特种气体为发展方向，瞄准大尺寸、小线宽这些半导体先进制程，不断地研制并推出一批技术难度高、市场容量大的产品。这在家企业看来，这也是华特作为半导体产业链企业应承担起的责任。期待更多佛山民营企业能走出"华特式"的发展之路。

坚美铝业：行业寒冬苦练内功　锻炼长跑能力

2020年，由中埃两国签署的“一带一路”重点工程、总投资3182亿元的埃及新首都中心商务区（CBD）工程项目正在快速推进，项目总建筑面积约170万平方米，共计20个高层建筑单体及配套市政工程，其中的一半敲定采用广东坚美铝型材厂（集团）有限公司（简称“坚美”）生产的铝材。

作为国内铝型材的龙头企业，近年面对全球贸易壁垒和行业产能过剩，坚美苦练内功，对内加强创新研发，在传统建筑铝材的基础上拓展工业型材、电子通信等应用领域，成功进入华为供应链；对外紧跟国家“一带一路”倡议的步伐，深耕海外市场。

面对疫情影响，坚美迅速反应，在行业率先复工复产，把握机遇实现逆势突围；与此同时，企业着眼长远，加强海外布局，不断拓展产品边界，用企业的内生动力应对行业发展的不确定性。

保障产业链，率先复工抢先机

埃及新首都CBD项目，是“一带一路”的标志性工程，也是中国企业在埃及最大的项目。据悉，该项目由中国建筑集团有限公司（简称“中建集团”）承建，坚美则携手中建集团开拓“一带一路”市场。目前，坚美参建了项目的双子塔及部分商业写字楼工程，铝材供货量接近4000吨。仅CBD东区一期的建设用铝，坚美供货量已超总用铝量的50%。

当全球经贸受疫情影响进入“寒冬”，坚美却能够把握机遇逆势突围，这得益于企业面对疫情的迅速反应。

坚美董事曹泽荣介绍，在疫情之初，家装行业受的影响很大，铝型材行业能复工的企业并不多。“复工难”除了用工紧缺等共性原因，铝材行业还存在产品上下游不同步的问题。由于产业链涉及多个环节，上游产品供应不足，下游建筑行业需求量恢复缓慢，让处于中间环节的铝材企业两头受压，加上很多出口订单遭到取消，一批本来就量小利薄的中小型企业倒下了。在这样的背景下，作为行业龙头的坚美推进复工复产具有重要的风向标意义。虽然面临一系列困难，坚美依然想尽办法克服，积极推动科学复工复产。

在开工初期面对原辅材料采购困难、开工人员紧缺、物流运输困难等突出难题，坚美通过制定合理的保障措施，积极做好人手调配、物资采购等工作，以保障复工复产及生产效率，在市场不明朗的情况下率先实现了复工复产。

这种魄力基于对行业规律的把握。“我们这个行业比较特殊，在行业不景气时头部企业的订单反而会增加。一方面是因为行业洗牌，淘汰了部分产能；另外，上游铝锭原材料价格上升，使得经销商快速下单，避免成本上升太快，这种情形对没有品牌的厂商是很大挑战，但对我们这种规模型企业是利好，因为我们要求客户提前给定金。”曹泽荣介绍。事实证明了这种判断是正确的。2020 年，在经历了一季度总体销售同比下降后，从 4 月份开始，下游电子通信行业订单恢复正常，太阳能铝配件订单也逐渐恢复正常水平，建筑工程项目逐步复工复产，客户下单比较积极，坚美的订单同比增幅较大，为完成全年目标任务奠定了基础。

贴近海外市场，提升抗风险能力

除了率先复工复产，良好品质和口碑是坚美实现逆势突围的关键。

坚美成立于 1993 年，经过多年发展，公司产品广泛应用于建筑、交通运输、船舶等领域，占国内高端市场 13% 以上的份额，产品远销全球 70 多个国家和地区，这得益于坚美采取的“高层策略”，在全球 10 座著名的超高层建筑中，有 5 座选用坚美的铝产品。

楼层越高，对所用铝型材的质量要求就越高，通过占领“制高点”，坚美用一个个案例为产品的高质量、高性能背书。以马来西亚第一高楼——默迪卡 PNB118 为例，这座全球第二高的建筑，其对铝型材的各项指标优于国际标准两个等级。“占领”这样的世界高楼，正是坚美提升产品品质的体现。

近年来保护主义的兴起，加上疫情的影响，全球贸易体系正发生深刻改变，国内铝型材行业的出口占比 20%，受反倾销调查、关税壁垒的影响最为直接。曹泽荣认为，这种局面短期内难以改变，面对新的形势，企业需要做好准备，提前谋划。

对此，坚美一方面通过加强与国内知名的建筑公司、幕墙公司的合作，针对国外各工程项目，抱团出海共同开发国际市场；另一方面，为了进一步靠近消费者，坚美还通过产业链整合，加强与消费者的连接，以“定制式生产 + 互联网”的模式开启系统门窗的新销售模式，经过三年的耕耘，如今这块业务已经成为新的增长点。”

□ 在第十八届中国经济论坛讲台上，坚美负责人介绍企业发展经验

正是通过不断补短板，当面临行业不景气时，坚美始终能够保持稳健发展，“做企业是一次长跑，跑赢三五年没有意思，通过这次疫情就可以看得很清楚，企业必须要拥有长期、稳定健康的盈利模式和能力，不能只看规模盲目扩张，一定要培养出自己的核心竞争力。”曹泽荣表示。

攻坚工业铝材，拓宽企业发展边界

要培育企业的长期竞争力，核心是要不断创新，唯有创新才能在日益激烈的行业竞争中开拓新蓝海。

“一个传统的铝产品产业，还能讲出好听的‘中国故事’吗？”2019 年底，站在第十八届中国经济论坛讲台上，坚美创始人曹湛斌对着台下 400 多名观众反问道。

答案是肯定的。当天，坚美正式宣布，企业成为华为 5G 基站高端铝合金产品的主要供应商，每月为华为供货数量约 36 万件。

成功进入华为供应链是坚美多年坚持创新发展战略的重要成果。针对国内铝加工行业中低档产品过剩，高技术、高质量产品短缺的状况，早在 2010 年坚美就制定并实施了“转型创新”战略，提出从生产铝合金型材向铝系统门窗转变，从生产建筑铝合金型材为主向扩大工业用铝合金型材转变，实现铝合金型材产品向高精度、高难度及多用途铝合金型材的整体跨越。

在此背景下，近年来，坚美投入了超过 2 亿元用于铝合金新材料的研发，成功研制出铝制车用踏板、电机壳、纵梁等部件，广泛应用于一汽解放、吉利、本田、特斯拉等众多车企；同时，凭借光伏逆变器、5G 天线、5G 基站散热材料及热传动解决方案，坚美的产品成为多家通信类企业的采购目标对象。

和传统建筑铝型材相比，工业铝材对精密度要求更高，特别是应用到5G 基站这样的科技类产品中，不达标率都是按百万分比来计算，而普通建筑铝型材的精度水平在1‰—3‰之间。通过成功切入工业铝材的新赛道，坚美正在树立新的质量标杆。

目前在太阳能光伏发电行业所用到的铝合金配件中，坚美是行业内生产该类产品合格率最高的企业。同时，坚美成为国内对美国、日本光伏产品出口量第一的企业。

借工业铝型材，坚美不断延伸自身的产业边界，构建起一个全新的铝世界。与此同时，坚美还通过推进智能制造，为企业的创新驱动发展插上更坚固的翅膀。

坚美相关负责人介绍，面对以智能制造为主导的“第 4 次工业革命时代”，坚美在行业内率先制定和推动“坚美智能制造规划”（2019—2025 年），通过核心环节物流自动化、生产全过程物流自动化及自动化和信息化全面深度融合，使各系统互联互通，信息全面集成并同步处理，建成集柔性化组织生产、产品质量全生命周期管控、供应链协同优化运营于一体的铝加工行业智能绿色化示范工厂。

手记

把危机化为自我修炼的良机

中国有色加工协会提供的资料显示，2018 年，中国铝原材料铝锭产量达 3659 万吨，占世界57%；铝加工产量3644 万吨，占世界56%，已经成为名副其实的铝型材产业大国。但仍有 90% 的高性能铝材依赖进口，从产业大国向产业强国的跨越仍有漫长的路要走。

面对疫情和全球贸易战的双重冲击，铝型材行业面临新一轮洗牌，如何“过冬”成为行业的热议话题。坚美作为行业龙头，用实际行动告诉同行：要把每次危机化作一场自我修炼的良机。面对前所未有的变局，坚美通过“内练一口气，外练筋骨皮”，对外逆势拓展产品边界对抗行业的整体性收缩，对内强化管理提升自身的抗风险能力，巩固企业发展根基。

正如其负责人所说，做企业是一次长跑，跑赢三五年没有问题，但要实现长期、稳定、健康的盈利模式，一定要培养出自己的核心竞争力。这种核心竞争力既包括在行业景气时实现健康快速发展的能力，也包括在行业低迷时坚定发展信心的能力。

嘉腾机器人：
拓展 AGV 应用场景　掘金“无接触”经济

2020 年 6 月底，位于顺德高新区的广东嘉腾机器人自动化有限公司迎来一位重要客人——英国皇家工程院院士、英国帝国理工学院哈姆林手术机器人研究中心创始人、上海交通大学医疗机器人研究院院长杨广中。

此次见面，嘉腾 3 位联合创始人与杨广中就 AMR（自主移动机器人）在医疗领域的应用前景和落地方法进行了探讨。随后双方建立了定时沟通机制，将合作打造医用机器人。

这是嘉腾在疫情下发掘的新需求之一。受疫情影响，住宅、办公室、公共场所等各类场景都增添了“无接触”的新需求，这为机器人产业带来一波新商机。作为国内 AGV 机器人“领头羊”，嘉腾利用技术优势，积极开发新产品，拓展 AGV 机器人的应用场景，助力医院、监狱、机场等场所实现无接触作业。

在抢抓新商机的同时，面对全球人流、物流受阻的情况，嘉腾响应全球客户需求，快速调整战略布局，紧急筹建海外技术服务中心，保障海外客户的技术服务。从技术到服务均对标国际先进，疫情下的嘉腾显示出专业化、全球化的企业面孔。

响应新需求 ▶ AGV 助力疫情下无接触服务

嘉腾并非首次涉足医用机器人领域。早在 7 年前，该公司曾经针对医院的消毒需求，开发一款医疗消毒机器人，但由于生不逢时，这款机器人当时并没有获得市场的认可，也没有成为嘉腾机器人的主流产品。

“过去，机器人的定位主要是节省人力。”嘉腾董事长陈友分析。机器人成本和人工费用的权衡是决定机器人代人能否推行的重要因素，而医疗消毒机器人可替代的人工有限，两相比较，医院依然倾向于选择人工消毒。

但是新冠肺炎疫情的暴发改变了这一传统认知。在衡量机器成本与人工成本的天平上，如今多出了一个“生命成本”——为了防疫，“无接触”已经成了各类消费、服务场景的刚性需求，机器人也得以有机会广泛应用在各类场景。

医院正是对无接触服务需求最迫切的场景之一，包括消毒机器人、手术机器人、尸体运输机器人、解剖机器人等均有需求。因此，嘉腾的几位创始人再度萌生了进入医用机器人领域的念头，并迅速与行业专家杨广中达成合作。

事实上，早在疫情暴发之初，陈友就意识到机器人市场潜力正在快速释放，2020年2月份，他在朋友圈记录道：“今年很多人会唤醒，会知道机器人的重要性，今年才是机器人的元年。”

嗅到了新的发展气息，嘉腾开始抢抓新商机，回应市场新需求。除了医院，另一个AGV需求潜力较大的场景也浮出水面，那就是监狱。监狱采用集体生活制度，以往人工送餐和集体就餐的方式，在疫情下存在接触感染的风险，AGV恰好可以实现无接触搬运，满足降低感染风险的要求。

与医院类似，若单纯从成本考虑，监狱内增加AGV送餐并不划算，但在防疫关头，监狱开始考虑使用机器代人。“相比工厂等复杂的应用场景，监狱送餐属于较为简单的AGV应用场景。”陈友说，目前，嘉腾已开始与广东等地的监狱对接需求。

疫情下，机场作为重要的交通枢纽是防疫工作的重中之重，其在消毒方面也有着机器代人的需求。其中，登机廊桥消毒以往是由两名工作人员背着设备花费两个小时进行消毒。嘉腾针对廊桥做了解决方案，不仅可以用机器代替人工消毒，还可以在消毒后进行自动检测。

“消毒机器人已经在一些机场试用，接下来还要强化，最好是把5G技术用上，并结合人工智能。”嘉腾副总裁陈洪波说。

一些传统的人工作业场景也亟待机器代人的改变——比如垃圾回收。陈友透露，香港一家环保公司主动找上门，希望嘉腾为其打造一款回收垃圾的机器人，能够代替环卫工人，执行自动搬运垃圾桶，将垃圾倒入垃圾车的任务。

由于垃圾桶都是标准化的形状，倒垃圾机器人要做的就是将其抱起来，倒出垃圾并放回原处，相比需要避开障碍物的扫地机器人，倒垃圾机器人实际上更为简单。嘉腾当前已经拥有相关的技术基础，当前要做的是将其产品化并推向市场。

在陈友看来，疫情下涌现的这波新需求有一个共同的特点，即产品在技术上的要求并不复杂，甚至相比以往的工厂等场景更为简单。但“简单”二字背后，是嘉腾对过去研发创新的持续投入，从而换取的技术储备优势。

攻坚新技术 ▶ 研发创新对标国际先进

自2002年创立以来，嘉腾不断向研发创新“无人区”前进。“要另开一条路，要

□ 嘉腾车间

在硬的地方、难搞的地方去搞，这个才有价值。”陈友如是阐述企业的创新理念。

在嘉腾生产车间内，一辆装有明黄色防滑轮胎的 AGV 小车在湿滑的测试地面上，平稳地行驶而过。这是嘉腾机器人历时 3 年研发的 AGV 防滑驱动轮，破解了 AGV 行业一直面临的防滑难题。

一般来说，在 AGV 运行过程中，若环境潮湿，地面太过光滑、有油污或有水迹，都可能导致 AGV 运行打滑、跑偏或者牵引力不足的情况发生，饮料工厂是较容易发生这种情况的 AGV 工作场景。

大约 4 年前，嘉腾接到可口可乐饮料厂的项目方案。由于该工厂地面湿、黏、滑，给 AGV 运行造成了很大的困难。“AGV 负载重，路面湿滑容易引起轮胎打滑，安全和稳定性无法满足。”陈友说。

要破解打滑的难题，最重要的是要有能防滑的轮胎。嘉腾找遍全球大大小小的 AGV 轮胎供应商，但最终未能找到满足潮湿环境使用的 AGV 驱动轮。无奈之下，公司放弃了可口可乐饮料工厂的项目。

但是，嘉腾技术团队没有就此放过这一技术难题，而是进行了立项开发，成立研究小组，并与中南大学展开合作。经过 3 年多的努力，终于在 2020 年研发出 AGV 防滑驱动轮。

这款防滑驱动轮可以让 AGV 在潮湿、积水、油污、极光滑地面等各种特殊地面上稳定行驶，解决打滑现象，防滑驱动轮与地面的附着系数比一般驱动轮高 50% 以上，从而保证 AGV 在各种负载下能够提供足够的牵引力，不跑偏、不打滑。

陈友表示，从投入产出比的角度来看，仅为了满足饮料工厂的特殊环境而开发防滑驱动轮并不值得，正因此，过去一直没有人去攻克这一难题。“但是一旦做成了，就有可能成为企业的‘杀手锏’”。

在技术钻研上不满足于当下需求，而是不断“升维”，在“无人区”探索培育“杀手锏”，这是陈友从德国企业学习到的招数。作为世界主要的工业强国之一，德国堪称“世界制造业的标杆”，嘉腾机器人在成长过程中不断对标学习德国企业。

几年前，陈友在德国一个小镇拜访供应商的时候发现，这个藏身小镇名不见经传的企业，竟能将叉车承载能力做到了 60 吨升高 9 米，而国内大部分企业仍未能做到超过 10 吨。嘉腾曾经做了一个承载 10 吨的叉车，但是仅能升高 1 米。

从市场需求角度而言，60 吨位的叉车目前还没找到“用武之地”，但是从技术储备的角度来讲，这种“升维”式的研发能够带动技术能力实现跨越式前进，从而形成领先于行业的核心竞争力。

“从 10 吨到 60 吨，背后需要改进东西非常多。不是 6 个 10 吨位叉车的电机拼在一块就能满足 60 吨位叉车的需求，你必须要做一个满足 60 吨位叉车的电机出来。”陈友说，承载能力提升“牵一发而动全身”，需要一系列相关技术的改进，还需要经过大量的实验。

德国小镇企业的故事给嘉腾管理层带来了不小的刺激。3 年前，嘉腾立项研究 60 吨位叉车，如今项目已经进展到样机制作阶段。陈洪波透露，制造一台样机需要超过 2000 万元投资。

“我们始终坚持重视研发，有些研发现在还不知道用途，但是未来有可能在关键时刻发挥作用。”陈友说，也正是凭借技术研发的优势，在疫情期间，嘉腾接到不少定制产品的订单，甚至有养蚕企业主动出 25 万元的研发费，邀请嘉腾帮其开发机器人。

立足全球化 ▶ 紧急筹建海外技术服务中心

对标国际前沿技术背后，嘉腾坚持企业要国际化，产品要面向全球市场。

早在 1998 年，陈友在中国台湾新竹科学园区工作时，就有感于当地企业的全球化思维，那里的企业做产品，对标的是全球市场的对手。同样，在德国一些小镇的企业也有着把产品卖向全世界的雄心。

“企业容易受限于国内市场大，先把国内市场做好，再做国际市场的思路。但是嘉腾一开始的定位就是国际化的。”陈友说。

走向全球市场，一个重要的途径就是参加国际展会。自 2005 年推出了第一款简易型搬运机器人开始，嘉腾一直谋求登上国际展会舞台。

2015 年，陈友与同事参观了全球规模最大的国际工业盛会——德国汉诺威工业博览会（简称“汉诺威工业展”），他在展会上竟然没有看到一台中国机器人，自此，他萌生了将嘉腾带上这一舞台的决心。

经过多番努力沟通，2016 年，嘉腾首度亮相汉诺威工业展。此后 4 年，嘉腾连续参展。如无疫情影响，2020 年 4 月份，嘉腾将第 5 次登陆汉诺威工业展。而在同年 3 月份如期开幕的北美规模最大的制造、配送、搬运和供应链解决方案博览会 MODEX 上，嘉腾跨越疫情带来的重重障碍，如约亮相。

展会成为嘉腾与国际客户交流的重要窗口，在参加汉诺威工业展之后，嘉腾发展了约 10 家欧美合作伙伴。凭借过硬的品质，嘉腾获得不少国际龙头企业的信任，在这些好客户的助力下，不断拓展国际“朋友圈”。

“2019 年我们跟某国际知名企业在国内合作了一个项目，非常成功，之后跟其总部洽谈，拿下了其在另外 13 个国家分公司的订单。”陈友说。

与一般消费品不同，机器人产品对技术支持和服务要求很高。遍布全球的客户也给嘉腾的服务带来不小的挑战。尤其是当前受疫情影响，全球物流受到巨大冲击，海外服务成为一大难题。

面对突发的疫情危机，嘉腾在 2020 年农历正月初二，向所有海外客户郑重承诺，将全力提供有竞争力的交付计划，确保合作伙伴的业务项目正常推进与运作。同时，嘉腾在当天紧急筹建了泰国技术服务中心，负责外籍员工培训及海外设备安装调试与售后工作。

同年正月初六，嘉腾即调派部分技术骨干工程师作为培训老师前往泰国待命，业务团队克服急需签证延期等突发状况，人员迅速集结到位。与此同时，价值上千万元的磁导航、激光导航、二维码导航、自然导航 AGV 等设施设备也紧急运抵泰国。

为了满足服务要求，嘉腾还招募了一批外籍员工，并且准备了超过 1000 平方米的培训基地备用。从 2020 年 3 月初开始，新的技术服务中心开始为嘉腾的海外客户提供技术服务。

手记

危机是支撑企业成长的“竹节”

被称为“经营之神”的日本著名实业家稻盛和夫曾经把企业的发展比作竹子的成长，当经济繁荣时，企业只是一味地成长，没有“节”，成了单调脆弱的竹子。但是由于克服了各种各样的萧条，就形成了许多的“节”，这种“节”才是企业再次成长的支撑，并使企业的结构变得强固而坚韧。

由稻盛和夫创办的日本京瓷公司，在60余年的发展史中曾经遇到过不少危机，但每次遇到危机，都会安然度过，而且危机过后，企业都会发展壮大不少。应对危机，稻盛和夫主要有两招，一是全员营销，二是全力开发新产品。

与京瓷相比，嘉腾是一家年轻的企业，但是嘉腾对危机并不陌生，甚至可以说，企业能够崛起就在于抓住了危中之机。2008年，金融危机席卷全球。珠三角制造业企业开始正视人力成本等因素带来的经营压力，从而掀起了机器代人的潮流。嘉腾正是抓住了这一机遇，得以崛起，并逐渐成为行业领头企业。

如今，面对新冠肺炎疫情的冲击，嘉腾积极发掘新商机，开发新产品的战略，也与稻盛和夫“全力开发新产品”的理念有异曲同工之妙。在稻盛和夫看来，开发新产品，并不是手忙脚乱去开发全新的东西，而是在自己公司的技术、产品的延长线上开发出新产品。嘉腾正是在原有的技术上和产品线上，根据新的产经需求开发新产品。

全球疫情仍然存在较大的不确定性，对嘉腾而言，此次危机的考验结果如何仍未可知，但若能顶住危机压力，并抢抓到疫情下的新商机，那么此次危机将成为支撑企业茁壮成长的一个“节”。

菱王电梯：嫁接物联网　冲向“无接触”蓝海

带紫外线自动消毒功能的电梯，让乘客通过人脸识别就可无接触乘坐电梯的智能呼梯系统，利用手机即可呼叫电梯的物联网技术……这些自主研发的技术产品从菱王电梯股份有限公司（简称“菱王电梯”）的实验室流向市场，只用了半个多月的时间。

新冠肺炎疫情冲击了不少产业和消费市场，但也因防疫需要催生了一些消费应用新需求。敏锐捕捉到市场新痛点，一批佛山企业展现了迅速的新产品开发与自我“造血”能力，以此挖掘新市场红利。菱王电梯正是其中之一。

然而，菱王电梯的探索与目标并不止于此。“防疫类产品毕竟对菱王来说，只是锦上添花。在电梯行业，企业品牌与电梯核心技术才是根本，尤其是对民族电梯企业来说。”菱王电梯总经理谢建说。在他看来，做好基础性研究和高精尖技术研发，才能真正练就企业韧性，形成民族品牌与市场的良性互动。

连发 5 项专利申请，“无接触”电梯击中防疫痛点

时间回拨至 2020 年 2 月中下旬，疫情影响仍在发酵，大批制造业企业在为艰难的复工复产忙碌。菱王电梯却一口气发出了 5 件疫情防控设备的专利申请，并获得国家知识产权局授权。这种对危机与市场新需求的敏锐度，在同行内鲜见。

无论是响应危机还是新产品研发，菱王电梯都可以用“迅速”来形容。菱王电梯研发负责人介绍，团队从 2020 年农历正月初二就开始了宅家研发工程，2 月 10 日员工正式上班后，一个星期就把新产品做出来了。

而这些新产品研发的出发点十分明确，就是要将日常生活中的防疫痛点一网打尽。

菱王的物联网电梯手机呼梯功能利用电梯物联网云平台，实现了用手机扫描二维码呼梯的功能，免去了人与电梯的直接接触，从而减少了更多通过接触感染的可能，进一步保障乘客的安全。

另一种紫外线自动消毒系统，则让电梯在休眠时通过人体感应器自动感应电梯内环境，检测是否有人在电梯轿厢内。当感应到电梯内无人，电梯自动开启智能紫外线消毒系统，开始全面杀菌消毒 30 分钟，消毒杀菌效果达到 95% 以上；消毒完成后，电梯通风系统自动开启，电梯恢复正常运作。

“防疫新产品并非横空出世，而是得益于我们在很多成熟技术上的长期积累和专研，比如人脸识别、物联网等。一旦技术储备与市场新需求结合，就能碰撞出破解痛点、具有实际应用功效的产品。”谢建说。

这种技术储备有时是长达 10 年的沉淀。早在 2010 年，物联网技术就纳入了菱王电梯的追踪范围。其在国内电梯行业中率先调研国内外电梯物联网技术发展动态及应用状况。这一技术为电梯制造企业、维保单位、使用单位和政府监管部门搭建了一个共享平台，通过大数据分析，维保人员可以实时检测、及时掌握电梯运行状况和故障信息，对电梯进行保姆式监测和维护保养，第一时间处理解决现场故障、解救被困乘客。

这种技术储备也是对潜在需求持续关注的结果。2020 年菱王电梯开发的一种智能语音呼梯系统，早在 2019 年 10 月已立项。当时客户反馈在汽车内呼梯不方便，因此研发团队产生了开发一种可以识别语音的芯片的想法。装有芯片的电梯可以让乘客解放双手，不用按键，通过语音、对话就可以操作电梯。

防疫电梯面世后，随即招揽了不少新订单，并进一步促进了防疫公共产品的崛起。“但对于菱王电梯来说，其更大的意义在于，进一步证明了我们的研发竞争力，提升了市场对我们品牌的认同度。”谢建说。

快速响应背后，长期提供精细化差异化服务

菱王电梯的快速响应能力，并非疫情下突然而至的，而是长期“练习”的结果。

根据不同用户的需求，尤其是不断出现的新用户需求，从而快速反应推出不同的产品服务，是近年来菱王电梯一直在潜心研究与实践的方向。

在菱王电梯产品体系中，非标产品占据比重较大，客户对此的定制需求较高。近几年，旧楼改造加装电梯、别墅等家用电梯市场发展迅速，变得炙手可热。而这个市场的个性化需求更加多样。为此，菱王电梯根据这个特点调整策略，快速响应加强个性化产品解决方案的研发制定。

菱王电梯还注重区分客户与用户，分类施策。谢建介绍，菱王电梯的客户分为几种，一种是代理商、中间商，还有一种是直接用户，包括使用电梯的公司以及房地产商等。此前，菱王电梯将这些全部理解为用户，并没有进行细分，去分别剖析其需求。而如今，针对不同客户，菱王电梯会顺应不同需求制定不同的推广服务策略。

而在这种细化服务、快速响应背后，是产品过硬的技术所赋予的底气。

□ 菱王电梯捕捉防疫新痛点，展现自我“造血”能力。图为菱王电梯工厂

菱王电梯的发展历程，也是一段勇担技术标杆的故事。2015 年初，菱王电梯 125 米高的电梯试验塔落成。这是当时华南地区最高、速度最快、载重最大的电梯试验塔。它是民族电梯技术的一个标杆，也是菱王电梯做尖端技术与高端产品抱负的一次展露。

而近年来，在高速和重载领域，菱王电梯更是日渐巩固着其冠军地位。同行厂家货梯制造许可资质大多数载重是 3—5 吨，菱王电梯重载快速货梯的制造许可资质已经达到 18 吨，正在引领全行业发展。拓展研发的边界，“大载重 + 快速”的技术，更是成为一道杀手锏。目前，菱王电梯载重量 4 吨的重载快速载货电梯，能够实现运行速度 2 米/秒。在同样的载重条件下，其他品牌的货梯运行速度通常是 0.5 米/秒。

2019 年 6 月，菱王电梯研发的重载快速载货电梯通过了由住房和城乡建设部科技与产业化发展中心主持的科技成果评价，被认为达到国际先进水平。

攻关核心部件研发，参与国家标准制修订 36 项

其实，在中高速、超高速电梯领域，海外品牌仍是主导者，占据着大部分市场。相较之下，国产品牌技术储备有限，规模优势和采购成本集约化优势与国外品牌也有差距，因此还在夹缝中求生存。

从这个角度看，菱王电梯以黑马的姿态闯入这个被海外品牌占据的市场，实属不易。这背后，是菱王电梯挑战科研与品质难关的勇气。

对于电梯品质和技术的成败，高质量的核心部件研发制造能力发挥了尤为重要的作用。国际领先的电梯行业龙头企业，比如奥的斯、三菱等，均采取核心零部件自主

生产的方式，把核心竞争力牢牢掌握在自己手里。

为了在产品技术上更有自主话语权，菱王电梯研发中心一直潜心研究电梯整机集成技术，经过多年沉淀研发，成功开发出一系列具有自主知识产权的核心部件。

目前，该公司拥有完善成熟的电梯控制柜生产线、扶梯控制柜生产线、永磁同步无齿轮曳引机生产线等，以及菱王品牌的安全部件，形成完整的产业链。与此同时，菱王电梯将公司技术转化为国家或行业标准，共参与国家标准制修订36项，成为参与制修订国家或行业标准最多的主要国产电梯企业之一。

当然，总体而言，国产电梯的核心技术水平与国外企业相比仍有不少差距。作为民族电梯品牌的代表者之一，菱王电梯也肩负着更艰巨的发展使命。

北京大学国家发展研究院教授周其仁谈中国制造业企业发展突围时表示，企业竞争最要紧的是手里技术有多尖。“企业要到全球制高点，你每往上打一点，行业都知道的。所以一定要在冒尖上下功夫。”“这也是我们的前进方向，我们要花更多时间在基础性研究和高精尖技术研发上。”谢建说。疫情造成行业洗牌，消费者对民族品牌的认可度也在上升，这种背景下，“更应该抓住机会，练好内功，推动市场突围。”

手记

占领技术制高点，才能攻打更大市场

不管是抢占防疫市场，还是立足更长远的竞争，万流归宗，最重要的还是技术。尤其是在电梯这个民族品牌生存空间并不大的行业，要有真正的立足之地，只能靠过硬技术往产业金字塔上方攀登。

技术制高点为何重要？北京大学国家发展研究院教授周其仁的观点很有启发性。他表示，企业要往尖端的东西上去靠。“最尖端的东西是不能做出量的，但是你做了那些尖端的，就可以降维去做不是最尖端的生意了。如果你日夜想要做顶级的，你就会想到这些路上去。”德国有很多“隐形冠军”企业，正是因为手握技术绝活，哪怕体量不大，但却在行业内拥有超高的地位。这正是高技术赋予的竞争力。

除了发挥高技术的降维打击效应，攻占市场，也应该从高处往低处打。这意味着，企业应该着力去攻克高标准、高要求的市场，征服“挑剔”的客户。一旦占据了市场的制高点，企业自然拥有了竞争力的证明，以及在世界市场的通行证。

很多全球知名、顶尖企业的发展路径无不如是。而对于当下面临海外品牌强手竞争的菱王电梯以及其他佛山制造企业来说，这方面还有很长的路要走。

伟邦科技：攻坚前沿技术　深挖“无接触”市场

在广东伟邦科技股份有限公司（简称“伟邦科技”）的产品展示厅内，一款“元老级”产品——自动感应式水龙头，吸引来访者驻足；不远处的伟邦科技研发中心内，软硬件工程师们正攻坚一款新产品——空中成像交互屏。

从自动感应式水龙头到空中成像交互屏，跨越时代的新旧两款产品，是伟邦科技15年在人机交互领域跨越发展的见证。至今，伟邦科技已成为日立、迅达、通力等国内外知名电梯厂商的供应商，电梯人机交互产品进入广州、深圳、天津等地的“第一高楼”。

2020年初，新冠肺炎疫情突如其来，不少人“闻梯色变”，千方百计避免按电梯按钮。伟邦科技快速响应需求，短时间内推出了语音识别乘梯、手机App乘梯、手势召梯等一系列新产品，成为“疫外”爆款。

可以说，这次疫情是伟邦科技的人机交互开发能力的一次集中展示。同时，伟邦科技也没有止步于现有产品和技术的应用，近期，伟邦科技与国内高校创新团队合作，研发攻坚空中成像交互屏，继续发掘疫后“无接触”市场。

兵贵神速 ▶ 8天开发防疫爆款产品

细数一下，疫情发生后不久，伟邦科技就迅速开发出超5款产品。其中，不少新产品从方案到试装，用时在10天内。

“过去产品需求是按照‘业主—电梯公司—伟邦科技’的反应方式，但是如今疫情下，对需求的反应是伟邦先发起的。”伟邦科技董事长潘伟欣说。

时间回到2020年2月初，随着新冠肺炎疫情蔓延，人们使出千方百计防疫。电梯作为不可或缺的代步工具，因其密闭性和交叉接触需求受到高度关注。为了避免接触可能带有病毒的电梯按键，纸巾、牙签、一次性手套等搭梯方式层出不穷。

网络上花样“坐电梯”的图片迅速走红，引起了潘伟欣的注意，他迅速意识到，市场对于无接触操作电梯产生了巨大的需求。春节假期期间，潘伟欣和团队就开始为新产品打起了“腹稿”。

“复工之前，我们就已经形成了初步方案。”潘伟欣说。2020 年 2 月 10 日，复工当天，潘伟欣就组织研发团队，快速对产品进行了深入研发。同天，团队就拿出了“电梯加装手势呼梯模块”的设计开发方案。

此次，伟邦科技率先将手势控制技术引入电梯行业。用户可以使用简单的手势来控制使用电梯，核心技术为红外技术加算法。通过“手势呼梯”，乘客可以无接触使用电梯，避免细菌、病毒等介质传染。

2020 年 2 月 10 日晚，潘伟欣发了条朋友圈，宣告了新产品的“诞生”。没想到，当天晚上就有 3 家地产、物业和产业园区客户表示有意采用。

市场需求是企业研发的最好助推剂。2 月 12 日，伟邦科技又推出“电梯智能紫外线消毒控制器”，与电梯信号系统联动，能够控制消毒灯在电梯停运和轿厢无人的状态下自动工作。通过安装红外人体运动感应保护装置，当控制器感应到有生物时，将不启动或者立即停止运行。

仅 3 天后，2 月 15 日，伟邦科技又推出了“体温人脸识别终端”，自定义人脸算法校验阈值，支持戴口罩人脸识别，还可以同时显示来客体温。

2 月 18 日，伟邦科技的“电梯智能紫外线消毒控制器”在一家电梯企业的产品中试装成功。此时，距离伟邦科技复工仅过去 8 天，也就是说，不到两周时间，伟邦科技就完成了新产品从设计方案到试装的全过程。

在疫情暴发高峰期，伟邦科技的产品获得市场的热捧。其中，“电梯智能紫外线消毒控制器”订单达到数千套，一度供不应求。另外，潘伟欣透露，公司开发的人脸识别体温机也已经远销海外。

乘势而上 ▶ 牵手高校研发虚拟屏幕

能够在短期之内制定产品方案，与伟邦科技的技术积淀密不可分。

自创立起，伟邦科技专注于为电梯行业配套提供人机界面电子部件和网络化多媒体信息解决方案，此前已开发出无感人脸识别乘梯、二维码乘梯、红外感应按钮乘梯等产品，与日立、蒂森、迅达、通力、奥的斯等国际知名电梯品牌建立了长期的合作关系。

截至目前，伟邦科技已经累计申请了 6 项发明专利、16 项实用新型专利，拥有 15 项软件著作权和 5 个注册商标。2017 年，公司还入选第一批南海区制造业全国隐形冠军名单。同时，伟邦科技设立了广东省电梯智能人机交互系统工程技术研究中心，还作为华南理工大学产学研基地，与华南理工大学自动化学院共建“嵌入式技术实验室”。

□ 疫情发生以来，伟邦科技已研发了一系列“无接触”新产品

“其实我们一直对新技术跟得很紧。”潘伟欣说。比如，在二维码出来之后，伟邦科技迅速拿出了扫描二维码（控制电梯）的产品；人脸识别技术刚开始推广时，也推出了相应的产品。

值得一提的是，在苹果公司推出刷脸开机之前，伟邦科技就已经在电梯上实现了刷脸乘梯，并且持续推动“刷脸”乘梯更加智能化。潘伟欣介绍，未来，电梯将自动识别乘客所在楼层，并推荐最快电梯路线。由此，通过大数据运算，可以合理分配人流，提高电梯的运行效率。

与时俱进，始终保持技术的领先，这正是伟邦科技在疫情下接连推出爆款的支撑。虽然几款新品受到市场认可，也已能满足疫情下的无接触需求，但是伟邦科技没有停下研发“无接触”产品的脚步。

日前，中国科技大学的一个创业团队通过投资机构找到了伟邦科技，希望推动一项新技术在电梯人机交互上实现产业化。这项技术就是空中成像交互屏，通俗来说，就是在科幻电影中经常出现的“虚拟屏幕”，可以空中投影成像并隔空交互。

“这项技术不仅可以用在电梯按键上，技术成熟后，未来还可以有更广泛的应用，比如远程会议等。”潘伟欣透露，相关科研人员目前已经进驻伟邦科技，双方将共同合作攻坚，推动新技术尽快落地。

培育市场 ▶ 推动短期需求成“标配”

攻坚空中成像交互屏背后，是伟邦科技对疫后“无接触”市场的看好。

疫情正在重塑人们的公共健康意识，电梯、办公室、学校等公共场所的防疫工作得到了前所未有的重视。在潘伟欣看来，这一改变有望为公司带来更好的发展机遇。

“这几年，我们公司保持了比较良好的发展和增长势头，如果大家更加重视电梯等公共空间的卫生，我们产品的接受度也比较高的话，我们的业绩增长会有一个不错的预期。”潘伟欣说。

在潘伟欣看来，疫情导致的一系列爆发性需求，在疫情过后，有一些会很快消退，有一些会变成长期需求。这在以往的经验中也有迹可循，比如机场安检的操作便是突发事件后的突发需求并一直延续至今。

“类似测温这些操作是仅针对疫情期间的，疫情过后不需要了，测温仪器的需求很可能相应会回到疫情前的情况。但是一些无接触需求会成为长远需求，无接触电梯应该会是其中之一。”潘伟欣说。

潘伟欣预测，过去公众对电梯的要求集中在安全性、稳定性上，疫情后公众对无接触操作的需求也会变得敏感。无接触操作将成为电梯的一项标准选配功能。但由于增加配置会增加成本，因此这项功能并不会强制加入每一部电梯，但是会作为一项增值功能让客户做选择。

如何让公众短期的需求变为长远，让选配逐渐变为“标配”？这背后需要企业和市场主动去培育公众习惯。对此，作为南海区政协委员的潘伟欣，专门提交了一个提案，建议政府在公共设施方面加大投入，推动构建一个“无接触的健康社会”。

而从企业的角度来讲，如何让无接触的操作选配变得更具性价比，如何让这些人机交互操作在短暂的搭乘电梯时间，成为乘客的“必选项”，则是伟邦科技接下来面临的挑战。

手记

分析疫情影响，发力长远需求

“疫情后，市场可能会出现新的重大的结构性变化，但一定要仔细分析中长期的影响。”经济学家周其仁说。他认为，佛山企业开发新产品的速度和对新需求的响应能力很棒，但是要思考的是如何把事情做长、做久。

此次，新冠肺炎疫情催生了不少新需求，造就了一批爆款产品。但并非短期需求都会自然演变为常态化需求。

以“非典”时期为例，当时口罩也出现供不应求的现象，不少企业全力转产口罩，甚至主业停滞。但是“非典”疫情过后，口罩的需求量大幅下降，部分前期投入过重的企业因此受挫。与之相反的例子，机场安检就在恐怖袭击事件后成为机场标配。

因此，对于企业来说，一方面要辨识疫情下的各种风口，找准有望成为常态化需求的趋势；另一方面，要主动培育市场，同时要寻求技术升级，以更便捷、更低成本的方式满足需求。

以体温检测为例，用体温枪单个扫描的方式费时费人力，疫情过后必然会被取消，但是如果设备可以做到大规模、远距离检测，对人员流动不造成阻碍，那是否有可能演变为交通枢纽的常态化需求呢?

从这两个方面来看，伟邦科技在看好疫后“无接触市场”后，积极投入，牵手中科大，研发空中成像交互屏的行动值得称赞。未来，科幻电影中的空中成像操作，很可能会随着校企的研发突破成为现实。

溢达纺织：衬衫生产巨头的伸缩力

佛山高明，溢达集团核心生产基地，被疫情影响的生产正在恢复。工厂内还保留着一条口罩生产线设备未拆除：最高峰时，溢达90%的制衣产能都转投到了口罩生产中。

纺织服装业是自疫情发生以来外贸萎缩最显著的产业链之一。作为亚洲最大的纯棉纺织服装出口企业，溢达也面临前所未有的考验。2020年，溢达业绩更遭遇了近年来少见的下滑。

在国内和全球掀起的“二次抗疫”压力下，溢达开始以资源、市场的平衡布局来规划突围：短期内以转产口罩来实现生产资源的均衡配置，长期内则以自主品牌建设和加速高附加值新品研发来重塑市场布局。此外，2020年4—7月，溢达忍痛先后关闭全球4家工厂，将收缩的产能集中做强佛山基地，并优化桂林、新疆等生产基地建设。

转产，直播，消费再定义，市场均衡调整。新形势扑面而来，新试水源源不断。这家纺织服装外贸龙头企业如何度过危机，并开启更长远的蝶变？

调整战略 ▶ 该收即收该转即转度“寒冬”

对于一家依赖出口的纺织服装企业来说，这个“行业寒冬”尤其难过。

在溢达工厂，数百万件服装订单积压在仓库。“受疫情最大打击的是海外市场。海外市场占我们销售份额的83%。海外客户门店关闭，让我们不要发货，放在工厂。很多客户都延后付款。这个打击对我们太大了。”广东溢达纺织有限公司总经理马伟萍说。

此前，溢达已连续15年在中国男士全棉梭织衬衫出口额排名中位居第一。集团业务分布在美国、欧洲、日本等多个国家和地区。自疫情发生以来，服饰成为外贸萎缩最显著的产业链之一。中国纺织行业协会抽样调查显示，企业出口订单较大幅度缩减，部分集群已出现暂停甚至退单现象。“订单取消是最严重的。上千万件服装订单取消，一个季度的产能没了。”马伟萍说。

春节过后一般是服装业春装销售和秋装生产的旺季，2020 年的形势却大不一样，目前行业消费力和订单均远未恢复。抗疫，订单取消，现金流冲击。面临全新形势的溢达，对此的反应是果断作出战略调整，该收即收，该转即转，以求达到各种资源的平衡布局与充分利用。

从 20 世纪 90 年代开始，溢达开始深入新疆、常州、桂林等地建工厂，均衡生产布局，并践行可持续发展等新理念。然而新形势下，溢达集团董事会作出决策，2020 年 4 月份关闭了土地合约到期的浙江奉化制衣厂，以缓解招工难、生产成本高的问题。为了进一步整合业务、压缩成本，溢达又关闭了马来西亚和毛里求斯的 3 家工厂。据马伟萍介绍，溢达把收缩的产能放在了产业链最齐全的佛山高明。

同时，通过当机立断转产做口罩，溢达自行解决了数万员工的防疫物资需求，更让人力资源与产能随着疫情形势的变化，得以在口罩生产与服装生产间灵活调整。

危机下，一系列新的试水和变革，在这家全球纺织服装龙头企业内上演。

平衡布局 ▶ 转产做口罩不只是“应急”

国内生产在逐渐恢复，但溢达高明工厂内仍保留了一条口罩生产线设备未拆除，以保证随时可以灵活调整生产资源。最高峰时期，溢达制衣厂有 90% 的产能都转投到了口罩生产中。在疫情暴发之初，防疫物资成为企业复工复产的命门。凭借产业技术基础和资源积累，溢达加入了自产口罩的行列。购买设备生产普通一次性口罩，还是自主研发一款功能性更强更环保的口罩？溢达选择了后者。

尽管在制衣领域有丰富的经验，但是口罩生产对于溢达来说仍是十分陌生的领域。为了能够在口罩资源供应方面快速应急，溢达在 2020 年 2 月初就成立了口罩生产筹备组。一方面，溢达整合所有能利用的现成资源投入制造口罩的新业务，比如在现有防水和抗菌处理技术基础上，进一步研发、突破和改良，有效利用自身面料生产力和强大采购供应链等。另一方面，溢达设备研发中心快速启动自动化口罩生产设备的自主研发。截至 2020 年 6 月中旬，溢达共研发投入使用 29 套自动化口罩生产设备，每套包含 4 个小的自动化设备，合在一起相当于一条小型自动化口罩生产线。

在多轮头脑风暴和自主摸索后，溢达“十如仕”棉布口罩面世。广东溢达制衣厂副总经理刘志鹏介绍，该口罩可水洗重复使用至少 30 次，并配有独特的耳绳调节器；商标上的二维码则能让消费者查询货品真伪和使用清洗方法等信息，也为溢达提供口罩销售使用的大数据。截至 2020 年 6 月中旬，溢达生产口罩近 4000 万只，已销售 3500 万只。

对于溢达来说，口罩生产不仅是应急举措，更是平衡资源布局的支点。生产口罩需要原料采购以及纱、布等原料生产环节的配合，可分担部分由于订单取消、产能不

□ 溢达纺织以资源、市场的平衡布局来规划“突围”。图为溢达工厂

足而闲置的人力。而随着各国各地疫情逐步趋稳以及成衣订单回暖，溢达逐渐将口罩产能和研发精力转回服装生产，并将部分口罩产线从中国移至越南。目前其国内仅保持一小部分口罩产能以应对紧急或特别需求。

随着战略调整的深入，口罩产品不再只是疫情期间的“刚需”和企业的权宜之计，而成为溢达长期产品策略的一部分。目前，溢达仍然在继续研发新的口罩产品种类，在功能性、舒适性、美观度上探索新的突破。

挖潜内需 ▶ 抓住做强自有品牌的新拐点

除了生产平衡，市场布局的平衡术也提上议程。在外贸受到重创的背景下，一直高度依赖国际市场的溢达开始进一步重视内需。

这是一个综合因素作用下的战略抉择。此前，溢达的主要客户大多来自海外；行业内曾盛传，美国将近 1/6 的衬衫都产自溢达。相较之下，溢达的国内客户并不多。

如今，情况开始改变。马伟萍表示，溢达非常看好国内需求。如今国产品牌发展势头不错，如安踏等企业通过并购海外品牌，在全球成为后起之秀。“如果中国消费者的理念重新定位，国内市场会有很多希望。”

“我们计划逐步调整国内外业务比例，扩大内需。”在马伟萍看来，此前一直主打高端男士成衣定位的溢达，也将进一步扩大业务范围，加大与国内品牌的合作力度，争取接到更多订单。溢达挖潜内需的一大重点，是进一步做强自主品牌，减少对海外大客户的依赖。溢达是国内外多个知名品牌的面料及成衣供应商，相比之下，其自主品牌“十如仕”和“派”无论品牌声量还是规模都还不够突出。溢达集团品牌及分销董事总经理潘楚颖表示，之前溢达发展自有品牌还处于摸索状态，今年的特殊情况适合进一步对自有品牌进行商业拓展。

做强自有品牌的新拐点已经到来。2020 年 5 月，溢达在上海举办“十如仕”新品发布会。2020 年以来，溢达还加入了直播经济的大潮，3 场直播吸引超过 3 万人次观看，总成交金额近 40 万元。

在平衡布局、探路自有品牌建设等一系列突围中，溢达也越发意识到企业内功所起到的作用。无论危机突围还是长远发展，终归要靠人才、技术。在广东溢达纺织有限公司，硕士生超 100 人，约 20 名员工有留学经历，其中经理以上级别人员 11 人，占比约 55%。2020 年溢达的直播中，这批名校毕业的高管上阵做主播，成为企业推介自有品牌的代言人。

佛山高明并非中心城区，为何能留住这些高端人才？企业相关负责人介绍，溢达以良好的企业文化、环境，以及有竞争力的薪资待遇留人，专门购置并精装修了近百套公寓低价租给员工，租期 3 年，相当于员工自主买房前的周转期。“不少高学历员工工作 3 年后完全有能力在佛山安家。”

此外，通过导师计划、因材施教提供加速发展的人才培养项目等，溢达筑起了自己的人才高地。“我们尊重每位人才，毕竟人才为企业乃至行业带来的改变是颠覆性的。”马伟萍说。

手记

对潜在危机的长期响应能力，你的企业具备吗？

疫情形势下转做口罩，溢达展现出应对危机的快速响应能力。溢达的探索还说明，企业需要及时把精力转回来，放在主打产品上。生产口罩只是对突发危机的短期响应，企业更加需要思考和锻炼的，是对潜在危机的长期响应策略。

跳出短期危机，溢达更需要思考如何进一步做强自主品牌，同时洞悉并抓住千变万化的服装消费潮流，在消费市场走出一条更宽的路。

北京大学国家发展研究院教授周其仁 2020 年 5 月在佛山调研时表示，国内服装企业要研究日本的优衣库、西班牙的 Zara 等大火是什么道理。纺织服装企业要思考：“以后是一个正儿八经的时代，还是越来越休闲的时代？谁是下个时代的大品牌，潮流说了算，在这方面企业要有非常清醒的认识。”

疫情是短暂的，但趋势是长远的。溢达的平衡术，更在于对未来的平衡。

精一家具：深耕办公家具蓝海

2020 年 7 月 10 日，在佛山市精一家具有限公司（简称“精一家具”）位于顺德龙江龙首工业区的工厂，满载包装箱的叉车在大型载货电梯内往来不休，这些装满各式办公椅的包装箱即将送往全球各地。

在优坐集团董事长、精一家具总经理朱政臣看来，当时的精一家具就已恢复了正常的生产节奏。与此同时，随着上游原材料领域的降价潮，精一家具 2020 年上半年获得了同比更大的利润空间，全年也保持了可观的增速。

为何办公家具行业能够逆势飘红？这是因为，疫情并没有改变办公家具尤其是办公椅的向上势头，未来一段时间，中国办公椅市场仍将持续升级扩容。而放眼国际，中国办公家具制造业所具有的综合优势，也并未因为一场疫情而改变。

朱政臣表示，接下来，公司将借助村改契机寻求更广阔的发展空间，并结合公司现有各项优势，重点突破“一带一路”等海外市场，用“世界级的设计、中国智造的品质”打动全球。

订单逆势增长，“疫”外收获更高利润率

尽管眼下公司生产经营已经像往年那样忙碌，朱政臣依然记得 2020 年第一季度的情景。

“复工初期，订单非常‘淡’，到 3、4 月间，我们不禁想，如果形势持续，是不是部分工人要轮休？”朱政臣回忆，为了让大家“不至于那么闲”，精一家具还在 2020 年 4 月组织了一场军训。

没想到，公司很快就迎来了订单反弹。“军训还未结束，订单就做不完了。”朱政臣说。

2020 年 7 月上旬，精一家具总结了上半年经营情况，销售额同比增 4%。而由于

□ 精一家具推出的办公椅产品

上游牛皮、海绵等原材料供应商通过降低价格应对冲击，精一家具还收获了更高的利润空间，净利率同比不降反增。

“现在国内市场需求恢复得还不错，海外市场也恢复了70%—80%，好在出口订单占我们总营收比例并不高，只有10%左右。”朱政臣说，2020增速目标为25%。”

在宏观经济面临诸多不确定性的情况下，仍剑指25%的增长率，精一家具的底气，来自对办公椅市场潜力的信任。

随着中国经济的发展与消费观念的升级、企业对员工健康重视程度的不断提升，市场对办公椅的需求正在快速提升。朱政臣透露，公司的客户包括壳牌、商汤科技、中国银河证券、天同律师事务所等众多大型企业，过去多年，公司都能保持30%以上的增长速度。

疫情中，“居家办公”概念的流行，反而赋予办公家具行业更多韧性。广发证券发布的一份研报披露，2020年3—5月，“办公椅”在海外某主流搜索引擎的搜索指数为88.5，同比增长68%。

“我国一张办公椅的采购平均价格是300元人民币，而德国是500欧元。”朱政臣说，“相信随着消费观念的改变，办公家具成长空间还很广阔。”

筑牢“护城河”，充分应对疫情“黑天鹅”

最大支持165°后仰，配有人工腰托和高弹透气海绵，联动可拉伸调节扶手……这是优百丽推出的一款名为“U－019”的新品。2020 年 7 月 27 日，在第 45 届中国（广州）国际家具博览会上，这款新品与其他新品一同亮相。

优百丽，是优坐集团旗下 6 个子品牌之一，主打高性价比。当突如其来的疫情给宏观经济带来诸多不确定性时，这个品牌为公司贡献了更高的增长率。

应对疫情“黑天鹅”冲击，需要的不仅仅是市场本身的潜力。通过多品牌覆盖各个细分市场，10 多年来沉淀的自建供应链、市场渠道、综合成本等能力，也是精一家具应对疫情的重要手段。

2008 年，精一家具厂在龙江镇龙首工业区成立。次年，佛山市精一家具有限公司诞生，并陆续孵化出精一、谷腾、汇誉、优百丽、英陆华和浙江筑上 6 个针对不同渠道的品牌，全面覆盖细分市场。

由于精一集团采取合伙人经营机制，6 个品牌分属不同的事业部。2018 年，精一家具发起成立佛山市优坐家具有限公司，将 6 个品牌一并纳入优坐公司旗下。

“以前，各个合伙人只服务各个品牌的利益，现在我把各个品牌做成集团化，集团与事业部共同控股，相互之间的协作配合就方便了很多。”朱政臣说，“疫情当中，出口部门一度出现产能剩余，就可以支援从事内销的事业部。”

纳入优坐公司的，还包括涉及产业链的 10 多个分厂，包括五金厂、海绵厂、注塑厂、模具厂、纸箱厂等。疫情面前，诸多“重资产”却并未成为公司的负担，这是因为，精一家具始终通过不断的对比，确保自建供应链在价格、品质、交货期限方面始终领先于外部供应链，赋予了自建供应链更强的竞争力。

“我们是 70% 的东西自己做，30% 的东西外面做。我们的采购中心会不断进行对比，如果外部的供应链更有优势，我们就会缩减自己的供应链，以此倒逼内部供应链不断改进。”朱政臣说。

通过自建供应链，精一家具还得以进行批量采购，降低原材料成本，并通过大数据分析，将散单进行合并生产，同时优化库存管理，节省一半以上的人工和管理成本。这三招，使精一家具整体成本低于同行业 20% 以上，在疫情当中更是展现出更强的市场竞争力。

整合世界级设计，用中国智造打动全球

随着生产经营逐步恢复往日的节奏，精一家具的其他工作也在逐渐展开。

2020 年 5 月 12 日，精一集团官方微信号发布了首届“优坐创新奖”中国国际办公家具设计大赛暨佛山“市长杯”工业设计大赛办公椅专项赛初评公告。公告显示，本届比赛共收到 550 份有效投稿作品，历经 3 轮匿名遴选，12 名来自高校的参赛选手

将于暑期角逐最终奖项。

通过设计，不懈追求更优质、舒适的办公生活，深入洞察用户需求，正是精一集团的竞争法宝之一。

资料显示，精一家具先后成立了精一设计中心、意大利设计中心，并与中国台湾卓岳设计的陈德胜设计团队、德国的ITO设计团队、意大利Vinci设计工作室等建立长期合作关系，公司还与上海理工大学设计学院合作共建“办公家具实习基地”。

其中，精一家具设计中心拥有35名签约设计人员，每年海内外设计合作项目超过5个系列，并以30%的增长速度整合全球设计资源。

精一家具还持续加大科技投入和研发力度。目前，公司在南海区西樵镇、高明区都建立了生产基地，其中西樵基地投资超过1亿元，拥有自动焊接机械手、电脑裁布机、自动热压纹机、码货机器人、自动包装机等设备，每年公司研发费用都超过2000万元。

诸多优势加持，成立仅仅十年左右，精一家具就登上国内出货量榜首。但在朱政臣看来，相比同行，公司以及佛山办公家具产业的潜力还远未充分发挥。

来自第三方统计机构的数据显示，2019年，国内办公椅市场总额约576亿元，折合出厂价约为300亿元，作为第一名的精一家具市占率仅为3%。

“在供应链等方面，佛山是全国乃至全球最有竞争力的，同样的产品，我们售价只有欧洲的30%，近年来还对接全球优质设计资源。”朱政臣说，“如果我们去做全球市场，相信一定不会比浙江同行差，甚至可能为龙江贡献一家上市公司。”

如何与同行竞争？朱政臣认为，公司应借助村改契机，解决发展空间的制约。

“浙江有两家生产办公椅的上市公司同行，占地面积约为600亩。而我们厂房总面积加起来才200亩，仍有很大距离。”朱政臣说，“下一步，当我们解决发展空间制约后，我们将继续扩大生产规模，进军‘一带一路’等海外市场，用世界级的设计、中国智造的价格和品质打动全球。”

手记

重视传统产业的发展空间

在优坐集团董事长、精一家具总经理朱政臣看来，公司的生产车间，不太像是家具工厂，倒像是一家汽车制造企业：激光焊接、自动喷涂、数控机床、自动包装……

众多自动化设备的加持，让精一家具时常颠覆访客对家具行业的认知。

办公家具市场的增长潜力，也可能超出人们的想象。截至2020年，第三产业占我国GDP的比重已经达到54.5%，且仍在不断提升。互联网、金融、广告传媒……以“写字楼经济”为主的第三产业，对办公家具的需求不言而喻，精一家具每年保持30%以上的增速，也是这一市场巨大潜力的侧面佐证。

然而，水涨船高的土地价格，日趋紧缺的发展空间，也成为精一家具进一步发展的制约。朱政臣透露，每亩工业用地价格或高达200万元，企业下一步发展需要数百亩的集中连片厂区，高昂的土地成本成为企业的重担。

并非所有的传统产业都在面临市场饱和、增速放缓的窘境。针对办公家具等仍有发展潜力的市场，地方政府在项目孵化、企业拿地等方面可考虑提供针对性的补贴政策，从要素领域，为企业进一步发展扫清障碍。

小熊电器：大数据引领　融入年轻人生活

自2019年8月登陆A股市场，仅一年多的时间小熊电器已成为家用电器板块新贵，对比上市前夕的41亿元估值，截至2021年3月12日，其市值已达到118亿元。

市值突飞猛进的背后，是小熊电器在疫情下的惊喜表现。据奥维云网统计，2020年第一季度，家电全品类零售额为1057亿元，同比下降37.6%。但小熊电器实现逆势增长，一季度营收同比增长17.31%，净利润同比增长83.66%。

小熊电器靓丽的数据，与其"创意小家电+互联网"的发展模式密不可分。从小家电细分品类起家，小熊电器依托互联网精准对接客户需求，不断创新品类和功能，逐渐占据年轻消费者的购物车。

以小博大 ▶ 从酸奶机起步的小家电黑马

要理解小熊电器的逆袭，必须从其创业之初的产品定位说起，这是一个"以小博大"的故事。

时间倒回2004年，当年，美国《连线》杂志主编克里斯·安德森提出了"长尾理论"，他认为，商业和文化的未来不在于传统需求曲线上那个代表"畅销商品"的头部，而是那条代表"冷门商品"的经常被人遗忘的长尾。

同年，在家电行业打工10年，自觉已经触碰到职业天花板的李一峰辞职创业，将目光投向了小家电领域的"长尾市场"。

小熊电器瞄准的第一款产品是酸奶机。这是一款小众品类的产品，在当时并不被看好。但李一峰看中的是，一方面，酸奶机的研发原理不复杂；另一方面，产品投资比较小，作为新兴品类在定价上有更大的空间。同时，可以避开与大企业的直接竞争。

更重要的是，中国的消费市场发生了变化。"80后"加速进入社会，同时，中国经济进入高速发展阶段，年轻一代在消费上更加追求差异化和个性化的商品。

"'80后'成为消费主力，这是中国消费市场的一个变化节点。酸奶机等非传统品类开始有了市场。"李一峰说。2005年，小熊电器生产出了第一批2000台酸奶机。由于价格亲民、小巧、方便清洗等特点，直接戳中消费者需求，拓展了整个酸奶机市场体量，小熊电器也成了这一细分领域的主流品牌。

在酸奶机之后，小熊电器又成功培育了豆芽机、煮蛋器、电热饭盒等当年家电龙头忽视的小众品类。在李一峰看来，新兴品类要普及，必须消除价格障碍。"我们的品类不属于刚需，高性价比是我们坚持的思路，让消费者只要看上就会购买，不需要太多顾虑。"小熊电器的产品价格普遍在100元到200元之间。

凭借差异化的多品类创新，小熊电器从小众市场攻入主流市场。2019年8月，小熊电器正式登陆A股市场，在深交所中小板挂牌上市，成为"创意小家电第一股"。2019年，小熊电器销售规模超过了26亿元，全年售出将近3000多万台小家电产品。

2020年春节期间，疫情催生了消费者对部分小家电的强烈需求。小熊电器多款产品销量逆势大涨。其中，能够随时煮饭热菜的电热饭盒，日销量一度超过1万台。

紧盯差异化需求 ▶ 从一台"小电饭煲"说起

除了差异化的产品定位，小熊电器从家电红海市场突围还有一个重要原因——互联网渠道优势。与传统家电企业不同，小熊电器带有深刻的互联网烙印。小熊电器起家于互联网，是最早一批进入电商渠道的品牌之一。2006年，电商还是新事物，创业之初的小熊电器便尝试在阿里巴巴诚信通推广产品。

"从渠道上来看，我们以电商为主，线下渠道、礼品渠道等其他渠道同步发展。全年电商渠道销售额占比接近九成。"小熊电器副总经理刘奎说。

疫情初期，当传统家电市场囿于线下销售和上门安装，业绩惨淡时，小熊电器却能依托电商渠道优势，实现逆势上扬。

仅在天猫平台上，小熊厨房电器旗舰店就拥有268万粉丝。2020年"6·18"年中大促，小熊电器全网销售额突破2.5亿元，同比增长了54%。在"6·18"当天，绞肉机、养生壶、酸奶机、煮蛋器等九大品类销售额排名全淘宝第一。

随着消费潮流变化越来越快，企业感知消费变化的能力愈加重要。利用互联网快速捕捉目标用户需求，用产品精准响应用户需求，正是一代依托互联网崛起的电商企业的傍身功夫。

刘奎表示，通过电商平台，企业可以快速地拿到销售数据，进行消化转化，并将此作为产品创新的原动力。

以小熊电器的迷你小电饭煲产品为例。以满足年轻消费者需求的思路为主导，小

□ 新冠肺炎疫情期间，小熊电器以适合居家需求的产品，在利润上逆势实现大幅增长

熊电器通过数据抓取发现，当下年轻人其实并不需要太大的电饭煲，他们需要的容量在 2—3L 左右，而传统电饭煲基本是以 4—5L 容量为主流。

其次，传统电饭煲在产品外形、技术设计上也与年轻人的审美需求和产品体验需求有出入。当下，“颜值”经济盛行，年轻消费者的审美需求远比以往要高。

在功能和审美上的需求偏差，就是小熊电器进行差异化产品创新的切入点。

小熊电器通过工业设计，重新定义了“年轻人的电饭煲”，在容量上更加“迷你”，在外观上更具设计感，更符合年轻人的审美，打造了多个月销量过万台的爆款。

创新为本 ▶ 2019 年研发投入同比增长超六成

品类、功能、颜值及渠道上的创新是小家电突围而出的关键因素，但是企业能否长久，最终离不开产品品质和技术的升级。

在电商高速发展的阶段，很多电商企业放弃进行工厂建设，依托供应链管理和品牌打造维持经营。小熊电器起家于有“中国家电之都”之称的佛山顺德，在这里，可以找到大量代工厂。但是，小熊电器坚持把制造环节掌握在手里，并建设了自己的品类工厂管理模式。

“真正给消费者创造价值的还是制造。所有企业创造价值的点，最后还是要回归制造。”李一峰说。近年来，小熊电器不断加大对制造和研发的投入。目前，该公司总投资 10 亿元的三大智能化工厂已经在建设中，建成后，小熊电器的产能将极大提升。

其中，小熊电器于2019年底完成了创意小家电生产建设（均安）项目第一期建设，设备购置正在进行中。另外，创意小家电生产建设（大良五沙）项目、智能小家电制造基地项目、研发中心建设项目、信息化建设项目均在有序推进中。

同时，小熊电器在研发上的投入大幅增长。2019年年报披露，公司研发费用达到7652万元，同比增长61.45%，占收入比例为2.85%，近三年研发投入复合增长超60%。2020年，小熊电器还成立了深圳研发中心，更加有利于企业获取前沿技术信息，顺应市场需求和行业发展趋势，实现产品结构调整和技术升级。

李一峰还曾经提道，“在人员配置上，其他岗位都有对人员规划的预算，但工程技术人员是不设限的”。数据显示，2019年，小熊电器研发人员数量241人，同比增长74.64%，占员工总数比例从2018年的5.38%提升到了7.14%。7个研发团队每年开发新品超过100款。

手记

在“长尾市场”打出企业的一片天

克里斯·安德森在《长尾理论》一书中系统研究了亚马逊、狂想曲公司、eBay等互联网零售商的销售数据，并对比了传统零售商的销售数据，从而提出了互联网经济的“98法则”——98%的冷门产品带来的收入和利润，超过了2%的热门产品。

究其原因主要是信息化的出现，大大降低了生产、仓储、传播、销售等各环节的成本，实现了供需双方的精准匹配，使得原来传统经济不被关注的80%释放出巨大的需求，从而为电商企业带来了巨大的利润。作者将这种现象称之为“长尾现象”。

随着中国互联网经济的高速发展，这种“长尾现象”出现在多个领域。以家电行业为例。在冰箱领域，除了传统冰箱，还产生了车载冰箱、办公室冰箱、化妆品冰箱等细分类别；在洗衣机领域，除传统洗衣机，也诞生了专门洗涤儿童小件衣物或者内衣的小型洗衣机等。

而小熊电器是典型的在“长尾市场”崛起的企业。在其他行业，也不乏吃长尾市场红利的企业，比如饮料行业的凉茶饮品“王老吉”；酒类行业的年轻白酒品牌“江小白”等。基于长尾理论，所谓的市场需求饱和并不存在，如果感到饱和，是因为细分的程度还不够。因此，不管是对于守业者还是创业者来说，不要轻易用“饱和”及“天花板”来看待行业发展，多留心消费变化趋势，在细分市场上总是存在“留白”空间等待填补。

健力宝：拥抱“后浪” 抢占新国潮风口

伴随着轻快的打击乐，“年轻就是绝对理由，学不会在原地停留”的歌声响起，国内新声代音乐人“圈 9”2020 年 5 月发行的新曲《年轻的味道》在网络广泛传播，作为健力宝全新制作的主题曲，一同获得传播的还有健力宝的品牌形象。拥有 36 年发展历史的健力宝正通过把握国潮风口，唤起年轻人的喜爱。

2020 年上半年，虽然受到疫情影响，健力宝仍然表现强劲。健力宝副总裁王燕明介绍，从 2020 年 4 月开始，健力宝的销量出现强劲反弹，到 6 月底已基本把第一季度的销售下降弥补回来了。

逆势增长的背后，是近年健力宝“产品力”的不断提升。为了与年轻消费者对话，这个在中国商业史上具有标志意义的民族品牌正通过拓展线上线下销售版图，把握“新国潮”风口重塑品牌形象，跳出舒适区，不断焕发新活力。

入选国货节 ▶ 销售迅速复苏

数据显示，经历了 2—3 月份的销售下滑后，2020 年 4 月健力宝销量出现了强劲反弹，逐步恢复到 2019 年同期水平，到了 5—6 月，更是实现了快速增长，弥补了第一季度的销售下滑。

“人们在面对疫情时，对饮料有着特别需求，我们有信心完成全年的预定目标。”王燕明说。

健力宝的逆势增长，离不开公司在拓展销售渠道、维护供应链稳定所作出的一系列努力。

和其他快消品行业一样，疫情之初健力宝所在的饮料行业受到较大冲击，企业复工复产的要求更高。“食品企业只要有一个确诊案例，就一定要停业隔离，所以我们非常慎重。”王燕明介绍，在这种情况下，健力宝有效开展疫情防控，积极配合政府防疫政策，在 2020 年 2 月 10 日正式复工复产。

但很快健力宝就遇到了物流问题。2—3 月期间很多地方采取了限行措施，给健力宝的供应链带来压力，产品生产出来却运不出去。

为了应对疫情的影响，健力宝积极求变。“虽然线下的销售影响很大，却意外激活了线上直播带货，我们也把握住了这个机会，积极参与线上直播，不仅登陆李佳琦直播间，同时还成功入选了由人民日报主办的线上国货节，取得了良好的市场反响。”健力宝总裁助理游志敦介绍。

与此同时，线下销售依然是健力宝的主战场。健力宝目前采取以直营经销商与现代渠道为主，间接服务传统渠道批发商与终端售点为辅的复合型销售模式，此模式覆盖传统渠道、KA（关键客户）、电商、自动售卖机、餐饮、新零售等各种渠道，销售网络覆盖全国 30 多个省区。

游志敦介绍，为了稳定经销商队伍和关键客户，疫情期间健力宝苦练基本功，加强与经销商和客户的沟通合作，做好终端拜访和服务，及时传递产品的新营销策略，完善货架管理，确保铺货速度能够跟上销售回升速度。

通过一系列努力，当疫情得到有效控制，销售迅速回暖时，健力宝得以迅速完成了生产节奏的切换，“我们全国所有生产点都已经恢复生产，很多厂线都满产了。”王燕明说，从目前来看产品销售的回升势头很不错。

□ 健力宝通过打造线下国潮馆为品牌注入新元素

提升竞争力 ▶ 牵手故宫注入特色文化

自 1984 年创立以来，健力宝已经走过了 37 年发展历程，如今的健力宝已经成为一家以饮料生产销售为主导产业，涉足塑料容器制造等相关领域的现代化企业。

疫情的影响是暂时的，对于健力宝来说，如何着眼未来提升竞争力，才是疫情过后企业持续发展壮大的关键。

提升产品力是健力宝正在努力的方向。“我们正不断构建新的消费场景，找到场景与品牌的连接点，这需要在产品包装和开发上进行创新。”游志敦介绍，为此，健力宝牢牢把握“民族品牌”这一特色，与近年流行的新国潮结合起来，让健力宝的“民族品牌”形象更深入人心。

“我们邀请了在不同领域里发光发热的中国新青年，创作了一系列国潮广告，为健力宝的品牌形象注入极具中国特色的文化元素。”游志敦说，通过植入更丰富的文化元素，健力宝的品牌生命力得到大大提升。

与此同时，健力宝在产品开发上不断创新迭代，针对消费者对零糖零脂、健康、口感和颜值等新追求，健力宝开发出了具有绵密气泡的健力宝微泡水、含膳食纤维的健力宝纤维 + 等新产品，均获得了良好的市场反响。

在产品包装上，健力宝也大胆创新，与故宫博物院合作推出了“龙凤呈祥瓶”，为健力宝注入龙凤呈祥的文化内涵。

通过一系列努力，健力宝的市场反响越来越好，“我们最初决定做出改变时，部分经销商感到不理解，后来纷纷为这种转变点赞，事实证明只有创新才能让品牌永葆生命力。”王燕明说。

质量控制是产品力最重要的一道防线。对质量的严苛要求已经内化为一种企业文化。王燕明表示，“良好的口碑让我们自己不敢放松，很多员工在这里都工作了 30 年以上，老员工带新员工，通过言传身教，让高品质成为一种习惯，并形成企业文化。这个概念建立起来，大家去遵守，比一味去宣贯更有效。”

让年轻人看见 ▶ 在全新场景中讲述品牌故事

品牌形象的塑造是提升产品力的重要内涵，一场年轻人争夺战正在健力宝内部打响。

2020 年 5 月，一条名为《中国新青年》的宣传短片在各大平台上线，视频中“中国足球先生”李铁、知名京剧演员王珮瑜、新声代音乐人“圈 9”、中国首位 MMA

（综合格斗）世锦赛金牌得主林荷琴等人在不同领域通过不同方式诠释着中国新青年的形象。通过短片，健力宝也向新一代年轻人讲述着新的品牌故事。

在健力宝的发展历程中，体育始终是其品牌核心。不仅诞生之年即成为奥运会中国体育代表团首选运动饮料，1992 年，健力宝还斥资成立少年足球队，并资助队员赴巴西留学，开创了国内体育营销的先河。

作为一款运动饮料，年轻人始终是健力宝最重要的消费群体。围绕如何赢得年轻消费者这一任务，健力宝大胆跳出舒适圈，以各种方式去迎合年轻人不断变化的消费喜好和追求。

“饮料市场有一个特性，市场很大，场景很多，品类很丰富，渗透率很高。要提升年轻消费者的认知，需要不断找到场景与品牌的连接点。”游志敦说，健力宝从 20 世纪 80 年代开始做体育营销，是一个具有使命感和民族情结的品牌，这是很重要的品牌 DNA，需要进一步发扬。

为此，健力宝通过携手“中国足球先生”李铁开展一系列足球公益活动，传承品牌的体育精神；邀请京剧大师合作，为品牌注入国粹内涵；新声代所创作的《年轻的味道》品牌主题曲，诠释着健力宝与中国新青年的年轻活力。

通过一系列自我革新，如今年轻的消费群体正在聚集。“根据分析，我们 20—39 岁的消费群体正在增加，未来我们会继续深挖年轻消费者与品牌的结合点。”游志敦说。

在销售端需要注入年轻血液，在生产管理端健力宝同样需要跳出舒适区，打造更富创造力的年轻团队来打破长期稳定的管理壁垒。

“我们很多职工家人都在健力宝工作，这样的好处是人员稳定，一线工人大多在 40 岁以上，对于产品品质有保障。缺点是公司内部员工长期处于舒适区，公司推进一些新的改革会遇阻力，员工学习新事物的激情与动力不足。

这种动力不足与健力宝定位年轻的形象存在冲突，要迎合年轻人需要更富创造力的团队和更灵活的策略。王燕明介绍，目前健力宝正在考虑实施职工参与持股，加强对管理团队的激励。同时，公司上市已经纳入未来的发展计划。

手记

勇敢跳出舒适区，归来仍是少年郎

在《中国新青年》短片开场，“中国足球先生”李铁作为品牌星推官，让足球元素再度成为健力宝重要的品牌标识，一如20多年前，李铁入选的健力宝少年足球队培养出一批国脚的同时，也成就了健力宝自身的品牌跨越。

以体育营销起家，经过一代人的轮回，健力宝再次回到新起点，与李铁的再度合作既是对历史的传承，也是健力宝重拾昔日荣光的探索，不同的是，这一次健力宝走得更稳健。

与时间对抗是企业保持生命力的永恒话题。在管理上，随着组织架构的复杂化，沟通环节增多，信息传递变得缓慢，企业自我革新的能力遭到削弱，这时候需要勇敢跳出舒适区进行组织变革。

在品牌塑造上，如何增强品牌号召力、吸引新一代的年轻消费者，成为企业的营销关键。对于定位年轻的健力宝来说，能否赢得更多年轻消费者关系到品牌的生存发展，这时候更需要跳出舒适区，让品牌被年轻人看得见、了解得到。

林氏木业：做强新零售 电商“黑马”全渠道发力

3分40秒销量破亿、总销售额突破8.1亿元。2020年“6·18”年中大促，林氏木业再次刷新自身销售纪录，并稳居家具行业销量冠军宝座。

2020年以来，突如其来的疫情，使得传统家具行业遭受不小冲击。然而，凭借先天互联网基因与新零售模式的日益成熟，林氏木业成功抢抓线上消费逆势增长的机遇，在疫情“寒冬”中展现出强大的抗风险能力。2020年一季度，该公司依旧保持高速增长势头，整体目标完成率达到117.64%。

自2007年起“触网”入驻淘宝，十余年里林氏木业完成了从一家网店到一个企业的转型，成为家具行业探索线上销售的先锋。近年来，该公司不断探索新零售模式，打通线上线下营销闭环，全渠道发力。

林氏木业品牌总监李承泽表示，接下来该公司将持续以消费者为中心进行改变，针对新人群，建立新供给，搭建新场景。其中，线上部分将积极探索短视频、直播等新兴方式的应用；线下则继续下沉渠道，计划2021年达到1000家线下门店。

新零售发威，一季度销售逆势增长

刚过去的周末，位于佛山岭南新天地的林氏木业家居旗舰店里人流如织。店内缤纷的色彩、多元化的风格以及新奇好玩的家居体验，引得众多市民驻足、围观。

然而，就在2020年初，疫情的暴发使得多数线下实体店陷入困局。“疫情初期，我们的线下业务基本停滞。”林氏木业副总裁崔泽文说。

林氏木业的经历并非个例。统计显示，在国内，全国规模以上建材家居卖场2020年一季度累计销售额为934.6亿元，同比下降53.45%。

林氏木业能迅速摆脱困境，及时得力的应对起到重要作用。为缓解经销商受到的冲击，该公司在疫情早期便推出经销商援助计划，援助涵盖工资支付、让利、助力线上付费引流等方面。

为保障供应端的健康成长，林氏木业推出供应链扶持计划，通过合理调配自身的仓储体系，以及更加灵活的销售策略来更快速消化货品，在2020年4—5月落实对上游供应链端的采购计划，以此支持合作伙伴。

在疫情暴发初期，出于防疫需要，物流运输面临一定阻碍。“围绕成交后的发货问题，客服会与客户提前沟通延缓配送，客户方也会理解非常时期的情况。”李承泽说，随着疫情得到有效控制，物流运输都逐渐恢复。

林氏木业迅速回暖更加根本的原因，在于独特的新零售模式——线上线下结合，并各有侧重，线上销售、线下体验。即便线下业务受到一定影响，林氏木业2020年一季度依旧保持高速增长势头，整体目标完成率达到117.64%。这与其新零售商业模式不无关系。疫情在冲击线下零售的同时，也助推了“宅经济”爆发式增长。2020年1—5月份，全国网上零售额达40176亿元，同比增长4.5%。

而林氏木业作为互联网家居品牌，其50%的业务在线上。因此，在线下门店暂时不能开业的情况下，其线上业务还在增长，访客流量和销售同比增长20%—30%。

随着疫情防控进入常态化阶段，凭借新零售商业模式，线上流量不断导向线下。因此，当线上渠道成为大多数家具企业主要发力阵地之时，林氏木业的线下渠道已挣脱逆境。“我们线下门店在2020年3月基本实现百分百回暖；在5月份，线下门店销售业绩已经反超线上。”李承泽说。

为线下门店引流，超2000名员工投入直播

疫情之下，家居行业遭受一定冲击，但林氏木业对未来市场预期仍持乐观态度。

“家具消费虽然是大件、且相对低频，但它是刚需消费。目前消费需求是被抑制了，但疫情过后，这波需求还是会来的。”在李承泽看来，企业需要思考的不只是如何去应对疫情，也要提前做好布局，迎接未来市场和竞争。

推动全公司线下业务接入淘宝直播，正是林氏木业在疫情期间的全新探索。“疫情期间，大家都宅在家中，看直播成了日常消遣方式。这也是直播在2020年突然火爆的原因之一。”李承泽介绍称，以往林氏木业虽有涉及直播，但线下业务并未完全接入直播，“在这次疫情期间，我们加大对线上直播的投入力度，成效不错”。

以2020年3月开展的门店家装直播活动为例，林氏木业全国243家线下门店联动直播，参与直播间观看互动的累计41.3万，共撬动业绩高达5883万元；2020年4月，林氏木业牵手淘宝直播一姐薇娅直播带货，成交金额突破了3100万元，共销售2.4万多套家具产品。

为适应这一变化，公司还针对全国线下门店开展一系列直播业务培训，鼓励每个

□ 林氏木业岭南天地门店

门店都培养一名“直播达人”，在线上推广门店为线下引流。目前，该公司有超过2000名员工投入了直播。

“直播确实能带来实实在在的销量增量。”李承泽表示，如今，直播已逐渐成为林氏木业常态化运营板块。以人力团队为例，林氏木业已专门针对直播做人力招聘与储备，并设立专门团队保证“6·18”期间日均直播六七个小时，累计持续一两个月。

2020年“6·18”，林氏木业线下302家新零售门店创下了3.14亿元的亮眼业绩，同比增长39.77%，家居产品累计销售近26万件。

聚焦“精置青年”，针对年轻人喜好定策略

“直播只是一种形式，我们会针对年轻消费群体，用年轻人喜欢的方式破圈营销以提升品牌热度，触达更多年轻消费人群，把引流赋能做到极致。”李承泽道出了各种探索背后的真谛。成立以来，林氏木业一直将目标用户群体定位为25岁至35岁的年轻一代。根据林氏木业的用户消费行为分析，“80后”“90后”人群逐渐成为家装产品的消费主力。消费主力人群的变迁，带动着市场喜好不断更新。

针对年轻人不断变化的审美取向，林氏木业利用常年沉淀的用户数据，快速判断市场风向，及时开发出更受消费者欢迎的家具产品。

2019年，通过分析消费者大数据，林氏木业对自己的受众进行了用户画像，并将其命名为“精置青年”。

“‘精置青年’指的是，为追求更精致的居住空间生活方式而精打细算、精心布置

的年轻人，年龄在25岁至35岁之间，居住在一线至五线城市。”李承泽说，这群人不仅关注家具产品的性价比，还对家具产品的颜值有着多元化、个性化的要求。

为此，林氏木业每月都会推出225个全新单品，全年推出的产品系列超200个。除了常规家具外，该公司还研发出模块化床、麻将沙发、星空床等充满创意的单品。

针对年轻人喜好变化，林氏木业也会及时调整营销模式，“在抖音平台，消费者更倾向与社交达人进行互动。”李承泽表示，针对这一趋势，林氏木业快速孵化了自己的达人矩阵。每位达人的人设与定位都不同，以便从不同维度传递品牌特质。同时，公司会为每位达人组建一支三四人的团队，负责编辑、摄像、运营等相关工作。目前，林氏木业达人孵化工作仍停留在自营阶段，接下来可能会与成熟的MCN机构合作，探索一个新的商业模式。

“年轻人喜欢什么，我们就做什么，年轻人在哪里，我们就在哪里。”李承泽表示，林氏木业将继续保持创新驱动，为年轻消费者提供更优良的服务、更优质的产品。

手记

别让年轻人“跑”了

如今，“80后”“90后”一代逐渐成为消费者金字塔底层，化身消费的绝对主力。以家居行业为例，1980年以后出生的人群占家居总消费结构的84.3%。企业要想实现长远发展，必须牢牢抓住年轻人的心。林氏木业深谙此理，所以提出了“成为年轻人第一次购买家具的首选品牌”的发展目标。

企业该如何抓住年轻人的心？首先，员工队伍要够年轻，决策层、中层管理者与一线员工中的年龄段分布，要与主流消费人群年龄段相吻合，从而更好了解主流消费人群的切实需求。

其次，品牌定位要够精准。在此方面，林氏木业采用长期沉淀的用户数据进行分析，将目标用户定位为居住在一线至五线城市的、既关注家具产品性价比，也对产品颜值有多元化、个性化要求的年轻一代。明确了用户定位后，他们提出“用精置，活出兴致”的全新品牌口号，并更新品牌标识，打造年轻化的气质。

此外，产品设计要够个性。年轻一代的消费者，他们热爱生活，个性表达意愿强烈。因此，在产品的设计研发上，不仅要把握产品品质，更要契合年轻人内心的情感表达需求。最重要的是，年轻人的主体在不断更迭，曾经的年轻客户很快就会步入中年。人群的更迭带来需求的更迭。因此，企业也需要常做常新，维持年轻态，抓住年轻人的市场。

联邦家私：
首创生活提案馆　让新消费需求不再抽象

“广东省家具协会说，我们是全省家具生产企业中第一个实现复工复产的。”当联邦家私董事长杜泽桦听到行业协会如此反馈时，并没有感到意外。

2020年的新冠肺炎疫情突如其来，联邦家私第一时间启动应急预案，统筹降损失和稳预期工作。企业复工复产后，新品线上发布会如期举行；云招商加盟如火如荼地开展；外销市场稳扎稳打；全国首家“一站到家”生活提案馆扬帆起航……为接下来开新局注入一针“强心剂”。

中国轻工业经济运行及预测预警系统发布的数据显示，2020年3月、4月国内家具行业景气指数分别为63.76、67.64，均处于“过冷”区间。杜泽桦描述企业复工复产跑出行业第一的“加速度”时语气平淡，但冷静背后却蕴藏着企业30多年来不断修炼的迭代进阶术。

与疫情冲击相比，经济转型和产业升级的压力将会更长期地萦绕在制造业企业管理者的心头。联邦家私并没有局限于从风口经济和爆发效应看待疫情带来的挑战和机遇，而是放眼未来专注于品质塑造和自身迭代。

心无旁骛 ▶ 打造“一站到家”生活提案馆

如果说2020年上半年家居产品线上销售小小火热了一把，是家庭成员受疫情影响更长时间“宅”在一起带来的刚性需求所致，线下门店的不俗表现则是联邦家私做足平时功夫的自然结果。

加盟商是家居零售的主战场，联邦家私在平时就与加盟商打磨出足够的默契。在2020年这样的特殊时期，联邦家私总部与加盟商的团结更加紧密。让利3个月、提货补贴10%、线上订单直转线下等帮扶措施让加盟商不仅存活下来，而且经营恢复远好于同行。

□ 联邦家私通过生活提案馆这个迭代升级的高能平台，为企业发展注入新动力

20 多年前，联邦家居广场在广州天河时代广场开业，开创了整体家居生活解决方案的全新模式；20 多年后，重新出发的联邦家私通过生活提案馆这个迭代升级的高能平台，为企业聚焦注入了鲜活的动力。

如果说曾经的联邦家居广场在业内开创了一站式购物的先河，那么如今的生活提案馆从消费者“装修一个家”的基本需求出发，不仅注重家居全品类经营，还将家装材料有讲究地融入整体经营服务布局。走进生活提案馆，消费场景实现了从我来选购向我来定义的蝶变。

转型背后是联邦家私洞悉行业瓶颈和客户痛点后的一次主动出击。在家居产品从卖商品向卖服务转型的大背景下，联邦家私敏锐地意识到传统门店销售同质化趋势越来越严重，仅靠趋同的商品和战法已经很难保持对消费人群的长期吸引力。

通过形式和通道的创新，联邦家私让消费者成为家居产品设计、研发、制造全流程的参与者，而非纯粹的挑选者。联邦家私通过技术、场景和渠道赋能，最终赋能消费者，让他们可以参与自我生活空间的源头规划与流程设计。

先强后大 ▶ 匠心品质恒久远

统计数据显示，2020 年 1—4 月，全国家居行业销售额下跌幅度达 48.8%，充满焦虑成为不少家居从业者的日常状态。曾经以品质安身立命的制造业，在疫情影响下通过网络直播带货意外站上了小风口，不少家居品牌纷纷拥抱直播经济浪潮，期待打开新的销售渠道。

在积极尝试网络直播后，联邦家私没有被短期内攀升的销售数字冲晕头脑。

不久前走进天猫直播间、当起出镜推介官的联邦家私董事李虹瑶，有着自己的思考，“直播带货是疫情下催生的销售新玩法，新鲜劲儿过后大家还是会回归关注产品品质本身。没有做强之前的‘虚壮’根本经不起任何风口的劲吹。”对联邦家私而言，网络直播不应只是寻求“爆单效应”，更应关注优质内容输出。联邦人希望比同行走得更久一点。

2020 年 5 月，法国零售巨头欧尚旗下家居企业破产关门；2020 年 6 月，英国零售集团 Blue Group 旗下两家家具品牌宣布进入破产管理程序；国内家具上市企业宜华生活 2020 年上半年深陷危机，面临极大的退市风险。

正是清醒地看到国内外众多知名家居生产企业因为经济不景气、疫情蔓延、产品核心竞争力不够等原因深陷困境的案例，联邦家私在热风吹拂的时候进行冷思考，也才有了逆行业下行之势的市场表现。

在家居产业，跑马圈地般的业务扩展已经司空见惯。但联邦家私并没有盲目跟风，一哄而上。在杜泽桦眼中，追求规模、追逐快钱固然可能为企业带来短期财务报表上令人兴奋的一连串数字，但平衡不好却极易出现品质下滑等问题。

为在原创研发领域抢占制高点，联邦家私请来中国木雕之乡浙江东阳的工艺大师并为其成立工作室，为工艺师从事创作营造宽松的氛围。工程技术中心、博士后科研工作站、CNAS 国家认可实验室等一批高水平研发实体的设立也为企业抓住新机遇提供了人才和技术保障。

除了在研发端发力，联邦家私也通过智能制造为企业生产端赋能，进一步提升产品交付时效。以涂装工艺为例，通过从日本引进涂装机器人，不仅节约大量从事繁重工序的劳动力，涂装工艺标准化水平也得到大幅提升。

针对正在崛起的“90 后”和“00 后”消费群体，经济学家周其仁认为家居企业应探究年轻一代喜欢且能耐久的美，打造生态友好型的发展模式。从工艺美术师到数据分析师，从智慧生产线到线下提案馆，联邦家私在用改变回应这样一份期待。

不断迭代 ▶ 以变化的客户为中心

传统家居行业从业者，往往通过单链条传递的方式对市场终端的需求作出反应。随着消费场景与消费代际迅速发生更迭，消费需求越来越呈现出多元化和个性化的趋势。

为应对不断变化的客户群体及其需求，联邦家私希望将反应方式从单链条传递改为多链条串并，通过经销商多维度直达终端，快速了解终端用户多元个性的需求，快速提供个性化服务，构建全新运营能力。

在总部，联邦家私从自我迭代做起。杜泽桦将目光投向“90 后”甚至“00 后”群体，在日常办公间隙主动观察并倾听年轻员工的生活习惯与审美视角。与此同时，联邦家私通过组织机构变革和人员优化调整等途径，进一步消灭“数据孤岛”，将公司总部和终端销售打造成一个有机的联合体，真正实现线上线下一体、总部终端联动。

在终端，以大数据为媒，消费者与设计师、工艺师等的要求与方案有了更优解。曾经劳力操心的家装苦旅变成有愉悦体验的快乐之旅。思想迭代与场景赋能一齐发力，让有关年轻消费群体需求的朦胧探索在终端有了愈发清晰的回应。

疫情以来，人们“宅”在家的时间大幅增加，年轻群体的“宅”生活除了需要家居产品提供最基本的休闲空间外，还要带来抗菌和运动等新体验。于是，一款抗菌瑜伽沙发在联邦应运而生，并获得市场好评。类似这样兼具多种功能的新产品正不断从设想变为现实。

手记

捕捉、培育、定义美感，在联邦找到灵感

随着消费代际加速更迭、消费地域不断延伸、消费内容日益升级，中国已迈入移动互联网和数字技术助推下的新消费时代，新消费群体和新消费习惯正成为推动这场消费变革的重要动力，亦成为无数商家竞相迎合的目标。

一边是成熟消费群体愈发严苛的消费需求，另一边是日渐崛起的新消费群体不断变化的消费观念。新需求的巨大不确定性正促使设计端、生产端和服务端以应考般的心态源源不断地提供新供给。

对消费需求的准确把握从来都非易事，对美学概念的感知更是如此。家居行业如今正面临这样一场捕捉、培育并引领美学风潮的问答之考。毫无疑问的是，在这场比拼中，谁能抢先一步回应新消费期待，让使用价值与审美价值更加完美地融为一体，谁便能抢占制高点中的制高点。

从家具选购空间向生活提案馆的转型，也是一场从为商品付费向为方案买单的进阶。在新消费浪潮中茁壮成长的一代更愿意为技术、服务、设计和体验买单。

回答新消费需求的全部内涵到底是什么，准确捕捉、培育乃至引领新消费浪潮，也许是永远的进行时。但在家居行业，有了新人群、新理念和新创意的碰撞，或许已经离目标更近了一步。

万和电气：
捕捉健康风口　厨电巨头变阵应考

在广东万和新电气股份有限公司（简称“万和”）位于顺德的高黎基地，机器人在一条条流水线上忙碌不停。随着线路的转动，一台台热水器、消毒柜走下产线，打包入库，即将运往全球市场。

2020 年，几乎是这家成立于 1993 年的顺德家电企业最不平凡的一年。新冠肺炎疫情发生后，线下渠道的“冻结”一度给这家公司带来巨大挑战，需要上门安装的厨卫大家电受冲击更为明显。

面对重重挑战，万和迅速行动起来，通过加码电商、布局新零售和融合线上线下，强化与消费者的联系；面对疫情背景下家电领域的新形势，万和推出从钱币消毒柜到消毒集成灶等新产品，解决用户健康痛点，更成立面向年轻人的互联网子品牌——万和聪米，抢抓厨房家电尤其是小家电率先反弹的机遇。

锁定客户需求，扩大品类范围，打通线上线下，这是万和不断增强的企业核心竞争力，也是应对意外挑战的铁壁铜墙。

捕捉新需求 ▶ 健康家电销量大涨

突如其来的疫情，带来市场对消毒柜等家电的需求暴涨。抓住用户对健康的关切，以及传统电器在健康、空间等方面的痛点，万和迅速反应，推出系列体现健康理念的新品。

“进入 2 月后，万和迅速研发 3 款专业的钱币消毒柜，还推出多功能消毒柜，适配口罩、塑料制品、钥匙、图书等家居日用物品消毒，一季度，立式消毒柜销量增长 110%。”万和品牌部相关负责人透露疫情暴发后万和的一系列动作。

万和的燃气灶和热水器也加入了对抗病毒的“防线”。2020 年 2 月，万和推出了 Z 系列双温集成灶，整合了保洁室和高温消毒室，最高消毒温度达到 125℃；2020 年 5

月，万和推出了 S6 增压零冷水燃气热水器，借助内置高效过滤芯拦截水中杂质、余氯等，提升洗澡水的“健康指数”。

疫情背景下，许多人选择在家烹饪，厨电领域的“痛点”也开始凸显。例如，在家烹饪时，先做好的菜肴容易冷却；厨房电器的增加，让厨房空间更显局促；减少外出就餐，也让不少消费者怀念饭店大厨炒菜的“锅气”。

对此，万和正在推出越来越多的集成厨电产品。2020 年上半年，万和推出“厨房烹饪中心”，集灶具、蒸烤箱、保温等功能为一体；万和还推出两款蒸烤一体机新品，相比单独的蒸箱和烤箱，节省了至少一半的面积，还具有“既蒸又烤”功能，可用蒸鲜、脆烤方式加工食材。

这是对消费者需求的适应，也是疫情下的突围之道。万和厨电产品总监管光明透露，“厨房烹饪中心”线上发布会累计观看人数超过 102 万，全网累积销售额达 262 万元；两款蒸烤一体机销量增长两倍以上，连同消毒柜产品方面的创新和厨房小家电新品的上市，显著减缓了公司一、二季度的销售额下滑的幅度。

“厨房电器的竞争十分激烈，现在做任何一个单品，无论灶具也好，蒸箱也好，烤箱也好，都比较难以突破。而厨电产品的发展趋势是功能的集成化，万和拥有多年的厨电研发经验，也有足够的技术储备。”管光明说。

抢抓机遇 ▶ 拓展“一带一路”市场

2020 年 6 月 24 日，万和国际营销总经理王楠结束了广交会的工作。

“团队的表现值得肯定，视频制作、推广方式的多样化等，线上交易会给了企业更大的想象空间，团队得到了很好的锻炼。未来，在推广的精度、推广资料的精美度等方面，我们都还有很大的提升空间。”王楠说。

2020 年，第 127 届广交会在线上举行，成为我国稳外贸、撑企业的重要举措。作为连续多年参与广交会的“老兵”，本届广交会上，万和带来 100 多款产品，包括热水器、采暖炉、烟机、灶具等，以及多款小家电新品。

这些新品成为广交会上备受关注的对象。“客户询问最多的就是小家电，不少欧美、东南亚、俄罗斯的品牌商来咨询代工或合作事宜。”王楠说。

疫情以及随之而来的“宅经济”，让厨房小家电成为需求率先反弹的品类，也成为万和逆势而上的良好机会。王楠透露，进入 2020 年二季度，公司海外订单开始反弹，广交会上也有不少客户表达了合作意向。

回到国内，2020 年 6 月 23 日，万和全资子公司——广东万和聪米科技有限公司（简称“万和聪米”）正式取得营业执照。工商资料显示，万和聪米的经营范围除传统

□ 万和聪米推出的迷你料理破壁机

产品外，还包括料理机、电煮锅、电水壶、扫地机器人、智能蓝牙音响等在内的厨房小家电和智能家居产品。

官网显示，万和聪米已经推出了网红懒人锅、多功能电煮锅、便携电动果汁杯等6款小家电产品，颜色包括“百搭杏花白”“少女抚子粉”“天空蓝”和“春日青”，年轻化的气息极为浓郁。

管光明透露，在传统产品线中，工业设计团队人数占比仅为1%，而在聪米团队中，工业设计团队占到团队总人数的20%；今后，聪米还将推出集成Wi-Fi、蓝牙控制等智能化家电产品。

而在国际领域，王楠介绍，万和将继续优化市场结构，积极拓展“一带一路”沿线国家和地区市场，并且把自有品牌作为未来重点的方向之一，投入大量资源，通过产品研发、调整产品结构等方式，提高厨房小家电等品类的出口份额。

双管齐下 ▶ 加码直播也赋能经销商

“花洒一开，热水即来”。2020年5月31日，罗永浩携手万和进行了一场直播，现场推介万和L3－2双屏智控零冷水燃气热水器，开播一小时，销售额就突破123.5万元。

2020年，万和的直播格外多：

4月28日晚，顺德区容桂街道办事处主任欧胜军携手万和总裁卢宇聪和资深媒体

人龙建刚，组成“最强带货天团”。1.5 个小时的直播结束后，总点击量达到近 50 万，总成交额超过 105 万元，

5 月 15 日，“佛山优品馆”上线拼多多。签约仪式上，卢宇聪又与佛山副市长乔羽一起，登陆直播间推介了万和 L8 智能零冷水热水器。

在广交会上，直播更是成为万和企业展馆的“标配”。包括新品发布在内，万和共搭建 8 个特色直播专场，每天直播 3 场，面向全球各地的客户滚动播出。

疫情面前，不少商场和卖场客流大受影响，直播就成为万和触达客户、增加客源的重要突破口。卢宇聪曾透露，万和共打造了 40 多人的电商直播团队，在线上销售新模式驱动下，销售额正在逐渐恢复。

在加码线上直播的同时，万和也在推出更多互联网工具，调动更多经销商力量，提高对线下的渗透度。

这背后有万和自己的考虑。一方面，万和主营的热水器、集成灶和蒸烤箱等厨卫大家电，与单价低、冲动消费频率高的厨房小家电不同，厨卫大家电冲动购买概率低，且消费者需与商家进行更多互动，以完成购买、安装；另一方面，经过多年的深耕，万和培育了一个庞大的线下经销网络，线下渠道网点超过 1.6 万个，向线上的转型，必须“兼顾”线下经销商。

“直播电商已经成为常态，是未来与消费者沟通的日常方式，但对我们来说，线上线下两条腿缺一不可，必须做好两者的关联融合。”万和营销总监徐卫国说。

为此，2020 年 2 月开始，依托具有社群营销功能的微信官方商城，万和在全国各销售区域加大力度招募“销售合伙人”，开设区域商城，动员经销商门店转向线上化运营。这些线下网点和“合伙人”，成为万和应对疫情的良好抓手，2020 年上半年，万和官方商城销量同比增速超过 50%。

手记

快速反应能力考验企业核心竞争力

1990 年，美国知名管理学者加里·哈默尔在《哈佛商业评论》发表了《公司的核心竞争力》一文，首次提出了“核心竞争力”的概念。

何谓核心竞争力？在加里·哈默尔看来，核心竞争力为公司进入新市场提供了潜在的机会，让最终产品的用户感觉到明显的价值，更是竞争对手难以模仿的“护城河”。

应对日常的市场竞争，企业需要核心竞争力；应对突如其来的疫情大考，企业更

需要核心竞争力。在疫情面前，如何能够及时推出新产品，满足客户的需求，并激活受疫情影响“冻结”的渠道，克服困难触达消费者？万和已经用行动给出自己的回答。

而这些都离不开万和多年以来的积淀。万和在厨卫电器领域拥有45项行业先进技术和1600多项专利，拥有“国家级企业技术中心”“博士后科研工作站”等七大创新平台；从2017年开始，万和打造了有社群营销功能的官方商城，让各级经销商真正触网。

过硬的技术实力，是万和推出系列抗菌防疫新品的重要基础，新零售模式的升级也是万和突破线下市场的重要抓手。而新品牌万和聪米的诞生，也可利用公司多年积累的品牌、技术和渠道优势。

如何利用自己发展多年积累下来的核心竞争力，在疫情面前不倒下甚至活得更好，万和的经验，值得佛山企业参考借鉴。

康宝电器：
快速响应“防疫+”“消毒专家”迎风而上

近来，疾驰在京福、京津、武广等线路的全国近百组高铁列车，车身外都贴上了醒目的“Canbo 康宝，消毒专家，健康守护”字样，车厢内、桌贴、头片、海报、行李架上，还有车内语音播报等都充满有关康宝的品牌元素。

2020年初，新冠肺炎疫情突如其来，消毒类健康家电需求大增。作为世界消毒柜发明者、中国健康家电的主流品牌，广东康宝电器股份有限公司（简称“康宝”）积极响应防疫需求，短时间内推出了一批健康家电。

大众高度关注健康卫生的时期，也正是健康类家电企业培育市场的好时期。2020年，康宝借着防疫的契机，积极开展线上、线下营销推广，进一步提升品牌影响力，拓展全国市场。

“疫外”爆红 ▶ 连推消毒类家电产品

“目前已有国内多家银行和金融机构向康宝订购了数千台钱币消毒柜。”康宝副董事长兼常务副总裁李永光说。一场疫情让消毒类的健康家电需求大增，尤其是能杀菌的消毒柜受到热捧。作为消毒柜行业的龙头企业，康宝消毒柜也销量大增。

2020年3月5日，正是新冠疫情暴发期，康宝举办了一场新品发布会，推出专门的钱币消毒柜、毛巾消毒柜、文件消毒柜、口罩消毒柜、消毒鞋柜等众多新品。彼时，距离上一次新品发布不足4个月，为了响应市场需求，康宝选择在疫情期间发布新品。

这一系列新品都紧扣疫情下的市场需求。以钱币消毒柜为例，2020年2月15日，国务院举行了应对新冠肺炎疫情联防联控机制新闻发布会。针对流通中现金纸币的安全问题，央行要求对疫情防控重点地区回笼的现金，要采取紫外线或高温消毒。

发布会后，康宝很快就接到了各大银行打来的电话，纷纷表示有意购买针对钱币进行消毒的产品。

□ 康宝电器生产车间

康宝当时并没有此类产品，但技术团队立即启动研发。同时，康宝技术团队也考虑到，除了钱币外，日常生活还存在不少经常被触摸，有可能传播疾病的物品，比如书籍等。对此，团队决定研发一个能对多种物品进行消毒的消毒柜。

经过 10 天的加班加点研发后，康宝技术团队打造了一款采用紫外线和臭氧进行消毒，并且能够控制消毒温度的多功能消毒柜。“检测结果显示，多功能消毒柜符合无菌健康标准，这款产品推出后也获得了市场的认可。”李永光说。

除了多功能消毒柜，康宝其他消毒柜销售也非常火爆。比如，针对衣物、母婴产品的消毒柜销量猛增，库存消毒柜快速卖完后，还有数万台的订单涌入。

京东、天猫、苏宁易购等平台数据显示，疫情期间，多款健康除菌类家电销售额增长超过 200%。其中，消毒柜销量同比增长 205%。

“疫情后，人们的健康意识大大提升，都更加重视健康和个人卫生，消毒家电的市场潜力很大。康宝将抓住这个机遇，在消毒家电领域做出更多的新产品。”李永光说。

困境突围 ▶ “消毒 +” 打破发展瓶颈

作为消毒柜的首创者，康宝的发展历程与传染疾病的防控有很大关系。

20 世纪 80 年代，乙肝疫情在国内蔓延，民众开始高度重视饮食卫生。在佛山顺德杏坛镇一家生产农具的小铁工厂工作的罗小甲，在朋友的启发下开始研发消毒柜，经过数百个日夜的潜心研发。1988 年 1 月，世界第一台家用远红外线消毒柜在康宝诞生。

因为契合当时防疫需求，康宝消毒柜很快打开销路。1990 年，康宝牌消毒碗柜月产已经达 1 万台，开始走上规模化生产道路。时至今日，康宝消毒柜的全国销售比仍旧占 30% 以上，产品远销欧美、日韩、中东、东南亚等 30 多个国家和地区。

自创立之日起，“消毒”就是康宝的认知度最高的品牌标签。在发展过程中，康宝也不断强化消毒技术。为此，康宝专门组建了杀菌实验室，测试在不同温度和时间下消毒碗柜的杀菌效果。同时，还研发出了紫外线、高温、臭氧等针对不同餐具的多种杀菌方式。到今天，不少南方家庭在装修厨房时依然会留一个消毒柜的位置。但是近年来，随着生活水平的提高，卫生条件改善，消毒柜的需求正在减弱。

数据显示，近年来，消毒柜市场已显示出增长乏力的迹象。根据奥维云网公布的数据，2019 上半年消毒柜市场销售额 20.5 亿元，同比下滑 13.8%，销售量 250 万台，同比下滑 5.9%。李永光分析，消毒柜市场衰退的原因有几大方面，其中一个就是市场一直限制在气候潮湿的南方地区，目标受众受限，市场接近饱和。其次，洗碗机、集成灶等品类对消毒柜也造成了一定冲击。

为了打破行业发展瓶颈，康宝也积极尝试拓宽产品品类，一方面在母婴消毒这一极具潜力的细分市场发力，另一方面开始将消毒技术与其他厨房家电结合，开发“消毒 +”厨电新产品。2017 年，康宝已经开始研究洗碗和消毒功能同时具备的技术课题。近年来，康宝技术团队先后解决了三大难题，包括如何在洗碗机实现 100℃高温消毒，如何在餐具消毒后实现快速烘干，以及如何解决日常取用碗筷可能带来的二次污染。

“针对这些难题，康宝各个击破，推出集云蒸控（isteam）、干水控（idry）、云净控（iclean）等功能于一体的洗碗机。”李永光说，在这款洗消一体机里面，就有 10 余项属于康宝的专利技术。

布局新渠道 ▶ 树立洗碗机行业消毒标准

对于康宝而言，新冠疫情是拓展消毒类家电产品市场的重要机遇。并且，与十余年前相比，当下互联网电商、直播卖货等新渠道的兴起，更有利于企业快速开拓市场。

自新冠疫情发生以来，康宝几乎每天在京东上都有直播活动。2020 年 4 月 23 日晚，康宝邀请了拥有 2000 多万粉丝的网红大咖助阵，该场直播获得了全国 85 万多网友观看，成交超过 3000 单。2020 年 6 月 11 日晚康宝的直播活动中，观看人数达到 102 万。

如今，专业的直播团队每天穿梭在康宝展厅内进行直播。在李永光看来，做直播一方面是为了提升销量，另一方面更是为了提升品牌的知名度和影响力。

2020 年 6 月份，康宝参展了线上广交会，通过直播的形式向全球客户介绍毛巾消毒柜、衣服消毒柜、带消毒功能的蒸烤箱、多功能洗消一体机、净味魔方等众多新品。

同时，康宝积极与天猫等线上平台展开合作。在多功能洗碗机面市后，康宝与天猫签署协议，天猫将在线上平台主推康宝这款具备高温消毒功能的洗碗机新品。

签约当天，李永光表示，康宝希望通过与天猫合作，实现数据赋能产业纵深发展，挖掘具备消毒属性的嵌入式洗碗机纯增量市场，联合天猫独家发售年度新品，引领复合功能洗碗机的发展趋势，树立洗碗机行业的消毒标准。

在线下推广方面，康宝同样加大投入。2020 年 5 月 20 日，“康宝电器”高铁专列全国启动仪式在广州南站举行。康宝此次投放的高铁广告涉及京福、京津、武广、沪昆、沪渝、南广等线路的近百组列车。这些列车覆盖全国主要大城市及上百个中小城市，将起到高密度、高频次的曝光效果。

在“康宝电器”高铁专列上，康宝将品牌元素融入列车的各个环节，通过车身外贴、桌贴、海报、行李架广告、语音播报等形式，多样化展现康宝的品牌内涵。在设计上，康宝选择了更贴近年轻人的创意广告设计。

“一方面是借助高铁平台向消费者倡导和传递健康的生活理念，另一方面是重新树立康宝的品牌形象，拉近与消费者的距离。”李永光说。

手记

培育市场是探索家的使命

在大家电品类中，国内几乎所有的产品都是“舶来品”，唯独消毒柜是由康宝于 1988 年发明的。30 多年来，康宝一直在积极开拓消毒柜市场，包括不断深挖消毒技术与厨电产品的结合，并牵头制定了一系列消毒柜国家及行业标准。

但是从消毒柜产品的覆盖区域来看，消毒柜尚未走出华南地区，实现全国覆盖。这一方面受地理环境限制，另一方面也是行业对市场的培育不到位。与空调、冰箱等家电相比，消毒柜的普及仍然有很大的空间。

“洗衣机、空调的普及案例很值得去学习的，为什么它们的市场做得好？消毒柜关乎生命健康，实际上是非常有前景的。行业要思考能否抓住这个机会普及开来。”北京大学国家发展研究院教授周其仁说。

30 多年前，康宝成功发明消毒柜，并借一场疫情快速崛起。如今，新冠肺炎疫情对企业是一场考验也是一个机遇，当下正是培育消毒观念，拓展消毒柜市场的契机。对于康宝而言，主动培育市场既是企业发展的需求，也是作为探索家的使命。

第三章 跨城对标

对标长三角：佛山如何向科技要“智造”

2020年4月，方太集团的一项技术获得“浙江省专利金奖”，成为浙江家电行业中唯一获此殊荣的企业。几年前，这项名为“一种油烟机的风机转速自适应调节装置的控制办法”的专利技术已经开始应用于方太的吸油烟机，累计撬动产品销售额近80亿元，其中一款产品更是连续多年稳居畅销榜第一名，并于2018年被工信部评为“全国制造业单项冠军产品”。

在中国的家电企业中，方太是“另类”般的存在。2017年12月27日，方太集团发布，方太厨电当年销售收入（不含税）突破100亿元，成为首家突破百亿元的厨电企业。方太成为行业第一，靠的不是规模，而是高端市场的绝对领先。在市场上，方太的产品一直以贵而著称，行业内对方太有个公认评价：卖得比外资品牌贵，但卖得比外资品牌多得多。

1996年，当方太刚刚成立时，就把高端产品确立为企业目标市场。支撑方太高端产品路径的是持之以恒地创新。公开报道显示，方太以每年不少于销售额5%的研发投入和近800人的研发人才团队，使其创新能力在家电行业中遥遥领先。据国家知识产权局发布的数据，方太集团位居“2019年度浙江省专利申请量10强企业”前三名。

创新，逐渐成为长三角制造业企业身上新的气质和烙印。双良集团，这是一家位于无锡江阴的明星企业，是国内节能设备龙头供应商，其主要创办人、董事局主席缪双大有一句广为传播的名言：“科技是真佛，谁拜谁受益。”

与珠三角企业类似，长三角制造业企业也多为草根出身，在传统制造领域从低成本起步，靠规模化取胜。但如今，这批企业却有了全新的发展轨迹。无论是方太这样的细分行业冠军，还是双良集团这样的多元化企业，在创新体系和创新方法上的持续精进，正使这批同样伴随改革开放历程而成长的企业有了新的基因。

要把人才当宝

双良集团的发展，是一段以技术取胜的成长史。

1982 年，双良选择的创业领域就是技术门槛颇高的溴化锂制冷机生产。这一设备早年用在核潜艇上，后来才由军用转化为民用，一直是国外的强项。实现国产溴冷机技术突破的，则是辞掉钢厂“铁饭碗”、创办双良的缪双大。

为了啃下技术难题，缪双大在创业初就开始“借脑”，专门从上海聘请专家作为双良的“星期日工程师”，并“三顾茅庐”打动上海第一冷冻机厂原党委书记、厂长曹渊明。后者毅然放弃公职被聘为双良的总工程师，成就当时赫赫有名的“曹渊明现象”，震惊上海。

缪双大带领几位工程师和一帮工人努力攻关，生产出了中国第一台拥有自主知识产权的溴化锂制冷机。该设备利用溴化锂吸收式换热技术，以蒸汽、热电厂余热为动力，为建筑物提供中央空调和为工业领域提供冷水，解决了电力短缺带来的矛盾，以及热电平衡的重大问题，被中国制冷协会誉为“挽救了中国溴化锂制冷机行业”。

双良拜科技之“佛”的一大秘籍，是把人才当“国宝”。纵观产业科技发展史，创新巨头都是招揽各类人才的好手。双良是其中佼佼者。

在不少企业还沿着低成本劳动力模式蹒跚前行时，双良已开始聘请大学生。它在 1993 年就建起了人才楼，提供三室一厅，配备中央空调和冷热水的住宿条件，人才可

□ 双良节能热电循环水余热回收利用工程

拎包入住。缪双大甚至提倡，一个人才一个政策。这在当时的民企中并不多见。

大批优秀人才纷至沓来，加上企业拥有珍贵的测试台，双良因此积累了丰富的创新实践经验。市场上很多品牌冷冻设备出现故障、工人手足无措时，双良的工程师却凭借日常灵活的操作训练，破解了市场难以解决的设备难题。

时至今日，双良依然牢牢坚守一个原则：不管进军哪个产业板块，牵头人必须找行业前三的人才。同时，企业每年都会拿出利润的10%来给人才分红，充分发挥精英团队与人的能动性。而人才如同创新发动机，驱动双良不断刷新行业纪录。双良开发出全球首创的“烟塔合一”全钢结构空冷系统，其研发的多晶硅还原炉、氢化炉打破国际垄断。

靠高端技术发家，并带着企业不断走向强大，缪双大只是众多创新拼搏的长三角企业家之一。在全国百强县宁波慈溪，茅忠群的创业故事同样广为人知。

1996年，这位上海交通大学的高才生在硕士毕业后选择了回家创业。彼时其父亲茅理翔创办的慈溪无线电厂一度占据世界点火枪市场50%的份额，被誉为“世界点火枪之王”。但回来后的茅忠群发现，点火枪行业已处于一片红海，且行业技术含量低。他通过半年市场调研，锁定了一个更有技术含量和市场空间的创业方向——油烟机。

区别于20世纪90年代大多制造业走低端市场的路线，茅忠群从创业之初就立志打造瞄准高端市场的厨电产品，一个“另类”的方太由此而生。

厨电虽是传统行业，但方太的产品却都是高科技的产物。方太花了8年时间研发健康净水技术，在全球首创了NSP膜色谱双效净水技术，推出既能高效去除重金属，又能保留住有益矿物质的净水器。这一技术甚至领先欧美国家，掀起了一场“饮水革命”。方太独创的水槽式洗碗机，解决了西方企业也未拿下的痛点，开辟了行业先河。

为了改进产品性能，方太建立了living lab来研究用户在厨房的活动轨迹及厨电的使用状况。强大的用户调研与联动研发，使得方太产品用户体验好评率一直居高不下。结合这种深度用户研究，方太研发人员在3年的时间内，炒了接近1000斤辣椒，最终研发出不跑烟的“风魔方”抽油烟机，破解厨房油烟加剧家庭主妇肺癌风险问题。

著名的财经作家秦朔把方太的创新总结为开辟式创新：“因为一个企业的存在而引领一个行业在健康线上发展，形成‘开辟式创新’的效应。”

小领域，大创新

江苏江阴，法尔胜泓昇集团有限公司（简称“法尔胜”）的展厅内，挂着许多幅世界知名大桥的照片。这些大桥饱经时间风雨，屹立不倒，成为各地地标。大桥上的缆索都来自法尔胜这一家企业。

成立于 20 世纪 60 年代的法尔胜，建厂之初只是一家生产麻绳的手工作坊。在近 60 年间靠着自主创新与科技支撑，它从做麻绳到造钢绳，成长为金属线材制品这一细分领域的龙头企业。目前，由法尔胜提供缆索制品的大桥遍布全球，包括韩国的仁川大桥，土耳其的伊兹米特大桥，中国的东莞虎门大桥、港珠澳大桥等。

法尔胜成长法则最重要的一条，就是在细分领域将产品与技术创新做到极致。早期，国内外大桥用钢丝、缆索全部受制于欧、美、日等发达国家。法尔胜靠着高薪引进桥梁缆索专家、打造一流技术团队的大手笔，开发出世界先进的桥梁缆索技术，实现产品进口替代。尝到技术甜头后，法尔胜进一步将创新路线贯彻到底，又贡献了多个原创技术产品。

在桥梁缆索领域，法尔胜技术是世界领先的代名词。它支撑着法尔胜逼退了原先垄断市场的海外对手，让“中国绳”的传奇在全球崛起。目前，缆索强度 2000 兆帕、世界最大跨度的公铁两用斜拉桥——沪苏通长江大桥，其斜拉索正是由法尔胜制造提供。其更是主持制定了桥梁缆索钢丝和悬索两项国际标准。目前，全世界最细和最粗的钢丝都由法尔胜造出来了。这一直是件让企业董事长周江颇为自豪的事。“这些都说明，海外企业已经完全服气中国企业了。”周江说。

经历了造麻绳与钢绳，法尔胜正向着造光绳冲刺。通过自主研发将传统钢缆与现代光纤相结合，法尔胜瞄准智能缆索，正探索开创桥梁维护的新服务模式。

小领域也有大创新。在多个细分领域实现超越突破的创新故事，正在长三角大地不断上演。

距法尔胜 200 多公里的宁波慈溪，坐落着另一家细分行业冠军企业慈兴集团（简称“慈兴”）。作为国内领先的轴承研发生产企业、宝马集团二级供应商，慈兴的汽车转向系统用球轴承在国内市场占有率第一。这都得益于慈兴向科技创新要生产力和竞争力。

在发展初期，慈兴主要靠来图来样模仿研发生产。随着技术成熟，成长到一定规模的慈兴开始和客户合作开发新能源汽车电控等技术。近年来，慈兴与宝马等客户同步开发技术，并深入美国、德国等地设立研发中心，以全球协作来推进创新研发。

与此同时，慈兴的研发生产工具也历经变化。早期，慈兴是以手工的集群式生产为主。2008 年由于政策推动和产品开发需求，慈兴开始进军高端家电，并逐步转向自动化改造，将数字化、信息化技术应用在研发生产中。2010 年开始，慈兴成为在国内率先开展自动化改造的企业。在慈兴的自动化设备中，有一部分由自己的团队开发，这些设备在公开市场上买不到，却是其核心竞争力所在。

“为什么宝马愿意出比同类产品高 10% 的价格买我们的产品？因为我们的产品包括了研发、设备技术等独特经验，是其他供应商做不到的。”慈兴副总裁赵坤说。

最终，慈兴顺利完成了第一批自动化信息化改造探索，还获得浙江省科技进步奖二等奖。而科技更是引领这家冠军企业朝高端方向迈进，寻求高附加值增长。赵坤透露，慈兴正在向滚珠丝杆等高端应用发展，计划带动产品向机电领域转型，到2035年营收实现倍增。

从大树到森林

中午时分，一张张年轻的面孔从研发大楼里走出来，成群结队地前往食堂用餐，青春、热闹的场景让人仿佛回到了大学时光。

这里是吉利集团杭州湾研究院，位于宁波慈溪杭州湾新区，在2017年5月10日正式启用。该研究院由整车研究院、汽车动力总成研究院、新能源汽车研究院、汽车创意设计中心等部分构成，集聚了8000多名人才。这里承载着吉利汽车的产品开发和技术突破任务，相当于吉利的一个“创新大脑”。

吉利总部位于杭州，始建于1986年。这家全球化企业最开始是生产摩托车，而后开始造汽车。凭借不懈地研发创新，吉利成功解决国产汽车生产规模化的问题，实现了“造老百姓买得起的车”这一目标。

从“造老百姓买得起的车”转为“造老百姓买得起的好车”，一字之差标志着吉利进入第二个发展阶段，从价格战走向打技术战、质量战、品牌战。这一时期，吉利启动了帝豪产品项目，并收购了沃尔沃。

经过一段时间的创新积累沉淀与合作成果转化，吉利再一次升级，发展目标为“造老百姓买得起的精品车”。吉利博越、帝豪GS等车型的发布，宣告吉利迈进“精品车3.0”时代。

如今，吉利已发展成为一家集汽车整车、动力总成、关键零部件设计、研发、生产、销售及服务于一体，并涵盖出行服务、线上科技创新、金融服务、教育、赛车运动等业务在内的全球型集团，其目标也已更新为“创造超越期待的出行体验”。

从国内传统车企迈向智能电动出行科技公司，吉利每一次转型升级离不开位于全球各地的“创新大脑”。

目前，吉利汽车集团在宁波、杭州、哥德堡、考文垂和法兰克福设有5个工程研发中心，并在上海、哥德堡、巴塞罗那、加利福尼亚和考文垂设有5个造型设计中心，旗下共有研发设计人员2万多人。位于各地的“创新大脑”之间密切合作，织成一张全球创新网络，与吉利“自主突破创新、融合全球智慧、掌握核心技术”研发理念相吻合。

吉利与沃尔沃共同研发的CMA平台，是诠释该理念的又一典型案例。所谓CMA

平台，指的是中级车基础模块架构，能实现不同车型零件的共享，且大大缩短开发时间，被认为是吉利拥有的一大创新王牌。

2017年，基于CMA基础架构开发的新品牌领克市场表现亮眼。截至2020年6月，领克品牌累计总销量突破30万辆，成为最快突破30万销量大关的中国高端汽车品牌。

依托类似的项目合作，吉利切实推动了创新分工与开放协作的落地。在与沃尔沃的合作中，吉利边学边干，同时秉持“亲兄弟明算账”的原则，厘清知识产权属性。

如果说创新体系是企业的“骨骼”，那么人才便是“血肉”。创业之初，吉利就把人才培养作为头号工程。

早在1998年，吉利拿到造车资质前，创始人李书福就已经申请了办学资质，在吉利的一个工厂边盖起了第一所学校。在他看来，企业追求远大理想必须先办好眼前的事，这件事就是人才培养。他喊出的办学口号是：“走进校园是为了更好地走向社会。”

从1997年涉足教育行业，吉利到目前创办了9所院校，涵盖从中高职到研究生不同培养层次，累计为社会培养15万人才，每年有近万名毕业生走上工作岗位。

教育事业为吉利汽车工业的发展提供了有效支撑。

同时，在企业内部，吉利也搭建起涵盖不同层次的“内生型人才培养体系”——雁系列培养项目，分为“大雁计划”“飞雁计划”“金雁计划”三个部分，分别面向应届毕业生、入职3至5年的高潜能、高成长大学生和标杆型人才。“我们既要引进‘大树’，即行业专家、技术大拿，又要引进高校毕业生等‘小树苗’。”吉利汽车研究院人力资源部部长董大伟说，所有毕业生进入吉利后都要在企业内部大学进行脱产学习。

上述种种，只是吉利在创新体系搭建、人才队伍建设等领域探索的“冰山一角”。从一棵大树长成一片森林，吉利做的正是“拜好科技这尊佛”。这种“拜佛”的功力，让包括吉利在内的众多长三角企业获得新生。

佛山观点

在双良集团走访，我印象最深刻的一句话就是“科技是真佛，谁拜谁受益。”我们从事纺织服装行业，科技含量相对较低，以前觉得想“拜佛”也找不到“佛”。现在我觉得，企业做到一定阶段的时候，都应该不断去“拜佛”。我认为佛山的企业一定要学会怎么引人，怎么“拜佛”。

——佛山市安东尼针织有限公司董事长　刘必胜

长三角的几家大企业令我感受颇深，企业的未来在于创新研发。看双良集团的发展历程，这正是一家凭借技术优势，在环保领域填补市场空白，并且有责任心的企业，我认为这样的企业一定是有未来的。

——广东福田电器有限公司董事长　梁锡强

企业只有创新才有源泉，才有动力，这也是我们发展的根本动力。接下来，我们企业也要把建设研究院的步伐迈得更大一点，让科技创新真正起到引擎作用。同时，把人才战略放在一个很重要的位置，要更加强化对人才的培养，坚持二八原则，20%的人才是高尖端的专业技术型、专家型，负责产品研发，还有80%人才是以高校毕业生为主，要给人才奖励，且未来管理人才一定从毕业生里去选拔。

——盈峰环境科技集团股份有限公司执行副总裁　邹淑峰

佛山的企业要为未来而战，也许现在过得很舒服，但是要想想未来，想想三年后的产品，想想三年后的竞争。企业不一定能够发现所有的危险，但是要主动去思考技术的升级换代。跟不上技术升级换代而消亡的企业案例有很多，比如柯达，做胶卷的没有跟上数码时代；比如诺基亚，做手机没有跟上智能机时代。再比如取款机，一开始卖得很好很贵，后来电子货币出来了其市场就会受到影响。不去思考未来的技术趋势，企业是很难破局的。

“科技是真佛，谁拜谁受益。”朴实易懂的一句话，将科学技术是第一生产力诠释得淋漓尽致、入脑入心。我们是否真的愿意厚待科学家，我们是否真的愿意引进科学技术，我们是否真的愿意掌握科学技术，我们是否真的愿意应用科学技术……如果你愿意，你和你的企业、你的国家必将从中受益。细思自身的发展，向科技要生产力，还真是如此走过来的，还真要如此走下去。

——广东嘉腾机器人自动化有限公司副总裁　陈洪波

企业分三个层次：基层靠能力、努力；中层靠规模、管理、资源；高层靠创新、品牌。创新是企业的灵魂，是企业存在的意义，只有不断创新才能满足客户日益增长的需求。

——佛山市中衡电气设备有限公司总经理　晏小强

“未来”已来：佛山制造如何上“云”

在深圳富士康龙华工厂内，生产车间犹如“暗房”，仅有机器上方标志运行的灯光在黑暗中闪烁。由于基本不用人力，所以亮灯也就没了必要。

这座2019年获达沃斯认定的“灯塔工厂”内，劳动力比同类产线少了92%，效率却提高了30%。富士康，曾是劳动密集型企业的代名词，如今却已在工业互联网的道路上狂奔。

在广州，美的南沙工厂经过8年的改造后，工厂人数从6000人减少至3000人，同期工厂营收却翻了一倍，净利润更是同比增长近3倍；在无锡，维尚华东生产基地内，依托数字化生产，工厂得以实现日均生产50多万个不同部件，仍然有条不紊。

从珠三角到长三角，一批领跑于工业互联网赛道上的标杆工厂，不仅预示着中国工厂已经到来的改革，而且他们“摸着石头过河”的生动经历，也为制造业企业提供了触网上云的路径参考。

佛山，一座拥有超过30多万家工业企业的制造业大市，其中99%以上的企业为中小微企业。在制造业企业接轨工业互联网的大趋势上，这些先行一步的标杆企业，已为佛山提供了上“云”的参照。

“未来”已来

宁波慈溪，2020年百强县中排浙江省第一。与顺德、南海一样，制造业也是慈溪的标签。

以一个开关撬动千亿市值的公牛集团，正是诞生于此地。每天早上5时多，来自公牛集团全国各地的7000多辆专业配送车在装满货物后，如同公交车一样，沿着固定的路线，开始在全国的100万个网点间穿梭。人流量密集的网点将确保配送车每周经过一次，而相对偏僻的乡村网点则会确保每月抵达一次。

这些网点并非都是专营公牛产品的门店，但是公牛集团的配送车却能根据每一个

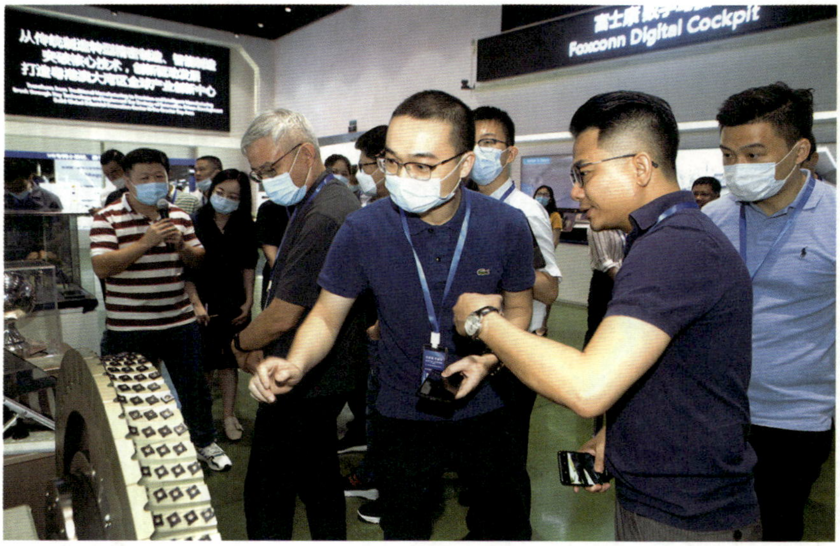

□“品质革命”调研组在富士康深圳工厂

网点的需求，定期提供物流与上门沟通的服务，实现低成本的常态化配送。这些网点通过互联网与生产车间相连，支撑起了公牛集团高达百亿元的年销售额，而主要的销售产品却是日常生活中常见的开关等产品。

几年前，国内制造业企业触网上云，往往以开展机器换人的自动化实践为主；如今，工业互联网正以更深层次的方式渗透到制造业的生产、研发、营销等方方面面。

深圳市龙华区，工业互联网的导入正深刻改变着富士康的制造模式。

以工厂的备料环节为例，过去电子物料的备料每条线需要 3 名工人进行人工巡检叫料。经过智能化改造后，目前工厂以智能叫料系统代替了原有的人工巡检叫料方式，这一改变不仅代替了工人的操作，更重要的是系统会根据物料剩余情况进行实时监控，实现提前预判后进行备料、送料，确保生产不会缺料停机。

无锡市锡北镇，维尚家具华东智能制造无锡基地（简称“维尚无锡工厂”）的所在地。作为国内全屋定制家具产能第一企业，2017 年，维尚在无锡投资 30 亿元，建起了占地超过 500 亩的华东工厂。

相比传统的家具制造企业，维尚无锡工厂实现了高度自动化生产。走进工厂，从原材料分拣区开始，裁剪、封边、钻孔、质检等每一个工序都由不同的机械手或设备运作。

其中在分拣环节，面对生产线上形状大小各异的板材，只见一个个大型机械手“站”在各自被货架围起来的分拣区，当机械手每拿起一块板材，屏幕上就会显示该板材的客户信息，看起来科幻感十足。

“目前我们在生产制造环节已基本实现了互联互通。”维尚家具总经理黎干表示，依托数字化生产，维尚无锡工厂平均一天处理50多万个部件，发货近1万单。

不仅如此，维尚家具还把工业互联网应用到设计领域。过去，维尚家具的设计师借助工业软件进行方案设计，采用本地服务器，设计方案之间的数据处于“孤岛”状态。如今，所有的设计师方案都会上传到“云设计”平台。

在“云设计”平台中，这些方案被转化成一个个数据，被用于分析究竟具备怎样特征的空间设计，才最受客户喜欢，成为一个不断在滚动中的数据中心，帮助设计师更快速地设计消费者喜爱的方案，提高设计通过率。

从深圳到无锡，智造浪潮在生产一线涌动，工业互联网已是不可阻挡的趋势。

向“死”而生

但要拥抱工业互联网并非易事。

与工业互联网相提并论的“工业4.0”划分了1.0到4.0的不同阶段，企业要推行工业互联网，必须在信息化、自动化、数据化等多方面齐头并进推行改革。

其中，信息化是企业推行工业互联网的必修课，但即使是引入一个全新的信息化系统都可能对企业带来巨大挑战。

佛山的安东尼集团（简称“安东尼”）正有这样的经历。早在10多年前，国内许多制造业企业纷纷引入ERP系统（Enterprise Resource Planning，为企业员工及决策层提供决策手段的管理平台），开启企业的信息化改革。2008年，安东尼成为广东省纺织服装行业首个引入ERP系统的企业。

引入该系统解决了安东尼彼时1300多名员工的计件发酬问题。但随着安东尼开始迈入定制化生产，员工内部在适应信息化管理上出现阵痛。安东尼不得不暂缓了在工业互联网领域的计划。

巨大的不确定性让不少企业在工业互联网转型上望而却步。制造业界甚至流传一句话：“不上ERP等死，上了ERP更要死。”

“工业互联网不是说你今天用上它就比别人走得更快，而是如果你再拒绝这个东西，你就没有立足之地。”北京大学国家发展研究院教授周其仁认为，对传统产业来说，看不到危险就看不到机会，只有肯定危险才能看到机会。

实际上，目前在工业互联网赛道上走得更快的标杆企业，开展工业互联网时，大多发生于企业面临危险之际。

美的的工业互联网改革正是始于一场困境。2012年美的销售额突破千亿元，达到了企业发展的新里程碑。但是当时体量庞大的美的内部，出现了不少新品一推出就亏钱，而且越卖亏损越多的问题。同时，在业务端、管理端也出现了不同的挑战。

“我们当时就意识到，如果再用传统的工业思维去做，一定是获得低质量的增长。”美云智数营销中心总经理李冬回忆说。于是，这一年成为美的壮士断腕的改革年：美的内部提出了产品领先、效率驱动、全球经营的战略主轴。

在经历了多次探索和尝试后，美的集团以家用空调南沙工厂（简称“南沙工厂”）为试点，开启了美的工业互联网的新纪元。经过工业互联网改造后，南沙工厂的人员从最高峰时的6000多人减少至3000多人，但工厂的净利润却比改造前增长了近20%，南沙工厂成为美的内部乃至国内制造业工厂中的智造标杆。

慈兴集团也是如此。作为生产汽车转向系统用球轴承的国内出口量第一企业，慈兴集团在2008年前还是作坊式的生产模式，但在企业转型进军高端市场的“爬坡”关键时，客户宝马集团“找茬式”一次性提出200多条建议，公司开启了工业互联网转型。

慈兴集团副总裁赵坤回忆说，当时内部转型压力之大，以至于负责项目的工程师连轴式地日夜加班。但最终凭借信息化改造的探索，慈兴集团推出的新品在国内一炮打响，当年销售额就突破5亿元。

“企业在分岔处的决策，会造就上行或下行。”周其仁认为，但在面对工业互联网时，企业必须认识到这关系着自身的生死存亡。

小步快跑

回过头看，如今国内已有一批企业在工业互联网的改造进程中实现了向“死”而生，而他们采取的战术正是小步快跑。

美的南沙工厂正是这样的例子。美的南沙工厂是家电龙头企业美的集团旗下国内六大空调生产基地之一，占地超过20万平方米。

在美的集团目前拥有的30家工厂中，美的空调南沙工厂是首个引入美的工业互联网平台Midea M. IoT的试点项目，是美的智能制造工业互联网试点。

作为“试验田”，南沙工厂历经“T-4”和“T+3”的数字化升级改造。

所谓“T-4”是指工厂在收到订单后，生产前4个小时生产原料供给到位。而“T+3”是指通过优化制造流程、升级制造设备和工艺后，除去中间转运环节，每台空调的生产周期由7天压缩至3天甚至更少，实现由库存式生产向订单式生产转变。

但是在收获目前的成果前，美的南沙工厂已经走了8年。

赵攀作为美的南沙工厂的负责人，全程参与了这家工厂的智能化改造。在他看来，8年间美的南沙工厂采取的是渐进式的改革模式。

改革的第一步从IT系统的推倒重建开始。2012年，美的集团推出了“632改造”，公司将六大运营系统、三大管理平台、两大技术平台全部整合在一起，实现集团的统一管理。美到集团的信息部门也因此从原来的200多人扩张到如今的2000多人。

经历3年时间，美的实现了初步数字化。在此期间，南沙工厂同步对工厂旧设备进行改造，在不抛弃原有设备的基础上，用信息化手段将孤立的设备串联成生产线。

即使是在机器换人的环节，南沙工厂也非常注重节奏，采取分步式推进：优先在最重最累的工序上进行机器换人，在焊接等目前还难以完全由机器胜任的工序上，进行人机协作的实践。

“按照计划，接下来焊接的工序也将逐步被机器所替代。”赵攀表示，南沙工厂的改造过程是采用经济的手段，实现更有效益的改造。

维尚家具也是如此。“如果要做到‘黑灯工厂’，我们现在完全是可以的，但还不是时候。”黎干表示，企业开展工业互联网改造时，节奏非常重要，因为这将涉及整个企业发展的战略。他举例说，很多设备的引入在成本上需要达到一个合适的临界点。如果在临界点没有到达前贸然投资，会带来财务压力，反之企业就能够在兼顾经济效益的情况下，逐步推进改革。

在周其仁看来，开展工业互联网已经不是冒险的决定，每个企业要做的就是在他人的经验基础上，与自身的作战经验结合，用渐进的方式改革。“你和大趋势同步，就不会被时代抛弃。最怕的是你一点都不动，那总有一天会出问题。”周其仁说。

企业案例

美的南沙工厂：渐进式改革造就家电智造标杆

在美的空调广州南沙智慧工厂，数百台设备实现联网。在这里，每一台空调生产的流程完成时间已精准到分钟，一旦某环节超时，系统就会预警，技术人员随即快速响应，进行处理。

美的南沙工厂是美的旗下30家工厂中的智造标杆。该工厂自2012年开始进行智能化改造，8年后，美的南沙工厂产品品质提升17%，检测成本下降了55%。在员工人员数量大幅下降的情况下，这座工厂的收益增长了近20%。

而这样一个标杆工厂的改革路径，并非一夜之间“推倒重来”，而是以渐进的方式逐步深入，以经济化的手段取得最大的改革效益。

改革缘起　千亿巨头破题低质增长

美的工业互联网的故事源于9年前。

2012年美的销售收入突破千亿元，次年公司实现整体上市。但是，当时的美的却遭遇了发展的困境。美云智数营销中心总经理李冬回忆说，彼时尽管美的站上了发展的新起点，但整个经营层面出现一定幅度的滑坡。

在业务端，大规模的层层压货情况严重。在管理端，多个集团合并上市后，不同事业部的数据指标、评价体系不一，导致无法实现统一。

面对这样的困境，美的在2012年掀起了一场足以载入企业发展史的改革，提出了产品领先、效率驱动、全球经营的发展理念。其中发展工业互联网，成为重要的内容之一。

在美的集团目前拥有的30家工厂中，美的南沙工厂是首个引入美的工业互联网平台 Midea M. IoT 的试点项目，是美的智能制造工业互联网试点。

赵攀作为美的南沙工厂工业互联网项目负责人，全程参与了这家工厂的智能化改造。“以前一台空调要打70颗螺钉，现在30颗就可以搞定了。”赵攀认为，开展智能化改造后，首先带来了工厂制造成本的下降。

他算了一笔账，经过多轮改造后，目前美的南沙工厂的自动化率达到了65%，在20万平方米的智慧工厂中，员工数量已经从原来的6000多人减少到3000多人。成本下降了，但效益提高了。改造后南沙工厂营收增长近17.6%。

不仅如此，过去南沙工厂后台的管理人员达300人，但是如今只有108人。缩减了2/3的管理人员后，最高峰时依然能够管理5500人，人均效率产出有了极大的提升。

分步改革　兼顾效益的“车间革命”

取得这样成果的背后，在于美的南沙工厂采取的是渐进式的改革逻辑。

赵攀回忆说，工厂的改革由痛点入手。当时他们把痛点总结为4句话，即有大量的手工管理、打印传输和审核工作不增值；产品出现问题后没办法快速锁定质量问题；市场和产品的场景化要如何计算；所有业务不能固化的问题。

针对四大痛点，美的南沙工厂找到了三条“出路”。

首先是实现全流程的可视化，打通从产品设计、生产制造、销售、消费者追踪、产品质量回馈、消费者习惯研究等全流程的数据，对全流程实现数据化、在线化。

其次是所有的生产环节中间系统要有防呆性，从事后管理、事中抓变为事前管理，接着再让所有的内容平台化，形成产品。

在这个改造的过程中，美的南沙工厂“小步慢跑”地控制节奏。美的优先在最重最累的工序上进行机器换人。而在焊接等一些目前还难以完全由机器胜任的工序上，美的推进人与机器的协作，并进一步攻关日后的深度自动化。

同时，工厂的“智变”并未彻底摈弃原工厂的旧设备，而是经过设备的改造让新旧机器交织、协作，以实现更优的经济效益。

“美的的改革路径更符合佛山制造业企业的实际。”北京大学国家发展研究院教授周其仁认为，企业要一下子就变成一个“黑灯工厂”，大多无法实现。但所有制造业都可以改革，而改革的步骤完全可以是渐进的。

佛山观点

不论是在华为、腾讯、富士康还是美的内部，年轻人的角色越来越重要。无论是企业的管理、企业的改革，还是商业模式创新，年轻人都已经是主力，特别是发展工业互联网，必须要放手让年轻人去做。

——广州尚品宅配家居股份有限公司董事长　李连柱

谈到工业互联网，一直觉得错过了转型最佳的时机，但是回过头看，当时自己的决心并不够大，就像维尚、索菲亚这一批企业能够转过来，在于他们的决心非常大，真的是向死而生。比如索菲亚的团队当时为了一个设备，把房子都抵押了。我们看到了企业光辉、成功的一面，但背后都是向死而生的决心。

——广东天元汇邦新材料股份有限公司董事长　李忠良

发展工业互联网必须根据企业的布局，从企业的基础去做这件事情。互联网绝对是未来的趋势，但是企业一定要根据自己的基础，行业配套情况来开展工作。向死而生需要相当大的魄力，很多企业都不一定能下决心。但是关键要根据企业自身的基础来决策。对企业来说，企业转型升级也好，技术创新也好，一定要反问，企业自身的基础做得怎么样？我们技术创新做得怎么样？是做到极致了吗？还是还有很大的空间？不能说看到谁做了互联网，谁做了信息化，就去照搬照抄。

——广东福田电器有限公司董事长　梁锡强

企业在工业信息化领域的投入，需要不停更新迭代。不管用哪种信息化系统，都要考虑与财务系统对接的问题。做信息化一定要用财务结合管理的眼光来做。如果企业的信息化改造是IT或销售部门来推动，做到一定程度是会出现弊端的。

——宏旺投资集团有限公司副总裁兼财务总监　刘伟

佛山之问：为何不能错过工业互联网

“制造企业数字化转型是大势所趋。”2020 年 9 月 10 日，富士康工业互联网股份有限公司（简称“工业富联”）董事长李军旗在腾讯数字生态大会上给出这一判断。

工业富联是“世界代工大王”富士康数字化转型的先锋。2019 年，该公司位于深圳的柔性装配作业智能工厂入选为世界经济论坛“制造业灯塔工厂”。改造后，工厂所需工作人员从 318 名降到 38 人，生产效率却提升了 30%，库存周期降低了 15%。

经过多年的发展，我国工业互联网已从概念倡导进入实践深耕阶段。从企业层面看，一方面，富士康、海尔、三一重工等制造业龙头纷纷进入工业互联网主战场，谋求转型；另一方面，阿里巴巴、腾讯、京东等互联网龙头也全面拥抱工业互联网，把“矛头”从消费者转向企业端。

作为全国重要的制造业城市，在市场与政府两只“手”的共同推动下，佛山工业互联网发展格局正加速形成。目前，佛山已有 2 个项目获批工信部工业互联网试点示范项目，并迎来腾讯、工业富联、百度等多家科技巨头入驻。

先行者已迈开步伐，后继者正在觉醒。“工业互联网的‘水管’已经接到门口了，未来就跟水电一样，是所有其他能力的基础。”北京大学教授周其仁呼吁佛山企业不要错过工业互联网发展机遇，根据自身情况提早布局。

企业品质革命的新战法

每天早上，熙熙攘攘的工人在富士康深圳龙华园区出入口汇集。该园区拥有约 20 万名员工，是富士康重要的生产基地。就在这个大型园区里，“藏”着一家熄灯工厂——工业富联柔性装配作业智能工厂，其入选了世界经济论坛“制造业灯塔工厂”。

由于厂内部署的全自动化作业设备无须人力，工厂车间里没有开灯，仅有一排绿色的生产指示灯幽幽地亮着，用以显示每台机器的运行情况。生产线上各台设备“自

□ 工业富联柔性装配作业智能工厂入选世界经济论坛“制造业灯塔工厂”。图为工厂车间内部

主”完成着特定生产动作，相互之间配合默契。同时，每台设备都装有传感器，用于采集分析数据，捕捉产品质量变化趋势并预测预警，从而及时发现、预防产品品质异常。

这并非工业富联的第一家熄灯工厂。自 2012 年第一座熄灯工厂在成都园区投入使用以来，富士康已在深圳、成都、郑州、太原等地运行了多座熄灯工厂。2020 年，工业富联计划在不同行业之内，打造 10 个“灯塔工厂”的整体解决方案。这些工厂“藏”着富士康从“世界代工大王”转型工业互联网的“野心”。

回顾富士康的转型升级之路，其生产方式的每次变革，都与代工产品不断迭代升级、品质要求日益严苛紧密相关。李军旗介绍称，富士康 1988 年在深圳设厂，成立头十年做的是电脑组装，是劳动密集型的传统代工制造。

到了第二个十年，富士康赶上了功能性手机普及浪潮。由于手机元器件比电脑外壳更为精密，富士康开始从传统制造向精密制造转型。

进入第三个十年，即 2007 年前后，智能手机时代来临。相比功能型手机，智能终端产品制造技术更为精密。富士康发现过去依靠大规模人工生产的方式已跟不上客户对产品品质的要求，在人工操作的基础上，还需要自动化机器人来完成更加精密的工作，因此需要智能制造。

如今，经过近十年的探索，富士康已进入智能制造阶段，在全国几十个厂区实现了制造过程自动化，并依托工业富联在工业互联网领域进行前瞻布局。

从消费端来看，用户对产品品质的高要求倒逼企业进行生产方式变革，提升企业竞争力；从生产端来看，企业需要通过生产方式变革实现降本增效，为员工减负。

以贴片生产线为例。在过去人工操作的情况下，由于作为生产工具的吸嘴孔径细如发丝，工人要将针尖大小的锡膏焊接在面板上，容易对视力造成损伤，且极易出现差错。经过数字化改造，这道工序改用机器代替人工操作，且全流程监控。这不仅保护了工人视力，还提高了工序的稳定性。同时，借助传感器收集数据，使用大数据工具进行智能分析，还将吸嘴的保养周期从 24 小时延长至 76 小时；不良率减少至 0.04%，远低于行业标准。

“企业在投资工业互联网前，往往会算成本。成本当然要算，但要把产品品质放进去计算。如果仅靠人工来做，产品品质永远上不去。”周其仁表示，从本质上看，人就是来造工具替代人的，“好的企业家都是‘军备’竞赛狂。重复计算不是人干的工作，是机器干的工作，企业要秉持以人为本的理念。”

流水线也要“个性化”

从企业自身分析，运用工业互联网是提升品质、降本增效的重要途径。从市场需求分析，消费者个性化、定制化、时效性要求日益增多，企业大规模个性化定制是大势所趋。工业互联网正是实现这一生产方式的关键工具。

“能够做到智能制造的前提下，工业互联网又会带来另外一种状态，即实现制造产品过程和最终产品用户的互联互通。首先就能实现大规模的定制化生产。”李军旗说。

总部位于佛山的维尚家具就是典型案例。2020 年 7 月 4 日，维尚家具华东智能制造无锡基地一期投产开业。该项目总投资 30 亿元，可年产定制家具及配套家居产品 200 万套，平均每天生产近 5500 套。

尚品宅配集团董事长李连柱表示，大规模个性化定制产品的生产方式，靠人根本做不了，“我们曾做过测试，统计人工与机器在大规模生产个性化产品时的区别，发现 76 块板材是界限。一旦超过 76 块板材，人工无法完成。”

在实施个性化定制的过程中，企业如何提升生产与周转效率，降低人力与物力成本？李连柱认为，关键要把生产端与需求端打通。

在此过程中，数据是不同环节沟通的“语言”。从去客户家量尺的沟通环节开始，数据就开始形成，客户确认方案后，方案传送到工厂。工厂就把所有的订单分解成了不同的数据。面对不同的订单需求，维尚家具会对同样颜色和厚度坂木的订单进行合单。这些订单数据此后会直接跟生产设备对接，一板一码。

在原材料分拣区，机械臂依据信息指令，对眼前的板材进行快速分拣。随后，急需使用的板材将被滚动轴输送至开料环节。此时，工人会依据显示屏上的信息，把对应数量的板材放置在合适的位置进行裁剪。完成开料的板材被送往封边、钻孔、质检、分拣等环节。

与此同时，数据还是工厂的“大脑”，能通过算法优化排产计划，提升生产效率。以维尚家具的单片流动技术为例，它是通过数据判断哪台机器有空、部件往哪里走，从而让生产线不需要停顿而一直运作。相较于批量流动，单片流动技术可以减少零部件的等待时间，对个性化定制生产线十分有利。

此外，维尚家具利用边缘计算进行智能排产，各工厂的数据也都上传云端。当一间工厂已满负荷生产时，通过智能计算可以把订单自动地调配到其他工厂。同样的原理也可以在物流配送环节进行应用。

维尚从做定制家具软件出身，打入生产环境。从成立之初便打破传统模式，维尚家具依靠工业互联网技术成功实现个性化大规模定制，赢得了不竭的发展动力。数据显示，从 2014 年至 2018 年，尚品宅配的营业收入分别为 19. 12 亿元、30. 87 亿元、40. 26 亿元、53. 23 亿元和 66. 45 亿元，2019 年突破 70 亿元。

不仅是家具行业，越来越多传统行业借助工业互联网焕发新活力。

在服装行业，从红领集团发展起来的酷特智能以数据驱动，撤销了车间内的车间主任、工段长等管理队伍，不但让客户需求信息直接传递到生产一线，而且实现零库存；在家电行业，海尔中德滚筒互联工厂依托工业互联网平台卡奥斯，根据用户需求实现大规模定制生产，每天向各地发出 7000 多台洗衣机……

正如中国工程院院士卢秉恒在谈及制造业转型升级时所说，制造业迈向价值链高端要以智能制造为方向，瞄准市场个性化需求，从规模化生产走向个性化、定制化的柔性生产，增加制造环节附加值。

互联网“下半场”已经到来

“过去 10 年、20 年的消费互联网从 2014 年以后进入了缓慢增长期，实际上已经上了天花板。5G 时代形成的产业互联网市场，现在是个巨大的蓝海。”不久前，中国国际经济交流中心副理事长黄奇帆在一场论坛上作出了上述判断。

梳理国内工业互联网的进程不难发现，除了海尔、三一重工等制造业龙头自建工业互联网云平台之外，阿里、腾讯、京东等互联网巨头也纷纷从用户端向企业端迁徙，闯入工业互联网这片新蓝海。

从为单个企业赋能到为整个产业赋能，再上升到为区域经济赋能，工业互联网的发展潜力越来越为人所熟知。

作为数字经济的先发城市，杭州于 2019 年推出中国（杭州）工业互联网小镇，致力于打造长三角乃至全国领先的工业互联网集聚区；依托海尔、青岛啤酒、双星等多家行业龙头的探索成果，青岛提出打造“世界工业互联网之都”的任务目标，围绕服装、家电、橡胶轮胎、新能源汽车等优势产业，建设一批特定行业的工业互联网平台。

佛山工业总产值排全国第六，且工业体系较为健全，涵盖了几乎所有制造业行业。有业界人士称，佛山是最适合打造工业互联网生态的城市。

多家科技巨头用“脚步”印证了这一观点。2019 年 11 月，腾讯与南海区政府成功签约。双方将在佛山西站枢纽新城共同建设腾讯工业互联网粤港澳大湾区基地，并将打造投资总额约 50 亿元的腾讯（佛山）工业互联网生态产业园。

“在工业互联网领域，腾讯云全面布局电子制造、机械装备、能源、化工等多行业，积累了丰富的产品和解决方案，已协助多家龙头企业完成工业智能化升级。”腾讯工业云总经理李向前介绍称。

2020 年 6 月，佛山市政府与工业富联等单位方签署合作协议，明确在佛山三龙湾高端创新集聚区打造工业富联佛山智造谷，共建工业互联网产业示范基地、工业互联网研究院等。

“富士康希望和佛山合作，共同打造智能制造、工业互联网的高质量发展的新生态。”李军旗表示，这个新生态里面包括智慧教育、智慧工厂、智慧医疗、智慧城市，将是一个万物互联的智能新时代。

就在 2020 年 9 月 3 日，总投资百亿元的百度云计算（顺德）中心项目正式落户。百度将在顺德区建设人工智能云计算产业基地，基地服务器装机规模将达 20 万台。通过与顺德本土工业企业形成广泛合作，它将带动本地产业加速融合工业互联网，实现转型升级。

当外部企业纷纷入驻之时，美的、万家乐、源田床具、粤海信等一批佛山企业也已率先迈开转型步伐，形成了可复制借鉴的探索经验。

“接下来，所有传统行业都将用产业互联网套上一个普遍的底色。”周其仁表示，佛山企业有条件主动拥抱互联网，错过了消费互联网这一机遇，就不应错过产业互联网新蓝海。

企业案例

工业富联：把握“智能制造 + 工业互联网”要义

“智能制造 + 工业互联网”到底意味着什么？怎样才能用好工业互联网，真正实现智能制造？在工业富联，这些问题被概括为两个“三软三硬”。

富士康工业互联网股份有限公司董事长李军旗指出，精密制造首先包括装备、工具和材料三大硬件，在此基础上，结合工业大数据、工业软件和工业人工智能三大软件体系，才能实现智能制造。

“云、网、端”和工业大数据、工业人工智能和工业传播则是工业互联网的“三软 + 三硬”。“云”是指云计算，“移”代表移动互联网，“物”则是物联网，“大”是大数据，“智”是人工智能，“网”是工业互联网。

无论智能制造还是工业互联网，都仰仗企业对核心技术的突破。在 20 多年的积累下，富士康已经实现了智能制造材料、装备、工具的自主研发，还展开了对“无忧工厂”智能中控系统的探索。

引入新生产工具的最终目的是为企业创造价值。经过近十年的探索，富士康已进入智能制造阶段，在全国几十个厂区实现了制造过程自动化，实现了品质提升、成本下降和员工工作环境的改善。

未来，在智能制造的前提下，工业互联网有望实现产品制造过程和用户的互联互通。李军旗认为，这将使得大规模定制化生产成为可能，并实现全球制造资源的优化配置，解决库存积压、供应链断链等问题。

为了早日实现这一目标，依托“三软 + 三硬”的精准把握，富士康展开了新的探索：公司从原来主要做硬件，开始深入到边缘计算、人工智能的算法的开发，子公司工业富联也打造了 12 个专业云，包括工具云、CMC 云、成型云、机器人云，AGV 云等。

这些云服务正在赋能更多的制造业企业。2019 年，工业富联营收 4087 亿元；工业富联开发的“一站式”精密刀具磨削 App 还获得 2019 首届中国工业互联网大赛冠军。

在佛山，工业富联也在打造“佛山智造谷”，建设“一中心一基地两院”，包括制造业创新中心、工业互联网示范基地和工业互联网研究院、工业互联网学院。

李军旗透露，依托智能制造与工业互联网，佛山的制造业有望产生新的产业集群。“这个产业集群不是把很多企业聚在一起，而将优势互补，上下游互联互通，形成数字化产业新生态。”李军旗说。

星联精密：从生产到服务以数据打通经营全链条

2020 年初，国内外交通往来的受阻给企业经营带来很大不便。如何尽可能缩小在线交流沟通与面对面沟通的差别？5G 和 AR/VR 技术进入了广东星联精密机械有限公司董事、总经理姜晓平的视线。

姜晓平透露，星联精密正计划与联通等主要运营商展开合作，搭建 5G 通信网络和节点，未来还将与腾讯、阿里等互联网企业展开合作，利用互联网公司擅长的人工智能、语音识别、视频通信等技术，建立 VR/AR“会客厅”。

在星联精密，5G、VR/AR 和 3D 技术能够赋能的，绝不仅仅是“通商”环节——通过大数据库与标准化设计平台的整合，模具工程师可建立仿真 3D 模型，在 VR/AR 技术的帮助下，提前检验设备的可靠性，确保设备造出来“插电即用”。

星联精密积累的数百家企业、上万台设备数据也将真正派上用场。结合在客户生产线搭建的 5G 端口，模具在生产线的数据也可以实时回传，呈现 3D 实时运行画面，遇到问题时，工程师借助 VR/AR 设备作出远程诊断，第一时间为用户解决难题。

“在这个专业化、高效率的时代，客户希望专注自己更擅长的市场、营销等工作，将其他环节交给供应商完成，拿到设备立刻投产，有了问题立刻解决。因此，我们也必须尽可能缩小在线交流与面对面交流的差距，甚至不见面就能解决问题。”姜晓平说，“这样，客户跟你合作的深度、广度才会越来越高，理念的契合度也越来越紧密，大家才能实现真正的共赢。”

善于利用大数据，离不开星联精密多年来持之以恒的积累。

1998 年，通过组建设计部从事计算机编程设计，并推动手动加工转向数控化机床生产的方式，星联精密用 5 年时间，成功从“师傅说了算”的生产模式，过渡到研发、制造的全流程数据化。

2013 年，星联精密又在生产车间的每一台设备旁预留局域网接口，新设备入驻后，逐步、逐环节以自动智能化车间等形式，把所有新、旧设备关联起来。

2018 年，星联精密已实现了生产环节的“90% 以上数据化，80% 以上数控化和 50% 以上智能化或半智能化”。

近年来，星联精密又启动了 3D 系统的建设。而在多年的经营中，星联精密还积累了数百家企业、上万台设备的数据，形成了庞大的数据库。

“用好工业互联网，企业必须打好基础。我们是有条件去主动拥抱互联网的，希望佛山制造业企业可以抓住机遇，实现新的突围。”姜晓平说。

“二代”接班：青出于蓝如何胜于蓝

2020 年 9 月初，当年度“苏商数字化转型领军人物”榜单公布，江苏省江阴市双良集团董事长缪文彬榜上有名。5 天后，双良旗下子公司成立合资公司，正式入局大硅片产业。此时，距缪文彬从父亲手中接过交接棒管理双良，仅过去了 3 年。这 3 年，在“新掌门人”的带领下，双良这家以溴冷机起家的传统制造业企业，在数字化、智能化的新赛道一路挺进。

1982 年，缪文彬的父亲缪双大创办双良集团，造出中国第一台拥有自主知识产权的溴化锂制冷机，成就改革开放后第一批民营企业家创业传奇。此后，举着科技的大旗，双良更是成为水环境治理等多个领域的龙头企业。2017 年，已在双良任职多年、拥有海归经历的缪文彬接班。由此，双良加速从卖节能设备向卖智能服务转型，在数字经济时代踏上“三次创业”的新征途。

缪文彬接班故事背后，中国制造业传承的大幕早已拉开。改革开放 40 多年以来，早期的第一代创业者们正步入暮年，培育下一代传承接班者已提上民企的重要发展日程。无论在长三角还是在珠三角，一批年轻企业家逐渐成长起来，完成着产业的传承更迭与企业家精神的接力。

在继承父辈优质基因与财富基础上，他们不仅实现了企业家的交棒，还推动了体系和团队的过渡，并找到企业的新赛道。也正是这样的接力，让中国民营经济的车轮有了滚滚向前的动力。

接出新天地

接班以后，周江就有自己的焦虑：父辈的创业红利总会吃完，如何形成自己的新竞争力？

2008 年，62 岁的法尔胜泓昇集团有限公司创始人周建松决定退居二线，将公司大权交给儿子周江，成为江阴家族企业交接典范。

周江从父亲手中接过的企业，是一家当时已有40多年历史、营收破百亿的龙头企业。作为金属线材制品领域的领军者，法尔胜曾参建中国第一座悬索桥——虎门大桥，结束国内大桥钢丝依赖进口的历史。目前其桥梁缆索已应用于海内外近1000座大型桥梁。

但周江却提醒自己要保持清醒，因为基建和时代的红利不会一直有，法尔胜必须打造面向未来全球竞争格局的新实力。这位曾在海外工作的新任掌门人，将法尔胜的战略目标定为：致力于成为"具有国际视野的高科技产业集团"。

要实现从传统到科技的飞跃，周江首先做的，是对标国际巨头找差距。他发现，贝卡尔特等钢丝绳行业全球龙头企业，都是超越卓越、做到极致。他们的钢丝绳疲劳寿命达10000次，法尔胜只有8000次。于是，周江坚持把"极致"加进企业的logo中，推动企业开展高精尖技术研发，并成为多项技术国际标准制定者。

对于周江来说，更具战略意义的一步，则是开启法尔胜的创新板块。当下，一些桥梁建造大国建造增量放缓，但存量的维护需求增加，以减少大桥拆建的浪费。"桥梁建设这块，我始终认为未来不会一直这么建下去，桥梁的维护可能要提到议事日程上来了。"周江说。

这一背景下，法尔胜这两年自主研发"内置光纤光栅传感器的桥梁用智能缆索系统"技术，将传统钢缆与现代光纤相结合，打造具有自感知能力的"智能缆索"，可以实时监控桥梁的状况。其相关技术入选了多个国家级重大科技项目。

这步棋也让法尔胜找到新空间。凭借信息化技术，从材料供应商升级为全周期综合服务商的法尔胜，无疑创造了更多的附加值。目前，法尔胜的智能监测技术产品已在国内多座桥梁中应用。"原来我们是两头在外的中间品，为了存活、发展，必须走出新路线。"周江说。

同样在接班后带领企业闯出新天地的，还有缪文彬。

2017年1月，缪文彬从父亲手中接过接力棒，正式出任江阴企业双良集团"新掌门人"，并在同年10月担任双良集团旗下子公司双良节能董事长。双良集团是国内生产节能设备的龙头企业，曾造出了中国第一台拥有自主知识产权的溴化锂制冷机。但对缪文彬来说，一切荣耀都属于过去，挑战却在当下。

和父辈创业所处的短缺经济时代不同，缪文彬曾在一次公开演讲中提到，如今双良面临传统市场不断萎缩、行业竞争日趋激烈，产品同质化严重，一个拳头产品打天下的时代已经一去不复返，势必要以差异化战略响应市场变化。为此，缪文彬为双良制定的长远发展路线与周江有异曲同工之处：从卖"产品"向卖"服务"转变，为客户提供全生命周期的服务。

由此，缪文彬成为双良求智变的"三次创业"领路人。双良从造普通节能设备到造智能化设备，并加速构建工业互联网平台。其开发以人工智能算法模型来激活楼宇暖通系统的能效分析诊断模型，与多方合作共同打造双良能效智慧云平台。这一平台运用到国内外多台能源设备中，为不同用户综合节能 20%—50%，延长设备寿命 5—10 年，减少管理成本 15%—30%。

传承好基因

找到新的发展轨迹固然重要，但这一切是建立在传承父辈优质经验的前提下。对于企业家接班人来说，如何将企业好的基因和文化坚守住，传承创业一代的企业家精神，更是一门必修课。

2016 年，广东万和新电气股份有限公司刚完成了新旧两代之间的交班后，专门举行了一场三代同框的质量大会。会上，创始人卢础其与徒弟叶远璋、儿子卢宇聪，老中青三人齐聚一堂，共同表达了实施“质量强企”战略的决心。

对于当时刚接班的卢宇聪来说，品质这个万和的“传家宝”是决不能丢的。1993 年，作为技术能手的卢础其带领兄弟和徒弟创办万和，研制出国内第一台水控全自动燃气热水器。产品一面世便获得中国轻工总会的安全质量认可，并相继通过 ISO9001 国际质量体系认证以及欧盟 CE、美国 CSA 等质量安全认证。同样是万和创业元老的叶远璋曾说过，对于产品质量来说，不是 100 分就是 0 分，没有中间值。

这样的品质基因在卢宇聪接班后，进一步发扬光大。接任总裁 3 年后，在卢宇聪的主导下，万和成立技术质量管理中心强化品质管理。那时，智能制造新技术已日渐成熟，也因此成了万和提升品质的新武器。万和投资超亿元用于智能装备的升级与技术改造，以减少人的不稳定性对品质的影响，并利用大数据实现质量追溯。

拥有海外留学背景的卢宇聪，更是加快了万和与国际一流品质的接轨。2016 年，万和与德国博世集团达成战略合作，共同投资 4.12 亿元成立合资公司，为万和的产品注入了德国技术和品质保障。“追求精品已是当下消费者的共识。万和要进一步做大做强，就要确保产品质量的持续提升。”卢宇聪说。而产品竞争力让万和 2019 年净利润同比增长 22.33%。

万和所处的佛山，是中国民营经济大市，坐拥大批民营企业。其中不少企业都来到了下一代接班的关口。如何做好传承成为关键课题。而蒙娜丽莎集团股份有限公司则是业内的另一个典型。

蒙娜丽莎身处的陶瓷产业，是行业价格战火药味最浓的地方。品牌创始人萧华却凭借一句“宁愿让价也不让质”的宣言，成为业内的一股清流。在萧华的带领下，蒙娜丽莎坚持避开价格战，而是通过持续创新、提升工艺，成为品质代言人。

价格战持续激烈，萧华的儿子、蒙娜丽莎总裁萧礼标同样选择让好产品为企业代言。在他的带领下，蒙娜丽莎进一步强化品质标准化体系建设。其每一块瓷砖、每一块薄板都须经历 1222 项内控标准的考验。针对消除重大危害隐患、提升效益的提案，企业相关季度奖励 5000—10, 000 元。做强品质的决心，让蒙娜丽莎近两年多次获得“中国质量奖提名奖”。

可以从父辈那里继承的，不仅有好品质，还有好客户。

德国汉臣，全球液压缸和驱动技术领域的隐形冠军企业，拥有近百年历史，领导者已传至家族第三代。从创立起，汉臣就拥有一批好客户。他们不断提出新的需求，倒逼汉臣开发出的新产品技术。在汉臣的产品体系中，85% 都是其自己改进和客户定制的非标产品，其中不少是行业首创。

而汉臣的年轻领导者从父辈那里接过交接棒，将对好客户的优质服务进一步延续。在解决客户痛点的过程中，汉臣近两年开发出医疗核磁共振设备所用液压缸、轻量化的碳纤维液压缸等创新产品，并跟随客户将足迹扩展到全世界。

血缘与契约

成功的接班故事很多，但个中艰辛却也不少。如何在父子间形成隐性契约关系，让下一代接班人能更好做决策、带领企业闯出新路，成为一个难点。这方面，宁波企业方太提供了一个范本。

1996 年，遭遇了多次创业危机、陷入瓶颈期的茅理翔，决定将儿子茅忠群叫回来接班。彼时茅理翔正经营着一家点火枪工厂，产品一度占据世界点火枪市场 50% 的份额，被誉为“世界点火枪之王”。但回来后的茅忠群发现，点火枪行业已处于一片红海，且行业技术含量低。对于接班，他有自己的想法。

在接班初始，茅忠群就与父亲有了“约法三章”：第一，不介入父亲的点火枪事业，创立自己的新品牌；第二，不带老人，亲戚朋友一个不要，除非确实合适；第三，新业务我说了算，决策主导权在自己。茅忠群创立的新业务品牌，就是方太。当时，茅理翔就任方太董事长，茅忠群任总经理。

这种创业式的接班，让茅忠群面临着更多不确定性。但由于有“约法三章”，茅忠群掌握了企业管理和决策的一张王牌，也让方太避免了家族企业容易出现的裙带关系问题。而方太之所以从创立起就走高端产品路线，并能持之以恒地创新，也是得益于此。

方太初创时，茅忠群就决定做吸油烟机，因为油烟是中国厨房的特殊产物，当时市场上都是国外油烟机品牌，却并没有真正解决中国家庭的痛点。从进入油烟机行业起，茅忠群就杜绝价格战，产品定位高端市场。早期，经销商都在打价格战，甚至打电话逼方太降

□ 新一批企业家正完成着产业传承的更迭与企业家精神的接力。图为方太创始人茅忠群（左）和其父亲

价，茅忠群硬是顶住压力、咬住价格不放。对此，他与父亲也多次发生矛盾。但一句“这个问题是我说了算，不是你说了算”让茅忠群守住了方太的定位和优势。

“约法三章”对决策权的明晰，更是让茅忠群得以将资源集中投放在精品战略与创新上，带领方太走出了不一样的制造业路径。

父辈创业往往容易忽略工业设计，但茅忠群却高度重视产品设计。方太早年就找苹果公司的设计师来为产品进行外观、色彩等设计。如今和国际一流设计公司合作也是家常便饭。其产品设计甚至让一向注重产品审美的日本企业惊叹。除了设计优势，研发出身的茅忠群也特意打造方太的技术优势。方太推出任何一个产品、引进任何一个技术，都比竞争对手快半年。数据显示，截至2020年8月，方太拥有超3700件授权专利，其中发明专利超500件。

经济学家周其仁谈到企业传承时表示，所谓传承就是把血缘关系变成可进行商业操作的契约关系，方太在这方面提供了很有价值的参考。

升级与迭代

企业传承，不仅是一个人的接班，还是一个体系、团队的过渡。接班也伴随管理层与人才团队的升级与更迭。

在周江接班后，他花了大功夫的一件事，就是培养管理干部梯队。“中国很多企业都采用较为原始的管理方法，需要改变。而其中，人的改变又是最重要的。”周江说。

为了让人才更好地支撑法尔胜向综合服务商和科技集团蝶变，周江大力推动人才结构的优化。他将领导层作为重点的培养目标，培养了大量的管理人才，以立足企业的长远发展和扩张，并引导人才储备由原来的工业生产专业技术人才向管理人才转变。同时，他推进的企业内部机构变革，也带动了人力的相应调整。周江将一些不赚钱的、痼疾严重的业务和子公司砍掉，只保留优质的产品业务，以此带动业务和人力资源的整合。

在用人制度上，周江也作出了区别于父辈的一些调整。为了激发员工的生产动力，周江针对专业岗位的技术人员，采用了工资与业绩挂钩的制度，防止人才流失以巩固队伍。

距法尔胜 1000 多公里的佛山，周建新在团队更迭与融合上同样下了苦工。

周建新是佛山市承安铜业有限公司总经理。这家企业的主打产品是一种叫磷铜阳极的铜材，通常被放在线路板内用来导电。在业内，承安铜业是隐形冠军企业，占据全球市场 1/3 份额。但从父亲那里接过企业经营接力棒时，周建新发现他面临的是一个技术、市场已经开发殆尽的行业。磷铜阳极拥有超 50 年历史，利用率超过 99%，带给客户的价值已经很难进行革命性地创新。

为了挖掘新利润和价值，周建新在坚守承安铜业原有业务基础上，成立了一家环保公司，专注线路板厂的环保处理。由此，他改变了单一产品路线，开始拓展线路板行业的服务价值。

但这是一个全新的领域，此前并无经验积累，需要新的人才团队支撑。周建新到市场上寻找新合作团队，专门负责环保处理的设备、技术开发和营销等。

依托这个新团队，周建新也试图建立新的决策机制。他希望发挥团队的经验知识判断，而避免企业家决策的“一言堂”。“我会把资源决策权下放，如果没有权力，团队的执行动力会很差。”周建新说。

与此同时，新的环保公司与承安铜业之间也实现了部分人力资源的共享。比如，铜业业务的销售人员会承担环保设备的销售任务，既可发挥原有销售经验，又能开启新的业务挑战。安全管理方面，承安铜业的安全主管会定期考察环保公司各个服务驻点，利用丰富经验推动新公司的安全规范保障。

佛山观点

通常来讲，当一个企业在某一技术领域研发的时间越长、深度越深，接班人会越难接手。那么，接班的企业家到底需要怎样的创新决策力，才能让接棒与传承变得更加顺利？作为企业家接班人的我，就曾面临这样的疑惑。

正如经济学家周其仁教授所说，企业家确实需要“懂”一些事。但这种“懂”不是让你变成技术专家，你需要懂的是如何用“将”，有判断力；你可能不会技术，但是要会识人。科学家负责技术研发，而企业家主要负责发掘该技术的市场潜力及其应用。

——佛山市承安铜业有限公司总经理　周建新

作为企业家接班人，我们要把父辈经验当中的精华继承下来，再拓展、再创新，找到新的增长区间。

首先要摆正自己的心态。当初接班的时候，我和父辈也有一个相互认可的磨合期，为什么现在相处得挺好？很重要的就是，我能摆正自己的位置，就把自己当作一个拿远期期权的职业经理人。另外，在传承中我还希望和企业团队能够在价值观上达成一致。

未来，对我来说，最重要的就是摸清楚新的产业战略路径，找到这个领域里面最厉害的人，邀请他们过来一起工作。下一步，我要加强我们的“护城河”，找到我们的第二个增长区间。

——日丰企业集团有限公司总裁　许腾徽

长三角的不少企业都在企业家接班的制度变革、人才更迭等方面做了有益探索。目前，佛山不少制造业企业同样面临接班问题。在我看来，传承与接班应秉持科学态度。传承的方式是多样的，也要根据下一代人的禀赋进行。

第一代创业者们不应该把企业看作私有的，传承也并非一定要在有血缘关系的亲人间进行，将接力棒传给家族下一代或是职业经理人，都是可行的，关键是要定好规则，这种传承才是有效、科学的。

——广东珠江开关有限公司董事长　张柏成

企业的接班与传承，涉及管理者之间的代沟、管理团队之间的代沟、文化的代沟，以及相处过程中的很多代沟，因此两代人的交流一定是团队之间的交流。对于上一代留下来的管理方式，下一代接班人不能一味批判，而要在批判中找到新旧路径之间的平衡点，找到可持续发展的新道路。

我觉得，下一代要接班，可以不把自己当老板，而是当作老板的职业经理人，用这种心态去拼命打天下，打出来的事业才是真正属于自己的。如果能够有这种心态，两代人之间的分歧就会少很多。

——佛山市安东尼针织有限公司董事长　刘必胜

多年来一步一步走下来，在每一个时间点、每一个区域都能走到市场的尖端，尤其将高端产品做到市场领先的位置，方太集团在产品的研发能力、创新能力方面必然有独到之处，其成功有必然的条件，值得佛山企业学习。此外，能够有今天，方太集团必然厘清了传承问题，实现了顺利交接，打下了可持续发展的基础。

——蒙娜丽莎集团股份有限公司总裁　萧礼标

方太集团的成功是茅忠群闯出来的。他最厉害的就是和父辈约法三章，拿到启动资金后自己做，上一代人不要插手。这种追求完美的魄力、执着精神和对市场分析的到位，确实是茅忠群厉害的地方。

选择很重要，老板是不是敢想敢做，是不是有魄力作出重大的选择，还有他们的执着精神与毅力，决定了企业发展。

——住友富士电梯有限公司董事长　陆海峰

工具革命：好将军要用好武器

从铜管折弯、安放压缩机、部件组装到粘贴标签、成品包装入库，整个空调生产环节由机械臂配合完成。管理人员通过场外大屏幕观测实时生产数据，并用手机、平板等实行远程操控。这是美的集团位于南沙的智能工厂。2020 年 9 月 15 日，该工厂成功入选世界经济论坛新一批“制造业灯塔工厂”。

50 多年来，美的集团从小镇作坊发展至世界 500 强企业，离不开生产工具的一次次迭代升级。

工欲善其事，必先利其器。不仅是美的，优秀的企业往往善于使用甚至创造先进的生产工具。

精密切削刀具是生产智能手机的关键工具。从代工智能手机之初，富士康便设立工厂研发自制刀具，如今年产能 1800 万支，居世界第一。

卫星导航系统是车联网蓬勃发展的基础。2020 年，浙江吉利集团宣布将自主研发低轨卫星，为自动驾驶汽车提供高速互联网连接、精确导航和云计算功能。

从珠三角到长三角，小到一把刀具，大到一颗卫星，掌握关键的生产工具已成为企业占领行业高地的核心优势。

车间里的“军备竞赛”

在佛山西樵的蒙娜丽莎集团股份有限公司总部基地，一块块陶瓷大板飞速在生产线各个环节流动，而后机械臂抓起并打包，运往各地市场。

看似普通的陶瓷产品，其生产设备却大有来头。2019 年 6 月，国产首台最大吨位压机——恒力泰 HT36000 压机在蒙娜丽莎西樵生产基地正式投入试运行，并成功压制出第一片 1600mm × 3600mm 陶瓷大板，成为国内陶瓷装备行业的一项标志性创新。

作为行业龙头，蒙娜丽莎在设备领域常常“第一个吃螃蟹”：2007 年，建起国内首条大规格陶瓷薄板生产线；2015 年年底，购进首台全亚洲最大吨位的压砖机；2017 年 3 月，建成国内首条干压成型大规格陶瓷大板生产线，并引进当时亚洲最大吨位的压机……一个个“首台”“首条”，支撑着蒙娜丽莎在产品领域不断推陈出新，保持行业领跑地位。

不仅是蒙娜丽莎，许多行业龙头企业都对先进生产工具有“执念”，不惜持续大手笔投入设备采购，仿佛一场车间里的“军备竞赛”。

作为国内调味品行业龙头企业，海天味业为了“打”好酱油，推动传统工业迈向规模化，成为国内最早一批引入自动化设备的企业。

早在 20 多年前，海天就已投入 3000 多万元引入国外生产线。随后，它又逐步引入国内酱油压榨工序首条全自动化生产线、全自动封闭式圆盘制曲设备、全自动加热澄清系统等设备。

如今，海天单条生产线每小时最多可以生产 5.2 万瓶酱油；智能机器人替代叉车拉货，从指令下达到装载完成只需 120 秒；智能化数据平台统一协调立体仓库，效率大幅提升……从一颗黄豆进厂到最后制成酱油成品，整个生产过程基本不需要人工干预，看不到一滴外露的酱油。

从 2002 年至今，海天持续投入超过百亿元，不断对生产线进行技术改造，真正让“打酱油”变成了技术活。

近年来，智能制造、工业互联网等先进生产技术的兴起，成为企业“军备竞赛”的新战场。

就在美的成功跻身灯塔工厂之时，广东华兴玻璃股份有限公司正牵手德国工业 4.0 领军企业西门子打造灯塔工厂。

西门子表示，双方将以华兴玻璃佛山总部基地数字化工厂为样板，联合开发和打造具有复制及推广价值的数字化灯塔工厂，进而推动其下属 15 家工厂的窑炉和产线进行改造。

如今，不仅海天、华兴玻璃，越来越多企业“磨刀霍霍”加入这场军备竞赛，寻求自己的立足之地。

从买设备到造设备

循序渐进、小步快跑、不断更新，是企业军备竞赛的重要经验。

对于主打高端厨电品牌的浙江方太集团而言，2017 这一年份有着重要意义。这一年，方太厨电销售收入突破百亿元，成为国内首家破百亿的厨电企业。也是这一年，方太“高端厨电产品智能制造新模式”被列入工信部智能制造综合标准化与新模式应

□ 方太探索智能制造近 20 年，2003 年便正式进军信息化领域。图为“品质革命”调研组在方太集团参观

用专项，成为制造升级的重要一笔。

方太探索智能制造已近 20 年。信息化是智能制造的关键。早在 2003 年，该公司正式进军信息化领域；2005 年，开始使用 ERP 打造数字化供应链体系；2008 年，全面应用 CRM 系统，主要用于服务体系管理；2011 年，厨具 MES 项目上线，通过对生产全过程的数据条码采集，实现从材料进货到终端用户各环节的透明化……

方太认为，要想充分实现生产的自动化，必须结合信息化。目前，该公司信息化升级已覆盖整个供应链，也已完成 ERP 到 SAP 的升级工作。

依托广泛的信息采集和工业软件对生产过程的监控，方太提高了管理效率；借助自动化智能制造设备，方太推进在生产环节的机器代人。

对于生产环节的机器代人，方太有着明确的路径，即先从员工劳动强度较大的产线入手，例如冲压、打磨等；再来考虑对品控要求较高的产线，如焊接、粘胶；而后是对劳动密集型产线进行改造；最后是实现物联互通数据驱动下的精益生产。期间，方太建成了油烟机自动化冲压连线、油烟机智能自动组装线、热水器智能装配线等多个行业第一，奠定了其行业领先地位。

当一些企业沿着固定技术路线不断引入设备之时，还有一些企业选择自己造“武器”。这些企业往往已走进行业“无人区”，要进一步发展必须依靠技术创新。

位于浙江慈溪，慈兴集团生产的高档汽车专用轴承出口量位居国内同行第一，是宝马集团的二级供应商。

从 1985 年创办至今，慈兴从最初的家用鼓风机轴承、家电产品轴承，到汽车专用轴承，再到如今的工业机器人轴承，产品的迭代升级离不开生产设备的更新换代。

一开始，慈兴只是一家小型轴承作坊，属于劳动密集型。慈兴集团副总裁（总工程师）赵坤比喻“员工就像种庄稼一样忙个不停”。

2008 年，“机器换人”浪潮袭来。在客户驱动下，慈兴开始从数字化、信息化方面对设备、产线进行改造。2010 年，在将慈兴纳入供应链之前，宝马集团先后 5 次派人考察慈兴集团，提出了 200 多条整改意见。

彼时，慈兴正处于“机器换人”起步阶段，在设备改造、工艺重塑、信息化、自动化升级等方面仍有诸多短板。宝马的“找茬”式整改，倒逼慈兴迅速补足短板，完成生产设备与工艺的跃迁。

如今，慈兴的产线与设备来源有多种。其中，轴承尺寸检测设备是找专业机构购买，计量型实验室仪器则由专门的厂商生产。而车间中那些没有铭牌的设备，例如摩擦力矩实验机，全都是慈兴自行开发。

在慈兴看来，这些自行研发的设备才是企业核心竞争力所在。因为它们体现了企业的研发实力，也是成功吸引宝马、博世等全球知名企业的原因。

从用设备到造设备，慈兴的设备更替之路在珠三角、长三角各大工厂车间里上演。正是这种更替驱动着整个行业稳步向前。

用好“武器”也是考验

同一款先进设备，不同企业的使用效果可能截然相反。这考验的是企业用“武器”的能力。最典型的案例莫过于数字化转型。

早在 2008 年，佛山安东尼集团就引入了 ERP 系统，开展信息化改革，成为省内纺织服装行业“第一个吃螃蟹的人”。这套系统确实帮助解决了员工计件薪酬的问题。然而，在定制化生产阶段，因员工难以适应信息化管理，企业内部产生了诸多问题，不得不暂缓转型计划。

不少企业都有过类似的经历。有人甚至调侃，“数字化转型，不转会死；转了死得更快”。不少企业认为只要买最新的硬件、上最新的系统，就会有立竿见影的回报，结果往往适得其反。

在北京大学教授周其仁看来，新技术是用来解决问题的，不是为新而新，“企业若把握不住新到什么程度最好，是会走丢的”。

循序渐进推动技术变革，华兴玻璃正是这样的案例。早在 2005 年，华兴玻璃就与日本专家合作，引入丰田精益生产模式。当时，每个月都会有 4 天时间，丰田的专家来到华兴玻璃现场，指导员工开展精益生产，提升了公司标准化基础管理能力。随后，华兴玻璃大量引入自动化设备，推动车间的自动化，为后续实现数字化、智能化打下了基础。

2019 年以来，华兴玻璃正式牵手西门子。通过对华兴玻璃在产能规划、快速和柔性的生产计划、高效的产品和过程数据追踪等 15 个维度进行分析后，西门子判断华兴玻璃目前正处于工业 1.0 到工业 2.0 之间，接下来还需在人才培养与设备升级领域持续投入。

尽管前期已经在基础管理、标准化方面做足准备，但华兴玻璃预计还需要至少 5 年才能建成“灯塔工厂”。

做好技术积累，仅是企业用好新技术的一环。实践证明，企业技术更新往往伴随着一场组织变革。这需要企业一把手有完整的战略思考，进行通盘谋划。

美的集团正是如此。2013 年左右，尽管美的销售收入已破千亿，但低质量增长带来的各类问题也逐步浮出水面。美云智数营销中心总经理李东回忆称，在管理端，几大集团合并上市后，老总要取一个财务报表都取不出来，因为不同事业部数据指标、评价标准等都不一样，没法统一。

面对这一困境，美的决定变革。具体而言，它将所有的 IT 系统推倒重建，只保留了 ERP 系统中一点财务计算功能。集团推进“632 改造”，将六大运营系统、三大管理平台、两大技术平台合到一起，由集团统一管理，做到一个集团、一套体系、一个标准。

一开始，美的选择了两个事业部进行试点，过渡期间还是会保留原来管理方式，改造完成后就全面推开。

改造带来的变革，一大直观表现为 IT 部门的员工人数。之前集团信息部门员工为 200 至 300 人，现在已经达到 2000 多人，增加了 10 倍。在李东看来，企业每次数字化转型的历程，不仅是数字化支撑，而是一场深度的变革。

“好的企业都是‘军备竞赛狂’。”周其仁呼吁，企业要时刻保持对技术的前瞻性把握和对新技术的敏感性，“哪怕暂时无力改变，但要有这颗心。”

企业案例

华特气体：自研设备造出顶尖电子特气

2020 年 9 月 13 日，华特气体公告披露，为提高生产效率、适应市场需求，公司拟扩大“气体中心建设及仓储经营项目”和“电子气体生产纯化及工业气体充装项目”的建设面积，并计划在原址上改建第三车间/仓库。

与不少公司不同，华特气体生产设施的增加，也会给研发团队带来更多任务。因为华特气体绝大多数生产设备都来自自行研发设计，包括最为关键的精馏塔、吸附器、过滤器等。

攀登国产特种气体的顶峰，离不开华特在设备环节下的苦功夫。华特气体运营总监、研发中心主任禹金龙透露，公司组建了50多人的研发团队，不仅包括物理、化学工程师，也包括设备、电气和建筑工程师等跨学科人才；公司的工程技术研究中心和企业技术中心还分别获得省级认证。

关键设备须量身定制

六氟乙烷，又称R116制冷剂，可用于空调的冷媒，每公斤报价仅为数十元。而当它的精度无限逼近100%时，它的身价将翻倍增长——凭借特殊的理化性能，六氟乙烷可用作等离子蚀刻剂，协助勾勒出各种芯片的“脑回路”。

由于精度高、工艺复杂，以往国内企业很少生产高纯六氟乙烷等电子特气。当华特气体决定涉足这一领域时，首先面临的就是生产设备的无处可寻。

“这一市场太过小众，出于对销路的担心，设备厂商很少生产特种气体专用制备装置。而且，特种气体有诸多特性和要求，设备要量身定制，这也是通用设备供应商无法满足的。”禹金龙说。

为此，华特气体只得自行制造，或提供设计图纸，让厂家根据图纸进行生产。

禹金龙介绍称，技术工程师首先制定产品中试纯化生产技术方案，然后根据小试数据、原料检测报告、市场需求等，利用ASPON设计软件，自主研发设计电子特气纯化的关键设备——精馏塔，以及电子特气专用的塔前、塔后吸附器。

“精馏塔的尺寸、吸附器的流量等参数，都需要精密的计算和测试。由于测试过程无法中断，技术人员有时候分三班倒，夜以继日地泡在实验室。”禹金龙说。

在配置颗粒度检测设备的基础上，公司还要试生产多种过滤器；气体流经管道的用料也必须精挑细选，并进行特殊的内壁处理，保证高纯气体流体系统的连接密封性，最后还要引入辅助设备和辅助流路。

“截至目前，我们一共推出了20多款实现‘进口替代’的产品。可以说，其中绝大多数生产设备都是自行研发的。”禹金龙说。

自动化装置提高精度和安全性

在华特气体，特种气体主要生产环节已经实现了自动化控制。而生产线上的自动化控制装置，同样来自公司自行研发设计。

“采用自动化控制，第一是生产过程更加精准，减少对人的依赖；第二是可以连续生产，减少生产停止带来的气体波动，最大限度确保安全。”禹金龙说。

为了设计自动化控制装置，华特气体引进了电气工程师，自行开发操作软件，反复测试温度、压力、流量等多种指标，寻求最佳的精馏控制方法、精馏工艺控制点。

在自研生产设备和自动化生产的助力下，华特气体生产的六氟乙烷电子气体纯度达到99.999%，高纯氢气、二氧化碳的纯度达到99.9999%，六氟乙烷等产品走进中芯国际、华虹宏力、长江存储、台积电等国内一线企业，还进入了英特尔、美光、德州仪器、海力士等国际龙头的供应链体系。

这家公司还未停下攀登的脚步。2020年半年报透露，该公司在研的项目达到39个；禹金龙也透露，在现有纯化生产技术的基础上，公司正在安排研发队伍研究和掌握强膜分离、催化分离、熔体合金、离子液体、色谱分离等高新技术。“当这些新技术被我们掌握时，我们还会造出更多的专用生产设备。”禹金龙表示。

佛山观点

维尚家具采用了数据化、信息化、工业互联网主导的生产方式，是传统家具行业前所未有的。为什么维尚家具能够率先转型？这与他们做软件起家的出身有很大关系，索菲亚、欧派家居也是。

相比之下，很多传统家具企业的转型决心还不够强烈。据我所知，维尚家具、索菲亚家居这批先行者当初都是下定决心转型的，可谓“向死而生，不留后路”。记得当时索菲亚为了拿到一台生产设备，负责人不惜抵押汽车、房产，才有了今天破百亿的市值。

正如李连柱所介绍的那样，转型不是拍脑袋的决策，企业转型的基础、技术储备都很重要。2019年调研回来后，我们也与天津爱波瑞集团建立了联系，在专业团队的协助下，我们正在重塑内部流程，今后也将逐渐向大数据方向转型。

——广东天元汇邦新材料股份有限公司董事长　李忠良

公牛集团的自动化率非常高，模具、喷涂之类设备，全部来自海天精工生产的机械手，甚至合格证都是机械手放进去的，让我印象非常深刻。如果一家工厂从事标准件生产，就必须采用自动化的生产设备，从而获得成本和效率的大大提升。蒙娜丽莎每年也在大力改造流程，对比之下，我们有些地方还是落后。这会令我们有压力，但没有压力和挑战，一家企业永远不会进步。

——蒙娜丽莎集团股份有限公司总裁　萧礼标

维尚家具成立的时间并没有很久，但它一起步就是朝着建立无人工厂的目标进发的。如今，维尚家具已经打通了生产、销售和交易全流程，几乎等于把研发中心搬到每个客户面前，和客户面对面交流。

对传统制造业企业来说，必须在生产设备和信息化方面下狠功夫。智能设备、智能工厂是未来竞争力的重要来源，设备跟不上，巧妇难为无米之炊，智能化工厂做不好，企业也会失去竞争力。

——住友富士电梯有限公司董事长　陆海峰

在我看来，维尚家具做得最好的，反而不是自动化智能化生产，而是把自动化能力转变为整装行业供应链的整合。以往生产板式家具，通常是在一块大的板材里面切割出家具的各个部件，到了整装行业，企业需要各种各样的原材料，例如五金、软装，甚至是一些肉眼看不到的工程用料，这些都不是自己能够生产的。

如何将来自供应商的产品准确、准时地送到客户手中，这需要极强的供应链整合能力。在我看来，维尚家具之所以能够快速实现从定制家具到整装的跃升，秘诀就在于数字化运营及供应链管理能力的经验和总结。

——广东金意陶陶瓷集团有限公司总经理助理　李勤

要弯道超车，我国的机械装备、精密制造设备还不够强，很多高精尖的东西其实还在依赖日本、德国，即使是中国500强企业，相当比例的生产设备也是进口的。像吉利那样主动收购外国企业也不失为一种好的做法。当然，吉利的做法也给了我很大触动，以前我们说“亲兄弟明算账”，现在要倒过来说，只有做到“明算账”才算是“亲兄弟”。吉利收购沃尔沃，如果没有“放虎归山”，没有相互赋能，就不会有吉利今天的发展。

——佛山市南海新达高梵实业有限公司董事长　何广荣

超越自我：佛山制造如何突破成长上限

浙江省宁波市，方太集团（简称“方太”）总部展厅内，近500张发明专利证书一字排开，铺出一面超过5米长的专利墙。作为国产品牌中以贵著称的厨电企业，方太集团拥有业内最大专利池，其围绕产品的各类专利超3000项，企业成功地把传统厨电变身创新产物。

这得益于方太在创业之初定下的小目标：要做行业第一个国产高端品牌。在这样的目标牵引下，方太一路高歌猛进，成为业内首个销售突破百亿元的厨电企业。而就在宣布百亿元销售业绩之际，方太创始人茅忠群再立下一个新目标：要成为伟大的千亿级企业。

不断进阶的雄心，不断突破的上限。方太正是长三角中拥有雄心壮志的头部企业代表。这批企业以敢闯敢想的目标管理方式，牵引着企业突破成长上限，傲立行业潮头。

越来越多这样的企业正在长三角涌现。在全国工商联发布的2020中国民营企业500强榜单中，浙江省与江苏省以96家和90家分列全国上榜企业数量的第一、第二，而广东省则以58家位列第三。

同为草根经济起家，一大批长三角企业正凭借对“雄心”的管理，在做大做强的赛道上，实现弯道超车。

“小”雄心“大”引力

百亿企业数量的多寡，正在成为衡量城市竞争力的指标之一。这方面，长三角的优势凸显。

宁波，与佛山一样同为地区生产总值突破万亿元的制造业大市。数据显示，宁波2019年百亿企业已达40家，而佛山有22家。分析这批从小企业再到雄踞一方的宁波百亿企业，他们的发展大多起步于一个“小目标”。

公牛集团（简称“公牛”）正是其中一家。在开关插座界，公牛是绝对的王者。在其所涉足的四大品类即转换器、开关、LED 照明以及数码精品中，公牛的转换器与墙壁开关销量均雄踞全国第一。其中公牛墙壁开关的国内销量更是排名第二的西门子的 3 倍。数据显示，2019 年公牛销售额突破百亿元。但在资本市场，这家销售百亿的企业市值已突破千亿。

作为细分领域的绝对冠军，公牛的成长起点正在于一个比同行领先一步的目标：要做用不坏的插座。

1995 年，国产插座大多一用就坏。彼时，国产插座普遍采用易拉罐铁皮堆叠做成导电铜条，产品的返修率极高。面对这样的市场环境，同年，已当上高级工程师的阮立平选择离开杭州研究所。他与弟弟凑足了两万元，公司取名借鉴了当时如日中天的美国芝加哥篮球队“公牛”，开启了创业之路。

与同行不同，朝着“要做用不坏的插座”的目标，阮氏兄弟所生产的插座成本比一般的插座高了足足两倍。即使是这样，依然有大批寻找好插座的客户主动上门。

而后恰逢国内大举查处假货，以质量闻名的公牛插座成了业内为数不多，被允许进入杭州百货大楼销售的产品。在此后，仅用 11 年的时间，公牛的插座便成长为业内绝对的销量冠军。

以小目标牵动大发展，同样地处宁波慈溪市的方太也有着类似的成长故事。

1996 年，从上海交大毕业回来的茅忠群在寻求创业方向时，注意到了一个现象：当时国内的高端家电，几乎清一色洋品牌。相比之下，国产家电集中在低端市场。茅忠群当时就坚定一个目标：要做就做高端品牌。

在这样的“另类”想法之下，方太由此而生。作为一家从起步即锁定高端市场的企业，方太区别于同行的起步不走低端市场的定位，让他走出了一条全新的发展之路：把一个传统的厨电变身为高科技的产物。

比如同样是抽油烟机，方太研发人员在 3 年的时间内，炒了接近 1000 斤辣椒，最终研发出不跑烟的“风魔方”抽油烟机，破解厨房油烟加剧家庭主妇肺癌风险问题。

凭着创新，方太不仅成为业内首家突破百亿元的厨电企业，作为国产厨电品牌的方太，也罕见的以贵著称。在不少厨电产品上，方太售价与销量均明显高于外资厨电品牌。

“一开始的雄心不一定很大，可以小一点，但要有一点提前量。”北京大学国家发展研究院教授周其仁认为，企业在每个发展阶段的理念、价值观和目标都要稍微超前一点，因为这样才能把企业带往高处。

□ 方太集团实验室

“野百合也有春天”

2020 年 9 月 28 日，吉利汽车（简称“吉利”）迎来其在科创板的首发上会。这意味着来自浙江省的吉利将击败所有的造车新势力，成为“科创板整车第一股”。

回望吉利的发展之初，难以想象会有今天的高光时刻。

1996 年，李书福从摩托车行业跨界而来，进入汽车行业。彼时国内民族汽车仍未真正发展起来，刚起步的吉利汽车以出售仅几万一台的低端汽车为主，在业内乃至消费者眼中，吉利都是最不起眼的车企之一。

但李书福的想法却很大胆。李传海至今都对李书福的敢想敢闯敬佩不已。这是一位如今担任吉利汽车集团研究总院执行副院长的湖北人，自 2004 年起，他来到吉利工作。而他刚到公司不久，就曾听说李书福早年一次“不切实际”的狂想。

那是 2002 年，在一次公司内部的中层干部会议上，李书福突然提出：“我们要去买沃尔沃，现在起就应该做准备！”当时在场的吉利员工一听，全部感到非常震惊。

“当时吉利连活命都还有困难。”李传海回忆道，彼时距离吉利拿到汽车生产许可证才刚刚过去一年。即使已经开始步入了汽车生产的赛道，吉利汽车的起步也仅以造低价车为主，而诞生于 1927 年的沃尔沃，则是一度能与宝马、奥迪等在车市上分庭抗礼的高端车企。

所有人都以为那是李书福的一句“玩笑”。没有人想到，8 年后，即 2010 年，吉利控股以18亿美元价格收购了沃尔沃，成为中国第一家汽车跨国公司。

尽管整个并购案从发起再到完成交割都备受争议，但能从福特汽车手中买下沃尔沃本身绝非易事。

李传海认为，这离不开吉利早在2002年时的“敢想”。2007年，李书福发表著名的“宁波宣言”，提出放弃价格战，开始走技术战、品质战、品牌战。李书福本人曾明确表明，这一战略转型就是“为收购沃尔沃而准备”。

有意思的是，到了2018年，吉利收购高端汽车品牌奔驰10%的股份，成为奔驰最大股东。但相比当年收购沃尔沃之举，此时市场投来的不再是怀疑的眼光，更多是认可的赞赏。

这源于此时的吉利已成长为民族汽车的标杆。数据显示，近年来吉利汽车稳坐自主品牌的“头把交椅”。根据中汽协统计，2017—2020年上半年，该公司含“领克”品牌合计销量连续三年居自主品牌首位。

与李书福一样，许多长三角企业家在带领企业发展的过程中，都扮演着如同梦想家一样的角色。他们那些看似“异想天开”的目标背后，是企业以开放的思维，打破发展边界，不再自我设限的表现。

崔根良，亨通集团创始人。在创业之初，他便提出了“用多大范围的人才就能成就多大范围的公司”，并在此后坚持“看着世界地图做企业”。其所创立的位于江苏省的亨通集团如今已是全球光纤通信前三强。

缪双大，在企业发展之初就敢于“借脑”，他曾“三顾茅庐”打动上海第一冷冻机厂原党委书记、厂长曹渊明。后者毅然放弃公职受聘为双良的总工程师，成就当时赫赫有名的“曹渊明现象”，震惊上海，也因此成就了日后孵化了数十个环保领域单打冠军的双良集团。

同样作为江浙企业家代表的马云，他有一句流传广泛的话，有力地诠释着这一群体的敢想敢闯：“梦想总要有的，万一实现了呢？”

火箭发射的哲学

远大的梦想，不是一蹴而就。而企业的雄心壮志，也并非生来就有。在长三角，很多名冠全球的企业，其发展的雄心如同走台阶一样，一步一升级。

吉利汽车正是一个典型的代表。数据显示，吉利汽车2019年营收达3300多亿元，利润近142亿元。即使在2020年疫情的影响下，吉利当年度上半年整体销量仍然位居国内销量第四名。

这家如今称得上中华民族汽车骄傲的企业，其发展正是一个分步走台阶的过程。

自1996年创立至今，吉利已提出了四大发展阶段。第一个阶段是造老百姓买得起的车，第二个阶段是造每一个人买得起的好车，第三个阶段是造每个人都买得起的精品车，第四个阶段则是向智能电动出行科技公司转型。

这个发展的历程，实际上正是企业在不同的时代设置不同的发展目标，通过不断整合新的资源与自有优势资源，进而形成新的生产力，创造新价值。

从一开始造老百姓能买得起的车，再到后面造“好车”“精品”，吉利不断延伸的目标链条，实际上也是企业目标不断走台阶的过程。这些一级一级上升的目标，不断牵引着吉利往前走，也让企业的雄心越来越“大”。

法尔胜泓昇集团有限公司也是如此。走进该公司的江阴总部展厅内，挂着许多幅世界知名大桥的照片，韩国的仁川大桥、土耳其的伊兹米特大桥、东莞虎门大桥、港珠澳大桥……而这些大桥上的缆索都来自法尔胜。

数据显示，法尔胜的桥梁缆索已应用于海内外超1000座大型桥梁，主跨位列世界前10位的悬索桥和斜拉桥中分别有7座和6座使用了法尔胜的缆索。

很难想象，成立于20世纪60年代的法尔胜，建厂之初只是一家生产麻绳的手工作坊。但在近60年的发展历程中，法尔胜演绎了绳上传奇，实现了从造麻绳，造钢绳再到造光绳的三次转型。

每一次转型都是法尔胜雄心“再扩容”的过程。以法尔胜从搓麻绳到制钢绳的第一次飞跃为例，早年，法尔胜创始人周建松在深感“做麻绳累死也就赚那么多”后，开始学习钢丝绳的制造工艺。1978年，周建松无意中了解到一种名为胶带钢丝绳的产品，被大量使用在码头、矿上运输中，但由于该产品技术含量高，全部依赖进口。

当时法尔胜还叫江阴钢绳厂，担任副厂长的周建松决定要拼一把，他带着团队远赴山东学习，并在此后采取土法上马造设备，开发出第一条能替代进口产品的胶带用镀锌钢丝绳。

一个县城小厂自主开发出替代进口的产品，引发各方关注。这次事件成为法尔胜日后崛起的分水岭，也让法尔胜有了更大的雄心去开展自主创新。此后法尔胜又研发出了替代进口的多种金属制品。

每一个阶段的转型，都在支撑下一个更高阶段的飞跃。如今，法尔胜已成为中国500强企业。

周其仁把这种现象总结为“分段式的企业家精神”。在他看来，成就一个百亿乃至千亿企业的背后，企业的雄心壮志并不是从一开始就有。就像火箭一样，必须采取分级推送的方式，即在不同的阶段，通过不同的目标，一级一级地推送，像走台阶式一样。

“企业的雄心要像多级火箭，一级烧完再来一级，这样才能把你推到更远的地方。”周其仁说。

企业案例

法尔胜：三次转型铸造中国“绳”传奇

作为全球知名的桥梁缆索制造企业的掌门人，周江有一个习惯，每经过一座桥，他都会下意识找人问：这座桥是不是我们提供的缆索？

周江有很大概率会得到一个肯定的答案。因为法尔胜的桥梁缆索至今已应用在海内外超过1000座大型桥梁上。从横跨伶仃洋的港珠澳大桥，到连接欧亚两大洲的土耳其博斯普鲁斯大桥，这些“超级工程”上都有“法尔胜制造”的印记。

更让人想不到的是，如今的绳缆巨擘，昔日只是长江边上一家搓麻绳的小作坊。50多年来，两代法尔胜人始终在一根“绳子”上做文章，从麻绳到钢绳再到光绳，三次转型演绎出中国制造的传奇式创新路径。

从搓麻绳到制钢绳

2020年7月1日，历时6年建设的公铁合建跨江桥梁——沪苏通长江公铁大桥正式通车。这是目前世界上最大跨度的公铁两用斜拉桥，桥上432根斜拉索正是产自法尔胜。

当车辆飞驰在桥梁上，人们看到这些如同“琴弦”般的斜拉索时，大概不会想到，它们的起源可以追溯到56年前一根捕鱼用的麻绳。

时间倒回20世纪60年代，坐落于长江边上的江苏省江阴市，工业还没有发展起来，但捕鱼业很发达。1964年，几个复员军人在江阴创办了一家制绳生产合作社，专门生产捕鱼用的麻绳。次年，合作社来了一个高中生，他就是日后一手创办了法尔胜的周建松。

没过几年，渔船开始抛弃麻绳使用更耐用的钢丝绳。摆在制绳作坊面前的路有两条：要么关门大吉，要么改弦易辙。这家制绳作坊选择了后者。1967年，周建松与同事前往无锡钢丝绳厂学习钢丝绳制造工艺，并买回一批旧设备。

1969年，制绳作坊开始生产钢丝绳，并且改名江阴钢绳厂。从搓麻绳到制钢绳，这是“法尔胜前传”中的历史性跨越。在之后的数十年间，周建松不断将“钢绳”的文章做深做透。

1978年，担任江阴钢绳厂副厂长的周建松，带领团队攻克了胶带钢丝绳制造，开发出了第一条能替代进口产品的胶带用镀锌钢丝绳，结束了我国胶带钢丝绳完全依赖进口的历史。

父子两代延续“千桥梦”

法尔胜的早期发展史，就是一部进口替代史。从胶带钢丝绳开始，法尔胜通过研发创新，接连实现了子午线轮胎用钢帘线、光缆用钢丝绳等高端钢丝绳的进口替代。

从钢丝绳到桥梁缆索，同样是进口替代的故事。1994 年，法尔胜参与建设了中国第一座悬索大桥——虎门大桥，结束了国内大桥钢丝依赖进口的历史，但是当时虎门大桥的缆索仍然是国外企业垄断。

在参建虎门大桥后，周建松便矢志要研制桥梁缆索，打破国际垄断。1998 年，周建松带领技术团队研制出第一根斜拉索，接着又研发出悬索桥缆索。这在中国桥梁建设史上，实现了用民族品牌替代进口钢缆的历史性跨越。

通过高薪引进桥梁专家，法尔胜在大桥缆索领域取得了一系列令全球瞩目的技术突破，法尔胜开始从技术追赶走向技术引领，其成功实践，也开启了“中国造”大桥缆索风靡世界的进程。

2008 年，当周江从父亲手里接过法尔胜的“交接棒”的时候，他心中有一个“千桥梦”——要把法尔胜的缆索应用在世界上超过 1000 座大型桥梁上。朝着这个梦想，周江在桥梁缆索上追求极致的创新。

“我们大桥缆索强度从 1360MPa（兆帕），一直做到 2000MPa。”周江说，2020 年通车的沪苏通长江公铁大桥，由于上下两层通车设计，要求斜拉索达到 2000MPa，由于难度太大，有国外企业主动放弃。法尔胜与上游特钢厂一起攻关，最终成功研发出符合要求的斜拉索。

如今，周江的“千桥梦”已经达成，法尔胜在国际钢丝绳和缆索领域也占据了巅峰话语权。自 2010 年起，法尔胜承担国际标准化组织钢丝绳技术委员会秘书处的工作，开始引导国际标准修订，悬索桥缆索的国际标准正是由法尔胜制定。周江透露，法尔胜正在牵头制定斜拉索的国际标准。

打破垄断再战光绳

在钢缆领域取得巨大突破后，法尔胜开始向另一个国内产业空白点——光通信领域发起冲击。

事实上，早在 20 世纪 90 年代初，在了解到国内自行研制的光纤需要配套开发光缆用钢丝后，法尔胜便投入较大的人力财力，成功开发了高质量的光缆用钢丝、钢丝绳，为我国顺利铺设第一根光缆主干线提供了可靠的骨架材料。

也正是在为光缆配套钢丝的过程中，法尔胜意识到光通信产业的巨大发展潜力。1999 年，法尔胜在深交所挂牌上市。拥有了资本市场融资能力的法尔胜，决定再度跨界，进军光纤光缆行业。

当时，中国的光纤生产企业大多是从电缆企业转型而来，拥有良好的市场基础，但是在光纤生产的核心技术，即光纤预制棒的制造上，仍然受制于少数跨国公司。这一技术垄断也制约着国内光通信产业的发展。

从钢绳转型而来的法尔胜决定在光纤预制棒实现突破，邀请了“光纤之父”、诺贝尔奖得主高锟担任光纤集团董事。光纤预制棒的研发难度极大，法尔胜耗费了 8 年时间，直至 2009 年，终于实现核心技术突破，成功做出具有自主知识产权的光纤预制棒。

由于以法尔胜为代表的中国企业掌握了核心技术，大幅度增加了我国在国际光通信领域竞争中的实力和话语权，光纤预制棒、光纤等产品价格的长期国际垄断坚冰被一举击破，为我国降低信息传输成本作出了巨大贡献。

“目前世界上最粗的‘钢丝’和最细的‘钢丝’我们都能做，最细的只有一根头发丝的 1/3，还有看得见、看不见的‘钢丝’我们都能做，用于切割太阳能硅片的钢丝肉眼看不到。”周江说。

近年来，法尔胜还将传统钢缆与现代光纤相结合，打造具有自感知能力的“智能缆索”，可以实时监控桥梁的状况。在周江看来，桥梁建造的高峰期即将过去，但是国内的大桥维护工作还处于起步阶段，这将是一个巨大的市场，也是法尔胜下一步转型瞄准的方向。

佛山观点

我认为做企业一定要有狼性，才能攻城略地。首先，企业老板一定要有狼性，不能太过柔性，遇到困难，撞到“冰”，不要轻易掉头。佛山部分企业老板缺乏狼性，所以打不赢。比如佛山张槎，原来是世界上针织厂最多的地方，但是一些老板赚到钱后，遇到了转型升级，遇到了产品更新，慢慢跟不上了，然后就不干了，干不过就不干了。佛山企业，尤其是老板，还是要有狼性，要带领团队不断攻克难题，这样企业才能走得更远。

——佛山市安东尼针织有限公司总裁　刘必胜

我在公牛集团全球最大的开关生产基地看到三个法则：专业和专注，只做第一，走远路。公牛集团的产品是面向家庭为主，一直很专业、专注，而且用“只做第一”的规划去布局未来，然后走远路。我觉得这和我对自己公司的规划挺吻合的，所以当我看到公牛集团都这样去布局的时候，我内心是备受鼓舞的。虽然我还没有那么大的能量去做这件事情，但是我们要敢想、敢做。我们在长三角看到那么多好企业，都在给我们灌输这种精神——敢想、敢做，我回去以后真的会朝着定下的方向大胆去做。

——佛山市承安铜业有限公司总经理　周建新

不要自己设限。我们现在都在各自的行业、各自的领域经营，给自己设限，很可能成为井底之蛙，提前给自己做好天花板了。要百无禁忌，把我们心中的、思想上的模块打破，更加开放，这样我们对未来行业的判断、对市场的敏锐度、对未来商机的把握可能会更上一个层次。

——盈峰环境科技集团股份有限公司执行副总裁　邹淑峰

大道无形：如何在“看不见”的地方投入

在上海证券交易所披露的吉利汽车控股有限公司科创板上市的首轮问询函回复中，有提到，吉利汽车已掌握多项自主核心技术，在油电混动技术、纯电动技术、燃料电池及甲醇燃料等领域重点布局。2020 年 9 月 28 日，吉利汽车在科创板正式首发上会。

吉利汽车正高速朝着“科创板整车第一股”冲刺。此时，距李书福造出第一款汽车“吉利豪情”已过去 20 多年。这期间，李书福靠着最初造摩托车发家的经验，从一个乡镇企业家，一路闯荡成为中国汽车界的风云人物。

从造摩托到造汽车，李书福和吉利的传奇故事广为人知，但背后的投入却易被忽视。在吉利的成长中，其在研发、知识产权、人才、文化等“看不见”的地方，都表现出了极强的布局前瞻性和投资魄力。20 世纪 90 年代，李书福的造车启动资金不过 1 亿元左右。而在2019 年，吉利控股集团研发投入达到 207 亿元，占销售总收入的 6.3%，比肩全球汽车龙头企业。这些投入为企业的盈利增长和价值创造，筑就了无形的“护城河”。

吉利的故事使人联想到佛山。21 世纪初，佛山曾是国内重要的摩托车生产基地，整车年产量占全国 1/10。然而十多年过去，摩托车产业在逐渐消失，更没有为佛山诞生一家像吉利汽车这样的本土汽车企业。不仅是汽车，佛山还曾错失将电子信息、互联网等产业做大做强的有利时机。

从别人的成功经验出发看佛山，这一切是否因为过于习惯“眼见为实”的佛山制造，在“看不见”的地方投入还不够？

被错过的机会

佛山的电子信息产业几乎与北京中关村同时起步。这一点，如今已少有人知。

20 世纪 80 年代初，中国崛起了“电子一条街”，这就是日后赫赫有名，成为中国互联网行业“心脏”的中关村。当时，这条街上唯一的一家外来企业是北京星河总公司。这个老牌国企在20世纪就研制出了世界首台中文声控打字机。而其创建者之一，正是佛山市无线电八厂。

著名的无线电八厂，是佛山上世纪最具影响力的明星企业之一。1981年，东风半导体器件厂更名为佛山市无线电八厂。经历改革大潮，佛山市无线电八厂将自己定位为研制、生产电子整机产品的企业，并开启佛山电子产业。

在此定位下，佛山市无线电八厂从20世纪80年代末开始，就从西安交大、上海交大等高校吸引了30多名教授，并从全国引进了600多名大中专毕业生，创造了不拘一格降人才的历史。在大批优秀人才的带领下，佛山市无线电八厂生产出了轰动全国的“星河牌”音响。这一组合音响甚至曾作为国礼赠送给苏联领导人。

佛山市无线电八厂为佛山电子信息产业奠定了很好的发展基础。此后直到20世纪90年代末，佛山的信息化建设一度领先全国。其中，南海在1996年开通因特网接入节点，成为全国县级市中的第一个。佛山市无线电八厂也成为日后佛山乃至国内电子信息、家电等行业的黄埔军校。

但随着管理制度落后等种种原因，无线电八厂日后逐渐式微，直到淡出人们视野。佛山电子信息产业也不复往日辉煌。在21世纪初和2008年前后的两拨互联网浪潮中，佛山更是未能抓住电子信息和互联网产业发展的历史机遇。业内一度传言，阿里巴巴创始人马云曾来佛山寻找投资，但最终未能成功。不管传言真假，佛山错失了电子信息和互联网产业做大做强的有利时机，却是事实。

被佛山错过的，不仅是电子信息和互联网产业。不久前，一则消息令人唏嘘：曾经叱咤风云的摩托车企业重庆力帆，如今濒临破产。

提到力帆，就不得不提另一家企业——吉利。20世纪90年代，力帆和吉利被称为国内摩托车品牌的佼佼者。但是两家企业日后却走上了截然不同的路。造出了吉利摩托车的李书福，靠着经验累积和1亿元的启动资金，千辛万苦拿到造车证，最终造出了吉利汽车，成就民企造车传奇。在一路奋斗下，吉利更是从中国最便宜的车逐渐升级为精品车，并向着智能电动出行科技公司迈进。而曾与吉利并行的力帆，则惨淡收场。

巧合的是，力帆与佛山也颇有渊源。2007年，力帆旗下公司与佛山博誉机械科技发展有限公司签署技术合作协议，共同生产采用世界先进赛车技术的摩托车，力图使之成为国内打入国外摩托车市场的第一款中高档摩托车。当时，佛山在全国摩托车产业的版图不可小觑。21世纪初，佛山年产整车约140万辆，占全国年产量的1/10。

然而，摩托车产业在佛山同样没有逃过衰退的命运。其不仅在如今变得隐形，更没能像吉利那样积累相关资源和经验，孵化出本土汽车制造企业。

为何佛山会错过这些产业机会？有业内人士曾分析过，这或许和过于眼见为实的佛山制造不敢在“看不见”的地方投入有关。

“没用”的文化？

“看不见”的一项重要投入，是在一些企业看来“没用”的文化建设上。跳出佛山放眼全国会发现，能抓住机会成就大业的企业，往往在企业文化上有高度的竞争力。

浙江宁波的方太集团的成功，就和文化所赋予的信念和实力息息相关。

20世纪90年代，茅忠群被父亲叫回家接班。但他却另立门户，创立了日后中国厨电行业的龙头企业方太。按照茅忠群的说法，他在方太创立之初从父亲那里继承的最为重要的经验，就是文化建设。20世纪90年代末，他就把党建和大奖赛文化做得大受欢迎。

2004年起，茅忠群先后在北大、清华等知名学府读了几十门国学课程。他发现，中国企业大多学习西方管理，西学为用，传统文化在企业中的推行还十分稀少。即使推行，企业也只是纯粹宣扬传统文化，跟西方管理的融合度并不高。与之形成对比的，是日本式管理恰恰将本土文化跟西方管理做了很好结合。

受此启发，茅忠群开启了一场文化融合试验。他花了10年时间，将中华文化导入企业的方方面面，把中华文化跟西方管理打通成为一个完整的管理系统、文化系统。在此基础上，方太逐步形成了心本经营、以道御术、德法管理等10条中西合璧的管理基本法则。

这些管理法则并非只是口号，而是通过制度落地在企业中。

中华文化的一个内涵，是讲关爱感化、人文关怀。而方太内部的很多细节，都洋溢着这种关怀。方太实行“全员身股制”，这个股权激励制在乔家大院时就出现了，类似现在的干股。在方太工作年满2年以上的员工，可以根据不同的岗位和绩效拿到“身股”。方太的“身股制”并非只给核心高管，而是覆盖大多数员工。

方太在文化领域的持续投入，塑造了企业的愿景和员工的高视野。而这也让其产品从研发设计开始就具备了“想到了造”的特质，以强的科技能力和美的设计能力造出别人“意想不到”的东西。

在茅忠群看来，中华优秀传统文化的核心思想是仁爱之心，而这正是方太创新的最大源泉。因为对顾客的仁爱，才能激发对创新与品质的敬畏。方太的“不跑烟”油烟机正是这样一个产物。

2010年，中央电视台有一则报道：厨房油烟加剧家庭主妇的肺癌风险。当时看到报道的茅忠群第一反应是惭愧，因为方太就是吸油烟机生产商，却没解决好这个问题。为找到问题根源，茅忠群立刻调研，他发现研发部开发产品时往往关注一些指标，比如说风量、风压，但这些指标和消费者健康之间没有必然关系。

于是，方太及时调整研发，不以指标为目的，而是以“不跑烟”为目标。经过3年时间的开发，研发人员在实验中炒了将近1000斤辣椒，直到闻不到辣椒味，最终推出了“不跑烟”的“风魔方”。产品上市不到3个月，就拿下全国畅销冠军。方太更是国内首个将工业设计应用于油烟机开发的企业。其产品设计甚至让一向注重产品审美的日本企业惊叹。

很多人都惊讶，方太为何能定价这么贵，销量还这么高。这背后，强劲的企业文化赋予了方太强大的信念，抓住别人抓不到的机会。“要以强烈的文化自信，以中华优秀文化为源泉，推动中国企业提质升级，为中国梦实现作出应有的贡献。”茅忠群说。

被忽视的“护城河”

企业另一项“看不见”的资产，是专利等知识产权。对研发与知识产权的投入，是企业征战市场无形的“护城河”。但这种投资与前瞻布局，往往容易被习惯“眼见为实”、只关注损益表的企业所忽视。

2020年9月初，吉利汽车的上市申请获得上交所科创板受理。根据招股书，吉利拟融资200亿元，投向新车型产品研发、前瞻技术研发、产业收购等项目。而在此后上交所披露的吉利汽车科创板上市的首轮问询函回复中，吉利表示公司拥有大量专利并列举了其在动力总成、车联网等方面的特有技术。

23年前，吉利创始人李书福靠模仿造出第一款汽车“吉利豪情”，又靠着超低的价格在汽车市场上掀起了一场血雨腥风。如今，吉利早已摆脱了低端发展模式，将知识资产这张王牌攥紧在手中，成长为拥有核心技术的中国自主汽车品牌领军企业。

这背后，吉利到底投入了什么？从2007年开始，吉利就开始战略转型，从打价格战走向打技术战。农民出身的李书福不惜花重金，在2010年推动吉利收购瑞典豪华汽车品牌沃尔沃汽车，以投资换技术。

为了进一步打造技术竞争力，吉利更是建立起了覆盖全球的庞大研发体系。在瑞典哥德堡，它设立了欧洲研发中心。在上海、杭州、宁波等地，吉利也建有工程研发中心和造型设计中心，包含了整车研究、动力总成研究、新能源汽车研发等。吉利汽车拥有32项核心技术和9332项授权专利，在业内领先。而这一切，都是真金白银所造就的。

数据显示，近十年吉利控股集团研发投入累计超1000亿元，2019年吉利控股集团研发投入207亿元，占销售总收入的比例为6.3%。这一比例与国际大型汽车集团基本一致。这种创新投入的魄力，对于一家中国民企来说实属难得。

“企业要闯出一条路，必须创新。而创新，最重要的是投入管理。”北京大学教授周其仁说，企业要成功，一定要有一个资金流流向创新，没钱也要“挤”出钱搞研发。

吉利总部杭州200公里外的江阴，双良集团对科研创新与知识资产的追求，则可用“不惜代价”来形容。双良是国内节能设备龙头供应商，造出了中国第一台拥有自

□ 吉利凭借在研发、知识产权、人才等“看不见”的地方投入，练就一流竞争力

主知识产权的溴化锂制冷机。20 世纪 90 年代一段“砸”机器的故事，曾让双良“舍得创新”的名声响亮在外。

彼时，溴化锂制冷机应用的不少是老技术，其中之一就是溶液沸腾后以喷淋的形式喷到铜管上。但溶液喷淋容易堵，减少溶液量，让冷量受影响，进而影响机器运行。于是，双良的工程师将喷淋改成了固液版式，优化设备运行效果。设备交货在即，双良创始人缪双大却决定，将已经生产出的价值千万元的传统溴冷机全部推翻，按照新工艺重新造出新机器。

“这在当时是不得了的事情。其实按照所签合同，旧设备也可以卖，但是双良就是认为，给客户的一定是新技术。正是这种对新技术的执着，让我们有了今天客户和市场的认可。”双良集团总裁马培林说。

这种“创新与知识高于一切”的理念，其实在双良一直有迹可循。

十多年前，缪双大就提出过一条政策：科研经费优先于生产流动资金。在缪双大的坚持下，技术研发实验需要多少钱，双良就给多少资金，不用做预算，也不用打报告。失败不追究，成功就重奖。按照马培林的说法，对于技术人员，必须鼓励创新，企业不怕你失败。在双良内部，这一政策更是沿用至今。

守住“稀缺”

人才投资，尤其是对高科技人才和高技能人才的投入，同样是企业的“隐形竞争力”。有业内人士忆及佛山与电子信息产业的失之交臂，直言这是因为佛山没有形成创新土壤。而这种“土壤”缺失最重要的表现，就是缺少人才。

高科技人才和高技能人才是“稀缺资源”。不少产业崛起的背后，都少不了在守住这一“稀缺资源”上的成功。湖南长沙，国内装备制造业前沿地带，楚天科技股份有限公司（简称“楚天科技”）开启了一场对标世界的工匠培育赛。

从长沙郊区破旧牛棚起步的楚天科技，是世界医药装备龙头企业，产品销往全球近40个国家。唐岳将楚天科技的成功经验，归功于熟练工人对于高品质的保驾护航。而熟练工人不是从天而降的，必须付出时间精力去培养和激励。

2011年，楚天科技提出建设工匠文化、打造工匠队伍，并且从管理到薪酬向“工匠”倾斜。2015年，楚天科技实行股权激励，435名股权激励对象中，一线岗位员工占比超过六成，技术工人占比达31%。

将育才门槛提高，唐岳更是对标全球技能人才高地德国，打造熟练工队伍。自并购世界级医药装备企业——德国Romaco集团后，楚天科技一直源源不断地把一线员工送往有着140多年历史的Romaco集团进行培训。据统计，50多名一线蓝领工人先后被派到德国开展为期数月的培训。

而在今日的佛山，“人才意识”早已觉醒。对高技能人才培育的重视与投入，也早已今非昔比。在同为装备制造业高地的顺德，机器人界新秀——广东嘉腾机器人自动化有限公司斥资1000万元，打造了自己的“工匠计划”。

近年来，在频繁接触德国企业的过程中，嘉腾机器人创始人陈友发现，德国工厂内许多员工的平均工龄高达20多年。很多德国工程师在交流中反复告诉陈友，一定要用熟练工，这样才能确保质量。

这个结论在嘉腾机器人的一场对熟练工重要性测试中得到验证。公司把一名中专学历、拥有四年工龄的高级技工，和一名刚毕业的应届本科生作为测试对象，把一张存在故障的电路图同时发给他们。高级技工仅用一分钟就找出了故障所在，而本科生用了一天的时间才找出来。

这样的结果令陈友大为触动。也基于此，嘉腾机器人推出“工匠计划”，计划用3年的时间，培养出300名至少具有3年工作经验的熟练工。如今，嘉腾的人才累计为华为、奔驰等世界500强客户解决了逾千个问题。

距离嘉腾机器人10公里的顺德杏坛新涌工业区，广东德冠薄膜新材料股份有限公司则在人才团队内部，启动了一场科学精神与工匠精神融合的试验。

近年来，德冠薄膜让经验丰富的一线技术工匠与博士等高学历人才组成“创新铁三角”，共同解决研发生产中遇到的问题，构建稳定高效的创新体系。

具体来说，在研发创新中，德冠薄膜经常会把“开得动机器”的经验丰富的一线技术工匠与“看得懂论文”的博士等高学历人才凑在一起，组成一个项目组。对于这类项目组，公司提供时间、经费和最终的 KPI，对具体过程不进行干预。

博士和工匠的“同盟”模式，带来了双向的成长。博士成为既有理论知识又有丰富实践经验的“新博士”。工匠则成长为视野和创新思维均大幅提升的“新工匠”。这批“创新铁三角”持续对处于不同生命周期的产品进行研究开发，使对手跟不上德冠的节奏。目前，德冠薄膜是国内 BOPP（双向拉伸聚丙烯薄膜）行业的“隐形冠军”。疫情之下，企业一直处于高速稳定生产，实现逆势增长。

佛山观点

企业文化越来越重要，我觉得是企业组织能力的必要条件。有企业文化，才能称之为团队，它解决了团队间的信任问题。价值观是企业文化的重要组成部分，因为拥有相同的价值观，大家才可以“背靠背”，相互信任。我们公司的价值观是可以为了长期的利益，放弃短期的小部分的利益。如果公司内部没有形成相同的价值观，不排除有人会为了蝇头小利做出损害长期利益的事情。所以现在我们招人的时候，也会注意看，这个人是不是拥有相同的价值观。

另外，做企业文化一定要以双赢为目标。有的公司把企业文化做成条规挂在墙上，把它变成家文化，要求员工按照规则做，我觉得这就变成了一种剥削员工的行为。企业文化一定要双赢，要真为员工着想，让员工觉得有所得，他们才会持之以恒地去做一件事情。

——日丰企业集团有限公司总裁　许腾徽

企业文化不是一蹴而就的，也不是可以轻易学到或者移花接木形成的。企业文化很重要，企业不管做什么，一定要有文化，只有文化才能推动企业走得更远。企业文化是整个团队的核心，只有大家拧成一股绳，有相同的信仰，企业才能向前。同时，做企业文化要有自己的一套，不能生搬硬套，也不是天天喊口号就行，要基于我们企业、产品本身，去提炼。

——佛山市安东尼针织有限公司总裁　刘必胜

方太集团的企业文化建设非常厉害。其实，文化或者信仰，从古到今都是一种对群体的管理手段。我们所看到的企业，也是用文化作为一种辅助手段去管理企业，方太集团是做得非常好的企业，老板的功力非常深，不是一般人能够做得出来的，他能够带领 1 万多名员工去做这个事，而且做得有声有色。这里面有很多值得学习的东西。

——蒙娜丽莎集团股份有限公司总裁　萧礼标

全球“作战”：拿着世界地图闯市场

在葡萄牙北部海滨城市维亚纳堡，距离海岸线20公里的海面上，矗立着一个个巨大的“风车”。每当大西洋海风吹拂而过，“风车”转动产生海上风电，经由藏匿在深海中的海底电缆输送至岸上，“点亮”葡萄牙千家万户。

这是全球首个半潜漂浮式海上风电商用项目。2020年9月初，央视纪录片《多彩葡萄牙》将镜头聚焦于此，并揭秘该项目隐藏的“中国制造”——来自江苏省苏州市的亨通光电股份有限公司（简称“亨通”）承包了项目风力发电输出系统建设维护。

为了保护海底电缆，亨通首次完成了10万吨海底抛石作业工程。这项工作难度极大，世界上能做到的企业并不多，但亨通早已身经百战。在这家企业的履历上，极富挑战性的“硬骨头”项目并不少，比如在巴西亚马孙河，亨通曾用全球最长跨度、最大截面的OPGW光缆，实现亚马孙河“大跨越”。

与其履历相匹配的是，亨通已经进入光通信领域全球前三强，以及电缆领域全球前十强。这份耀眼的成绩不是仅仅依靠庞大的中国市场，而是在全球市场征战中赢得的。目前，亨通的业务已覆盖至130多个国家和地区，在全球超10个国家建有工厂或研发基地。

亨通是中国民营企业迈向全球化的典型代表。在中国，有一批“草根”出身的民营企业，即便天然面对中国14亿人的大市场，仍然敢于打破本土市场边界，在国际市场中驱动企业品质提升，借全球“大脑”实现技术跨越。

看着世界地图“作战”

在亨通集团总部大楼一楼展示厅里，最耀眼的是墙面上的巨幅世界地图，上面用红、蓝、白三种不同颜色的标记标注着亨通进军全球的足迹：红色代表海外技术营销服务分公司，蓝色代表产品覆盖的国家和地区，白色代表海外研发产业基地。

20多年前，当这张世界地图上还没有任何标注，还未被刻在墙面上的时候，亨通创始人崔根良早已将它刻在了心中。1991 年，在苏州吴江，一家乡镇乳胶厂由于经营不善，转产为通信电缆厂，崔根良担任厂长。为了增加电缆厂的技术储备，崔根良大胆将目光投向海外，开始大规模引进国外生产设备。1994 年，崔根良以电缆厂为基础，组建了如今的亨通集团。

在“引进来”的过程中，崔根良通过与日本、美国企业打交道，大大开阔了视野，逐渐萌生了“走出去”的想法，他开始思考如何将产品卖到国外去。2000 年，亨通正式组建了国际业务部。

然而，国际化的道路并不好走。一开始，亨通选择跟一些进出口企业合作，做间接性的出口业务。但“借船出海”的业务模式缺乏主动性，企业掌握不到海外客户第一手信息，客户不稳定，业务难以延续。于是，崔根良改变策略、主动出击，从国内选派精英到海外开拓业务。

这支海外“突击队”经历了同行打压、贸易壁垒、文化差异、政局动荡等种种酸甜苦辣，克服重重困难，一步步赢得国际客户的“信任票”，为亨通的国际业务打下了坚实的基础。2012 年，亨通在巴西设立了首家独资公司，其全球化布局开始扬帆加速。

“看着世界地图做企业，沿着‘一带一路’走出去。”崔根良这句话如同出征的号角，亨通沿着“一带一路”四处“开花”。2013 年，亨通在印度建合资公司；2015 年连续并购了印度尼西亚、西班牙、葡萄牙、南非、莫桑比克等五国的光纤、电力企业，新增 7 个海外产业布点。同时，亨通开始在全球范围设立光纤厂、光缆厂，实现技术输出。

为了加快全球化运营和产业布局，亨通提出了“3 个 5”的国际化战略，即实现 50% 业务收入来自国际市场，50% 资本为国际资本，50% 人才是国际化人才。如今，世界地图已经刻进更多“亨通人”的心中。

亨通的全球化经历与很多知名跨国企业有着相似之处，这些企业的创始人都在企业规模尚小的时候就怀揣“全球梦”，并随着企业发展，持之以恒地追逐这一梦想，最终在全球市场的反复历练中成长为顶尖企业。

在荷兰飞利浦总部的博物馆内，写着一句标语：light up the world。作为全球电子巨头，点亮全世界，可谓飞利浦近 130 年发展史的缩影。100 多年前，飞利浦创始人之一安东·飞利浦背起行囊，坐了 21 天火车抵达俄罗斯，当时俄罗斯的人口总量居全球第四。

安东·飞利浦在俄罗斯待了 6 天，带回了 15 万只灯泡订单。在国外市场的助力下，飞利浦在成立后的第 8 年，灯泡销量首次突破 100 万只。一战期间，安东·飞利浦带领业务团队继续开疆拓土，直接接收了同行的欧洲“失地”，到了一战结束后，飞利浦迅速晋升为欧洲最大的照明公司。

在经济学家周其仁看来，很多小公司后来之所以变得强大，起因就是开始的想法不一样。好产品全世界都需要，中国企业要把视野放到全球，不仅是将产品卖到全球，而且用全球最好的资源来推进品质革命。

□ 亨通光电车间

敲开全球好客户大门

来自全球的好客户正是推动品质革命的重要资源。不少中国企业通过进入全球好客户的供应链体系，跟随好客户迈向广阔的国际市场，同时推动品质跃升。

在美国"汽车城"底特律，聚集了大量汽车产业链企业，中国企业福耀玻璃在此设厂的故事广为人知。但鲜为人知的是，除了福耀玻璃，还有一家低调的中国企业也在此设厂，它就是生产精密轴承零部件的慈兴集团。

在国外市场上，"CW"大名鼎鼎，是汽车业界响当当的轴承品牌。作为品牌持有者，慈兴是浙江最大的轴承出口企业之一，其轴承产品 70% 供出口，而宝马、奔驰、克莱斯勒、福特等高端汽车轴承又占出口的 70% 。

慈兴是较早一批进军国际市场的中国企业，早在 1987 年，还未在轴承行业站稳脚跟的慈兴就通过宁波一家外贸公司向美国出口自己的产品。1994 年，慈兴在美国设立了 CW 公司，绕过中间环节，直接在北美提供销售、后勤、售后以及技术服务。

但是从出口产品到真正进入宝马、奔驰等高端汽车厂商供应链，慈兴仍然经历了一番周折。

时间回到 2008 年，慈兴设在海外的销售中心反馈，高档汽车面临更新换代，零部件需求不降反升。慈兴决定将产业升级的重点放在高档汽车轴承制造上。慈兴的转型引起了宝马的注意，他们主动找上门寻求合作。

尽管已经过去十余年，但是慈兴集团副总裁（总工程师）赵坤仍然清楚记得刚与宝马建立联系时的情景，因为相比寻求合作，宝马更像是来“找茬”的。宝马团队前后考察慈兴多达5次，提出200多条整改意见，意见足足写了两个黑板。宝马工程师甚至半夜突击慈兴热处理车间，检查产品状况和劳动纪律等。

适逢“机器换人”起步阶段，慈兴集团在设备改造、工艺重塑、信息化、自动化升级等方面本就面临诸多新挑战，宝马的要求无疑是“雪上加霜”。但为了在汽车轴承领域开辟一番新天地，慈兴集团依然选择了应战。

通过加班加点改造，宝马200多条整改意见中的99%都在慈兴得到了落实。最终，慈兴集团战胜了其余4家竞争对手，成功跻身宝马集团二级供应商，顺利完成了第一批自动化信息化改造探索。有了宝马的“背书”，越来越多高端汽车厂商向慈兴抛出“绣球”。

像宝马这样的好客户，不仅能把企业带向更广阔的舞台，也能带动企业品质提升。在佛山，有企业不惜亏本也要敲开全球好客户的大门。位于佛山南海的广东文灿压铸股份有限公司（简称“文灿”）是一家生产高档压铸件的企业。早年，文灿主要为家用电器生产零部件，后来抓住汽车工业发展的机遇，转型做汽车零部件的压铸加工。

当时，为了争取一家法国大型车企的订单，创始人唐杰雄带着团队远赴法国。但由于文灿没有汽车零部件业务的经验，法国客户想通过一个极低的报价来“婉拒”。按照报价做下来，文灿要亏本，但是唐杰雄出乎意料地答应下来。

唐杰雄内心的盘算是，文灿这一单虽然会亏本，但是若能由此开启一扇大门，这门生意就值得。为了完成这笔订单，文灿先后完成了汽车零部件压铸生产的几个认证，最终在规定时间内通过客户的测试，交付了订单。

文灿的表现让法国客户刮目相看，最终，该法国客户以合适的报价将原计划给其他厂家生产的订单，都交付给了文灿，并与文灿结成稳固的合作伙伴。文灿也由此打开了更广阔的市场，成为奔驰等高档汽车厂商的一级供应商。

2014年，电动汽车厂商特斯拉在全球物色供应商。文灿凭借技术能力、材料工艺、响应速度等优势获得了特斯拉的认可，双方达成合作。如今，在某些关键零部件上，文灿仍是特斯拉全球唯一的供应商。

善用全球“大脑”创新

征战全球市场，也是企业向全球“借力”的契机。越来越多的中国企业在拓展全球市场时，将研发体系延伸至世界各地，依托全球“大脑”，实现技术跨越。

2020年9月28日，浙江吉利汽车在科创板首发上会，成为“科创板整车第一股”。在外界看来，冲击科创板，这意味着，吉利已经完成从传统制造业到科技赋能再到科技公司的转型。

从 1998 年造出第一辆“吉利豪情”至今，22 年间，“造车狂人”李书福凭借敏锐的商业嗅觉和果敢的决断力，将吉利从一家不被看好的民营车企做到世界 500 强企业。虽出身农民，但李书福拥有全球化的战略眼光，吉利几度转型成功，离不开其位于全球各地的“创新大脑”。

吉利的全球化创新战略始于 2010 年，当时，吉利收购瑞典豪华汽车品牌沃尔沃汽车，探索以投资换技术。随后，吉利在哥德堡设立了欧洲研发中心（CEVT），结合沃尔沃和吉利的技术资源，开始打造全新中级车基础模块架构 CMA 项目，双方在科技创新方面深度合作。

在 CMA 基础架构下，吉利和沃尔沃实现了共同投入开发、共享开发成果，吉利的技术能力跃升。2017 年，基于 CMA 基础架构开发的新品牌领克市场表现亮眼。截至 2020 年 6 月，领克品牌累计总销量突破 30 万辆，成为最快突破 30 万销量大关的中国高端汽车品牌。

之后，吉利在全球多点布局研发中心。目前，吉利汽车集团在宁波、杭州、哥德堡、考文垂和法兰克福设有 5 个工程研发中心，并在上海、哥德堡、巴塞罗那、加利福尼亚和考文垂设有 5 个造型设计中心，旗下共有研发设计人员 2 万多人。

善用全球“大脑”，迈向科技前沿，来自佛山的家电巨头美的集团亦深谙此道。

2020 年 3 月，美的集团在上海启动全球创新园区项目，计划投资 60 亿元人民币，在上海青浦区打造一个全球创新园区，面积约为 36 万平方米。该园区未来将面向全球引进 8000 至 1 万名全球高端研发人才。

此举不禁让人联想到美的集团创始人何享健的人才观，他曾说：“美的（20 世纪）60 年代用北滘人，70 年代用顺德人，80 年代用广东人，90 年代用中国人，21 世纪用全世界的人才。”

近 20 年来，美的一直在全球各地设立研发中心。根据 2019 年 10 月美的集团“科技月”披露的信息，美的在全球的研发中心数目已增至 28 个。同时，美的研发人员超过 1 万人，外籍资深专家超过 500 人。

慈兴也很早意识到引进国际人才的重要性。十余年前，当慈兴向高端轴承转型的时候，就开始谋划在美国底特律、德国汉堡建立研发分部，这两个地方正是高端车企及汽车产业链企业集聚地。

“我们聘请了当地车企的总工程师担任研发中心的工程应用经理，帮助我们解决轴承研发上的难题。”赵坤刚说。目前，慈兴已经引进 20 多位来自欧洲或者美国的工程师，同时慈兴在上海成立了技术中心，以此吸引更多国际人才集聚。

企业案例

慈兴集团：世界是我们的市场

在慈兴集团，访客时常会被车间里悬挂的一幅世界地图所吸引：白色底板映衬下，五大洲的轮廓清晰呈现，中、美、日、韩等多个国家的地图点缀其间，不同颜色和形状的标识代表了全球办公室、工厂和仓库的分布。地图正上方，双语写就的标语“世界是我们的市场”格外亮眼。

成立于1984年的慈兴集团，经过多年发展，已经成长为一家国际化的跨国企业。这家公司是怎么做到的？

“赚外国人的钱”

作为“轴承行业的黄埔军校”，浙江慈溪拥有200多家轴承企业，但轴承行业技术含量不高、门槛较低，上规模的企业只有20多家。激烈的竞争当中，慈兴集团意识到，只有转向高端市场，企业才能找到突围之路。

“低端轴承技术含量很低，产品不往高端走，企业就没有出路。”慈兴集团副总裁（总工程师）赵坤说，“所以，我们把农机轴承等低端市场让给老乡，自己去赚外国人的钱。”

为了迈向高端，慈兴集团花大力气进行了“机器换人”和数字化转型。据赵坤回忆，宝马集团提出了200多项整改意见，最后公司落实了99%，成功跻身宝马集团二级供应商；公司的自动化、信息化改造还获得了浙江省科技进步奖二等奖。

其间，慈兴集团高层还意识到，企业必须具备国际化的人才。

2010年，慈兴集团在德国汉堡投资设立了研发分中心，实验室配备了材料检测分析及轴承精度检测分析仪器，进行高端市场领域轴承的研究开发及测试；2012年，慈兴集团在美国底特律成立研发分中心，外籍工程师与国内工程师一起紧密合作开发新产品项目。

2017年2月，慈兴集团又收购美国俄亥俄德拉克制造有限公司，为未来传动部件的开发提供了强有力的设备保障。

“我们引入的美国、欧洲的工程师达到20多人。此外，我们还在浙江大学与博士合建工作站，在上海成立技术中心。”赵坤说。

如今，慈兴集团的产品广泛运用于高档汽车、工业机器人、计算机、高精密仪器仪表、电动工具等领域，70%以上产品实现出口，近几年球轴承出口国内排名连年第一；据中国轴承工业协会统计，2015—2017 年，慈兴集团的汽车转向系统用球轴承在国内市场占有率也位列榜首。

客户在哪里，工厂就开到哪里

在全球化时代，丰田、大众、通用等国际化企业均实现了生产的“在地化”，通过遍布全球的供应商和本地化研发体系，充分降低供应成本和风险，并提高产品在不同市场的适应性。

这一思路也得到慈兴集团的借鉴和实践。早在 1994 年，慈兴集团就在美国洛杉矶成立美国分公司，向北美市场提供轴承销售、物流、售后及技术服务。

1996 年，慈兴集团又进军欧洲市场，在德国汉堡成立分公司，负责整个欧洲市场的推广和服务。意大利、巴西、波兰、韩国……近年来，慈兴集团不断开拓国际市场，还把销售公司开到了中国台北。

2017 年，慈兴集团迈出了国际化道路上的关键一步——当年 8 月，慈兴集团北美制造中心在底特律启动，为美国福特、通用等提供转向系统所需要的轴承组件，这意味着 CW 高端轴承正式打入美国汽车工业核心区。

为了更好服务美洲市场，同年 11 月，慈兴集团墨西哥工厂全面动工。此外，慈兴集团还在美国多个城市建立了物流仓库，提高了对客户需求的响应速度和服务质量。

慈兴集团还实现了管理的全球化。赵坤透露，美国、欧洲分公司的负责人均为当地招聘，但通过 SAP 系统，公司能够及时看到海外市场管理情况，实现决策的最优化。

佛山观点

吉利汽车让我很震撼，震撼于他研发的劲头及其研发体系的布局。吉利汽车是用投资换技术，通过这种方式让原本落后的汽车生产技术加快发展，今天吉利汽车在全世界已经有 50 个研发中心，试想这么多研发中心，里面有多少工程师和研发人员？这些是吉利汽车未来很大的一笔财富，这也是未来在汽车行业走到世界前列的基础。

——广东福田电器有限公司董事长　梁锡强

我们常常说要弯道超车，因为我们的机械装备、精密制造还不强，比如，发动机等设备制造就是要求非常高、技术强度也很高的领域，这也是整个基础产业的重要一环。但是我们很多高精尖的东西其实还在依赖国外的技术，很多设备都是进口的。怎样实现弯道超车？吉利汽车提供了一个很好的案例，它主动走出去，用投资换技术，用一个双方都能接受的方式合作，实现共赢。

——佛山市南海新达高梵实业有限公司董事长　何广荣

如果我们只做佛山市场，那就只能用佛山人才；做中国市场，用中国人才；做国际市场，必须用国际人才。我们的眼光，对人才的战略布局很重要。以前我的眼光还有局限，还没跳出去，但这次在长三角走访后，很多高精尖企业给了我很大启发。要将目光放远，看全球，看未来。

——住友富士电梯有限公司董事长　陆海峰

分岔决策：佛山制造如何抓住转折之机

2020 年 8 月，浙江方太集团召开 2020 年度幸福发布会，推出多款新品并发布全新的“幸福厨房理念”。尽管遭受疫情冲击，方太集团董事长兼总裁茅忠群当时表示，全年有信心实现营收两位数增长的目标。

在中国家电行业，方太显得有些另类。成立之始，方太便独树一帜，提出要做中国第一个高端厨电品牌。于是，在城镇居民人均可收入不到 5000 元时，方太推出的首款产品售价 700 元。

不仅如此，在新品频出的家电行业，方太却选择耗时 8 年时间原创发明了掌握核心膜科技的净水器；用 10 多年时间缔造了集成烹饪中心……

事实证明，方太每一次“另类”的选择，都收获了市场的良好反馈。它仅用 3 年时间，便实现了销售收入从 50 亿元到 100 亿元的跨越，成为首家突破百亿元的厨电企业。2019 年面世的首款集成烹饪中心至今已获得超 10 万家庭的青睐。

纵观方太的发展之路，它之所以取得今日的成绩，与其作出的数次关键决策息息相关。不仅是方太，当今各个行业的“佼佼者”，同样受到几次关键抉择的深远影响。

这些看似偶然的抉择背后，有哪些共性的必然？佛山企业家从中能获得哪些启示？

不寻常的起跑

面对 2020 年疫情之下瞬息万变的市场环境，茅忠群曾多次提出，方太的目标是在 2030 年左右成为一家千亿级企业。这意味着，方太要用 13 年左右时间，实现销售收入从百亿元到千亿元的跨越。

27 年前，茅忠群只是一名刚从上海交通大学毕业的研究生，受父亲动员准备回家“接班”。

那时，茅忠群的父亲茅理翔正经营着飞翔公司，出口点火枪产品，产品一度占领

□ 方太集团生产车间

全球市场份额的 50%，是远近闻名的“点火枪大王”。后来，企业受到价格战重创，几乎没有盈利空间。

茅忠群毕业回家后发现，点火枪行业竞争激烈，技术含量又低，决定另起炉灶。父子俩达成一致后，开启为期大半年的市场调研，并将目光锁定在微波炉与抽油烟机。

那个年代，微波炉并非中国家庭必需品，外国品牌又多，竞争激烈。而抽油烟机是家庭必需品，且符合中国人烹饪习惯的高端吸油烟机尚未出现，潜在市场空间更大。最终，茅忠群选择进军抽油烟机行业，并立志创立中国家电行业的第一个高端品牌。

经过市场调研，茅忠群和团队发现市场上已有的油烟机产品都不够美观，而且还存在吸油烟效果差、噪声大、难清洗、滴油等问题。为此，他找来帮助飞翔集团设计标志的浙江大学学生一起合作，在满足外形需求的基础上，尽量完善市面上抽油烟机的功能短板。

终于，在 1996 年，方太推出了第一款 A 型深型吸油烟机。这款产品在售价高出市场主流价格 30% 的情况下，当年便销出 3 万台。

如今，在国内家电行业充分竞争的环境下，高品质产品已成为企业塑造竞争优势的共识。而在二三十年前，大多商品处于供不应求的阶段，劣质低价产品充斥着市场。此时，选择跳出价格战、主攻高品质的创业者无疑具有更加的长远眼光，为企业迈出了不寻常的第一步。

被喻为“插座大王”的浙江公牛集团，同样有着不寻常的起跑线。在 20 世纪 90 年代，公牛集团创办地慈溪，分散着大大小小数百家插座作坊。这些作坊生产的插座质量参差不齐。

1995 年，阮立平毅然“扔”掉了铁饭碗，与一直从事插座买卖的弟弟阮学平创办了慈溪市公牛电器有限公司，正式进入插座行业创业。

公牛成立之始，阮立平便明确了“质量立企”的目标，提出要做用不坏的插座，并花大力气投入产品研发、生产、检测等各个环节。

投入大，成本自然也高。彼时，公牛的插座价格是市面主流价格的两倍，但仍有不少顾客前来寻找好插座。21 世纪初，政府开展了大规模打假行动，只有公牛的插座被允许在杭州百货大楼销售。市面上的伪劣产品一下子被大浪淘沙，消失殆尽。

至 2001 年，公牛插座市场占有率升至全国第一，稳坐行业龙头。即便后来受到小米等互联网企业进军这一领域的冲击，公牛插座仍依靠庞大的市场占有率与品牌认知度“绝地反击”。

“企业家精神里有一股劲，就是不自我设限。”北京大学国家发展研究院教授周其仁认为，企业的起跑线划得和别人不一样，后续发展也会大不相同，所以企业家要学会“百无禁忌地想，脚踏实地地做”。

关键一跃

有些企业一“出生”便与众不同，有些企业则通过一次次技术创新实现发展跃迁。

在江苏江阴，法尔胜泓昇集团便是从一家制绳社蝶变成全国金属制品行业的龙头企业。

“法尔胜”音近“发而绳”，从制绳发家。1964 年，法尔胜的前身澄江制绳生产合作社正式创办。次年，法尔胜创始人周建松加入制绳社。彼时，江阴工业发展尚未起步，人们大多依靠捕鱼而生。制绳社主要是摇麻绳给渔民们用。

不久，捕鱼用的麻绳逐渐被钢丝绳所取代。制绳社面临两难选择：要么关门大吉，要么改弦易辙。

深知“做麻绳没技术含量，累死也就赚那么多”，周建松与他的同事毫不迟疑选择了后者。于是，他们一起来到无锡钢丝绳厂学习钢丝绳制造工艺，并于 1966 年 12 月首次试制成功手摇钢丝绳。这被认为是法尔胜创业创新的发轫之作。

从摇麻绳到摇钢丝绳，法尔胜在生死存亡的关键路口选择大胆创新，完成了关键一跃，开辟了全新市场。

为打破这种局面，时任钢绳厂厂长的周建松决定带领团队进行技术攻关。1978 年，他们成功开发出第一条能替代进口产品的胶带用镀锌钢丝绳。后来，该厂又大胆建设了规模化生产车间，彻底结束了我国胶带钢丝绳完全依赖进口的历史。

成立50多年，法尔胜坚持在“一根绳”上做文章，也斩获了多个“第一”，例如参建我国第一座悬索大桥虎门大桥，结束了国内大桥钢丝依赖进口的历史；主持起草了我国在钢丝绳和缆索领域的第一个国际标准等。更重要的是，凭借其对技术创新的执着，法尔胜实现了从进口替代到拥有全球话语权的又一次跨越。

法尔胜的每一次关键决策，暗合着中国制造业发展逻辑：从依靠进口到进口替代，再到出口替代，最后迈入“无人区”。每一次产业跃迁都凝聚着众多企业家对技术创新的痴迷。正是这种痴迷，让他们敢于在一片质疑声中坚持下来，推动企业实现关键一跃。

作为全球光纤通信行业的龙头企业，在江苏苏州，亨通集团的博物馆中长期陈列着一根晶莹的玻璃状大棒。这是光棒，生产光纤的核心原材料。

过去，光棒的生产技术受到国外封锁，市场与定价也由外国人说了算。以价格为例，现在60元每芯公里的光棒，当时从国外进口要1000元每芯公里。

2006年，亨通集团创始人崔根良做了一个大胆的决定：自主研发光棒。当时，不少业内专家告诫他，中国从20世纪70年代就开始研究光棒，投入不少却始终没能拿下，亨通没必要冒险。

在此背景下，崔根良力排众议，实施6亿元光棒研发项目，以民企之力攻破科研界公认的难题。经过反复的摸索与试验，2010年，亨通自主创新研制的首根光棒面世。很快，亨通光棒的产能飞速增长，为日后企业扩产、扩张市场规模打下了重要基础。

“科技是真佛，谁拜谁受益。”在周其仁看来，企业能不计成本进行技术创新，其决策底气正是来自对“真佛”的虔诚。

“冒险”的决定

没有任何一个成功不冒险。纵观国内的优秀企业，其管理者往往具备“直面风险，豁出去干”的胆量与魄力，敢于勇闯“无人区”解“无解之题”。

在宁波慈溪，有一家仅百余名员工的密封件生产商，其研发生产的核电站密封件成功攻破国外技术封锁，提高了中国核电安全系数。它就是宁波天生密封件有限公司（简称“天生密封”）。

天生密封成立于1993年，从生产高压锅垫圈等各类民用密封垫圈起家。一次偶然的机会，该公司董事长励行根发现，由于技术含量极高，核电站使用的密封件只能从国外进口，中国尚不具备生产能力。通常，一座核反应堆需要上千块密封垫，而彼时一块密封垫要卖到万元以上。

这一下激起了励行根的斗志。他打定主意，决心带领团队攻克核密封技术，打破国外技术封锁。

核密封技术是少数几个发达国家才掌握的技术，对外高度保密。要想研发攻克这项技术，科研团队必须开展大量实验获取关键参数。这意味着大量的科研资金投入。

一家小型民营企业如何能支撑得起高昂的科研费用？励行根曾多次尝试找银行贷款。然而，银行一听说民企要投资做核电站密封件实验室，都认为他疯了，不肯贷款。

无奈之下，励行根把房产抵押出去，并拿出家中积蓄与公司积累共计 2000 多万元，全部用来建实验室，并将公司每年的盈利投入到新产品开发和新设备购置中。

怀揣着破釜沉舟的心，励行根与团队潜心攻关多年，研发出了直径大至五六米、小至 15 厘米的石墨密封垫片，成功将国际垄断价格大幅降低 70%。凭借这一产品，天生公司获得 2010 年国家科技进步二等奖。这是国家科技进步奖设立以来首次授予民营中小企业。

将全副身家投入科研，励行根这一看似“冒险”的决策，源于对技术发展趋势的精准把握。

“世界上缺少什么样的密封件，我很清楚；现在研究处于怎样的位置，我很清楚。”他表示，现在研发的产品是为 5 年、10 年后做储备，“我在想像中已经生产了，底下的人只是把我的思想变成现实”。

企业家的“冒险”决策，实际是其对行业、对市场发展的敏锐度高于旁人。这种“冒险”背后往往藏着一片新蓝海。

慈兴集团 1985 年诞生于“轴承之乡”宁波慈溪，起初是生产家用鼓风机轴承和家电轴承。20 世纪 80 年代，慈兴集团董事长胡先根敏锐感知到国际市场对轴承需求量很大，便紧紧抓住这一时机，将生产经营重心由内销转向外销，提出“开洋门、见洋人、挣洋钱、发洋财”的经营方针。这一超前的战略在当时引起了不小轰动。

对此，胡先根有着自己的判断。事实上，慈溪的轴承厂有 200 多家，上规模的 20 多家。他深知，农机轴承等低端产品的技术难度低且竞争激烈，企业不往高端走就没有出路。因此，胡先根提出，“把低端市场让给老乡，我去赚外国人的钱”。

事实证明，这一看似超前的战略转型是正确的。作为宝马等顶级车企的二级供应商，慈兴集团 70% 以上的产品实现出口，其球轴承出口量连续多年位居国内第一。

周其仁表示，企业管理者的理念价值观要比现有情况超前一点，“想着 50 亿的事，做 8 亿的事时就不一样”。

时代的红利

还有些企业，把握了时代发展的先机，提前押注了即将爆发的行业，从而在风口上赚得盆满钵满。

放眼四海，过往 20 多年，互联网和移动通信行业堪称最“造富”的行业之一。以移动通信行业的小米为例，2010 年公司刚成立时，公司仅有 13 名员工，注册资本 100 万元。仅仅 8 年后，小米成功登陆港交所，估值达到 543 亿美元。

然而，小米公司创业之初，国产智能手机并不被看好，苹果、三星、摩托罗拉等国际品牌风头正盛，以互联网做手机的方式更是世人闻所未闻。然而，看中硬件、软件和移动互联网相结合的潜能，小米的创始人雷军依然决定进军陌生的手机行业。

2011 年 8 月，小米第一款手机问世，1999 元的价格震惊世人。从此，小米开始硬生生在外资品牌夹击中杀出一片天：2013 年，小米手机售出 1870 万台，同比增长 160%；2014 年，小米手机国内销出 6080 万台，超过三星成为国内市占率第一；2018 年，小米手机全球销量突破一亿部，达到 1.19 亿台，在全球排名第四。

现在看来，小米的崛起正是抓住了互联网及移动互联网爆发式增长的机遇。在佛山，也有一位经历相似的企业家：尚品宅配的创始人李连柱。

如同雷军那样，李连柱曾经也是一位软件工程师。1994 年，李连柱与同学创办了广州圆方软件公司，致力于将虚拟现实、3D 渲染引擎、大数据云计算等技术融入家装行业；2004 年，李连柱又创办了广州尚品宅配全屋家具定制公司。如今，尚品宅配已经成为国内规模最大的定制家居企业之一。

如果说雷军抓住了移动互联网的机遇，李连柱则抓住了产业互联网反哺传统制造业、智能制造赋能个性化定制的风口。

2005、2006 年前后，由于尚品宅配采用代工模式，产品频繁出现尺寸不对、货不对板等状况，公司一度陷入窘境。此时，软件出身的李连柱，想出了自建工厂，依托圆方软件的 IT 技术背景和积累，对传统生产线进行信息化改造。

最终，依靠工业互联网，尚品宅配实现了“化整为零”的自动化生产，数字化信息化系统大大提高了生产效率和准确率，公司也真正实现了从 B2C 到 C2B 的嬗变，迎来了高速增长：从 2012 年到 2019 年，尚品宅配营业收入从 7.42 亿元增长到 72.65 亿元，净利润也从不足 1 亿元增长至超过 6 亿元。

回顾两名企业家的故事，不难看出，一个企业的发展，往往是几个关键分岔路口的选择决定的，正如雷军在小米集团成立十周年演讲中所言，“成功往往不是规划出来的，危机是你想不到的机会”。

“学术上有个概念叫作决策树。人和人比就是几步路，几步路过后就没得比了。企业家要对分岔路口有敏感度，把领导力体现在分岔路口上。”周其仁说。

佛山观点

相比维尚家具，很多传统家具企业的转型决心还不够强烈。据我所知，维尚家具、索菲亚家居这批先行者当初都是下定决心转型的，可谓“向死而生、不留后路”。记得当时索菲亚为了拿到一台生产设备，负责人不惜抵押汽车、房产，才有了今天破百亿的市值。

——广东天元汇邦新材料股份有限公司董事长　李忠良

我觉得维尚之所以成功，原因之一就是坚持先行一步。疫情后，国家大力鼓励互联网平台的发展，但李连柱早在多年前就孵化了互联网家装平台“新居网”，已经做出了一定成绩。假如我们佛山的陶瓷企业也搭建类似的互联网家装平台，会不会也取得不错的效果?

——佛山市承安铜业有限公司总经理　周建新

公牛集团今天的销售额是100亿元，但在2015年才40多亿元，2014年二三十亿元。其间，公牛集团做对了几件事情，包括按照快消品思维做插座，快速铺设零售渠道，我觉得它的网络建设和成长起了关键性的作用。

——盈峰环境科技集团股份有限公司执行副总裁　邹淑峰

实践是最关键的，很多人思考企业发展，都是前一天晚上想一条新路，第二天早上再走原路，理念在实践的过程当中慢慢流逝了。迷失的时候，我们正需要通过调研、跨界对话、向周其仁教授请教等途径，重新塑造注重品质、推动升级、实现高质量发展的理念。

——广东金意陶陶瓷集团有限公司总经理助理　李勤

别人把光纤、插线板做得这么好，关键就在于他们定位高端。我相信，中国市场未来还有很多机会，还远远没有饱和，在每个行业中定位高端，做出比别人好的东西，你就能够杀出一片市场。

——住友富士电梯有限公司董事长　陆海峰

电气行业不创新是没有未来的，整个行业的颠覆可能发生在一夜之间。所以，我们十几年来一直都有储备智能家居等方面的技术，技术标准已经超过同行，还在欧洲申请了专利，只是新产品还没有走进千家万户。为什么? 因为“天时地利人和”还没到而已。

——广东福田电器有限公司董事长　梁锡强

供给升级：把时间花在产品上

在广东德冠薄膜新材料有限公司顺德杏坛生产基地内，十几米长的制膜生产线正快速运转，源源不断地“吐”出白色的薄膜。过不了多久，这些薄膜将以食物包装膜、鲜花打包膜等各种形态，出现在世界各地的商超、店铺中。

千里之外，位于宁波慈溪市的公牛集团插座生产基地内，一箱箱打包好的插座从传送带上下来，被整齐装进大货车。未来几天，这些大货车将奔驰在中国广袤的土地上，将插座送到全国各地的销售网点中。

这两家看似毫不相关的企业，却有着不少相同之处。它们都数十年专注主业，将产品做精、做深，并取得了行业领先的地位，德冠是国内薄膜行业的领跑者，公牛是插座领域的“一哥”；它们都注重产品创新和品质提升，并通过产品的快速迭代升级，不断拓展消费市场。

以德冠和公牛为代表，从珠三角到长三角，一批企业顺应消费趋势变化，用创新的思维和技术重新定义产品，通过供给端的升级，从而实现消费品的升级，满足消费者不断升级的需求，提高人们的生活品质。

新供给创造新需求

佛山顺德杏坛镇，20 世纪 80 年代，这里被称为“全球废塑料的华尔街”，最巅峰时拥有 3000 多家再生塑料企业。

1988 年，位于杏坛镇的顺德塑料五厂更名为顺德双轴拉伸薄膜有限公司，罗维满是创始人之一。1999 年，顺德企业产权改革全面展开，顺德双轴拉伸薄膜有限公司从地方国营转向股份制，“德冠”由此诞生。

经过 30 多年的产业升级，杏坛已成为国内最大的保护膜生产基地。目前，杏坛镇拥有的薄膜及相关企业近 100 家，新材料产业的销售收入在 2018 年时已突破百亿元。

德冠是其中的佼佼者。

德冠闯出重围依托一系列自主研发的拳头产品。以珍珠膜为例，在 2000 年之前，全世界只有美国两家企业可生产用于可口可乐等碳酸饮料瓶子标签的珍珠膜，价格昂贵。为了打破垄断，德冠用一年时间研发出中国的珍珠膜，并且质量达到甚至优于进口产品，价格却不到进口产品的一半。

此后，德冠成为国内农夫山泉、可口可乐、百事可乐等饮料瓶装环绕标贴的供应商。

过去 30 多年间，在罗维满的带领下，德冠一路心无旁骛，专注在一张薄膜上做文章。这家企业不过分强调产品研发生产的“跨越式创新”，而是更多地运用“集成创新”与“改进创新”的方式，在熟悉的领域精耕细作，将单一产品做到极致。

“我们把全球的消费者装在心中。”罗维满说。塑料薄膜在生活中应用极其广泛，德冠不止步于满足消费者的基本需求，而是坚持创新，不断推出更美观实用的塑料薄膜。

2017 年，德冠联手陶氏化学、福建凯达集团共同发布一款创新型聚乙烯树脂材料——双向拉伸聚乙烯（TF-BOPE）。与普通聚乙烯吹膜相比，TF-BOPE 经过双向拉伸后，更“筋道”，即拥有更强的抗穿刺力、更大的拉伸强度及更高的透明度。TF-BOPE 还省去了普通聚乙烯的热封层搭配，实现包装结构单一化，从而更利于回收，更为环保。

TF-BOPE 自推出后，在市场上大受欢迎，被广泛地应用于米袋、宠物食品包装、重型包装袋等产品。目前，德冠是全球仅有几家能生产 TF-BOPE 的企业之一，并且德冠掌握了用 BOPP 生产线来进行 BOPE 生产的关键技术，亦成为全球唯一能大规模量产 TF-BOPE 的企业。

新技术也在改变消费者的使用习惯。如今，TF-BOPE 已经应用在越来越多场景中。“以前的聚乙烯薄膜不环保，还会产生刺耳的声音，但是 TF-BOPE 是可回收的，而且没有声音，更环保也更为隐私。”德冠轮值总裁何文俊透露，如今，在欧盟地区，人们更喜欢 TF-BOPE 薄膜包装物品。

以德冠为代表，有这样一批企业，它们长期专注做单一产品，但是并非故步自封，而是通过不断创新，一步步提升产品性能，从而创造新需求，开拓新市场。

浙江宁波慈溪市，全球最大的电源连接器的生产基地，这里承包了全球半数以上的插座供应。20 世纪 90 年代初，慈溪人阮立平与其弟阮学平下海创业，成立了慈溪市公牛电器有限公司（简称“公牛电器”）。彼时，慈溪的插座产业相当活跃，拥有几百家插座生产厂商，但大多是家庭作坊，生产的插座质量参差不齐。

插座行业进入门槛低，因而竞争非常激烈，同行之间大打价格战。为了增加复购，部分企业甚至故意偷工减料生产质量较差的产品，来提高销量。

阮立平对这些做法不以为然，他希望通过提高安全性和耐用度来拉开与对手的差距。经过研发，公牛电器推出了带有“安全按钮”的插座。这款插座在高于一般同类产品 50% 的售价下，仍以品质优势为公牛电器敲开市场的大门，并且闯进欧美等中高端市场。在此后的 20 多年里，公牛电器一直深耕插座这一细分领域，从家庭式小作坊发展为营收百亿的大企业。

“我们的产品都没有很高的‘护城河’，必须不断创新超越自我才行。”公牛战略企划副总裁刘圣松说。公牛排插的市占率已经逼近 70%，传统业务增长空间在压缩。这促使公牛加快产品创新迭代速度，拉动需求增长，扩大整体市场容量。

为此，公牛成立了近百人的产品策划与工业设计团队，专职负责市场调研、需求洞察、产品概念创意、工业设计等工作。针对不同应用场景，公牛接连开发了床头插座、魔方插座、防过充插座等热销单品。

其中，防过充插座是极具代表性的创新产品。近年来，随着手机等数码设备使用率大幅增长，手机过充导致电池变“短命”的问题备受消费者关注。公牛敏锐地嗅到，这是一个潜在的商机，若能从插脚入手解决过充问题，将有望打开一片新市场。

于是，2016 年，公牛在行内率先推出防过充 USB 插座，由于切中数码设备用户痛点，这款插座很快成为公牛的爆款产品。

经济学家周其仁认为，当一个产业在数据层面看，已经推广不动的时候，并不一定是到达天花板了，还可能存在待挖掘的潜在市场，此时企业需要做的是，下功夫研究客户、研究市场、研究潜在的情况。

在趋势中定义产品

消费领域的任何风吹草动，都可能造就新的市场需求。尤其是，消费主力群体的代际变化，会直接改变消费趋势，新趋势背后就是广阔的新市场。

2004 年，从家电行业辞职出来创业的李一峰，就明显感觉到了消费趋势在发生变化。

“‘80 后’成为消费主力，中国消费市场迎来一个变化节点。”李一峰说。同时，中国 GDP 增速常年保持在 10% 左右，经济进入高速发展阶段，并且互联网进入中国也已经超过 10 年。这使得，年轻一代在消费上更加追求差异化和个性化的商品。

李一峰依然将创业的半径划在了熟悉的家电领域。他所面临的挑战是，家电行业已经进入白热化竞争的红海市场，在冰箱、空调、洗衣机这些刚需产品领域，家电巨头们已经筑起铜墙铁壁。即便在小家电市场上，也有美的、苏泊尔、九阳等巨头环伺。

但商机就藏在变化的消费趋势中。“‘60 后’‘70 后’对家电的需求是满足刚需、耐用；‘80 后’对家电的需求有了根本性的变化，他们对新兴事物、新品类、新生活方式的接受度大大提升，这种需求变化催生了很多的新品类。”李一峰说。

小熊电器小家电产品

经过对市场的观察和思考，李一峰最终将目光投向了小家电领域的“长尾市场”，即与大众市场相对的细分市场和小众市场。2004 年，李一峰正式成立小熊电器，次年推出第一款产品酸奶机。

由于价格亲民、小巧、方便清洗等特点，直接戳中年轻消费者的需求，这款酸奶机收到了良好的市场反馈，第一批 2000 台酸奶机很快通过电商平台售罄。小熊电器也成为酸奶机这一细分领域的主流品牌。在酸奶机之后，小熊电器又成功培育了豆芽机、煮蛋器、电热饭盒等当年家电龙头们忽视的小众品类。

李一峰将这个过程称为“种草”。家电领域已经大树林立，跟大树竞争阳光雨露很难，但是大树之下的草地还有很大的成长空间。“种一根草比较容易，所以我们坚持一根一根地种，目前我们已经种了一片草，可以养兔子了，我们希望未来能够种出一片草原。”

根据公开数据，从 2016 年到 2019 年的 4 年间，小熊电器平均增长接近 40%。2019 年 8 月，小熊电器正式登陆 A 股市场，在深交所中小板挂牌上市，成为“创意小家电第一股”。同年，小熊电器销售规模超过了 26 亿元，全年售出将近 3000 多万台小家电产品。

昔日从小众市场走出的“候补军”，如今已经成功攻入主流市场。

李一峰始终保持对消费趋势的高度敏感，坚持在趋势中定义产品。在他看来，随着“90 后”“ 00 后”成为消费主流群体，消费趋势正在发生新一轮的变化，年轻人更关注的是产品的个性化、时尚化和颜值。因而，3 年前，小熊电器制定了产品时尚化策略，聘请了大量的工业设计师，从产品设计层面去形成公司核心的竞争力。

一个更为明显的趋势是，家庭规模在变小，并且年轻一代独自求学、工作和生活的比例在上升。为适应这种趋势变化，与过去的家电企业不同，小熊电器不是围绕家庭来定义产品品类，而是将用户画像由传统的“家”定义成“人”，将单个的“人”作为用户需求挖掘的核心。

基于人的不同生活场景和生活轨迹，小熊电器开发出不同类别产品。比如，针对上班族开发了可在办公室热饭的自热饭盒；针对独居人群和小型家庭，开发了小型电饭煲；针对住宿舍的学生群体，开发了电煮锅等。

周其仁认为，节约空间和便利化的生活方式会有很好的前景，家电在“00 后”时代的概念就会发生很大的变化。“不一定每家都有厨房，有可能把厨房分解，有些功能交给餐饮公司，有些交给外卖。”

在李一峰看来，消费迭代最终正朝着一个方向前进，即消费者的主动权越来越大，成为真正意义上的商业主宰。所有企业、商业都会真正将消费者作为决策思考的中心，这倒逼整个供给侧所有企业发生积极的、有价值的变化。

“我认为‘以用户为中心’的新商业已经全面开启。”李一峰说。

把客户变成粉丝

在宁波慈溪市，厨电龙头企业方太集团的掌门人茅忠群，在创业之初就意识到，产品创新的突破口不是行业风潮，而是用户痛点。

茅忠群认为，产品不是调查出来的，是洞察出来的，常规的用户调查、市场调查难以发现用户真正的痛点，“每家企业都在做同样的调查，如果都按照顾客的回答来开发产品，那么产品必然是同质化的。”

为了了解用户最真实的使用场景和需求，方太将“入户调查”做深、做专。工作人员深入用户家庭，跟用户一起下厨房、吃饭、洗碗和打扫厨房，在这个过程中观察并交流，从而洞察出用户没有被满足的需求。

2015 年前后，方太在入户调查的过程中发现，“80 后”“90 后”普遍都不想洗碗，显然，年轻消费者洗碗的需求还没有被满足，但是令人疑惑的是，洗碗机的市场却很冷淡。当时，市面上早已经有不少进口的欧式洗碗机，但销量一直上不去。

一边是大量的人不想洗碗，另一边是洗碗机没人买，这当中必然存在还没有解决的痛点。方太走访了数百家中国家庭厨房，并且与数十位追求生活品质的“洗碗极客”反复交流。最终，方太分析出欧式洗碗机存在的六大痛点。

其中，中国厨房最突出的洗涤习惯是“一餐一洗，一菜一洗”，作为舶来品的欧式洗碗机未能适应这一习惯。方太决心寻找一种符合中国家庭的解决方案，最终，方太另辟蹊径，打造出兼容了洗碗功能的全新品类——水槽洗碗机。

2015 年，方太推出全球第一台水槽洗碗机。也是从这一年开始，中国洗碗机市场开始快速增长，2015 年，中国洗碗机全年的销售额是 10 亿元；到了 2018 年，整个行业销售额已经达到 56 亿元。作为首创者，方太在水槽洗碗机领域一直保持引领者的位置。

基于让顾客安心的原则进行创新和品质提升，茅忠群坚持的这一原则也让方太收获了顾客的信任，方太品牌在高端厨电市场占了绝对领先位置。

好产品会吸引“回头客”，客户口碑的积累会形成强大的品牌力，最终实现客户跟着品牌跑。在互联网时代，强大的品牌力可以使顾客变成粉丝，小米科技便是典型的例子。

时间回到 10 年前，2010 年 4 月 6 日，在中关村银谷大厦，雷军与 13 位员工“干”了一碗小米粥，正式创立小米。

两个月后，小米启动第一个真正战略意义上的项目：MIUI 操作系统。这是一个基于 Android 的主程序操作系统。MIUI 被赋予两个使命，一是打造小米自己的操作系统，二是积累粉丝，塑造口碑和品牌形象。MIUI 的开发走的是互联网路线，通过与第三方团队合作，每周快速更新版本，在论坛上积累了大量粉丝。截至 2011 年 7 月底，MIUI 已经拥有 50 万论坛粉丝，活跃用户超过 30 万。

2011 年 8 月 16 日，当雷军站在北京 798 舞台，发布第一代小米手机的时候，台下除了供应商、记者，就是小米粉丝。雷军每发布一个技术参考，台下粉丝团便爆发一阵欢呼，1999 元/部的定价公布更是成为小米历史中的经典一幕。

一款产品还未面市就有大批客户翘首以盼，等着付款发货，这背后有互联网高速发展的功劳，它极大地提升了消费者对产品的参与度，并且加快了口碑发酵速度，消费者更容易建立起对品牌的忠诚度。

小米通过手机培育了大批高黏度顾客——“米粉”。雷军曾坦言，“粉丝经济”是小米成功的秘诀之一。但不可忽视的是，小米客户黏度如此之高，并且能持续“吸粉”，与其产品的高性价比优势也密不可分。

“过去中国制造主要靠杀价，以低成本在全球市场中突围而出，但由此也带来了质量差等问题。小米在把产品质量提升上去的同时，又提供了一个中国消费者可以接受的价格。”周其仁认为，中国工业产品从杀价阶段走向性价比较好的阶段，小米可以说开了风气之先。

2014 年，小米开始把做手机的成功的经验复制至其他行业，打造小米生态链，高性价比依然是小米生态链产品最显著的优势之一。而小米对性价比的坚持也让其获得了越来越多年轻人的信任。如今，在小米旗舰店，除了手机外，还有电视、扫地机器人、音箱、电饭煲等一众销量排在同类前列的爆款单品。

佛山观点

方太是一家做单品起家的厨电企业，同样是做抽油烟机，方太就能看到油烟对于家庭主妇带来的健康“痛点”，研发出无烟抽油烟机。在研发的过程中，方太以炒辣椒油作为试验，研发人员光炒辣椒油就炒了1000多瓶，最终才得以研发出这个“爆款”。

相比之下，安东尼过去忽视了客户的“痛点”。因为作为一家“客户不是用户”的纺织企业，安东尼过往的研发思路是被动的，我们和用户之间有一个“玻璃窗”，对于研发的需求信息都是来自客户，而非用户。

未来我们要做的就是深入消费者，找到消费者对于产品的需求所在。在这个过程中，我们将直接走到市场一线做调查。另一个是主动找人挑刺。在深入消费者一线时，我们更重要的是让消费者为我们的产品找茬。了解安东尼的产品在消费者心目中的地位，无论是好的，还是不好的信息都收集起来。特别是不好的信息，这是消费者在给我们纠偏，在给我们找“痛点”。

对一家企业来说，如果不去研究用户的需求，不去研究用户的痛点，你永远无法掌握产品未来的发展方向，也就无法勾勒出行业的未来。

——佛山市安东尼针织有限公司董事长　刘必胜

看完宁波的企业后，我发现他们对消费者的洞察非常仔细，分年龄、身份、地域等不同维度，分不同应用场景的维度，像抖音一样不断地贴标签，把它切割成几百份几千份。我之前去杭州出差的时候，就不断听到企业家讨论消费者有什么新的需求，但在佛山，最经常听到的还是钢材多少钱一吨，管材多少钱一吨。我们对C端的嗅觉还不够灵敏。

——日丰企业集团有限公司总裁　许腾徽

去方太调研，茅忠群提到的如何提升产品品质，让顾客安心，以及方太的目标，要成为一家伟大的企业，造福亿万家庭，让我感触很深。企业要把创新思维融入血液，我们此次长三角之行调研的企业，都能够不甘于现状，总能把握市场最新需求，保持行业领先地位。这些品质值得我们学习。

——佛山市中衡电气设备有限公司总经理　晏小强

冠军密码：小单品的大市场

浙江省宁波慈溪市高科大道旁，一座看起来并不起眼的工厂正是宁波天生密封有限公司的所在地。厂内生产的密封件看似平平无奇，却被广泛运用在核电站、军工等领域，被誉为重型装备中极为关键的“小零件”。

其中一款曾被国外“密封”50多年的C形密封环，在国内仅有天生密封一家能生产。目前，天生密封生产的核电站反应堆压力容器C形密封环市场占有率全国第一、全球第二。

在宁波走街串巷之际，遇到“国字号”单项冠军的概率，必然是全国最高的。

放眼全国，宁波是所有城市中，国家级单项冠军企业密度最高的地区——当地仅用占全国1%的土地面积，培育出占全国总量7%以上的国家级单项冠军。目前，宁波共有39家被工信部评选出的国家级制造业单项冠军，数量全国第一。

这是一座被民间称为“冠军之城”的东部城市。在“多元化”与“专注”的分岔路口，一批甬商选择了长期专注细分领域，凭小单品打出大市场，成就冠军地位。数量显示，宁波各类进入单项冠军企业培育库的企业已达308家。

冠军集群正成长为宁波的发展脊梁，宁波也在培育冠军企业的赛道上一路狂奔。2020年7月，宁波明确提出，到2022年，要力争国家级制造业单项冠军企业数量翻一番。官方首次旗帜鲜明地提出要打造冠军“场”，成为全国制造业单项冠军之城。

单品的魔力

一个小排插，能打开多大的市场？

公牛集团给出的答案是千亿市值。截至2021年2月25日收盘，公牛集团每股报197.45元，市值高居1100亿元以上。此时距离公牛在2020年2月敲钟上市已过去1年。

这是市场对单品冠军的肯定。公牛，一家长期专注民用电工及照明领域的企业，销售百亿，市值千亿。成立26年以来，公牛只专注做好四类单品：墙壁开关插座、转换器、LED照明与数码精品。

其中最有名的是转换器，即俗称“排插”。在排插界，公牛是绝对的“一哥”。业内用这样一句话道出公牛的江湖地位：在市面上只有两种排插，一种叫公牛排插，一种叫其他排插。

1995年，公牛从排插起步。6年后，公牛排插就以超过20%的市场占有率夺得全国第一。

此后，公牛的市占率一路攀升，“排插一哥”的地位再也无人能撼动。目前，公牛排插的国内市场占有率已逼近惊人的70%。

这个排插的小单品也成就了公牛半壁江山。2019年公牛一共卖出了近3.5亿个排插，光一个小排插，一年就为公牛贡献超50亿元销售额。

作为销售爆款的公牛插座，还拥有高利润率。据公牛2019年财报披露，公牛墙壁开关插座的毛利率高达38.29%，远高于许多传统行业。

在宁波，有一批头部企业如同公牛一样，以一个小单品打出了高销售额与高利润的“双高”天地。

方太集团也是典型的代表。在方太宁波总部展厅内，每每走到一款采用黑晶玻璃面板、外形设计简约的抽油烟机面前时，讲解员都会停下脚步，特地向来访者介绍这款名为方太风魔方的抽油烟机。

这是一款自面世以来，已连续6年占据国内高端抽油烟机销量第一的产品。目前，该单品国内市场占有率40%。凭借这一单品，方太成为业内首家获工信部授予“全国制造业单项冠军示范企业”荣誉的厨电企业。

方太这款小单品，不仅拥有大销量，还有高售价。诞生于2013年的方太风魔方抽油烟机在推出时售价高达5000多元，价格不仅高于西门子等外资品牌，而彼时市面上1000—2000元的抽油烟机俯拾皆是。

这款畅销单品进一步强化了方太定位高端的品牌调性。在厨电领域，方太也因此成为国产品牌中罕见的以贵著称的企业。

凭借一个小单品的打法，宁波当地走出了一大批在不同领域叱咤风云的企业。海天塑机，连续多年蝉联全球注塑机行业销量第一。舜宇光电几乎垄断国内手机领域双镜头领域，其车载镜头出货量甚至做到全球出货量第一……

像这样专注细分领域，做到所在市场占有率前三且不为人知的企业，被德国管理学家赫尔曼·西蒙赋予了一个传播度极高的名称：隐形冠军。

创新的执着

在赫尔曼·西蒙的研究中，隐形冠军企业在创新的投入上，普遍是同类企业的一倍以上，属典型的创新驱动型企业。

宁波的冠军集群也是如此。

在方太，每一款单品都能与不同的专利数量画等号。比如方太水槽洗碗机 = 200 多项专利。与一般人把厨电定义为传统家电不同，每一款产品对方太来说都是创新的产物。

以方太水槽洗碗机为例，光这款产品背后的发明专利就达到了 40 多项。这是一款开创性地将水槽、洗碗机、果蔬净水器融合在一起，并且采用自主创新的“开放式水泵无管路结构”的产品。

从某种角度看，方太推出的不再是一个传统意义上的洗碗机，而是一个全新的物种。据中怡康数据统计，目前方太水槽洗碗机占据国内高端洗碗机市场份额接近四成。

以创新支撑爆款，随着方太的爆款越多，其专利数也越多。数据显示，截至 2020 年 8 月，方太拥有授权专利超过 3700 多项，其中光发明专利就超过 500 项，坐拥行业最大专利池。

公牛同样也是一家对创新有执念的企业。

人们只知道公牛靠一个小插座卖了 20 多年，但大概很少人知道，在公牛，有 1297 人从事一个“小插座”的研发。截至 2019 年，公牛投入的研发人员多达 1297 人，占员工总数的 9.34%。过千人的研发团队让一个公牛的插座裂变出拥有 400 多款的产品矩阵。这种裂变过程，正是一个迭代创新的过程。

公牛魔方插座正是在不断创新中，成为长期销冠。2016 年，公牛推出一款 USB 接口与插座融为一体的，外形酷似魔方的插座。

推出不久，公牛马不停蹄地升级产品。先是新增了防过充功能。在研究客户对于插座需求的过程中，公牛发现一个“痛点”，即多数人日常在给数码产品充电时，往往会遇到产品充电过度，而导致数码产品电池加速老化的问题。

为此，公牛在这款小巧的产品上加入防过充产品，实现了任何产品只要充满电，插座就会自动停止充电的功能。这款产品迅速走俏，在 2020 年“双十一”期间曾创下日销 7.2 万件的纪录，有人测算，公牛一天卖出的所有魔方插座叠加起来已经相当于 10 个东方明珠塔。

但是公牛并不满足于此。就在 2019 年 10 月，公牛围绕魔方插座家族再推新品，在外观设计上，公牛与韩国的 LINE FRIENDS 合作，把布朗熊和可妮兔造型引入到产品的设计中，把一款功能性插座产品变身潮牌精品。

“我们的产品没有很高的‘护城河’，必须不断创新，才能超越自我。”公牛集团战略企划副总裁刘圣松说。

类似方太与公牛这样的企业，正是宁波冠军集群中，创新金字塔的塔尖代表。

宁波市经信局去年发布的报告指出，宁波入库的单项冠军培育企业 2018 年平均有效专利数达 104 项，其中平均有效发明专利达到 22 项。创新已然成为宁波冠军集群的发展底色。

品质的定力

追求品质则是宁波冠军集群另一个共性特点。

“世界品质　浙江制造”这 8 个醒目的大字被印在慈兴集团有限公司的总部展厅内，旁边还画上一幅蓝色的世界地图，上面标注着慈兴的全球销售范围。

品质，是慈兴集团打开全球市场的通行证。

有着“轴承行业黄埔军校”之称的慈兴集团，是国内中小型轴承领域的领军企业，产品七成以上是以出口为主，其中球轴承出口量常年位居国内第一。

要知道，轴承行业的竞争可是相当激烈。光是慈兴集团所在的慈溪市横河镇，就有 680 多家轴承生产企业，有着“全国微小型轴承之乡”的称号。

成就慈兴集团这家轴承出口“隐形冠军”的，正是其对于品质的追求。

主动拥抱宝马这位“挑剔”客户正是最好的说明。时间倒回 2010 年，慈兴集团正处于快速发展期，彼时公司正试图进入宝马供应商体系。为此，宝马五次派人来到现场，对慈兴集团的产品前前后后提出 200 多条整改意见。

即使时隔 10 年，慈兴集团副总裁赵坤还清晰地记得，同年的某个深夜，接近 12 点，宝马的一位工程师居然连夜打车来到了慈兴集团的车间现场，为的是确认他们提出的意见，慈兴集团是否有落实到位。

面对这位新客户“找茬”式的举动，慈兴集团内部员工一度感到很不解。“但是我们细想，这确实有利于公司提升品质。”赵坤回忆道。

秉着对品质提升的追求，慈兴集团的项目组硬着头皮上，每晚都熬夜加班，以整改攻关宝马提出的意见。最终历时大半年，200 多条整改意见中的 99% 都得到了落实。

慈兴集团的产品品质也因此实现跃迁。比如在宝马工程师的提醒下，慈兴集团在自动装球机上装了计数器，钢球装少了或装多了，都会自动报警，彻底解决了过去容易出现错装钢球的问题。

以品质提升成功叩开宝马大门的同时，慈兴集团也拥有了进入更多高端市场的

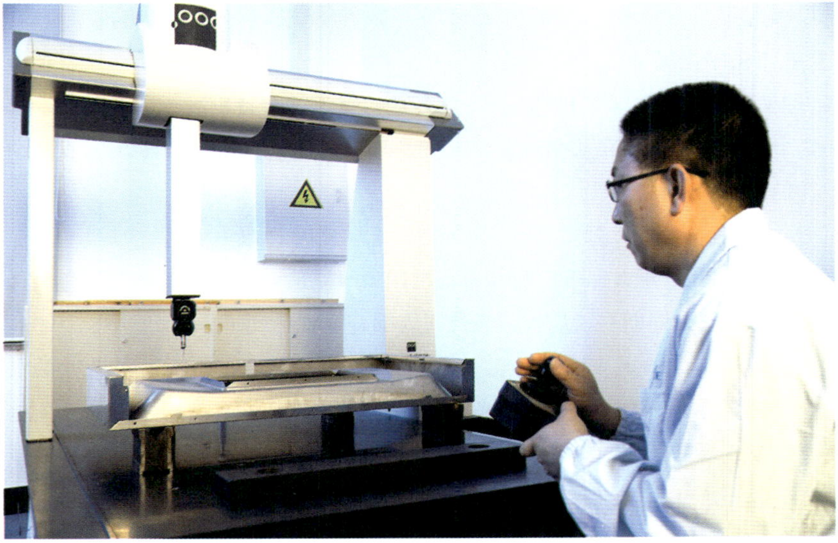

□ 方太集团实验室的研究人员正对产品材料做测试

“入门券”，在当年，慈兴集团的销售额就一举突破5亿元。此后更是在市场上实现一路高歌猛进，目前慈兴的产品已销往全球30多个国家和地区，成功进入了美国福特、通用汽车等供应链中。

在宁波冠军集群中，对于品质的重视随处可见。

在方太抽油烟机生产车间内，挂着各种不同标语的横幅。其中出现频率最高的一个词语正是“品质”。

方太是一家从起家就定位做精品的企业，其对于品质的要求更是到了苛刻的程度。对方太最有名的抽油烟机上，方太的质检人员甚至会用女士的丝袜来检验产品表面是否光滑，一旦丝袜出现破损，则说明产品不够完美，必须立刻停掉。

不仅如此，在2017年方太宣布未来要打造千亿企业后，公司内部率先举行的第一场针对包括茅忠群在内最高管理层的两天集训，主题正是：如何用品质来支撑更大的目标。

“因为我们都知道，要支撑方太跨入1000亿门槛，就必须有更高的品质追求。”方太品控负责人文志明说。

城市的基因

不是每个城市都有孕育冠军的“土壤”。

况且宁波的冠军集群“含金量”极高，以国字号乃至世界级的冠军居多。在宁波现有的单项冠军培育企业中，有 76 家市场占有率全球第一，171 家市占率全球前三，205 家企业市占率全国第一。

“物理学上有一个词叫‘磁场’，一进去它的引力就会特别大。所有的创新、科学等，在整个地球上就集中在几个地方，这就是一种‘场’。”北京大学国家发展研究院教授周其仁说。

而宁波在打造冠军的“场”上，显然是下了功夫的。

要知道，在 2017 年，即工信部发布首批国家级制造业单项冠军企业名单时，宁波仅有 2 家企业入选，同期在浙江省，光杭州入围企业就达到了 9 家。

但就在 2017 年的 3 月 9 日，宁波发布了两份有关于培育单项冠军企业的重磅文件。其中一份文件提出要实施制造业单项冠军培育工程。该文件明确宁波要实施制造业单项冠军企业培育计划，且奖励力度极大。政策中提出，对列入国家级制造业单项冠军示范企业和培育企业的，分别给予 500 万元、300 万元的奖励，对市级认定的单项冠军示范企业，给予 200 万元的奖励。

同一天，宁波市还印发《宁波市制造业单项冠军培育工程三年攻坚行动计划（2017—2019 年）》，行动计划中清晰地梳理出单项冠军企业的培育步骤，把整个遴选分为调查入库、遴选认定、跟踪考核等环节。

同时以重点任务的方式，率先圈定了五类备选企业，包括大企业大集团、行业骨干企业、高成长企业、各类示范企业和专精特新企业，从中寻找新一批单打冠军。

放眼全国，宁波几乎是当时国内最早且最大力度培育单项冠军的城市。

“有形之手”的力撑，让宁波的单项冠军企业的培育工作进入快车道。在工信部评选的国字号单项冠军企业名单中，宁波的上榜企业数量，从最初的 2 家，到第二批的 13 家，到第三批时全市已拥有 28 家，成为全国数量最多的城市。到了 2019 年工信部发布第四批名单时，宁波的上榜企业数量增长至 39 家，总量继续蝉联全国第一。

而宁波的冠军培育工程仍在继续。就在 2020 年 7 月，接棒《宁波市制造业单项冠军培育工程三年攻坚行动计划（2017—2019 年）》，宁波发布《宁波市聚焦关键核心技术打造制造业单项冠军之城行动方案（2020—2025）》。

方案中提出力争到 2025 年，宁波的国家级制造业单项冠军企业数量达 130 家，形成 10 条细分领域的标志性产业链，制造业单项冠军企业对制造业增长贡献度超过 40%，成为全国制造业单项冠军之城。

在宁波，企业争当冠军的氛围愈发浓厚。就在 2020 年，宁波阿能集团瞄准汽车管件这一细分领域改造生产线，提升智能制造水平。这家企业第 4 次向国家级榜单发起冲击。

可以预料的是，接下来在宁波必然还会走出更多的冠军企业。

“因为‘场’一旦形成，交易成本就会降低，也就是在别的地方很难的事，在这里就会变得很容易。“周其仁说。

佛山观点

对于企业来讲，转型升级也好，技术创新也好，都要问自己的产品做得怎么样，有没有做到极致。我们2019年去欧洲调研，看到德国汉臣公司花了很大力气聚焦在研发和创新上，专注解决用户的痛点，最终成为液压缸行业的隐形冠军。这是我们企业应该追求的。

我注意到，方太集团拥有3000多项专利，其中发明专利超过500项，我们都知道发明专利价值非常高，申请一项发明专利需要经过3年的审核。所以方太集团的创新能力和研发能力让我非常佩服，坐拥500多项发明专利，想超越他们是很难的。

——广东福田电器有限公司董事长　梁锡强

有一句话说得很好，努力往前走，总比待在原地更靠近幸福。我们调研的江苏、浙江企业，志向高，奔着冠军企业而去，对金牌志在必得；同时，他们不抱怨，越难干的领域他们越敢挑战，每家被调研的企业都是我们的榜样。

——佛山市南海新达高梵实业有限公司董事长　何广荣

专心专注、做好细分的市场，在细分的市场里面取得竞争优势，一家企业就能立于不败之地。

——广东珠江开关有限公司董事长　张柏成

对于不了解产品的消费者而言，有时他们可能认为产品差不多就行，但是公牛集团每天都在研究如何为客户解决痛点。假如我们也能如此执着地做一件单品，每天为客户解决痛点，难道不也能做到百亿、千亿的市场吗？

——广东天元汇邦新材料股份有限公司董事长　李忠良

公牛集团的产品看起来比较大众化，但它打好了安全这张牌，给自己贴了一个“安全”的标签。它还有对美的追求，有些产品甚至镶嵌上了女性消费者喜欢的水钻；另外，它还不懈追求做精品，通过工业设计把开关做得像数码产品一样漂亮。同时，公牛集团也提醒我要关注专利和商标。

——广东嘉腾机器人自动化有限公司副总裁　陈洪波

谈到方太集团的企业文化，大家可能会认为比较“柔性”，狼性不足。但通过几件事情我看出，这家企业也是有狼性一面的。我们调研时接触到的一位品质管理经理，推动方太集团引入了六西格玛系统，引进了“零缺陷”概念，要求把事情一次做对，这是有难度的。再看看方太集团开发的产品，始终要求做精品、做高端。在我看来，对品质的苛求，就是方太集团的狼性。

我们调研的企业很有生命力、活力，敢争第一，勇于创新。这些背后就是企业家精神，是企业家咬定青山不放松的韧性。我相信，企业家一定会成为推动国家发展的优秀群体之一。

——盈峰环境科技集团股份有限公司执行副总裁　邹淑峰

方太集团从吸油烟机转型做洗碗机的时候，用了整整一年时间做大面积的市场调研，与用户一起洗碗，实际感受客户洗碗的痛点，这很值得我们学习。

在双良集团调研，总裁缪双大让我最崇拜的一句话就是“科技是尊佛，谁拜谁受益”。我想，企业做到一定阶段的时候，都应该不断地去拜科技这尊佛。

——佛山市安东尼针织有限公司董事长　刘必胜

一家企业做出一款产品就能持续热卖，方太集团的长期研发能力和创新能力必然非常了不起。他们创新的水槽式洗碗机，不只是填补市场空白，还开辟了解决消费者痛点的新路子，反过来又促进了公司的发展。尤其是疫情发生后，大家更加重视健康，方太集团又做出了能够同时杀菌和过滤水中重金属的产品，这就说明他们在研发、创新领域是独步天下的，这真的很不简单。

——蒙娜丽莎集团股份有限公司总裁　萧礼标

第四章 企业笔记

以用户为中心，做服装界的“公牛”

文/刘必胜（佛山市安东尼针织有限公司董事长）

不久前，我参加了由佛山市工商联与南方日报社共同发起的“育新机　开新局：品质革命与市场突围”2020佛山企业迈向高质量发展之长三角调研。在北京大学国家发展研究院教授周其仁的指导下，我们一行人在6天内走读了无锡、苏州与宁波的3城10企。

这次调研对我而言是一次狂风暴雨般的洗礼。相比这次调研的多家企业，安东尼服饰自创立至今只有十几年，但我们内部心态已经“老”了。安东尼以代工起家，一直在为七匹狼、劲霸等服装企业做贴牌生产，同时也推出自有品牌“铁丹”。但无论是代工还是做贴牌，目前都走到了爬坡过坎的关键处。

大家常常说“摸着石头过河”，这几年安东尼是连“石头”都没摸到。但是这次长三角之行给了我非常大的冲击，从某种程度上看，让我找到了突围的路径参考。

勤对标 ▶ 突围要贴地而行

我所在的纺织服装行业是一个传统劳动密集型产业，这些年行业的下行压力较大，2020年以来还受到疫情的冲击。在这样的背景下，我跟随调研组出去学习归来后，内心产生了两个非常强烈的“不安”。

一个是与长三角企业对标后产生的“不安”。在6天的调研学习中，无论是无锡的双良集团、法尔胜集团，苏州的亨通集团，还是宁波慈兴的方太、吉利、公牛等企业，这批长三角企业都有一个相同之处，那就是技术主导型。

他们中有的是从进口替代起家，有的从高端起家。无论是哪一种起家模式，在此后数十年里，他们不约而同地都在做的事情，就是持续加大技术研发投入。

这一点给我的触动很大。反观我所在的纺织服装行业，安东尼在其中到底能做多大，还能产生多大的价值，到底还有什么技术可以融入我们的产品中，以便让我们形成更强的竞争力，这些问题时刻在撞击着我，让我感到很不安。

另一个是与同行佛山企业对标后产生的“不安”。这次调研组内有 10 多家佛山企业，有来自陶瓷、家电、机械等各个佛山支柱产业的典型代表。如果放在佛山内部来看，这批同行的企业都是佛山所在行业里的佼佼者。比如蒙娜丽莎集团有限公司是广东第一家在 A 股上市的陶瓷企业。在疫情下，该公司的市值与营收依然实现逆势飘红，是佛山企业的优秀代表。

在我看来，这批佛山的头部企业已经发展得非常好，至少在我心目中已经觉得够好了，但这批企业自己却觉得还不够，他们依然希望在市场竞争上，在国际舞台上能够有自己的一席之地。对标这批同行的企业，安东尼还存在一定的差距，但是这样的佛山头部企业尚且还有这样的上进与学习之心，对比之下，安东尼自己的突围决心还是不够。从某种程度上看，我们还只是活在佛山内部。

回过头来看，“不安”的产生得益于我参加的是一个“贴地而行”的调研学习团。各自带着问题的佛山企业家，贴着地面走，走进每一家在开展突围实践的长三角企业中，去寻找企业“活下来”的原理。这样的对标学习，打开了我的学习思路，对我来说，是我参加过的所有调研中，收获最大的一次。

重科技 ▶ 技术创新应持续投入

这种收获不仅仅是撞击出我的“不安”，更重要的是对标自己的企业，坚定了安东尼接下来一定要在技术创新上大胆投入的决心。

在双良集团调研的时候，对方有一句话留给我的印象很深，叫“科技是真佛，谁拜谁受益”。这是双良集团创始人缪双大的一句话。双良集团在他的带领下，以节能环保装备制造产业为核心，集清洁能源集中供热产业、水环境治理产业、碳基生物有机肥产业、化工新材料产业于一体，拥有 22 家全资和控股企业，其中双良节能为上市公司。

在我看来，双良集团就像一个孵化器。这家企业在环保领域不断深耕，只要看准一个点，就像寻找井眼一样。只要找准了就挖到底，就开始大胆地引入技术人才，然后死磕到底。

持续地开展科技研发、技术创新，他们把科技视为一种信仰，最终自己孵化出多个单项冠军。这就是拜“真佛”、真受益的生动案例。

同样在无锡，我们还看了一家从佛山走出去的企业——维尚无锡工厂。维尚虽然是一家家具企业，但本身有互联网基因。了解维尚故事的人都知道，维尚创始人李连柱早年靠做软件起家。

这样的基因决定了维尚开展互联网改造时一定能成功，因为这家企业找对了人。企业做互联网改造，一定要找一群懂互联网的人。回头看安东尼，我们上了 ERP 后为什么会有那么大的阵痛，甚至后面引入自动化的时候又为什么会失败？

一对标我就发现了，因为没找对人，人才不对，人才结构也不对。所以做任何的技术投入，不仅要大胆投入，还要大胆引入。要找对的人才能把事情做对。

原来在这方面上，我们的意识上就是“缺失”的。这种缺失源于我们的客户不是我们的用户。关于技术的需求都掌控在客户端，而我们就是单纯地想着完成客户的需求，而缺乏从用户的需求切入，这也造成了我们在技术投入方面是不够的，应该说是非常缺乏。

其实就是一种“温水煮青蛙”的状态，我们缺乏高瞻远瞩的追求。大部分时候安东尼就满足于服务好客户，就用这种心态在经营企业。没有去思考技术在哪里，市场在哪里，方向在哪里。

做减法 ▶ 要有单品爆破思维

接下来安东尼将大力度投入科技创新，而且要瞄准用户的痛点来开展研发。

这是我在宁波调研方太时得到的启发。到方太调研时，我们看到在这家公司的展厅内有一面专利墙，上面挂满了各式各样的专利。数据显示，截至 2019 年 7 月，方太已拥有近 3000 项专利，其中发明专利超过 400 多项。

方太是一家做单品起家的厨电企业，同样是做抽油烟机，方太就能看到油烟给家庭主妇带来的健康痛点，研发出无烟抽油烟机。在研发的过程中，方太以炒辣椒作为试验，研发人员光炒辣椒就炒了 1000 斤，最终才得以研发出这个单品爆款。

这种单品的爆破思维，在宁波的另一家企业——公牛集团身上也展现得淋漓尽致。比如他们推出了一款自动防过充 USB 插座，这款产品就是瞄准了消费者日常在给手机充电时，常常会遇到过充问题，特别是在晚上休息时充电。而一旦手机过充，对手机电池会有损毁。基于这样的痛点，公牛开始往深处打。

其实回顾公牛的发展历程，这家企业专注于开关类产品，一个小小的开关就做出了超千亿元的市值，这种单品爆破的思维，非常值得安东尼学习。

相比之下，安东尼过去忽视了客户的“痛点”。因为作为一个客户不是用户的纺织企业，安东尼过往的研发思路是被动的，我们和用户之间有一个“玻璃窗”，对于研发的需求信息都是来自客户，而非用户。

从长三角结束调研回来后，我计划成立一家产品品牌公司。这个公司旨在为产品研发做减法，专注于研究用户的需求。具体来讲，这家企业至少要做好两件事。

一件是贴近消费者。就像前述，安东尼过去是忽视了真正的消费者需求，我们是以客户为中心，而不是以用户为中心。未来我们要做的就是深入到消费者中，找到消费者对于产品的需求所在。

在这个过程中，我们将直接走到市场的一线上去做调查。坦白说，过去品牌商并不太愿意让我们去了解他们的客户群体，但是如果是这样，我们永远隔着一个“玻璃窗”，永远都是按照客户给予的资讯，在开展“被动式”研发。

另一件是主动找人挑刺。在深入到消费者一线时，更重要的是让消费者为我们的产品找茬。了解安东尼的产品在消费者心目中的地位，无论是好的还是不好的信息都收集出来。特别是不好的信息，这是消费者在给我们纠偏，在给我们找痛点。

对一家企业来说，如果不去研究用户的需求，不去研究用户的痛点，你永远无法掌握产品未来的发展方向，也就无法勾勒出行业的未来画像。

对我来说，学会贴近用户，死磕痛点，是通过长三角调研得到的最大收获。

凭“同心圆”多元化练就“精深”功夫

文/张柏成（广东珠江开关有限公司董事长）

对于企业家来说，外出调研考察是家常便饭。但2020年参加的品质革命长三角调研，由于有了北京大学国家发展研究院教授周其仁的思考引导和观点补充，让我的观察思考更加聚焦，也让我对长三角制造业企业和集群有了更深刻的认知。

在我看来，长三角制造业的三大特质，让其在今日仍然保持了一流的竞争力。一是企业对“做专做细”的战略聚焦，二是企业在创新上的果敢与开拓性，三是政府在为制造业高质量发展造环境上的努力投入。这几点，值得作为长三角区域发展老对手的珠三角学习，也是一个区域制造业高质量发展的核心竞争力所在。

此次的调研旅程中，不少佛山企业家也震撼于江浙同行的成长，获益匪浅。取彼之长补己之短固然很好，不过在学习借鉴中，更重要的还是立足企业自身特点。鞋是自己穿的，路是自己走的。穿好自己的鞋，走好自己的路，然后抬起头仰望远方，向着有光的地方前进。

追求第一还是做到唯一？

高度的专注、持之以恒地深耕一个领域，把产品和产业价值挖掘到极致，这是长三角企业给我留下最深刻的印象之一。

从企业家的角度出发，我观察一家企业，会先看它的战略定位是否清晰，再观察企业管理者的心态、理念。接下来，就是看一些更加具体的维度，比如这家企业的产品特点、技术水平等情况。最后，是看大环境，即这家企业所处的区域营商环境如何，包括创新氛围、制度环境、金融生态等，以及企业又是如何去适应并加以利用这些环境的。而无论是从企业战略定位还是所处环境来看，专注聚焦、把产品做精，都是刻在长三角企业身上的烙印。

我本身处于开关行业内，和长三角企业接触也比较密切。开关行业的很多供应链都位于长三角，比如一些五金、零部件企业。不管是小微企业还是大型企业，他们都更加愿意做专做细，能够沉下心主攻一个环节，在产业链上做好自己的事。

他们是一群当之无愧的“隐形冠军”。这帮冠军的特点就是，在消费市场上你不一定能看见他，但产业江湖上一定有他的传说。他体量不大，但地位极高，所供应的产品技术品质在业内无人能及，甚至这种产品唯有他能做。在其他企业谋求体量上的第一时，他们却追求产品技术的唯一。

我之前去德国汉诺威参展时，曾遇到一家法国企业，专门生产搭扣。但一个看似简单的搭扣却拥有很多专利，技术含量很高，应用范围也广，全球 80%—90% 的同类产品都由他们生产供应。它的竞争力和江湖地位由此奠定。这让我对“专注”有了更深刻的认识。

在长三角，这样的“单项冠军王者”也不少。比如，方太专注厨电产品，其首创的不跑烟的吸油烟机连续 7 年蝉联全国市场冠军。天生密封深耕多领域的密封解决方案，是目前国内唯一一家可供核级石墨密封垫片的企业。

在江浙区域，崇尚做专做精的冠军企业土壤已经形成。这和企业个体的努力耕耘与理念追求固然分不开，但它同样和政府的引导与政策思路紧密关联。江浙的地方政府往往不只是发展一家企业，而是按照发展一条产业链的思维去推进产业规划布局，促进产业的专业化分工，从而催生更多冠军企业。

良性的经济生态应该像一片繁茂森林一样，其中有老虎也有蚂蚁，既坐拥大型巨头，也遍布单项冠军，市场主体多样。不管是长三角还是珠三角，都应该向着这种良性生态靠近。

专注与多元化是否矛盾?

当然，专注并不意味着只做一款产品，不做任何产品线的拓展。专注与多元化发展并非完全矛盾，只不过在我看来，不少战略聚焦的行业冠军企业遵循的多元，是一种“同心圆”式的多元化。

所谓“同心圆”式多元化发展，是指企业围绕一个核心技术，按照同心圆的形态逐步去发展差异化但又有关联的业态。这是我参观日本企业后得到的启发。

日本的欧姆龙集团是全球知名的自动化控制及电子设备制造厂商。这家集团规模大，产品遍布多个领域，从地铁自动检票装置到血压计。但他的定位就一句话：通过“传感和控制”这一集团的核心力量，为客户提供新价值。也就是说，欧姆龙是围绕“传感和控制”这个圆心，来扩展其一个个“同心圆”业务。

这才是真正的专注下的多元化。当然，这样的战略也是源自企业一步一步的选择。

以画画做比喻，尤其是以最难驾驭的山水画为例，在落笔前你会有一个大概的创作方向，但是每一笔落下的具体位置却并不一定是事先想好的，而是在作画的过程中不断调整想法和笔作。办企业也同样如此。很多冠军企业的“同心圆”战略不一定是创立初就确定的，而是根据环境与企业自身发展境况逐步奠定的。

无锡的法尔胜泓昇集团在50多年间从做麻绳起步，逐步向制造钢丝绳、大桥缆索乃至光纤发展，不断填补国内产业技术空白；宁波的天生密封致力于船舶、机械、石油、化工、核电、核工业及航天等领域的密封方案的解决，拥有密封产品生产领域的顶尖地位。这些企业的成长历程，都有“同心圆”多元化战略的影子。

我所创立的广东珠江开关有限公司（简称“珠江开关”），本身也是“同心圆”多元化理论的践行者。珠江开关把差异化战略和聚焦战略结合起来，主张以智能控制技术为圆心，去发展不同的业态，进军不同的产业。目前，珠江开关已经向外拓展出输配电业务、照明业务、热泵热水业务、车联网市场等圆圈。

对于一座城市乃至一个国家来说，“同心圆”式多元发展的企业对其产业经济至关重要，这也是地方经济和国家经济能够扎实进步的重要动力。大国大城固然需要体量和规模的支撑，但是产业经济的“精深”也同样重要，甚至是核心竞争力所在。

培育企业家的创新冒险精神

除了专注，长三角企业还具备非常突出的开拓性。他们的企业家很愿意冒风险，不断在鲜有人尝试的创新无人区探路。不少江浙企业家早期从补鞋、做轮胎起家，一路发展壮大变成如今的科技创新巨头，有绝处逢生的意味。可以说，这种敢闯的精神已经植入了他们的企业家文化中。

此前，周其仁提到“创新”时表示，中国制造多是生产世界上已有的东西，这叫“看到了造”，但中国制造还需要“想到了造”，即造出前人没有的产品。在2020年的长三角调研中，周其仁再次强调了“创新”，他认为企业要区分不同程度的“新”，中国最缺乏的“新”是做出别人都造不了的东西，甚至是开辟一种新原理，再把原理变成新产品。

总而言之，就是中国企业要更加敢想敢试，激发原创式创新。而这种精神，开始越来越多地在江浙企业身上冒头。令我印象最深的是方太。在大众印象中，方太是高端厨电产品的代表。但其实，它同样是一家科技创新巨头。方太花费8年时间研发的净水器能高效滤除重金属，保留有益矿物质，做到全球唯一，甚至领先于欧美国家。这家企业独创的水槽式洗碗机，更是开辟了行业先河。

企业在不突破底线的前提下，百无禁忌地想，脚踏实地地做，这越发成为构建现代化经济体系中不可或缺的一股推力。这样的冒险精神和实干精神，值得佛山企业家学习借鉴。同时，佛山政府也可以有意识地为培育企业的创新开拓精神造环境，塑造更加开放包容的政策营商环境，并带动政企良性互动。

此次调研还有一个引发我思考的课题，那就是传承。我们参观的企业，包括方太、双良、法尔胜等在内，都在二代接班的制度变革、人才更迭等方面做了有益探索。目前，佛山不少制造业企业同样面临接班问题。在我看来，传承与接班应秉持科学态度。传承的方式是多样的，也要根据下一代人的禀赋进行。

“创一代”们不应该把企业看作私有的，传承也并非一定要在有血缘关系的亲人间进行，将接力棒传给家族下一代或是职业经理人，都是可行的，关键是要定好规则，这种传承才是有效、科学的。

总体而言，实地调研长三角企业让我看到了专注执着与果敢创新的力量，也让我在尊崇科技、追求品质、企业传承等重要课题上有了更深思考。我所领导的珠江开关也将坚持“同心圆”式多元化，聚焦产业链的一个环节，专心深耕智能配电装备这个专业市场，从中开辟出更广阔的应用空间和价值。

大力弘扬企业家精神，勇攀“品质高峰”

文/李忠良（广东天元汇邦新材料股份有限公司董事长）

2020年，突如其来的疫情，使得制造业面临巨大挑战。在这样的背景之下，我很荣幸能跟随品质革命调研组来到长三角，深入多家优秀的民营企业，对标调研学习其市场突围经验，感觉收获颇丰。

调研团中，我的身份较为特殊：老家在浙江杭州，事业扎根在广东，目前担任广东省浙江商会执行会长。虽然平时也会接触到不少长三角地区的优秀企业与企业家，但这次在佛山市工商联与南方日报社的精心组织下，在周其仁老师带领下，每到一地都能受到当地政府和企业的真诚接待，使得调研组的考察学习交流很充分。而且，每天考察完回到酒店，周老师都不辞劳苦为我们复盘到深夜，这种学者的态度与精神让我深受感动、受益匪浅。

此次品质革命长三角调研，我们先后走进无锡、苏州、宁波，深入十余家民营企业交流学习。通过此次调研，让我对企业家精神有了更深刻的认识：一个优秀的企业家要以遵纪守法承担社会责任为前提，自律自强以奋斗者自勉，并始终保持创新精神；同时高度重视人才，高度专注，追求极致。身处佛山这座制造业大市，未来我们更要大力弘扬企业家精神，带领企业勇攀“品质高峰”。

大胆创新不自我设限

众所周知，创新是企业发展的原动力，也是企业生存与市场竞争的保障。此行调研的众多企业都将创新列为企业的重要发展战略，不断实践探索，也取得了良好成效。

无锡双良集团便是典型案例。这家企业以生产溴冷机起家，经过30年的创新开拓，已是国内节能环保领域的领先企业。

座谈期间，双良集团的高管介绍称，双良创始人缪双大总是强调“所有民营企业都是骑在虎背上，而不是马背上，只有奋勇向前一条路”。这句话让我印象深刻，彰显了企业管理者敢于冒险、敢于挑战的创新精神。

据介绍，双良的发展经历了三个阶段，从研发生产节能环保设备，到“二次创业”进入新材料产业等领域，再到“多元化投资、专业化经营”的高质量发展阶段，每次战略创新都为企业跨越式发展注入了新的动力，最终造就了这家百亿级企业。

当前，我们已经进入一个全民创新大变革的时代，现在的企业，不创新就难以生存。

对于这一点，亨通集团创始人崔根良曾这样说道，企业的发展创新是永恒的主题，只有创新才是企业持续发展的原动力。企业的创新要避免一个误区，不要说到创新就是技术创新、产品创新，远远不止，企业的创新是整个行动的创新，不光是技术创新，还有运营创新、管理创新、人才创新等。创新无处不在、无处不有，永无止境。

事实上，亨通也一直是这样做的。20 世纪 90 年代，亨通以生产电话线、光线电缆起家，之后一直紧跟行业变化，不断延伸企业产业链；同时加大技术创新攻克“卡脖子”技术，以民企之力成功研发出光棒，结束了国外半个世纪的垄断。

敢于挑战、大胆创新，并非大型企业的“专利”。此行调研中，我们拜访的宁波天生密封件有限公司员工仅百来人。然而，在公司创始人励行根的带领下，这家中小型民营企业曾获得国家科技进步二等奖、国家科技发明二等奖。值得一提的是，它成功打破了国外的技术垄断，攻破了发展核电站的关键技术，为中国的核电站安全技术走在世界前列作出了贡献。

座谈中，励行根先生提到，2011 年自己曾一度把房产抵押出去换取科研资金。他的执着与投入，让在场嘉宾深受触动。

正如周老师在复盘会中所说，一名优秀的企业家应该主动拥抱创新，敢于踏足“无人区”，不要自我设限，做到“百无禁忌地想，脚踏实地地做”。

高度重视引才育才

如果说，创新是企业赢得竞争、快速发展的战略，那么这一战略的落地，离不开人才团队的支撑。

一般而言，重视创新的企业通常都将人才摆在尤为重要的位置。此行调研的企业，在人才引进培育以及管理等领域，都有自己独到的经验。

在此方面，双良集团的经历让人印象深刻。20 世纪 80 年代，缪双大回家乡办起了江阴县船用空调设备厂，也就是双良空调设备有限公司前身。由于缪双大本身学历水平并不高，他便采用“借脑”的方式，从上海请来专家做“星期天工程师”。正是在这种环境下，他们生产出了第一台溴冷机组，填补了江苏省内空白。

在双良创办之初，缪双大还“三顾茅庐”跑到上海第一冷冻机厂原党委书记、厂长曹渊明的家里，拉家常、摆困难、论风险、绘蓝图。缪双大硬是用真诚感动了这位国企“一把手”、业内专家。1990 年，曹渊明毅然辞职来到双良，担任一家乡镇企业的总工程师，在当时引起社会各界的轰动。

据介绍，双良集团拓展的多个产业板块，每个产业板块的牵头人都是行业里的佼佼者。这足以体现双良集团管理者的识人、用人能力之高。这种能力是每位企业管理者必须学习、掌握的。

除了引进与培育高端人才，企业如何在更广阔的层面用好人、管理好团队，也是一门学问。在企业创立初期与上升期，企业管理者可以用丰厚的待遇激励员工。然而，随着企业发展到一定规模，除了保障员工的薪酬待遇，更要从企业文化、价值观上获得员工的认同。

正如周其仁老师总结的那样，“用抽象的语言编织一个不存在的事情”，这是一种语言的力量，不仅是在激励别人，也是在约束自己。这种创造性对于企业凝聚团队、壮大士气非常重要。

此外，许多企业在员工人文关怀方面也下了很多功夫。我留意到方太集团、公牛集团等不少企业的生产车间安装了冷气，还开辟了员工休息区、阅读区等，这些细节都是企业对员工人文关怀的重要体现。给予员工足够的尊重与关爱，一定程度上也能增添员工对于企业的归属感，激发干事创业热情。

总结来说，一个优秀的企业管理者要学会做好“人”的文章：要重视科技研发人才的培养与引进，拥有宽容失败的心；要懂得待遇留人、情感留人、平台留人与环境留人；要懂得和专家技术人才做朋友。

始终视品质为生命

近年来，周其仁老师带队、佛山市工商联牵头开展了多场以“品质革命”为主题的调研。为什么我们需要“品质革命”？其中一个重要原因是，中国经济已由高速增长阶段转向高质量发展阶段，而高质量发展的微观基础是更高质量的产品和服务。

在我看来，推进“品质革命”，需要企业家勇于担当。企业家要树立质量为先、信誉至上的经营理念，耐得住寂寞，经得住诱惑，千方百计做好产品，全心全意追求精品，以制度保障产品品质，打造百年品牌。

此次在长三角调研，每位企业家都表达出对产品品质的高度关注，并各自探索出了一条可操作性强的实施路径。

方太集团成立之初便定位为高端厨电品牌，这无疑对产品品质提出了高要求。该集团董事长兼总裁茅忠群介绍称，好产品有四个标准：技术和功能、工业设计、可靠的品质、精湛的制作工艺。为了生产出高品质的产品，方太对质量实行严格把控。以消毒柜的生产线为例，该公司实行的是全检而非抽检，对质量的重视程度可见一斑。

公牛集团的经历同样让人印象深刻。在公牛创立之时，市面上的插座质量参差不齐。因此，该公司创始人阮丽平提出要做“用不坏的安全插座”。正是由于对产品品质的高要求，早在2001年，公牛插座的市场占有率就是全国第一。

我还了解到一个插曲：2019年，一场暴雨使得江西萍乡一批公牛产品泡水。公牛集团随即派出工作人员对萍乡市分销该产品的商户进行统计并将泡水产品全部更换，并把泡水产品进行统一销毁，产品价值20余万元。这一事件同样体现了公牛对质量的严格要求以及维护品牌形象的决心。我想，这也是公牛产品能占据国内市场半壁江山的重要原因。

周其仁老师在品质革命调研中曾这样说道：“老总重视什么，企业就重视什么。老总要把精力高度聚焦在做好产品上；产品好，资本市场都会上门找你。做好了产品，市场会跟着你走，否则你就只能跟着市场走。”

接下来，我将下更大力气优化完善产品质量控制体系，在企业内部树立“质量第一、品质至上”的意识，推动企业真正实现高质量发展。

传统制造业应走创新路线、做高端产品

文/梁锡强（广东福田电器有限公司董事长）

2020年是我第二次参加佛山市工商联组织的品质革命调研。自2019年起，我随团先后到访欧洲和国内长三角地区，走访学习当地的企业，了解他们如何经营、发展并取得今天的成就。

在调研中，我深刻感悟到，企业必须走创新路线，做高端产品，不断做精、做强主营业务；必须紧紧围绕客户的痛点进行创新，而企业自身管理也必须及时推陈出新。不破不立，方能在激烈的竞争中屹立潮头，并成功应对来自内外部环境的各种挑战。

品牌技术资金缺一不可

两次调研下来，我最大的感触之一就是，调研的一些企业规模可能不大，但在某项产品、某个领域却达到了世界第一的水平，这十分值得我们学习。

某种程度上来看，“品质革命”也是一场“质量革命”。改革开放40多年来，不少传统制造业逐渐遭遇发展瓶颈，佛山市工商联组织佛山企业家进行“品质革命”系列调研，可谓正逢其时。两次调研给我的启示非常鲜明：企业不一定总是追求做大，其实可以追求做精、做强；不必拿下很大的市场，而可以聚焦某一个点专注发力，把这细分领域的市场研究透、琢磨透即可。比如我们在无锡的法尔胜泓昇集团看到了世界最细的钢丝绳，还在德国汉臣集团看到了世界最好的液压缸。把产品做到世界第一，能够给企业带来丰厚的利润区间，以液压缸为例，游乐场内的过山车等娱乐设施必须要高端液压缸，如果液压缸不达标，就可能导致安全事故。好的东西必然值得支付更高的价钱。

2019年从欧洲回来，包括2020年去长三角，我回来后都把所见所闻同公司团队分享，鼓励团队朝着做精、做强的方向持续努力。比如我们现在在做的一款出口欧洲的开关，由于欧洲市场不仅对面板材料有高要求，还不论任何使用场合、使用环境都执行最高的产品标准，为此，我们的插座也下了一番功夫：使用寿命最高可以达2.4万次拔插，远超国内家用插座5000次左右的频率，还能同时适应东北和海南的气候。

另外，我们的产品可以在2分钟之内完成装配，相比传统开关15分钟左右的安装时间，这也是一个飞跃。目前，国际国内人工成本都很高，以国内为例，一名电工每天工资约为300元，为一套100平方米左右的房子安装开关需要两天，折合成本约600元。而如果用了我们的开关，由于安装速度快了数倍，一名电工只需要一天甚至半天就可以完成施工，这就为建筑方节省了数百元的人工开支。

国内的制造业同质化比较明显，尤其是工业产品领域，大家只能打价格战，甲比乙的产品便宜几毛钱可能都是一个卖点。但如果一款产品能够帮助客户节约施工费用，售价就可以比同类产品高一元，这就能够帮企业从残酷的“价格战”中抽身，为企业的发展带来显著利润空间。为什么利润空间如此重要？在我看来，要做好制造业，第一要有品牌，第二要有技术（包括创新），第三要有资金实力。如果只有品牌、技术却没有资金，企业同样没有生存力。例如在2020年疫情期间，我们就是靠现金流撑了过来。但高利润只有通过提升产品附加值才能实现，拼低价是不可能有高利润的。所以我们必须把产品做精、做强，争取在所在领域里做到独一无二。

创新必须紧扣客户痛点

当然，创新必须围绕着客户痛点进行，这一点尤为关键。以方太集团为例，他们的每一款产品都旨在解决客户的痛点问题，无论是已经推出的可以根除油污的大吸力油烟机，还是2020年新推出的水槽洗碗机——方太集团注意到一些消费者厨房比较小，没有放下洗碗机的空间，就把水槽和洗碗机结合在一起，消费者只需要把用过的碗筷放在水槽里，机器就能自动洗干净，这就体现出对客户痛点的关注。

我们也必须站在客户的角度做产品。为什么我要做安全插座？因为我注意到，传统的插座只需要符合国家标准就可以了，但国家标准实际上是最低的标准，以插座为例，小朋友可能会拿着钥匙等物品去捅插座孔，我们必须提供更周全的保护。所以，我们的产品内置了保护装置，只插单孔无法插入，必须两个/三个孔同时插才可以，这就显著地降低了幼儿误碰插座的风险。

另外，国内插座的使用环境很复杂，有些消费者可能会把插座放在阳台，用于连接洗衣机，所以我们的研发团队也研发出防淋水的插座，这种插座在插孔外安装了不透水的保护罩，在插孔周边还预留了排水槽，设置了双重防水保护。

把握消费者的痛点，说起来简单，做起来实际很难。以我们针对欧洲市场的出口产品为例，为了做出新产品，我们经过了大量的实验、测试，使用了大量的耗材。这就要求，我们必须要有一种执着精神，包括研发团队在内，必须把高标准、高要求贯彻到底，心中要有强烈的信念："我必须要这样做，这就是我的目标。"

在这种执着精神的指引下，我们的研发团队也培养出高度的敬业精神。研发过程中的加班加点就不说了，2020 年国庆节期间，因为我们正在生产第一批出口产品，为了确保生产过程万无一失，研发团队只放两天假，假期里也守候在生产线旁。

培养团队的信念，首先要让大家形成一种使命感：产品旨在帮助全世界的客户，为全世界的用户解决他们的痛点。像苹果公司那样，一款产品改变全世界人们的使用习惯，这是一件多么伟大的事业啊！我们的团队也要有这样的自豪。

培养团队的信念，还需要在公司内部形成尊重人才的风气。有些荣誉不是给钱这么简单的，为了激励人才，我们针对工程师设立了"特别贡献奖"，奖牌用纯金制成，而且获奖者可以坐在主席台上，全公司的员工都看在眼里。2020 年春节期间，我们的研发团队主管就获得了这一殊荣，他也感到非常骄傲和自豪。

另外，我觉得企业一定要培养一定的狼性精神。企业也是一个组织，而一个组织必须要有活力才能有生机。

传统制造业必须先破后立

这一次前往长三角调研，我们也注意到，很多长三角企业也很想转型、突破，他们也面临很大的压力。举个例子，法尔胜泓昇集团的产品在全国大型桥梁应用中占比非常高，但是国内建桥的高速发展期已经过去，这家企业在未来同样面临严峻挑战。

不仅如此，我国传统制造业还普遍面临土地、劳动力要素成本上涨等压力。20 世纪 90 年代时，工厂员工的月工资仅为五六百元，现在可能要四五千元，但不少制造业产品的相对价格反而降低了。正如前面所言，为了应对挑战，我国制造业企业必须有三大王牌：品牌、创新和资金。目前我国创新型的企业整体来说比例还有待提升。此外，传统制造业企业大多走粗放型发展路径，随着时代的变迁，制造业企业必须突破传统的桎梏，培育形成先进的管理体系、高效的运营模式、出色的品质管控才能生存。

在这一领域，宁波的方太集团就给大家提供了榜样。该公司第一代创始人茅理翔是做点火枪起家的，在第二代茅忠群接班以后，与父亲"约法三章"：第一必须跳出之前的事业、成立新品牌独立运营；第二要另起炉灶，老员工及其亲属不能进入新公司；第三新公司的决策方向要由茅忠群决定。就这样，茅忠群做起了高端厨电，相当于把老茅总的那一套给"破"掉了，重新建立品牌，建立起自己的团队，企业才能够发展起来，才有了今天的方太集团。

企业经过了多年的发展，团队、管理等很多模式形成了定势，改变的难度很大，除非你先把企业"破"掉，重新来过，否则很难有所革新。所以我们必须不断地"破"，在自己还可以承受伤痛的时候主动"破"，企业才能赢得未来。

追求制造业胜利，打造科学管理体系

文/萧礼标（蒙娜丽莎集团股份有限公司总裁）

2020年，我有幸跟随佛山市工商联、经济学家周其仁及南方日报社组建的专题调研组，前往苏州、宁波、无锡三地开展了一场干货满满的对标调研活动，为蒙娜丽莎集团股份有限公司在疫情冲击下如何育新机、开新局，探寻新的路径与标杆。

走访的每一家业绩卓著的企业，对于我们来讲都是一个独立的成功范本。每家企业成功的路径看似不一，但其实也有着相似的规律：这些企业的成功所在，都离不开高度重视研发创新、坚持品质为上、秉承科学管理和坚守文化信仰。

高质量发展需要创新“铁三角”

宁波天生密封件公司董事长励行根说，研发是他们的爱好；方太集团每年将不少于销售收入的5%投入到研发创新当中；公牛集团致力于当插座专家和行业引领者。

由此可见，全国一流品牌企业有着高度一致的创新目标、创新意识和研发投入比例，也让我对创新有了更深刻认识。

首先，坚定不移走创新领先的道路。从天生密封件公司、方太集团、双良集团、公牛集团等名声卓著的企业可以看出，保持科技创新、坚持自主研发、拥有自主知识产权的领先产品，是保证企业可持续、高质量发展的“铁三角”。这也是蒙娜丽莎一直在追求的。

20世纪90年代，蒙娜丽莎在全国建陶市场掀起“雪花白”风潮。2007年，企业投入巨资，建成国内首条大规格超薄型陶瓷板生产线，推出行业30多年来最具革命性的创新产品——陶瓷薄板。当前，我们更是推出从性能上、功能上都处于行业领先地位的陶瓷大板、陶瓷岩板。蒙娜丽莎从不惧怕成为“第一个吃螃蟹的人”。创新是我们的性格，企业每年也确保不少于销售收入的3%投入到研发创新中。

同时，强大的科研力量才能确保创新实力，从而提升企业的综合竞争力。这些年来，蒙娜丽莎先后搭建了国家认定企业技术中心、广东省工程技术研究开发中心、院士专家工作站等八大创新平台，领跑行业技术创新。主动锐意创新，使蒙娜丽莎更快更强地占领创新产品市场的制高点，掌握主动权和话语权，稳稳地抓住获利先机，牢牢地把握好发展的节奏。

让好产品为企业代言

匠心精神，让价不让质。

每一家企业都把自主产品视作瑰宝。不管是公牛集团以竞争企业两倍的生产成本，经过 27 道全方位安全检测，只为制造“中国最安全的插座”；还是方太“坚持零缺陷”，凭借着注重客户体验和细节完善的水槽式洗碗机，在消费市场上实现“逆袭”，“品质为王”理念贯穿始终。他们以消费者的需求为导向，以产品的高品质征服消费者、打动消费者、收获消费口碑，稳健的口碑连锁式引爆消费行为，使品牌产品稳守行业头部地位。

由此我想到，早年间行业内刮起了一阵功能性产品的旋风，品类五花八门，有负离子、除甲醛等，风头一时无两。但经过一段时间的市场检验，其中更多产品是夸大其词、科学依据不足、专业人士不认可，而且存在诸多技术风险。

风口之上，蒙娜丽莎也被多次催促推出此类功能性产品。但是，我们的质量文化要求是“把每一件产品打造成艺术精品，让蒙娜丽莎的微笑进入千家万户”。我们始终本着实事求是的创新作风，通过长时间的调研、实验，反复推敲、验证，最终于 2020 年下半年，推出了品类丰富齐全、健康机理科学、检测数据完善、专家学者认可、产品规格花色紧跟潮流的抗菌岩板。

选好的材料，造好的产品。当前，行内价格战相当激烈，但我们依然坚定地认为，价格可以让，品质不能让。因为我们始终相信，好产品自己会说话。秉持这一理念，蒙娜丽莎的产品从原材料采购环节开始到产品推向市场，经过了多道严密的检验工序，高标准的原材料准入门槛、高标准的过程质量控制、高标准的出仓检验环节，确保了出厂的每一片产品都质量合格。

我们还设立首席质量官，完善了覆盖全员、全过程、全产业链的质量责任体系。唯有如此，产品才能经得起时间的考验和消费市场的检验。

科学管理助推企业可持续发展

智能化管理、信息化管理、标准化管理、服务化管理，是此次调研中的又一亮点。

每一家企业都有其个性化管理体系，没有囫囵吞枣、生搬硬套，并且通过科学的管理手段，助推企业迈上更高的台阶。

一方面，智能化生产实现提速增量。慈兴集团从2008年开始就以机代人的自动化生产，与客户宝马同步开发产品。其大力进行高端汽车轴承生产线的数字化改造，使车间的实际产能提升，操作人员数量降低，同时操作人员的工作舒适感明显得到提升，把更多精力用于设备的精细化维护、产品质量提升。

另一方面，信息化管理开启高效模式。公牛集团上线了“云—边—管—端”一体化智能平台，不断优化用户体验。另外，公牛集团有网点100万个，利用信息化管理手段，精确瞄准消费群体，形成以点带面的营销推广。维尚集团则以“数据流”让生产制造环节实现互联互通，引入云计算让工厂实现“自我调度”，与前端消费者打通。

制造业的信息化，不仅能从浅层上实现企业管理的减员增效，更能从深层中利用大数据库为品牌挖潜，为市场开拓提供数据支撑，为经营决策搭建战略高度。相较之下，蒙娜丽莎在信息化管理方面仍有较大的上升空间，我们将不断加快信息化建设的步伐，让企业在传统制造业的信息化升级层面上率先突围。

此外，标准化经营巩固企业安全管理。天生密封件董事长励行根强调“流程大于总经理，制度高于董事会”。可见，通过标准化的管理，使企业的经营管理实现制度化、规范化，能够大大减少管理者的主观偏颇。

随着企业规模的不断扩大，从“人治”到“法治”是企业的必然之选。这也是源自实践的经验。蒙娜丽莎很早就成立了企业标准化管理办公室，一方面不断引入各类管理体系，向着标准化、流程化、系统化迈进；另一方面，不断完善企业内部管理制度，尤其在职工薪酬、创新激励、员工晋升等关系到员工切身利益的领域，公司还成立了专门的工作委员会，不断提升企业的决策管理水平。

最后，制造业服务化是核心竞争力。这是一个重组制造业服务逻辑的时代。制造业与互联网正迅速融合，重构生产者与消费者的链接。商业关系由链式供应方式向网状生态共创体系转变。在陶瓷行业，企业也开始深刻认识到加快制造业服务化转型的重要性、必要性和紧迫性。

以文化赋予企业创新发展灵魂

文化是调研的另一个焦点。拥有文化信仰的企业，灵魂是鲜活的，创新是生动的，发展才会是可持续的。方太集团把儒家思想和现代企业管理理念和谐融合，形成了个性鲜明的“方太文化”。方太集团董事长茅忠群通过推崇儒家经典，开创现代儒家管理模式，使企业在经营、生产制造、社会责任层都得到升华，逐步迈向伟大企业的愿景，彰显着方太集团“人品、企品、产品，三品合一”的核心价值观。

如此大格局的企业文化，震撼了调研组一行。我们也在思考所经营的企业，在五年后、十年后的状态会是如何？想方设法赋予企业行为以意义，这是非常重要的。而企业所打造的文化格局、所塑造的文化信仰，将会为企业凝聚精神力量，增强抗压韧性，提升主动竞争能力。

在这方面，蒙娜丽莎以“诚信、务实、创新、高效”为企业的核心价值观，营造“每个家都值得拥有蒙娜丽莎”的品牌文化，秉承跨界融合的理念，打造中国陶瓷行业领军品牌和国际知名品牌。诚然，蒙娜丽莎的企业文化还能在此基础上，打造成为更鲜活、更个性、更高阶的形态，以支撑“打造百年蒙娜丽莎”的目标实现。因为，伟大的企业都需要有坚定的信仰，而坚定的信仰来自员工对企业文化的认同。

通过此次对标调研活动，汲取多家卓越头部企业的发展经验，将推动我们根据自己所在企业的实际情况，调整发展步伐、丰富发展形式、创造发展机遇。百舸争流奋楫者先，千帆竞发勇进者胜。对于蒙娜丽莎来说，我们将继续坚定以“大瓷砖、大建材、大家居”为发展战略，做强做大陶瓷主业，以“打造百年蒙娜丽莎”为目标，实现公司的持续、稳步、健康发展。

把握数字化趋势，坚定创新发展道路

文/卢宇聪（广东万和新电气股份有限公司总裁）

6天5夜，跨越3座城市，深度走访7家企业，对话多位企业家……

这是一趟开阔视野之旅。我接触了很多之前极少有机会接触的企业，比如做光缆的法尔胜泓晟集团、做节能装备的双良集团、做密封件的天生密封件有限公司等。我以前经常接触的是家电行业的关联企业，此行是打开了视野。这些企业虽然与我所处的行业关联不大，但是它们在科技创新、人才管理等方面的经验依然很值得参考。

这也是一趟坚定信念之旅。长三角这些优秀企业正在做的事情，我们企业也在推动，比如人才培养、数字化转型等，它们的实践也更加坚定了我的想法，我们也会沿着既定的道路坚持投入。

向“智造标杆”取经

长三角调研之行的第一站是维尚家具华东智能制造无锡基地，这也是让我印象最深刻的企业之一。维尚家具是国内全屋定制家居产能第一的企业，而且向来以智能制造著称，位于佛山的维尚五厂也是著名的智能制造标杆工厂。

维尚无锡工厂是维尚家具投资30亿元建成的新工厂，在智能制造方面更进一步了。维尚无锡工厂实现了高度自动化生产。走进工厂，从原材料分拣区开始，裁剪、封边、钻孔、质检等，每一个工序上都由不同的机械手或设备运作。

了解维尚家具发展历程就会知道，维尚家具是有数字化基因的，这一点跟传统的家具企业很不一样，维尚是从做软件起家的，所以他一开始的时候就朝着智能化的方向来建设。因为有数字化的底层基因，它在这方面的决策会很快，而且非常的精准。我们今天可以看到，维尚家具在数字化方面已经取得了阶段性的成功。

我也是来自制造业企业，走进维尚无锡工厂的时候，我最为震撼的地方是工厂的信息化，自动化其实不是难点，难的是信息化。维尚无锡工厂产线上，每一块板材包装的尺寸都是不一样的，但由于产线的柔性化，可以让多个尺寸的板材相互配合。于是我们可以看到这样一幕，工作人员在终端打包，基本上对着清单打包就行。因为产线的信息化管理是“一条龙”的，从生产端到打包，全面的生产端都实现信息化了，每个板材都有“身份”的，终端按单照做就行。

这样的信息化是很难做到的，要知道，工厂内部信息化做不好很容易造成混乱。当然，我们今天看到维尚家具的成功，也不意味着我们迟了。我认为，机会还是在的，最重要的是在数字化转型当中，科学合理地匹配我们现有的资源。

在长三角调研中，也有一些企业分享数字化转型的失败经验，其实我认为失败的原因就是没有真正想好怎么做，资源怎么匹配，如何下手转型。万和电气这几年也在推动公司内部管理的数字化转型，我们做得还不错。但是整体配合度还是不够，这次长三角走读后，我回去还要继续推进企业数字化转型。

坚定推动数字化转型

万和电气是从 2016 年开始大力推动数字化转型，当时是出于两个主要原因，一是想再进一步提高产品质量，提升产品出厂的一致性；二是节省人工。

我们通过与高校合作引进 MES 系统，打通了企业在计划、采购、物流、制造、仓储等各个环节的业务数据链，打造具有更低成本、更高性能、更大柔性的生产制造能力的生产管理体系，可以更快速地根据市场需求调整企业的生产，也可以根据特定群体的需求量身定制产品等，帮助企业快速进行“智能制造”的转型。

我们现在有 12 条燃气热水器生产线已经实现一定的智能化，哪一个工序出问题会马上有反馈，并且立刻有人去纠正。我们跟维尚家具不一样的地方是，我们的产品以标准型号为主，所以从制造的角度来讲，对柔性化的要求没有那么高，但是未来必然是每一个工厂都追求更加柔性。不排除以后会走到个性化选配的阶段，比如汽车制造，现在已经在做个性化选配了。虽然暂时市场还没有这种需求，但是站在未来的角度看，都是有可能的。

柔性化对于提高生产率也有很大的作用。我们现在 12 条生产线，每条产线生产完一款产品后，可以通过转线去生产另一款产品。如果做到足够柔性化了，就不用转线了，有可能一条生产线就能同时生产 3 种型号的产品。这个难度很高，不仅要高度信息化，而且内部的配合度也要很高。

我们谈数字化转型经常会讲到投入产出的问题，从我自身的经验看，投入产出是算不过来的，我们一整套的内部信息化系统做下来，费用真的不少，还包括跟很多第三方公司合作。所以我认为企业一定要匹配自己掌握的资源去做数字化转型。

但毫无疑问，数字化转型是一定要做的，就像今天没有智能手机几乎寸步难行一样，没有数字化，企业是走不远的，趋势在逼着我们转型。对于万和电气来说，我们投入很大，也很坚定，我们每年不做具体的预算，但是该投入的都会投。

同时，我们也努力把握最新趋势，5G、AIoT 是未来智慧家庭的两大底层驱动技术。万和电气在 2019 年 7 月与中国电信、华为签约合作，三方打造“万和·5G 创新基地”，研究基于 5G 通信技术的智能制造应用，以及人工智能产品的硬件和软件解决方案。

在此之前，万和电气也正式签约加盟成为阿里 IoT 合作伙伴联盟（ICA）理事单位。现在，万和智能云平台已经开放互联阿里云、微信云、京东微联、苏宁云等各大平台，形成了跨平台、跨终端系统的大连接能力，解决了用户对智能家庭设备过去的“割裂”痛点体验。

持之以恒追求创新

长三角企业的创新精神也让人印象深刻，不仅是高科技企业在尖端科研领域不断突破，还有一大批生产民用产品的企业，持之以恒地追求创新，在行业内始终保持领先地位，用小产品打出百亿级营收。

无锡的双良集团，一家生产溴化锂制冷机的企业，它创业的技术门槛是很高的。溴化锂制冷机一开始用在核潜艇上，后来由军用转为民用，国外一直是垄断技术，双良集团成功打破技术垄断，实现溴化锂制冷机的国产化。一直到现在，双良集团都是溴化锂制冷机领域的领头羊企业。

双良集团实现技术突破，并且一直在技术上领先，离不开企业对人才的重视。双良集团创始人缪双大在创业初期，就专门从上海聘请专家。而且双良集团很早就开始聘请大学生，1993 年就建起了人才楼。双良集团有一个原则，就是不管进军哪个产业板块，牵头人必须找行业前三的人才，而且公司每年都会拿出利润的 10% 来给人才分红。做到这种程度，企业成功几乎是必然的。

吉利汽车也是从创业之初就很重视人才培养，之后又通过收购，投资换技术，借用全球“大脑”搞创新。现在吉利汽车的创新能力已经很强了，他们推出的领克品牌在市场上也很受认可。

还有公牛集团，插座这么简单的产品，做到了百亿营收、千亿市值。他们也是注重不断创新，插座是技术含量不高的产品，但是公牛推出了符合各种场景、各类人群需求的插座。创新是有很多种形式和层次的，不管是不是处于高科技领域，企业都应该追求创新。

创新也是万和电气成长的重要动力。近年来，我们也积极通过“借脑”创新。除了积极去招揽一流人才，我们也推行合伙人模式。公司部分新品牌的运营是采取合伙人模式，将经营决策权都交给合伙人，万和电气负责监督战略目标和财务。

通过合伙人模式，我们跟社会上或者高校里的优秀团队展开合作。合作团队带着项目来，他们有技术有人才，但是他们缺乏销售资源、品牌资源。双方合作后，他们可以共享我们的销售资源和品牌资源等，我们也通过这种方式增强了企业实力，开拓了新的业务。

瞄准细分市场需求，打赢品质攻坚战

文/许腾徽（日丰企业集团有限公司总裁）

读万卷书，行万里路。

2020年，我有幸参加了佛山市工商联、南方日报社共同发起的“育新机 开新局：品质革命与市场突围”2020佛山企业迈向高质量发展系列调研活动，与北京大学国家发展研究院教授周其仁以及10余名佛山企业家代表一同走进东莞、深圳、广州、无锡、苏州、宁波等地的10余家企业学习取经。期间，我们观生产、聊技术、话发展，行程紧凑而充实。

本次活动的主题聚焦“品质革命”。以日丰管为例，过去我们谈产品品质，更多聚焦于产品使用寿命。因此，我们提出了“日丰管管用50年”的口号，这就是企业对产品品质的自我要求。

经过10天的调研走访，我对“品质”一词有了更深层次的理解。企业追求品质，不能仅仅停留在延长产品使用寿命的层面。随着消费升级步伐加快，高品质的产品应能满足多元化市场需求。

从战略思考与组织能力出发

2020年，我连续参加了品质革命珠三角调研与长三角调研。作为两次都参与调研的佛山企业家代表，我受益匪浅。

同一家公司，不同人看的角度不同。我观察企业，主要聚焦企业发展战略与组织能力两大维度，希望从他人的探索历程中获得启发。事实上，这一路上参观的企业确有不少值得学习。

其中，宁波的公牛集团给我留下了很深的印象。这家企业以插座业务起家，然后产品线逐步延伸至墙壁开关、LED照明与数码配件领域。公牛依照从“核心业务”向相邻或相近产业链延伸的方式，将产品一步一步向更丰富更多样的方向拓展。这使得该公司在保持主要业务稳定上升的同时，具备了更多的发展可能性。

同样位于宁波的方太集团也如此。创立之初，企业便提出在一众进口品牌中打造中国第一个高端厨电品牌。以此为战略引领，方太围绕“厨房”做文章，推出抽油烟机、灶具、消毒柜、蒸箱、烤箱、水槽洗碗机等产品，颇受大众喜爱。这两家企业的战略很有借鉴意义。他们均是基于品牌定位，不断延伸产品线，而且在延伸过程中寻找新的切入点，例如拓展渠道等。

另一家让我印象深刻的企业是江苏双良集团。它从生产溴冷机起家，而后发展成为一家以节能环保装备制造产业为核心，集清洁能源集中供热产业、水环境治理产业、碳基生物有机肥产业、化工新材料产业于一体的公司。

该公司的发展战略始终紧贴国家大政方针，尤其是做足环保大文章，从中找到新的增长点抢占先机，最终形成超百亿的规模。这一成果的取得，离不开企业对未来五年甚至十年发展的谋划布局，这也是我非常感兴趣的。

除了战略思考，组织能力也是我的关注焦点。从理论上来讲，企业明确了战略方向就相当于明确了路径。能否将战略快速落地到位，考验的是企业组织能力。没有强大的组织能力，企业的战略再清晰，也无法落地。

方太的组织能力很强，它的员工对于企业文化的认同感很高，而且还多次获评为“最佳雇主”，这很能说明问题。

此行周其仁老师反复强调一句话，“学习要以我为主。走访企业过程中，重要的不是这家企业如何，而是这家企业的发展经历给我带来了怎样的思想撞击，哪些经验可以为我所用”。对于我而言，日丰发展到当前阶段，企业发展战略与组织能力是至关重要的两点，这关乎企业未来的走向。经过此次调研，我在企业战略思考等方面有了新的思考。接下来，我将进一步探索除管道产品外的第二增长曲线，开拓新的战略机遇。

科技创新是企业发展原动力

“科技是真佛，谁拜谁受益。”这是此行最令我印象深刻的一句话。

科技创新是企业不断发展的原动力。成立24年来，日丰集团一直践行这一理念，把所有资源投入核心竞争力的打造。这也是我们今天能成为业内领军品牌的重要原因。

我们在品质革命长三角调研中参观的企业，绝大多数都把创新作为企业赖以生存和发展的重要基础，并大量付诸实践。

企业的创新故事虽然各不相同，但其路径总结起来主要为两种，一种是以客户需求为核心，围绕用户体验进行创新。在此方面，尚品宅配的经验很有借鉴意义。

尚品宅配怀揣着让家居生活更美好的愿景，在客户端钻研得很深，将客户需求分得很细，然后不断用技术创新满足用户日益丰富的需求。

例如，尚品宅配推出的全屋定制，能实现家装主辅材、装配式背景墙、全屋定制家具及配套家居产品、电器等家居全品类的一站式配齐，让客户能“拎包入住”。要打通众多品牌，又要实现为客户的全面服务，没有技术创新赋能是不可能做到的。围绕用户端需求进行创新，我认为这是一种非常了不起的创新方式。

另一种创新路径则是加强科技研发，不断向产业链上游迈进，把攻克“卡脖子”技术放在创新驱动的突破方向，以此筑牢企业“护城河”。

在此方面，江苏的亨通集团有着大量的实践经验。这家以光纤通信业务起家的企业，通过持续创新，打破国外技术垄断，成功自主研发出光纤通信产业最核心、最关键的技术产品光纤预制棒。

在座谈中，亨通集团副总裁吴如其说，所谓创新是时代发展要求，对企业而言创新的重要性已经到了非创新不可的程度。他还提到，创新强，要强在产业链的自主可控上，要强在关键领域掌握核心技术上，要强在系统解决方案集成能力上。

这一观点让人感触颇深，尤其是在全球贸易壁垒不断升级的当下，中国企业更应加大技术创新力度来跨越壁垒。

无论是围绕客户需求进行创新，还是向产业链上游迈进，都是日丰正在走且将不断坚持的道路。近两年，我们研发推出了抗菌管，通过在管道表面增加特殊涂层，达到 99.9% 的高抗菌率。

2020 年，我们又步入智能管网市场，通过在市政设施上安装传感器，实现智能化运营管理。从管材制造商到智慧管网服务商，日丰以科技赋能加快自我变革和品牌焕新，其核心目标正是满足日益多元化的市场需求。不仅如此，未来我们将着力从“引领行业”升级为“引领消费者”，让企业取得新的建树。

将人才“串珠成链”形成正反馈

企业竞争归根结底是人才的竞争，只有一流的人才，才能造就一流的企业。

此次调研的企业，大部分创始人并非高学历或是精通技术，其成功关键在于识人、用人。

我觉得作为一个优秀的企业管理者，首先要能识别、招揽一批比自己优秀很多的人，这是基础。因为每个人都有自己的长处，有人善于营销，有人善于技术研发。企业管理者不可能事事精通、面面俱到，因此必须要找到比自己厉害的人才，推动企业迈上新台阶。

其次，企业管理者要能把各路优秀人才“串”起来形成合力，达到“1 + 1 > 2”

的效果。要做到这点，关键是要让人才安心留在企业，发挥其百分之百的才能，不断形成正反馈。

所谓正反馈，就是指公司通过多种途径激发员工的自我激励，并不断促进员工个人价值观与企业文化的共同价值观契合。同时，将员工的个性化动机整合到平台中，形成协同作用，并成为推动公司发展的力量，使员工在工作中感受到个人价值的实现。我认为，要做到这点很难，很考验企业家的管理能力。

此行，周其仁老师多次提到“企业家对人才的感召力”，即企业家自己不一定要精通技术，但是要具备招揽人才的能力。就像双良集团的创始人缪总，每次拓展一个新的市场，必定要邀请到行业内排名前三的专家加入。

我认为，企业家对人才的感召力，源于企业家的格局。它体现在两个方面，一方面是企业家对未来发展趋势的思考与判断，另一方面是企业家对人才的接受度与包容力。这是一门学问，需要长期修炼。

对于日丰而言，未来我们也将不断吸纳优秀人才为企业的组织发展赋能，给予年轻管理者更大机会与平台，同时也不断包容试错，让企业焕发出更鲜活的生命力。

珠三角企业家要勇于对标国际标准

文/陆海峰（住友富士电梯有限公司董事长）

曾听身边的企业家朋友说，“品质革命”系列调研质量很高。2020年，我有幸第一次参加，调研过程中真切感受到了此次活动果然“名不虚传”：几天的时间里，我们马不停蹄地造访了无锡、苏州和慈溪三座制造业重镇，走访了多家优秀的制造业同行，充分感受到长三角企业在品质管理、智能智造等方面的出色成就，可谓意义满满，受益匪浅！

这次调研，也让我看到了珠三角和长三角企业在诸多方面的差距。在慈兴集团，生产线已经基本上摆脱了对人工的依赖，工人们看起来也非常“悠闲”，只是辅助全自动化生产线运作；在无锡维尚家居科技有限公司，公司采用了数据化智能管理系统，结合立体仓库等生产工具，千变万化的定制家具在生产过程中无一出错；无锡法尔胜泓昇集团有限公司的车间完全就是研究办公室，真正实现了“产学研”的结合。

自动化生产带来的高效率、高智能和良好的工作环境，让我大开眼界，也引发了我深刻的思考：为什么长三角的企业可以做到这么高度的自动化和智能化？经过仔细思考，我总结出以下几点，与同行共勉。

高层管理者要敢于“与狼共舞”

在我看来，能够实现如此程度的自动化和智能化，首先是因为长三角企业的高层领导和中高层管理者敢于从思想上接受新的事物，愿意学习全新的领域。

长三角企业家还敢于“与狼共舞”。为了实现与国际化大品牌、大企业的合作，他们不惜付出前期低利率、亏本的代价；在合作的过程中，他们也能够放下身段，主动虚心学习、自我变革，与高手一起成长。

例如，慈兴集团前期的产品并不包括汽车轴承，而是低端的农机轴承等。为了获得与宝马、奔驰的合作机会，慈兴集团经受了这些一流企业的严格考核。据慈兴集团副总裁、总工程师赵坤回忆，一名宝马集团的工程师曾半夜12时“突击检查”公司热处理车间，只为检查产品状况、劳动纪律等有没有落实德国人的意见；严谨的德国人还会现场提问，看你能不能回答出来，并提出200多项整改意见。

虽然落实这些意见难度很大，但这也让慈兴集团真正达到了国际一流企业的标准。最终，通过整晚的加班加点，200多条整改意见中的99%都得到了落实。

对企业来说，主动拥抱更高的标准，满足更加严苛的要求，才能推动自身的提升，而与国际一流企业的合作，还能让团队的眼界大大提升。如今，慈兴集团已经成为浙江最大的轴承出口企业之一，产品涵盖汽车轴承、电动工具轴承、家电轴承等，2017年销售收入21亿元，球轴承出口国内排名多年位列第一，并成为国内第一家实现滚珠丝杆自动化生产的企业。

客观来说，这就与珠三角很多老板的想法不一样。在我眼中，不少珠三角企业家通常有点“小农意识”，只关心一笔订单的得失，很多人整天说“没钱赚你不要找我”，却忽视了对合作带来的技术进步、智能化升级的关注。对比来看，这实在是因小失大、得不偿失。

做实业也要有家国情怀

这次调研还让我注意到了珠三角和长三角企业家在情怀方面的不同。客观来说，不少珠三角企业家有种“小富即安”的心态，而我们调研的长三角企业家没有这个想法，他们想的永远是把这份事业做优做精，不断对标国际标准，以担当国家责任为己任。

比如，无锡法尔胜泓昇集团，创业初期国内99%的钢丝绳都是进口的，为了实现进口替代，公司不断努力，最后甚至做出了全世界最粗和最细的钢丝，开始挑战全人类的极限。再比如慈溪天生密封集团，造出了大国重器，为国防事业服务，这些案例都令我非常感慨。

那么，电梯行业能不能践行“家国情怀”呢？答案依然是肯定的，只是形式不同而已——外国品牌占据了国内市场（尤其是高端市场）的很大比重，对国产电梯品牌而言，想办法把国货做好，拿到足够的市场份额，这就是我们对国家的责任和担当。

要做到这一步，就要把产品做到顶尖。其实这个过程是很辛苦的，坚持者也非常孤独、无助，但坚持走下去，盈利、挣钱就是顺理成章的事情。最美的风景永远属于勇攀高峰的人。

如何把电梯产品做到顶尖？对我们来说，做出最安全、最放心的电梯只是一方面，改变电梯在人们心中“冷冰冰”的传统认知，让乘坐电梯变得舒服也很重要。这个想法，来自宁波公牛集团对我的启迪。为了与消费者家装的风格相匹配，公牛集团推出了金色、黄色、绿色等多姿多彩的插座，这就使人们的家庭更加美观协调。所以，接下来，我也在考虑推出多彩电梯，让乘电梯变成一种赏心悦目的体验。

让电梯变得多彩，还是对国家节约节能战略的响应。传统电梯使用的不锈钢板材料，使用寿命长达数十年，而根据国家安全规定，一部电梯的最大使用寿命为 15 年，到期就要无条件报废，不锈钢板就会被浪费掉。而彩色电梯可以使用彩色钢板，成本更加低廉，性能也足以胜任 15 年的使用。

根据我的设想，未来电梯的色彩还可以实现定制化，最大限度满足消费者对个性、多彩的需求。在安全性能方面，未来我们还可能在电梯增加安全气囊，打个比方，汽车怎么发展，我们电梯行业也要怎样发展。

有所学有所不学

当然，调研中接触到的想法和做法也不适用于“照单全收”，我们也要有所学有所不学。例如在企业管理文化方面，根据我的观察，长三角更倾向于采取“职业经理人”制度，用高薪留人，但不会优先考虑向员工和管理者出售股份。但在我看来，企业的文化就是“财散人聚”，让出股权，看似付出了许多，却能够激发员工的主人翁意识，也让他们看到长远的利益回报，从而增强企业的向心力和凝聚力。

珠三角很多企业家都是这样做的，这也是我们的一个优势。以我了解的一家发展迅速的房企为例，他们采用了“合伙人”制度，每开发一个新项目，管理层要率先投资，项目成功后根据比例获得回报，这激发了他们的斗志，让企业实现了快速扩张。

当然，在技术方面，长三角企业则非常值得我们学习。其实，近几年我们也加大了自动化、信息化方面的投入。以 ERP 系统为例，2018 年开始，我们在采购、财务和生产环节引入了 ERP 管理系统。实践证明，ERP 系统提高了员工工作效率，员工出去谈业务，报价、下单通过一部手机就搞定了。

如今这一系统正在向销售和售后服务环节延伸，未来我们的售后也会实现数据化、智能化，对客户需求的响应速度将会大大提高，维修成本也会下降。

我们还设计了别出心裁的自动化技改模式：我对每个车间的负责人明确，凡是能够在 4 年之内回本的自动化投入，都要立刻启动，否则我就会进行追责；而启动的技改项目，如果成功降低了成本，则项目启动的最初 3 个月所省下来的成本都属于技术团队，再小的改良也会有奖励。

这就给我们员工进行自动化改革提供了强大的动力，不少人甚至通过改良获得了几十万元的奖金。就在刚刚过去的上个月，技术部对电梯产品的某个售后服务环节作出了改良，拿到了几万元的奖金。

企业的升级改造只有进行时，没有完成时。期待下一场调研带给我们更多启迪！

为实现高质量发展，企业有时需要“走远路”

文/周建新（佛山市承安铜业有限公司总经理）

2020年的品质革命长三角调研，对我而言是一场收获颇丰的学习之旅。这趟旅程中的调研经验值得长久回味和总结。

其中，对我冲击最大、让我至今仍不断反思的是长三角企业对于“卓越”的坚定追求。一些企业坚持“只做第一”，也正是在这种理念的引领下，他们愿意“走远路”挑战难的事情，而不去追求捷径，因此具备了更长远的目光和竞争力。

企业间的差距，往往就存在于理念和眼光之间。长三角企业的敢想敢做和远见卓识都值得我们学习。对于佛山企业来说，我们也需要对标一流，打破惯性思维，对“行业领先”拥有更大执念，同时以长远的眼光来发展自己。如此，才能推动整个佛山制造业实现跃迁。

“只做第一”成就冠军企业

这次调研给我留下最深刻印象的企业是浙江的公牛集团。究其原因，是因为这家冠军企业的发展历程和特点，与承安铜业有不少相契合的地方。

公牛集团创始人提出的企业发展理念是，专业、专注、只做第一。为此，他们也制定了相应的策略，即企业选择的行业必须是没有垄断的朝阳产业，是能成为第一的潜力行业领域，然后再专心致志地把产品做到最好。目前，公牛在转换器（排插）、墙壁开关插座这两个领域的市场占有率都是全国第一。

与公牛相似，承安铜业也是行业内的顶尖企业。我们的主营业务是生产线路板所需的磷铜球，用于手机线路板里面连接每一层电路。承安铜业多年来专注生产磷铜球，产品一度占全世界1/3的市场份额，成为行业领军企业。因此，对于公牛一路拼杀成为冠军的不易，我们也深有体会。

公牛之所以能成为行业龙头企业，一个重要的原因是他们面对强大的竞争对手，不仅没有退缩，反而从对手身上学习，倒逼自己升级。在 USB 插座领域，公牛曾遭遇了小米这个强劲对手的狙击。当时小米是业内少有的将电工产品做成数码产品、让其更加精致的企业。小米的 USB 插座一面世就大受欢迎，这给更早开发出相关插座的公牛带来很大压力。

公牛的应对方法是，从小米身上反思自己，同时改进自身产品，往数字化精品上拓展。该企业专门建立了一个数码事业部产品链，并带动了企业整个模具、工艺，乃至自动化和电子设计能力的提升。

这样的遭遇，承安铜业也经历过。我们也曾经和对手陷入焦灼的竞争。但是通过向对手学习，我们倒逼自己升级，不断改良产品和团队。为了让自身拥有更加多元的竞争力，并能为客户创造更多价值，我们将业务进行了延伸。承安铜业开始拓展环保领域，专注线路板厂的环保处理，希望拓展高质量发展背景下环保产业的巨大市场潜力。

虽然同处于行业第一梯队，但是公牛却有很多值得我们学习借鉴的地方。他们对行业领先、保持第一有着高度的执着。这种立志成为冠军企业的强大决心，让我不禁反思自身。

我也在心中问自己：承安铜业对于对标行业第一、成为行业第一、只做行业第一的执着与魄力，到底够不够？如果遇到像小米这样强大的对手，我们能否正面迎战，并走上更高质量的发展道路？要回答这些问题，我想我们必须学习公牛身上那种对卓越的坚持，以及将愿景和决心化为行动力的务实。

“不走捷径”塑造长远竞争力

公牛还有一点让我受益匪浅，那就是这家企业强调走远路，即任何时候不急功近利，不追求一时得失。他们始终坚持，不因为大环境的变化而通过刺激性手段达成目标。这个理念是企业打造长远竞争力、保持基业长青的一个前提。

对于这一理念，承安铜业也深有共鸣。作为国内磷铜阳极材料生产的开拓者，我们一直沉下心来做品质、不走价格战的捷径。其实，与许多其他产业一样，磷铜阳极产业领域内也存在低价竞争造成“劣币驱逐良币”的现象。承安铜业对此的应对之道，是不断以技术迭代、创造颠覆性工艺来占领技术的制高点，以此赋予产品绝对的品质优势。对我而言，这是坚持自己认为对的东西，且这条路充满艰辛。但水流有顺有逆，我会选择逆流而上。

“走远路”，还在于不满足于现有成绩，而是持续用新的技术、渠道、发展策略等保持竞争优势，并在企业价值上作延伸。

有人说，公牛的产品不就是一个简单的插线板吗？然而，公牛的厉害之处，正是在于他能将插线板这个技术壁垒并不高的产品做到全国第一，并且让其品牌获得消费者的高度信任。这背后，企业付出了非常多的心血和努力。

为了构建强大的营销体系，公牛借鉴快消品的做法，在民用电工领域首创“配送访销”模式。每天早上5时多，来自公牛集团全国各地的7000多辆专业配送车在装满货物后，如同公交车一样，沿着固定的路线，开始在全国网点间穿梭。目前公牛已在全国范围内建立了约75万个五金渠道售点、近12万个专业建材及灯饰渠道售点及18万多个数码配件渠道售点，“形成了较难复制的线下营销网络”。

尝试超越自己，挑战更难的事情，同样也是承安铜业选择的一条道路。我们把产品做到第一后，曾经迷惘：怎么继续走下去，走得更好？为此，我选择新开一家环保公司，改变单一产品路线，通过给线路板厂提供环保处理业务，挖掘新利润和价值。这既没有脱离承安铜业主营业务，又能够乘着高质量发展趋势下环保产业的东风，创造巨大的经济效益和社会效益。

在这个过程中，我也不断对标优秀企业，思考自己企业的长远规划。我会去洞察行业几年后的态势，包括客户在材料、服务上的痛点，如何去解决等。以往我会觉得，思考这些是件很难的事。但是看看其他企业，比如公牛未来10年针对生态电工的规划，同样位于浙江的方太花8年时间只为研究一件产品。这提醒我，企业不能只是看短期利润，想着3年回本；我们要有长远的愿景，弄清楚你到底想和员工一起创造什么价值。

成为洞察人才需求的“魅力型领导者”

除了公牛，此次调研了多家长三角的龙头企业。我发现他们的一个共性就是在引才留人上有自己的一套独门绝招。而这正是企业在激烈的竞争中，赖以生存的技能。

无锡企业双良在1993年就建起了人才楼，提供三室一厅、配备中央空调和冷热水的住宿条件，人才可拎包入住。时至今日，双良依然牢牢坚守一个原则：不管进军哪个产业板块，牵头人必须找行业前三的人才。总部在杭州的吉利，则在全球建立研发中心，吸引创新人才。

北京大学国家发展研究院教授周其仁说过，能挖得动人才，让人才愿意跟着你，这是企业家的本事。我对此深以为然。成为“魅力型领导者”是企业家的基本功。所谓“魅力型领导者”，不完全是企业家自带光环。这种类型的企业家的练成，是建立在你能够花时间站在人才的角度去洞察他真正的需求，并且去匹配其需求的基础上。

引才留人的关键，在于让人才的专长和公司顺利结合，让人才放下一切担忧，放心地创造价值。不管是双良在 20 世纪 90 年代建人才楼，还是吉利在全球建研发中心，都是在满足特定时代的人才需求。

当下，人才不断有新需求涌现。他们不仅看钱，还想要创造价值。因此如何提供更好的环境、制度、岗位，真正地发挥人才自带的资源和能量，并且让人才对企业产生信任感？这不是光给工资及股权就行，而是要在企业内建立相应的流程制度来切实保障人才的权益，源源不断地吸引人才的加入。

通过这次调研，我也在检视自己。我发现，在引人方面，承安铜业的功力还远远不够。我们现在正从基础做起，即公司系统性地制定引才留人的制度。这方面，一些大企业早就在做了。比如，吉利建立了完整的培训机制，拥有自己的导师帮助人才制定职业规划，培养自己的“大神”。“雁系列”培养项目更是打造了多层次的引才体系，引才目标明确。

这些都值得我们学习。目前，一些具体的措施正在承安铜业实施。比如，我们某些部门一直缺人，希望多招人才。但磷铜阳极行业比较专业，没有行业经验的人很难立刻产生价值，有经验的人才又稀缺。所以我们一般自己培养新人。这些人刚入职待遇可能比较基础。所以我会列一个表，里面统计了各个岗位职员的入职时间和工资涨幅走势。我们会在招聘时将此表提供给应聘人员，让他们能够直观地看到人才在公司的上升空间。

这只是个开始。我们还会不断探索，塑造企业的人才竞争力，让自己在高质量发展道路上走得更长远。

为“佛山制造”开新局，企业要更奋斗更创新

文/晏小强（佛山市中衡电气设备有限公司总经理）

长三角与珠三角，这两颗中国经济的璀璨明珠，在40多年的改革开放历程中创造了经济发展的奇迹。如今，面临诸多变局，以佛山为代表的中国制造业将如何构建国际国内“双循环”新发展格局？

“在危机中育新机，于变局中开新局”，2020年8月，在佛山市政府指导下，佛山市工商联、北京大学国家发展研究院教授周其仁团队、南方日报社组织了一批佛山企业负责人，奔赴长三角踏上了参观、学习、交流之路。

这是一趟收获满满的旅行。在周教授的点拨下，我们一行在参观中交流、在复盘中思考，在思考中找到未来的信心和方向。展望未来，“佛山制造”完全可以更好。

调研之旅亮点纷呈

5天时间当中，我们一行20余人一共参观了10家企业，其中亿级企业1个、十亿级企业3个、百亿级企业4个、千亿级企业2个。他们斗志昂扬、敢打敢拼；他们文化厚重、融会贯通；他们规模宏大、管理规范；他们产品优良、品牌卓著；他们创新领先、技术更新。总之，每家企业都精彩纷呈，综合优势明显。我用一个特点和一段短文来记录自己对每家企业的观察。

宁波天生密封件公司，主要生产高端密封圈，产值1亿多元，但其核电站密封圈设备已领先世界，打破行业被海外垄断的局面，勇夺国家科技进步二等奖，可谓“家国情怀照丹心，技术领先破垄断”；

苏州博众精工科技股份有限公司为自动化系统集成商，产值约20亿元，但其机器人的各行业应用及太空梦想令人佩服，可谓“朝阳行业敢为先，技术创新不畏难”；

慈溪的慈兴集团产值20多亿元，奔驰、宝马公司的“找碴”让他们的轴承走向世界，国内市场让同行挣，而自己努力挣国外钱，可谓“无须狮张扬，善学牛韧性”；

无锡维尚家居科技有限公司是全屋定制的领先企业，产值约 80 亿元，工业互联网技术已经在销售、设计、生产中生根发芽，每天处理上万个订单，并通过云平台提供产品与家装一条龙服务，可谓“工业互联领行业，行业云联创未来”；

宁波方太集团股份有限公司是厨电领域领跑者，产值超百亿元，企业文化已达到“博古通今、中西合璧、融会贯通、逻辑严密、以身作则、知行合一”之境界，是为“国学文化度众生，欧美管理创佳品”；

宁波的公牛集团在插座行业产值超百亿元，产品、营销、品牌、供应链的综合优势领先业界，堪称“综合优势领市场，品牌优势引系列”；

江阴的双良集团有限公司是主营溴化锂节能、供热、水治理、有机肥的多元化公司，产值约 400 亿元，从小企业一路向上，正是“壮志激烈二代传，多元发展关联领”；

江阴的法尔胜公司是以钢丝绳为主的多元化公司，产值约 400 亿元，已为千座大桥提供钢绳，当称“初心不改父子传，情融实业孺子牛”；

苏州的亨通集团有限公司专业生产光纤，年产值过千亿元，行业排名世界前三，正是“通信老兵不言愁，国际视野创一流”；

宁波吉利汽车研究开发有限公司是中国民营汽车的一张名片，年产值过 4000 亿元，从零到有到精创造中国神话，可谓“胆识过人抓先机，迎难而上耀中华”。

学习方太的管理之道

长三角企业为何能在各行各业独领风骚？在我看来，首先是企业家拥有敢于挑战、不畏困难的斗志。双良从一个锅炉开始，法尔胜从一根草绳出发，吉利从做摩托车入门；李书福最早说“汽车就是四个轮子加两个沙发”，更是一种创业豪情，江浙人的胆大可见一斑。

其次是企业团队的管理素养。本次参访，总体人员素养都很高，企业管理水平也很先进，自动化特别是信息化水平非常超前。

再次，企业要把创新思维融入血液。我们调研的企业，都能够不甘于现状，总是把握好国家最新政策，把握好市场最新需求。

在企业管理上，我对于方太集团董事长茅忠群更是佩服得五体投地。很多企业也出台了不少内部规定，诸如“16 条军规”等、然而执行效果却不尽人意。这是为什么？对比茅忠群，我相信我们可以找到答案。

第一，茅忠群心思细腻，又极富逻辑思维，每句话都凝结着自己的思考和智慧，这就让他的话语很有动人的力量。我认为，这离不开他的理工科背景和对国学的谙熟。

第二，茅忠群能够以身作则，甘当表率，做到了“知行合一”的境界：他提到“让顾客更安心，让员工得成长”，这些观点都可以在《论语》上找到出处；他提到产品的品质和对顾客的关怀，而仁爱之心正是国学精华之一；他表示方太要成为一家伟大的企业，造福亿万家庭，而“修身齐家治国平天下”正是他的人生目标。我相信，他的经营之道，一定有很多来自传统国学的智慧结晶。

第三，茅忠群还能做到中西合璧。方太集团同样引入了六西格玛等西方管理学模型，实现了现代科学的管理；方太集团还有一种“快乐奋斗”的文化，茅忠群做研发的劲头像个充满斗志的小伙子，这些都让我非常感叹。

调研中，周教授的点评同样非常精彩。“人类有挑战极致的天性”“错过了消费互联网不能错过工业互联网”“你的产品在世界上领先吗？中国的产品在尖端上为何不能与欧美互掐”“科技是真佛，谁拜谁受益”……周教授一路上的奋声驰呼、精彩点评，对我们来说实在是莫大的鞭策和鼓舞。

重燃激情焕发新斗志

对标长三角企业，我们到底学什么？在我看来，首先我们要重燃企业家的激情，要“为有牺牲多壮志，敢教日月换新天”，打破“小富即安”的保守思想；打破“暮气沉沉”的人生状态；打破“因循守旧”的工作方式。“更高、更快、更强”是人的本能，我们不要让困难与惰性遮住了向上的天性，而要壮志凌云、重燃使命，要“自信人生二百年，会当水击三千里”。

第二，我们要从激烈的市场竞争中脱颖而出。企业分三个层次：底层靠能力、努力；中层靠规模、管理、资源；高层靠创新、品牌。中国同类企业太多，产能过剩，同质化竞争残酷，我们必须苦练内功，提高综合竞争力，在坚守中发展，从底层走向高层。

第三，我们必须提高工业互联网能力。数字化、信息化是时代千载难逢的机会，是提高效率的不二利器。虽然 ERP、MES、云平台、自动化设备等互联网工具对员工素质、管理流程要求非常高，转型升级的过程一不小心容易“卡顿”，但“宁可小错不可错过”，一定要及时上线工业互联网。

必须指出，引入工业互联网，企业必须坚定方向、坚持不懈，还要注意方式方法，以结果为导向，实行“小步快跑”，适时、适地、适法、适量投入。

工业互联网的成功应用，离不开资本、团队、技术的投入，更离不开企业向死而生、不留退路的决心。为加快应用工业互联网，接下来，我们公司计划组织 1—3 个事业部试行，失败无过、成功有奖，以项目模式闯出一条成功道路，特别要学习维尚在销售、设计、生产领域应用工业互联网的能力。

第四，我们要加强文化建设。文化是根、文化是人心、文化是思维与行为的习惯，一个组织、家庭、民族，只有文化领先才能真正领先于世界。接下来，我们计划实行中高层亲自书写、讲解、落地的文化之行，让文化不再是墙壁上的口号，而要落地成为行动和结果，让文化融入每个人的灵魂和血液。

第五，企业必须加强创新。创新是企业的灵魂，是企业存在的意义，只有不断创新才能满足客户日益增长的需求。尤其在国际贸易摩擦的背景下，只有中国企业不断研发领先产品，有过硬的技术本钱，“中国制造”才能有真正的平等与尊严，在激烈的国际竞争和复杂的贸易环境中屹立不倒。

以人才为根本，向创新要动力

文/邹淑峰（盈峰环境科技集团股份有限公司执行副总裁）

2020 年我参加了由佛山市工商联与南方日报社共同发起的“育新机　开新局：品质革命与市场突围”2020 佛山企业迈向高质量发展之长三角调研，与北京大学教授周其仁及十几位佛山企业家走读了无锡、苏州与宁波 3 城 10 家企业。

此次长三角之行，我收获颇丰。通过实地走访和高层座谈会，我更直观地感受到这些优秀企业、单项冠军企业的发展秘诀。它们在机制创新、组织创新、人才战略创新和技术创新等方面的思考与行动，让我深刻地认识到，优秀的企业都着眼于未来。

我所在的盈峰环境科技集团股份有限公司（简称“盈峰环境”）深耕环卫领域。近年来公司在聚焦环卫装备业务的同时，积极开拓环卫服务业务，打造“智能环境装备 + 智慧环境服务”双轮驱动的发展模式。在此过程中，我们也积极探索机制、组织、技术和人才战略等方面的创新。

事实上，此行走访的长三角企业，其不少所思所为，恰恰也是盈峰环境在做的探索。这些长三角优秀企业的实践经验，将成为盈峰环境未来发展的重要参考。

创新是企业发展的原动力

一家企业要成为行业里面的佼佼者，或者要持续走得更远，创新是原动力。

此次长三角调研走访的 10 家企业，几乎无一不在印证着创新的重要性。比如，走自主研发创新之路的江苏双良集团，首创世界最高、最大间接钢结构空冷塔，成为空冷行业的佼佼者，并成功突破技术垄断进军国际市场；又比如，浙江公牛集团以客户痛点为创新切入点，在行业内首创自动防过充 USB 插座等。

我认为，创新包含三个方面的“新”。一是机制创新，通过机制创新让企业变得更有活力，更有力量，比如一些企业从家族传承走向职业化团队管理；二是管理创新，比如盈峰环境正推动公司从事业部制转向前台、中台、后台的生态组织架构，以此让信息流通更顺畅，实现效率更高，成本更优；三是技术创新，这也是制造企业最为强调的一种创新。上文提及的双良集团就是技术创新的佼佼者，此外，走访的企业中还有江苏亨通集团、宁波天生密封等企业，也是以技术创新见长。

盈峰环境以“智慧环卫”（智能装备＋智慧服务＋智云平台）为发展战略，倡导“科技创新是我们发展的根本”核心价值观，当企业内部遇到很多复杂的、有争执的问题，最终解决之道，始终遵循这一核心价值观。

长三角优秀企业在科技创新上的重投入让人印象深刻，不管是厂房、设备，还是人才方面，这些企业对科技创新的重视值得学习。回看盈峰环境，在科技创新投入上，我们同样是不遗余力的。

统计显示，截至2020年10月底，盈峰环境获得专利超1000项，其中发明专利超600项，技术专利、发明专利居行业首位。同时，2020年7月中旬，盈峰环境中央研究院揭牌，这是盈峰环境的核心技术机构，未来将承担企业核心技术研究、新兴业务孵化、战略产业驱动的重任。

优秀的企业都着眼于未来，这是我从无锡维尚家具、亨通集团等长三角企业身上感受到的一个重要共同点。

盈峰环境中央研究院也正是一个着眼于未来的研究院，它将深度融合人工智能、5G＋、IOT、绿色设计等关键技术，突破智能环卫AI装备＋智慧集群云脑等核心技术，开展新技术跨界融合创新、前瞻性关键技术研究和新产业孵化发展。

人才是创新的基本要素

创新不是凭空产生的，创新的核心是人才，创新驱动的本质是人才驱动。

多元化是双良集团的一个重要特征，而多元化发展得好离不开对人才的重视，这家企业坚持每进军一个领域，都要引进该领域的顶尖人才。还有公牛集团，他们的高管团队都是来自很优秀的企业，包括外企及国内顶尖企业。

调研中还发现，不少企业在人才战略方面坚持“二八原则”，即20%的高尖端人才是引进的，80%的人才靠内部培养，这也是盈峰环境一直坚持的用人原则。走读了这些长三角的优秀企业后，我们更加坚定了这个方向，在未来，我们还要有更多落实的举措，以吸引更多的行业优秀管理及研发人才，培养一批又一批高尖端“盈峰人”。

对盈峰环境来讲，我们要结合战略目标，打造一个更加系统的人才培养体系。一方面，要高度重视高端科研人才。在企业内部，我们倡导“若企业就剩最后一个面包，都应该给研发人员吃”。

比如，担任盈峰环境中央研究院院长一职的张斌博士，曾获“中国发明人物奖”，拥有近百个关键技术专利，填补了多项行业空白，对于这样的人才，我们持续“拔高”他们在企业的位置，以此营造重视科技创新的氛围，现如今，张斌不仅是研究院院长，还是盈峰环境的首席技术官。

另一方面，在内部人才培养方面要形成更完善的体系。此次调研中，宁波吉利汽车的人才培养模式让我印象深刻。吉利汽车内部有一个“大雁计划”，即对新招的毕业生实行“156 战略”的培养计划。所谓“156 战略”，指每个毕业生进入吉利汽车后，要进行 1 个月的脱产培训，5 个月的轮岗培训，以及 6 个月定岗的“传帮带”培训，通过 1 年时间来夯实基础。此外，吉利汽车还有雏雁计划，通过校企合作，定向培养企业所需人才。

反观盈峰环境，我们也有自己的人才培养计划，通过对长三角这些优秀企业的调研，我觉得在人才培养方面，我们仍有提升与完善之处。近年来，我们每年举行校招，吸收 200 多名大学毕业生，入职后组织集体培训，并且安排为期半个月的轮岗，总体来说，轮岗机会较少，体验不够充分，可以在 2021 年的校招作出相应的调整，以更好地完善岗前培训工作。

接下来，我们希望打造更加强大的内部人才培训体系，而吉利汽车的做法非常具有参考价值。比如，在人才培养节奏方面，2021 年，我们可以作出改变，应聘者入职后，先用 2 至 3 个月的时间，让新人在不同的岗位学习，在不同的业务板块体验，再对他们作出综合评估，从而再确定比较适合他们的岗位。

打造企业数字化竞争力

除了创新和人才，此次调研我感受最深的还有数字化。数字化转型是盈峰环境未来 5 至 10 年战略目标之一，目前正在全力推动，从长三角回来之后，我更加坚信，要加大推进的力度，且持续推动。

在我看来，智能制造只是数字化的其中一部分。更重要的是，我们要通过数字化来打通整个企业的价值链，打通财务、供应链，营销、项目全部实现数字化管理，让数字化真正为企业供应链采购降本提效。

在长三角，数字化转型做得好的企业很多，比如维尚家具、公牛集团等。其实，在我们顺德也有很好的标杆企业——美的集团。美的集团从 2012 年开始推动数字化转型，推动实施数字化战略，对整个集团的信息化系统进行改造。正是有了这一番改造，才有美的集团今天的业绩，相较于数字化转型前的 2011 年，2019 年美的集团营收翻番，利润从 67 亿元做到了 253 亿元。

在数字化转型以前，美的集团各个事业部的 IT 系统、CRM 系统、ERP 系统等一般是独立的，转型之后，各个事业部的系统全部打通。盈峰环境目前正处于打通各个部门系统的阶段，盈峰集团首席信息官高度重视并正在持续探索这件事。

过去我们针对供应链、财务、营销、项目管理等，打造了六大模块八大系统，并以此为核心进行改造，从而把整个集团的信息系统打通。打通之后我们的管理会更加规范，采购成本会更优，生产效率会更高。这是一件对我们未来发展很有价值的事。

结合此次在长三角企业所见所闻，可以说大家都有一致的看法和行动，优秀企业都在推动数字化转型。不去做这件事的企业，未来一定是没有竞争力的，将失去综合领先优势。

我关注到，近期美的洗消数字工厂还登上了央视《新闻联播》。借助数字化，这个工厂可以实时掌握每一家供应商的生产以及库存情况，在云端就可以进行原材料的调配，每一辆货车都是通过云端的指令、根据生产进度情况来送货的，送货、卸货的时间被精确到了 1 个小时之内，整个链条做了极限式的缩短，效率得到了非常大的提高。这个工厂也成为美的从制造迈向“智”造的典型案例。

数字化变革是在持续前进的，我们还处于初级的阶段，并且面临着不小的难题。比如近几年，盈峰环境收购了不少企业，这些企业以前的系统都有差异，现在我们要全部打通，更加透明化，这个难度很大。我们预计一至两年内是做不到的，但是 5 年内必须做到。

数字化转型是一把手工程，需要企业领导者有决心去做这件事，现在盈峰环境的高层非常重视这件事，接下来，我们会更加坚定，更加大力地推动数字化建设。

榜样的力量，制造业的希望

文/陈洪波（广东嘉腾机器人自动化有限公司副总裁）

2020 年，我跟随品质革命调研组赴长三角无锡、苏州、宁波 3 市 10 家优秀企业调研学习，一路下来感悟多多、收获满满。总结起来就是：榜样的力量，制造业的希望！

品质革命调研活动本身极具价值和意义，随名师、访优企，让佛山企业家有了重视和修炼品质的契机和实践。这个活动已持续开展了 3 年，调研足迹遍布国内外，从品质出发探寻高质量发展之路，取得了很多成果和良好效果。成果从大量的媒体报道、书籍出版、企业家心得等文字材料里可见一斑；效果从许多佛山企业的品质持续改善和不断提升中见微知著。期待佛山品质革命活动能长期坚持下去，在当地形成品质集体意识，成就名品、优企云集的佛山。

为期一周的长三角企业走访和交流，我收获颇丰。从维尚到双良、从法尔胜到亨通、从博众精工到吉利、从方太到公牛、从天生到慈兴，6 天里我们马不停蹄地走访了 10 家企业。每一家企业都是一个榜样，都有优秀管理者独到的精神、魄力、创意、能力的体现，都是“中国制造”难得的发展样本，值得研读和学习。

向前看，看到“行业未来像”

“行业未来像”是怎样的？在无锡调研维尚时，维尚总经理黎干反复提及“未来像”。他们让我们看到了板式家具生产与销售的业内超前方式和方法，提醒我们向前看、再向前看，也坚定了我做好移动机器人、智能物流、智能工厂研发和推广的信念。维尚的智能工厂是为确定的真客户（已下订单的）而生的，而传统工厂是为不确定的准客户而生的。智能工厂需要移动机器人的参与，传统工厂也需要移动机器人的参与。坚持我们“改进一代、研发一代、预研一代”的研发路线，我看见了机器人行业智能且辉煌的“未来像”。

调研中，不少企业家提出，发展产业要紧跟国家方针政策，企业要有自主核心技术。企业不仅仅要关注自己能做什么，还要看国家关注什么，要看客户需要什么，将自主核心技术转化成产品，服务于国家、服务于客户。此行，我看到了一家中小民企在墙上贴着“国家利益高于一切”的标语，也听到了中国技术在诸多细分市场开始成为行业引领。从这些榜样的身上，我们能感受到无穷的力量，看到中国制造的希望。

不要自我设限，产品、行业都是为人类服务的，这是我此次调研中的又一感悟。我们不要故步自封、止步不前、墨守成规；要开拓进取、居安思危、勇往直前，要千方百计达成自己制定的目标。企业不要拘泥于所谓“天花板”，要敢于突破自我，努力实现自身抱负。我能，我行，我要使命必达。

一起参与调研的北京大学国家发展研究院教授周其仁还告诉我们，要百无禁忌地想，脚踏实地地做。现在是信息爆炸的时代，见到的、听到的信息多如牛毛；而自己想的却不多，想通透的更少，想到且付诸行动的少之又少，付出行动且坚持下去的就更为稀缺了。为什么从来成功的道路上并不拥挤？这或许就是原因。

大胆想，向创新要竞争力

“科技是真佛，谁拜谁受益。”这是我们在一家企业中听到的。多么朴实易懂的一句话，将科学技术是第一生产力诠释得淋漓尽致。我们是否真的愿意厚待科学家？是否真的愿意引进科学技术？是否真的愿意掌握科学技术？是否真的愿意应用科学技术……如果你愿意，你与你的企业必将从中受益。细思嘉腾的发展，我们正是践行了“向科技要生产力”。

创新是血液，极限是能力。此行几乎所有企业都提到了创新的重要性，以各种语言和形式对内、对外充分展示自己的创新能力与基因，对此，周其仁教授扩展的“四种创新”让我印象深刻。其一是应用新，将现有的用于新的领域或产品；其二是只有我有，创新引领；其三是有原理，以此为基础创新；其四是无原理，理论创新。极限是能力的体现，要敢于挑战，如同奥运精神，要“更快、更高、更强”。人无我有，我们要让自己的“武器库”中有更多别人没有的“武器”，这就是能力的体现，由此，我进一步思考搬运机器人的两大极限挑战方向：一个是AI，一个是重载。

会问问题，是创新的源泉；会答问题，是技术的体现。这条来源于慈兴和高端客户达成战略合作的故事，面对客户的技术协议，他们问出了客户的尊重与信赖，面对客户的“找碴”，他们答出了同行无法超越的高度。所以周其仁教授引导我们要“不耻下问”，要欢迎“找碴”，以此来寻找突破和创新的机会，以此来打磨和提升技术水平。回想嘉腾，既有问来的合成石新材料研制配方与工艺，也有答出了上千个技术问题后诞生明星产品“大黄蜂”的经历。因此，对上述观点我深表认同。

会合作，与供应链共进共赢

企业要有永争第一的魄力，只有胸怀天下，才能纵横四海。这是我此行听到最豪迈的一句话，看到了榜样们“立大志、铸伟业”的豪情壮志。的确，不想做将军的士兵不是好士兵。只有志存高远，才能展翅高飞。实业艰辛，路险且阻，我们是要小富即安，还是要向死而生、勇夺第一，取决于一念之间。“第一”只有一个，但如果我们不敢打、敢拼、敢亮剑，我们就永远没有夺取第一的机会。没有人能规定你做不了第一。你可以是行业第一、国内第一，甚至世界第一，关键要有争第一的想法和勇气。

生产力的源泉是工具，人类进步的源泉是合作。这是此行周其仁教授给我的最重要的点悟。嘉腾机器人是做智能工具的，所处的制造服务业特点也决定了我们必须和伙伴、客户、供应链紧密合作、共进共赢。这清晰描绘出了企业发展进步的两大关键。利用先进技术和工具发展，整合内外部、上下游资源，如此业界生态可期。

合作是很难的，要靠人才和文化、要走长路、要带队伍、要身体力行、要率先垂范……虽然很难，但很重要。复盘时，周其仁教授问在场企业有没有不需要企业文化的，没有一个人举手；复盘交流直到深夜，没有一名老师、同学、领导、记者、工作人员早退……短短一周的合作，教会了我们太多东西，培养了我们良好的感情，由此可见，合作其实也不难。

回归自身所处行业，我有以下总结：企业发展首先要定好位，其次要目标明晰，再次要务实践行，其间要尊重科技、广纳人才、持续创新，方得自在，融合共生。我们将以己毕生之精力，献身智造，干好为全世界人民跑腿这个活。方法上，我们要向扶贫干部学习，下到一线、深入现场去推动传统产业转型升级，让制造与智造在相辅相成之中，共同走向高质量发展的康庄大道，共同走向更加美好的明天。

调研过程中，让我佩服的还有周其仁教授的点评和引导魅力，深入浅出、勤勉有礼，既专业深刻，又通俗易懂；既严谨严格，又平易近人。只要学到其敬业、专业、高效、谦逊的态度和精神，就能让人受益终身了，更不用说其传道授业时令人如沐春风之点评和复盘带来的收获了，开阔眼界、启迪智慧，抽丝剥茧、引人深思。期待还有机会跟随周其仁教授调研、学习，充实提升自我。

榜样的力量，制造业的希望。谨以此感谢此行中给过我建议和帮助的所有人，向你们学习！在品质革命和投身实业的道路上，我必不辱使命、不念过往、不惧未来，勇往直前。

深化工业互联网，在高质量发展道路上笃定前行

文/李连柱（广州尚品宅配家居股份有限公司董事长）

2020年，我有幸参与了“育新机 开新局：品质革命与市场突围”2020佛山企业迈向高质量发展之珠三角调研，与北京大学国家发展研究院教授周其仁及十几位佛山企业家走读华为、腾讯、美的（南沙工厂）、富士康工业富联等企业。

品质革命调研的灵魂人物——周其仁教授的格局、视野、热情给我带来思想和智慧上的启发。品质革命调研是情感的交流，是眼界的拓展，是思想的碰撞，更是实战的突围，它注定成为我人生中不可磨灭的印记。

调研学习回来后，我和我们集团的管理干部进行了学习研讨。在找到差距的同时，也更加坚定了我们提升“工业互联网”的思想认知，深化“工业互联网”的实践，走高质量发展之路的决心。

持续思考 ▶ 直击痛点改变行业

“思想有多远，你就能走多远”，在几十年的创业中，我深刻地感受到思想的重要性。外界很多人称赞尚品宅配的模式，是因为我们一直在不断思考，特别是在企业发展到一定阶段的时候，思想以及思考就更加重要。

尚品宅配的起源就是我们对家居行业痛点的思考。20世纪90年代初，国内的科技创业蓬勃发展，我和两个伙伴一起成立了圆方CAD软件公司，制作了国内最早的一批CAD软件——圆方室内设计系统，进入装修领域。到2004年，圆方CAD软件在国内装修软件的市占率高达90%，销售额达3000万元。

在当时的家装市场上，需求与生产之间存在着严重的“代沟”。消费者的户型、喜欢的风格都不一样，市场却没能满足这些需求。察觉到了这种“代沟”，我开始思考家居、家装行业能否做出一点改变？于是在2004年，我们成立了尚品宅配，开始试水家

具业，利用软件的优势，推出了免费设计、免费量尺以及免费出图纸和数码定制等免费服务，让“定制”这个词首度实现了真正意义上的按需定制。

但随着“定制化”的进程，我发现，想要彻底解决消费者的定制需求与规模化生产之间的矛盾，必须解决生产技术问题。于是在 2006 年，我们成立了维尚家具，建立了自己的工厂，并再一次地运用了当时粗浅的“工业互联网”思维去思考，能不能依托“信息化 + 工业化”的两化融合创新，将整件家具的生产转换成零部件的生产？

于是我们摸索着建立了生产信息化的系统，将全国各地的订单统一打入总部系统进行调配，将订单分拆为各种规格零部件的子订单，解决了大规模生产与定制化的矛盾。我们把市场常规的 B2C 模式彻底颠覆，做到了 C2B 层面。尚品宅配也正式开启从定制家具向全屋家居配套的转变。

到了这一步，其实消费者在家居服务上仍有痛点，因为定制家具和整装设计没有打通，市场上普遍存在着定制家具和硬软装设计环节相互分离的弊端。因此，我又思考，能否将家居服务全流程打通？HOMKOO 整装云平台应运而生。到 2020 年，我们更是成立了整装新品牌——孖酷 MRKOQ，整合了国内厨电领军企业和家居配套企业，重构了“整体家装”产业的供应链、业务链、价值链，并对线上服务、线下体验及现代物流进行深度融合。

坚持学习 ▶ 营造全员勤修内功氛围

20 多年的创业，让我感受到了“思考”的重要性，而“思考”离不开学习提升。我认为企业家的学习不同于在校大学生、研究生或职业经理人。企业家的学习力更应该强调一种转换力、持续力，甚至是一种影响力。学完东西之后，企业家应当将学到的东西转换成自己的团队的执行力，帮助企业搞好管理。

我们去到的企业中，都有一个创新思想勃发、创造精神旺盛的团队，很好地支持了企业的创新和发展。而我也一直在致力于打造一个学习型的组织，让我们的公司更有思考力、创新力和执行力。

2001 年，我首次参加卓越领导力的训练，回去之后我立即又派了两个副总经理去参加课程。从那时起，尚品宅配每期送两个到四个高管去学习。这些人全是团队的核心人员，是企业要着力培养的人。

后来，我还根据正和岛的模型打造了尚品宅配的“设计岛”，为当初已经遍布全国各地的几千名设计师做一个开放的好玩平台；在集团内设立五山学院，开展十几年不间断的家书传递。通过这种学习的方式，形成员工一致的理念和意识，这是我最大的一个收获。

我们参观的这几家企业，都在致力于实现卖产品、卖技术、卖思想的升级。尚品宅配可能还达不到卖思想的境界，但在公司内部，也非常重视思想的引领。

在前几年维尚的年会上，我提出要打造“引以自豪制造企业的第 2 站”，管理技术和企业文化成为行业典范，成为商学院的案例。2020 年，我们集团树立了新十年新使命——“让中国人民的美好家居生活的实现过程美好一点”。

基于这个使命，我们继续深耕全屋定制主业、努力开拓整装新业务，全力打造为 C 端消费者创造价值的新模式；我们以“在线量尺、在线直播”的线上营销新模式持续为用户创造价值。此外，我们还开启了“科技大基建”，一方面持续夯实前后端的数据流基础建设，用核心技术引领家居 5G 时代；另一方面加力第二代智能制造工厂的投产与运营，进一步提高人效降成本。

除了继续在技术创新上加大投入和研究，我们还不断在激活员工和激活团队上下功夫，开展多种形式的激励模式。在顾客服务端，我们努力提升设计师满足用户需求的能力和动力；在智造端持续深化精益生产，人人讲精益、人人讲品质；售后安装讲“阳光现场”；在获得佛山市政府质量奖后持续在好产品、好服务上下功夫，坚持走高质量发展之路。

立足佛山 ▶ 做好高质量发展表率

回望创业历程，从做软件到全屋定制，再到整装，我们一直希望通过努力，让中国家居行业、装饰行业发生一些变化。在“信息化 + 工业化”两化融合帮助我们建立了工业互联网模式的生产制造后，我们还要通过工业互联网实现制造业和服务业的“两业融合”，朝着服务型制造业的高质量发展努力。

2020 年，维尚无锡智造基地开业，成都智造基地也即将投产，全国“金三角”布局初现雏形。华南、华东、西南三地智能制造生产基地的自动化、智能化程度不断升级，更能满足华东、华北区域消费者、加盟商的需求，也更能支撑集团全屋定制、整装双赛道业务的可持续发展。

目前，无锡工厂整个智造系统、信息化建设更强，生产效率更高，产能更大，车间钻孔工序基本上实现无人化。除此之外，我们还积极推进了海外技术输出，2017 年，维尚在泰国推出首个海外项目，采用“维尚模式 + 泰国制造”的赋能路径。

回望 2006 年，我们在佛山开办第一个智能制造生产基地。14 年间，从佛山到无锡，从国内到海外，一路走来，佛山给我们提供了优良的营商环境、坚固厚实的实体经济基础，政府领导给予了充分的信任、关怀和支持，使我们可以紧随时代的脉搏，不断发展。

在实体经济的历史发展中，佛山每一次都走在了前列。当前，佛山又抓住了“工业互联网”的先机，打造数字经济新优势。由于其强大的制造业基础，工业总产值排全国第六，且工业体系较为健全，涵盖了几乎所有制造业行业，有业界人士称，佛山是最适合打造工业互联网生态的城市。

作为“工业互联网生态”元素之一的企业，维尚将在政府指引、相关商协会的号召下，积极主动、努力奋进实践“工业互联网”，以科技大基建夯实智造全过程，以企业家精神和工匠精神锻造组织文化，创新驱动改变大家居消费痛点，做好工业互联网的表率，做好传统产业高质量发展的表率，为佛山打造全国数字经济发展标杆城市贡献企业力量。

向标杆企业取经，用科技创新引领品质提升

文/李勤（广东金意陶陶瓷集团总经理助理）

2020 年，我有幸参加了“育新机　开新局：品质革命与市场突围”2020 佛山企业迈向高质量发展之长三角调研，这是自 2019 年 9 月首次参加“品质革命 对标世界”的跨省跨国调研活动后，我再一次参加高品质的学习交流活动。

在这一年的时间里，我一直在尝试理解和践行调研中学到的东西，尤其是北京大学国家发展研究院教授周其仁在复盘中给学习团带来的品质革命精神和标杆公司高质量发展的优秀做法。随着对企业发展的理解逐步深入，我对学习优秀公司有了更深理解和更多思考。

2020 年伊始，疫情给金意陶带来了很大的影响。我们曾在 2019 年末做好了“充足”的准备，以充分的自信迎接 2020 年的到来，意外的出现仍然打乱了设想中的节奏。尽管我们以最快的速度作出调整，但这次在长三角的调研过程中，我依然发现，我们在应对危机，快速反应方面仍有很大的空间可提升。这种提升空间的背后，折射出一些企业发展的底层逻辑。优秀的企业有其优秀的原因。

科技是生产力制高点

本次走访的企业无一例外，都将科技创新放在企业发展重中之重的位置，在他们的企业发展历程中，无时无刻不把科技当作最高生产力，因此受益无穷。到访的 10 家企业中，印象最为深刻的是无锡维尚工厂、法尔胜和天生密封 3 家公司。

维尚是当前定制家居行业的龙头企业，但令人惊讶的是，维尚的创始团队是一群做信息系统的 IT 人员。从卖软件系统到创业做定制家居，10 余年的发展，维尚的成长给佛山家具行业带来深远的影响。靠着信息系统的独特优势，维尚将个性化定制家具产业从前端获取需求到产品交付到客户的全流程打通，依托系统精准指导每一个环节的收发存管，实现全流程可视化、工业化。

其实，在陶瓷企业中，订单的管理也是一个重要课题，维尚的做法可以说是订单管理的天花板。

在追求订单效率的同时，维尚对数据的研究也有一个长久的布局，通过在10余年前布局的设计软件收集上百万的定制方案数据，精准地区分客户群体，将最适合每个客户群体的设计方案推送给潜在客户，引导客户成交。这种思路与现在流行的精准营销不谋而合。这两者都离不开信息技术的不断升级迭代。

法尔胜和天生密封的产品都是应用在大国重器上，法尔胜从捕鱼用的绳索开始，做到世界上强度最高、承重力最强的桥梁用钢索，观察它40多年的成长历程，就是一本中国钢索应用研究的教科书，从初期向欧美先进学习，到如今制定国际标准，突破国际领先水平进入无人区，法尔胜已经实现了累计造桥1000座的愿景。

类似的故事也发生在天生密封，天生密封的发展历程就是我国密封圈技术的发展史，天生密封董事长励行根将自己的一生投入科研领域，为我国核电站密封圈产品的国产替代进口作出了巨大的贡献。

在每一家企业，我们都能看到从创始人到一线人员，对科技发展和科研成果应用的无止境追求，对标起来，我们有差距，但有相同的决心，如何用科技创新的手段优化陶瓷生产制造技术，将会成为下一个阶段我们的主要课题。

重视人才引进和培育

如果科技创新是创始人坚定的信念基础，那么重视人才就是这一信念得以在企业中不断贯彻落地的有效载体。在这次调研的过程中，调研团多次提出企业如何获取人才、留住人才的问题。我们在佛山也常常听到企业关于招人难、招技术人才更难的观点。

反观无锡、慈溪这样的非一线城市，也依然能链接到无数优秀人才，在这一点上，双良和吉利都给出了极具特色的管理理念和方法。

双良的产品线很长，但都围绕溴化锂制冷这一核心技术，将烟气利用和余热利用的理念践行在各种大型能源消耗场景里。走入双良展厅，最令人印象深刻的是几座大型发电站的产品模型和实施案例，大型园区和商业体以及各种工业能源循环利用的场景。

双良创始人曾经是军队里的通信兵，他从戎装岁月开始便没有停下过学习的脚步。我犹记得调研现场，双良副总裁在聊起创始人的时候，溢于言表的崇敬之情。或许，正是因为这种对技术的信仰，双良对有技术的科研人员怀着无比渴求的态度，从无锡市到江苏省，从全中国到现在全世界，不断地链接各层级科研技术人员，最终将双良变成了一个相关领域优秀科研人才的聚集地。

尤为值得注意的是双良的“分钱机制”，引人才过来，要留下人才。调研团内也有企业家提到了一个好的“分钱机制”是解决人才问题的基础，双良的做法有两个阶段，曾经是把超出目标的80%分到事业部团队，现在是把事业部全部利润的20%给到团队分配，20%留作研发投入。事实证明，这是非常大胆也非常有激励效果的做法，双良留住了大量优秀人才。

如果说双良有着面向世界的人才计划，那么吉利就已经是一个实现国际化人才融合的优秀企业，吉利汽车自从收购沃尔沃之后，就逐步将欧洲沃尔沃的团队技术和人才与国内团队融合，其秘诀就是亲兄弟明算账，就算是一个股东的公司，也要在商言商，算清楚服务、价格、责任与义务。通过这种方式，双方都能有一个公平的环境来履行契约精神。

同样令人印象深刻的要数吉利人力资源负责人的一句话，“我们公司的董事长李书福已经不再参加很多集团的会议了，甚至战略会议也是偶尔参加，但是每年新一届大学生的结业典礼他一定会参加，为优秀大学生颁奖，这也成为集团一大盛事。”

用文化建设提升凝聚力

说到这次长三角企业与欧洲之行企业间的最大不同，不得不提到文化建设，本次到访的多家企业都有非常优秀的文化建设。其中，以方太最有特色。

方太的文化脱胎于儒家思想，融合了多家思想，是将中华传统文化与西方企业管理理论良好融合的典范。走进方太，我们可以看到彬彬有礼的员工，也能看到具有科学精神的工作方法论。短短一个下午的走访，让人叹服方太董事长茅忠群对于企业文化的理解之深，和将文化建设用于企业经营的应用之妙。

企业管理最难做到的莫过于让所有人心往一处走，力往一处使，将企业的目标变成每个人的目标，让每个人的行为都与企业发展的步调一致。这正是我们在方太所看到的，也应是优秀企业所必须做到的。所以，如何将文化建设用于企业的人力资源管理，提升人员凝聚力同样将是下一个阶段的重要课题。

科技、人才、企业文化，这些其实都是企业管理中常常被提及的话题。然而，温故而知新，可以为师矣，在纷繁复杂的环境下，能够有机会将自己抽离出来，以第三者的角度学习优秀企业，往往能收获新知。学习之后，回到公司再梳理战略，保持定力，引导组织不断进步，我觉得这是品质革命之旅给我带来的最大收获。

正如课程最后总结时说的那样，每次学习团的开始是上一个阶段的结束，每次学习团的结束是一个新阶段的开始。未来的一年，企业还需要更多地进行管理理念的提升，不断加强科技创新的投入，用更多的科技创新课题去引导产品升级换代，提升品质，用更完善的人力资源管理体系打造企业员工成长的环境，用更科学的人才发展观吸引人才，留住人才。

着眼长远，以“互联网+”打造核心优势

文/冯斌（佛山金刚企业集团有限公司董事长）

这次参加佛山市工商联与南方日报社组织的品质革命之珠三角访学活动，我收获很大。尤其是调研的华为、富士康和腾讯公司，令我感触颇深。访学活动结束回到佛山后，我进行了更深入的思考。

我们认为，工业互联网是大势所趋，不仅仅是大公司或所谓“有钱公司”的事情，而是任何一个谋求长远发展、打造核心竞争优势的中国制造企业的共同抉择。

大手笔投入科创，华为的眼光和行动令人惊叹

众所周知，“以客户为中心，以奋斗者为本”是华为管理的精髓，可能很多人都会认为这只不过是企业的一个口号，因为与此类似的口号比比皆是。但通过这次参观华为松山湖园区，我们真正体会到了华为的“以奋斗者为本”。无论是园区的优美环境，还是各种便利服务设施，处处细节无不在诠释着华为“以奋斗者为本”的企业文化。一个企业要成功，要获得明显的竞争优势，离不开创新，而创新之源在于人才和投入。

华为对科技和研发的投入，手笔之大，令人惊叹。2019 年，华为研发费用达 1317 亿元，占全年销售收入 15.3%，超过了当年净利润，近十年投入研发费用总计超过 6000 亿元。

华为对科技和人才的重视和大手笔的投入，当然都离不开华为领路人的长远眼光，以及作为一个卓越企业家的博大胸怀与魄力。这是值得我们学习的。

结合当下的经济形势，2020 年，中央提出，建设以国内大循环为主体、国内国际双循环相互促进的新发展格局，这是影响未来我国经济发展模式的重要战略定位。我认为，其中的内循环，即我国经济的发展需要更多依赖自主的力量，在经济增长驱动力上更多地依靠内需，而在生产要素实现上，更多地依赖改革和自主科技创新。

拉开历史的时间轴，技术发展从来都不是一蹴而就的，而是不断积累、循序渐进

的过程。比如美国在 20 世纪 90 年代的信息高速公路建设、德国 2010 年开始的工业 4.0 战略，其在早期建设的过程中同样是依靠自主技术创新的“内循环”过程。

近年来，我们公司一直秉持创新驱动的发展战略，不断加大对科技创新的投入，每年的科研经费和设备改造投入保持不低于营收 10% 的投入强度；与此同时，投入巨资打造企业核心技术实验室，高水平建设博士后工作站，为高端科研人才提供良好的工作生活环境、科研条件和创新平台；创新科技人才管理及激励机制，重奖创新有功人员，建设创新人才梯队，打造核心研发团队，为企业持续创新奠定人才基础。

目前，我们公司旗下已拥有 4 个高新技术企业、1 个省级企业技术中心、1 个省级工程技术中心，拥有一个由 4 名博士和 2 名教授级高工领衔的创新团队，每年专利申请数均在 10 件以上，在同行业中名列前茅，金刚科技创新之树已结出累累硕果。

重视工业互联网，顺应制造业升级大趋势

在 5G 技术周期的背景下，在信息技术的加成下，传统制造有望升级为新型科技制造，用好信息技术，就成了促进经济内循环的重中之重。

在大家的印象中，富士康一直是劳动密集型企业的典型代表。

其实早在 2015 年，富士康就将物联网、机器人、人工智能等相关业务单独拆分，组成工业互联网业务公司——富士康工业互联网股份有限公司，简称“工业富联”。

富士康的“互联网＋”就是搭建工业互联网平台，即针对边缘层所采集及集成的数据，通过云网的存储传送及硬件集成虚拟化，将数据及视频影像进行分类、分割、分解、分析等，进而分享到工业应用平台，实现智能工厂全面网络化、云端化、平台化，全面构建物与物、机器与机器、机器人与无人工厂间的全自动化智能制造。

现场参观时，令人印象深刻的是，互联网技术的应用使得工作环境大大改善，设备自动化、智能化，生产效率得到明显提升，同时也保证了产品质量的稳定性。据介绍，在通信网络设备高精密机构件加工制程中，通过“黑灯工厂”改造，产能提升 18%，人力耗用减少 84%。

事实上，“工业互联网”这个概念并不是现在才有的，其实早在几年前就已经被提出来了，很多人可能会觉得并不新鲜了。但我认为，这个概念虽然不“时新”了，但它确实很“实用”。

在过去 20 年的全球化中，国际分工使得我国依靠较低廉的劳动力成本优势，在制造业上享受到了稳定的代工利润，但由于所处价值链环节位置较低，虽然我国制造业总的体量较大，但总体利润率并不高。

而在逆全球化下，由于国际分工的条件被破坏，倒逼国内产业升级和自主创新，

从长期来看可能会带动制造业整体利润率的提升。由于逆全球化条件，需要不断向内寻求降低成本，因而传统制造业需要升级为依托于工业互联网的智能制造。与此同时，由于我国此前积累的较大体量的制造业基础，我国的工业数据基数庞大，进而通过不断的算法优先，最终实现工业互联网内部生态的更新与进化，从而使得制造业获得进一步的升级，制造成本也进一步降低、制造业优势继续增强，整个国内大循环为主体的格局得以实现。

因此，从宏观层面上来看，“信息技术 + 制造业 = 工业互联网”是内循环的核心。而站在消费互联网基础之上的工业互联网构建，是中国实现双循环的核心路径。当前全球信息技术生态依然是以西方国家公司为主导、不少制造业领域依然是德日公司领军，而中国信息技术、新能源技术与传统制造业的发展相对较为平衡。

疫情以来，我国适时再次明确新基建战略举措，重点就在于构建信息技术的底层基础设施，促进传统制造业的转型升级，这是实现经济内循环的重要环节。而我国也具备建立完整信息生态的三要素条件：完备的产业链覆盖、完善的数字基础设施、广阔的市场容量。

向榜样看齐，“量体裁衣”破浪前行

工业互联网，究竟将为制造业带来什么改变？

对腾讯公司的参观，我们直观地感受到了新的网络通信技术对人们生活和工作方式的改变，尤其是此次疫情暴发更是凸显其不可替代的作用。这种沟通和交际方式的改变，也为企业尤其是只做“线下生意”的传统制造型企业带来了新的商机和新的商业模式，开辟二度市场“线上市场”，想象空间无限，值得我们传统企业的掌舵人深思。

以前在大多数传统企业看来，工业互联网更多的是针对企业内部的信息化改造或集成，但现在以腾讯公司为代表的中国互联网公司，构建了领先世界的消费互联网。这就给金刚带来了一个重要课题，如何将工业互联网和消费互联网接通，在消费互联网的基础之上来搭建新型工业互联网，颠覆传统制造型企业传统的商业模式，为企业赢得差异化的竞争优势。

回看上述 3 家榜样公司，华为对科技人才的重视及高额研发投入，与我们企业所秉持的理念不谋而合，更加坚定了我们走科技创新之路的信心和决心。而富士康利用“互联网 +”成功转型，以及以腾讯为代表的互联网公司带来新的通信技术，也为我们传统制造型企业带来了新的机遇。

近年来，我们公司以管理信息系统和制造智能化两大板块为切入点，着力打造富有金刚特色的工业互联。

目前，我们已成功导入 ERP、CRM 等信息化管理系统，生产执行系统 MES 及实验室 LIMS 在实施过程中，通过提升管理信息化水平来提高决策效率。在集团旗下四个生产基地，通过持续投入技术改造，大幅提升了生产关键设施的自动化和智能化水平，打造稳定的生产体系，在降低制造成本、提升产品质量、保证交付及时、提高生产运营效率等方面起到了至关重要的作用。

与此同时，公司通过关键设备智能化改造，边缘层数据的搜集和集成，并上传“云端”进行分类、分解、分析等，共享到金刚生产技术应用平台，对各基地乃至地处海外的生产线进行实时指导和分享，有效地解决了生产基地分散，给管理带来诸多不便的困扰企业多年的传统难题。

乘上工业互联网的巨轮，佛山制造业必将乘风破浪。

勇敢尝试，“借脑”年轻人的创新思维

文/陈友（广东嘉腾机器人自动化有限公司董事长）

2020年，在佛山市工商联与南方日报社的组织下，我们佛山企业家一行深入东莞、深圳等地，走访调研了华为终端研发总部、富士康工业园、腾讯等公司。

在调研中，我感受到华为布局未来的前瞻性，领略了“黑灯工厂”的智造魅力，更在腾讯体验了开放创新的企业文化。北京大学国家发展研究院教授周其仁也进行了精彩的复盘总结，帮助我们提高学习效率。以下是我的调研心得，以及对创新、企业文化的新思考。

在松山湖窥见华为的大格局

调研第一站，我们走进了位于东莞松山湖的华为终端研发总部。这里又称“华为欧洲小镇”，借鉴了海德尔堡、博洛尼亚、格拉纳达等世界闻名的12个欧洲经典小镇，总建筑面积约102万平方米，绿化率高达约42%，红花绿叶随处可见，不远处还有美丽的湖景；没有千篇一律的“水泥森林”，有的只是古色古香的低密度古典建筑，氛围非常舒缓放松，再结合宽窄宜人的小街道，园区的环境显得格外舒适温馨。

在我看来，华为员工工作强度较大，公司营造充满异域风情的研发基地，提供比家还舒适的工作环境，有利于缓解研发人员的疲劳，激发创造力，让他们尽情畅想未来、专注事业。作为一个公司而言，这种投入非常了不起，也为研究型企业树立了典范。

嘉腾可能没华为那么大的能力，但近年来我们也在持续创造更好的环境。比如2019年12月，我们在顺德高新区的新工厂正式落成，新厂区的建筑面积达到4.7万平方米，在设计上融合了现代工业高效节能的理念和嘉腾“海纳百川，互相关爱”的企业文化，也给嘉腾人创造更充分的思考空间。我们今后再建工厂的时候，还会考虑融入更多的人性化设计。

通过华为欧洲小镇，我们还能窥到华为的大格局。无论5G、6G，还是人工智能、无人驾驶技术，华为很多东西都为未来而生，并在很多年前就开始思考和布局。调研时，华为前高管孙业林也透露，2018 年底，华为拨出 20 亿美元，计划用 5 年的时间来全方位提升软件工程能力，在整个公司范围内开展软件工程能力变革，使产品更好地面对未来更复杂的网络安全环境。

早在 20 年前，华为就完成了软件团队的建设。为什么要重新拾起软件工程能力？因为随着新技术的发展，当下的网络环境已经完全不同，华为必须时刻洞察环境的变化，哪怕在能力已经很强的情况下，也不能停下进化的脚步。

打造真正面向未来的产品，需要企业付出大量的深度思考。嘉腾也在加快探索，比如 2020 年 9 月在上海举行的第 22 届工博会上，我们推出了“自然导航”机器人，相比传统的 AGV，它可以自主构建地图并规划路线，不再需要预设引导路线；我们还承担了省科技厅的新一代人工智能的重大项目，让更多产品实现无依托导航。我认为，无依托导航是下一代 AGV 的发展趋势，企业必须从现在就开始布局。

在富士康感受“黑灯工厂”的魅力

调研第二站，我们来到富士康工业园。在这里，见不到作业区域的照明，工厂完全交给机器人，从原材料到最终成品，所有的加工、运输、检测过程均由自动化生产线完成，完全是一幅智能制造的未来景象。

“黑灯工厂”也有诸多耐人寻味的细节。例如我注意到，通过大数据和工业互联网，富士康记录了生产线每一次的运行情况，发现某个零部件使用寿命可以更久，这就在一定程度上降低了运行成本。所以，工业互联网改变了我对产品测试的看法，我们完全可以边使用、边测试，不一定非要在实验室测试。

在“黑灯工厂”调研时，我还思考了 5G 技术在智能制造中的运用。我认为，基于 5G 网络，工厂内任何需要联网的智能设备、终端均可灵活组网，智能装备的组合同样可根据生产线的需求进行灵活调整和快速部署，从而能够适应制造业个人化、定制化 C2B 的大趋势。

同时，5G 网络具备超高带宽、超低时延和超可靠等特性，能够对工厂内部车间、机床、零部件等运行数据进行实时采集，再结合边缘计算和 AI 等技术，实时下达执行命令；结合区块链技术，所有终端还可进行数据交互，实现去中心化操作，提升生产效率。未来，智能工厂将实现从需求端的客户个性化需求、行业的市场空间，到工厂交付能力、不同工厂间的协作，再到物流、供应链、产品及服务交付，形成端到端的闭环。

智能工厂离不开我们所在的 AGV 行业。AGV 是“黑灯工厂”的必备设备，嘉腾的 AGV 也能满足富士康的需求。但为了更好地适应智能制造的需求，我们还要不断提高 AGV 的智能化水平，以人工智能、5G 技术赋能 AGV，让它能够实时获得周边 AGV 的状态信息，大幅提高运行效率，实现全智能驾驶、快速超车和变道、充电等。

我认为，行业未来将出现集成多路视觉、毫米波5G等功能的高速芯片，嘉腾机器人也计划在传感器及人工智能芯片上加大研发力度，力争突围升级。

在腾讯领略开放创新的文化

调研第三站，我们来到了腾讯公司。腾讯的开放就是真的“开放”。我注意到，不少年轻员工甚至穿短裤、拖鞋上下班——在腾讯，穿着不重要，创新才是最重要的。

在这里，我还看到了善用人才的新思路：调研中我听到，曾经有段时间，腾讯员工的平均年龄在增加，原因是招了较大比例的硕士和博士生。见此，腾讯提高了对本科生的招聘比例——原来，本科生思维更加年轻，更有利于产品创新。

这一做法当时就引发了我的深思。我认为，博士生、硕士生的优势是系统性思维出色，如果产品的方向比较明确，他们可以把产品做得比较扎实；本科生的系统性思维虽然没那么强，但他们敢于去尝试，有时候一尝试就试出一个新产品。

所以，让年轻人负责创意，让博士或资深工程师负责研发，双方合作共同落地创意，这种组合将收到更好的创新效果。最近一两年，我们也在尝试这种方法，比如我们的产品策划部门招聘了不少年轻人，允许他们天马行空地构想新概念，而产品研发则组织资深工程师，甚至与高校的教授们合力完成。通过这种模式，我们也成功研发出一些新品。

在腾讯的所见所闻，让我感到“英雄所见略同”，接下来也会持续增强这一协同创新机制。说到企业文化，我也想谈一谈嘉腾机器人倡导的忠诚文化。在之前的品质革命调研中我总结出，一家企业要忠于自己的梦想，创办之初就要树立坚定的梦想，并不断坚持，如此才能保持对所在领域的热爱，工匠精神才能成为可能。

以我们公司所从事的事业来看，这是一场先进制造的进阶之旅，能让很多工人从枯燥、高危的工作环境中解放出来。我们正为这项事业全力以赴，期待为未来的无人工厂贡献力量，也希望用自己的努力解放更多工人，让人们有更多的时间享受美好生活。

此外，企业还要忠于客户，与客户之间建立相互信任的关系。我认为，嘉腾的成功经验之一就是获得业内大企业的垂青，大客户对我们产品的期待，正是公司发展的强烈指引。不仅如此，有了大客户的青睐，员工也会以在公司工作为荣，企业的公众形象也会更加鲜明。

企业不一定要成为世界上规模第一才能称为“伟大”，只要在某个领域有重要突破，或做出了数一数二的产品，它就是一家伟大的企业。而具备了追求卓越的企业文化，企业才能基业长青、持续进步。

研读转型“尖子生”，解数字化之惑

文/陈迪（广东肯富来泵业股份有限公司董事长、总经理）

2020年，我参加了由佛山市工商联与南方日报社共同发起的“育新机　开新局：品质革命与市场突围”2020佛山企业迈向高质量发展之珠三角调研，与北京大学国家发展研究院教授周其仁及十几个位佛山企业家走读了4家企业，就工业互联网主题进行了深入探讨。

我所在的企业广东肯富来泵业股份有限公司（简称“肯富来”）也在推进两化融合，在这个过程中，我们也遇到了一些困难和疑惑。我本人对数字化转型也有一些想法，尤其是在2020年初的时候。所以此次参加珠三角调研，我是带着想法和问题而来的，其间的几家企业也的确解答了我的部分疑惑。

工业互联颠覆旧思维

在这趟行程中，工业富联（富士康打造的推动智能制造和工业互联网转型的新平台）是我印象比较深的企业。我对富士康一直以来的印象就是代工厂，但去了现场之后发现，它早已不是印象中的富士康了。走访过程中，有两个点我印象很深，一是即便富士康仍在代工，但它的生产、加工、制造方面的能力很强，它前期投入了很多的资源去夯实自身的制造实力，现在它的制造加工能力在国内、在行业内已经是标杆了。

同时，为了稳定生产质量，富士康不断地在生产链延伸，比如制造刀具。我们也是做机械加工的，知道从一个用户转变为生产工具，变化很大，但是富士康做到了。当然这个也是源于需求，因为供应商达不到它的要求，所以它自己来干。从自己应用延伸到生产工具，延伸到打造自己的管理体系，包括软件、信息化等。现在它已经是工具的提供者，在国内制造型企业进行数字化转型的过程中，富士康已经扮演了比较重要的角色。这让我感触比较深。

还有一点，我们当天在工业富联用餐的时候，工业富联也展示了它在农业方面的思考。其中，我印象比较深刻的是自动化温室农场，这是很跨界的行为，虽然温室农场的很多技术都是工业富联手上现成的。不得不说，这个企业很超前，比我来之前想象的要厉害得多，颠覆了很多旧想法，冲击很大。

腾讯跟富士康是完全不同两个方向发展起来的，从不同的方向走到工业互联网这个交点上来。腾讯从 QQ 开始，从单纯的信息沟通工具到社交，然后到娱乐媒体，每一个领域都很成功，每一次转折都踩得很准。在数字化方面，腾讯有很扎实的功底，有雄厚的技术人才和资金实力。但腾讯跟工业富联不一样的地方在于，腾讯没有制造业的基础，所以它需要具体的落地实践，而工业富联就是在富士康大量的实践的基础上做研究的。

工业富联和美云智数有制造业的优势，腾讯有信息化技术方面的优势，我认为未来的挑战是在于如何面对广大的、相对传统的中小型企业做信息化，让这些用户用得上、用得好，做好这一点不容易。作为制造业的一员，我也期待像工业富联和腾讯这样的企业，能给制造业带来更大的改变。

数字化转型是一把手工程

肯富来很早就开始在内部计划做数字化转型，上了 ERP 等一系列软件，到现在差不多该上的系统都上了。但近几年随着企业的发展，对信息化的要求越来越高，我们也加大了信息化投入，提高企业管理效率。我们换了新的 EPR 系统，引进了一些新系统，包括上了客户管理系统。

我们发现跟客户之间存在信息孤岛，很多事情解决不了，所以开始思考如何整合信息资源。2019 年，佛山市三水区引进 IBM 落地做产业信息化，当时三水区和 IBM 签订了几个实验性项目，肯富来参与其中一个。我们跟 IBM 合作做了一个项目，可以让客户知道他们的合同执行情况。这个项目看上去很简单，但实现过程不容易。目前来看，这个合作项目取得了一定的效果，做了不到 3 个月，迭代了七八代。

跟 IBM 接触下来，我感觉他们在数字化方面的经验、能力、技术储备、人才储备等方面远远超出想象。在跟 IBM 团队洽谈及合作的过程中，从需求分析到具体实施到项目验收，其间我们提出的专业或非专业领域的疑问，他们都给出了比较好的解答。我觉得项目合作成败不单在于服务商，还在于企业在落地方面的决心，还包括前期需求分析有没有做得很清楚，过程沟通是否存在问题，等等。

但是跟 IBM 合作的成本很高。从企业的角度来看，肯定会考虑成本因素。虽然有政府的推动，有补贴，但是企业付出的成本还是很高。所以在走访珠三角工业互联网企业的过程中，我也在思考：如果我们与腾讯合作做工业互联网，与 IBM 比较成本如何？另外还有部署周期，我们传统装备制造业，有海量数据和大量系统，我们要完成部署要多长周期？腾讯与工业富联、IBM 等区别在哪里？他们能给客户带来什么具体价值？

我们同行的企业中，也有在工业互联网方面探索比较深的，比如维尚家具。企业家分享的成功经验，关于工业互联网的思路和想法等，也是这次珠三角调研的重要收获。但是经验不一定具有可复制性，这一点企业需要认清。无论如何，数字化转型是个大趋势，企业不可能不做，也不能慢下来，只能往前走。

我也相信，推动数字化转型是一把手工程，企业管理层一定要参与其中。不是说找一个好的服务商就可以了，这件事无法假手于人，一定要自己去做，一定要自己深入去了解。因为只有管理者才知道企业真正需要什么，哪些方面是迫切需要去改善的，包括希望做出来的效果是什么，等等。

数字化转型涉及很多工具，只有用的人才知道好不好用。“一把手”就是用户，他如果不关注工具的问题，很容易出乱子。比如我们跟 IBM 合作，需求分析最重要，如果需求不清楚，服务商盲干，做出来的不是需要的东西，这当中的偏差往往就是合作双方不欢而散的原因。

在与 IBM 合作的过程中，我基本上都参与了他们的日常会议，并且每周跟进项目汇报，他们的流程很规范，我们有很多参与机会，可以讨论和提出修改意见。其间，有些工具一开始使用不适应，在综合各方建议后，继续做修改版、调整版，逐步修正，持续改进，直到工具符合使用标准。

整合资源降低转型成本

综合企业实践来看，数字化转型方面的阻力主要来源于几个方面，包括内部员工的不适应；一般员工的看法存在局限性，对新科技引入会产生一些抗拒；并且新东西进来后，有可能改变原来的工作流程。所以内部的推动需要适应时间，新软件的效果不是立竿见影的。

还有一个阻力是上文提及的经济压力，不仅购买工具需要代价，而且员工需要投入时间精力去学习适应新工具，还有试错成本，这些损耗也是间接的经济压力。政府的扶持一定程度上减轻了企业的负担。近几年，省市政府对于高新技术企业两化融合，都提供了扶持基金，这降低了企业的经济压力。我们也希望通过逐步的改善，让企业员工和股东慢慢体会到新的管理工具带来的直接经济效益，让大家认可数字化转型工作。

另外，资源的整合也很重要，目前佛山进驻了不少服务商，比如工业富联、腾讯、

IBM。佛山各个区都有针对性地引进了大型服务商，我建议可以在全市层面做一些统筹，让佛山市内的企业可以多一些选择。同时，多培育一些轻巧型的服务商，满足更多中小企业的需求。

总而言之，数字化转型是面向未来、不容错失的一项重要工作。虽然初期阶段的回报周期很长，而且数字化转型是持续投入，大家觉得没有设备投入的回报那么快，有心理落差，但是从长期来看，我认为通过数字化实现管理优化而节省的成本，以及给企业带来的竞争优势，是远远超过引进几台设备的。因此，不管政府还是企业，都需要认真对待、持续推进数字化转型。

用好新技术工具，迈向高质量发展

文/赵志军（广东求精电气有限公司总裁）

2020年，我参加了由佛山市工商联与南方日报社共同发起的品质革命珠三角调研，深入富士康、腾讯、美的（南沙工厂）等企业考察。在这趟调研中，我深切感受到了新技术与制造业的深度融合，也进一步认识到一个事实：没有哪家企业可以躲过工业互联网的新技术革命浪潮。

正如北京大学国家发展研究院教授周其仁所说，互联网到了今天，不是说你用上它可以比别人走得更快，而是如果再拒绝这个东西，你就没有立足之地。所以，对于佛山制造业企业来说，产业互联网的发展机遇一定不能错过。

在我看来，拥抱新技术变革，首先需要企业家从思想上、认识上进行革新。我们要认识到，连续、重复、简单、枯燥的工作就应该交给机器去做，否则很多品质控制根本就是挂在墙上的口号。

当然，工业互联网毕竟只是一个工具，它的最终目的是服务于企业核心技术、产品、服务品质的提升。企业要用好这一工具和路径，最终实现更高质量的发展。

变革要从思想意识开始

在2020年7月召开的佛山企业大会上，周其仁对佛山企业发出提醒：我们错过了消费互联网，绝不能再错过产业互联网。这句话再次点出一个事实：工业互联网变革是大势所趋。从长远来看，它是佛山企业的必修课。而此次我们调研的几家企业，在这方面都为佛山制造做出了很好的榜样。

对我来说，富士康的变革探索最有借鉴意义。20世纪80年代在深圳设厂的富士康，一度是劳动密集型传统代工制造的代表。此后，富士康一步步转型升级，坚定地从传统制造向精密制造迈进，成为智能制造的标杆。

我们深入富士康深圳龙华园区，调研了工业富联柔性装配作业智能工厂。这一工厂入选了世界经济论坛制造业“灯塔工厂”。工厂内部署全自动化作业设备，无须人力，因此车间也没有开灯。生产线上各台设备“自主”完成特定生产动作，相互之间配合默契。同时，每台设备都装有传感器，用于采集数据，捕捉产品质量变化趋势并预警，从而及时发现、预防产品品质异常。

这大大提升了富士康的生产效率。以贴片生产线为例，其不仅保护了工人视力，还提高了工序的稳定性。同时，借助传感器收集数据，使用大数据工具进行智能分析，其将吸嘴的保养周期从 24 小时延长至 76 小时、不良率减少至 0.04%，远低于行业标准。

工欲善其事，必先利其器。自古以来，人一直通过制造工具来更好地劳动，甚至不断找到新的工具来替代人、解放人力。在当下，重复的劳动不应该是人的工作，而是机器应该干的事情。机器比人更稳定，对良率提升意义重大。机器不替代人，品质永远上不去。而工业互联网就是一种优质的工具。富士康正是利用这个工具，在他的传统优势领域——精密制造上降低成本，减少了人为出错，提升了效率。

对于我们来说，最重要的是学习富士康积极拥抱新技术的意识和态度。

周其仁说过，互联网的“水管”已经接到门口了，未来就跟水电一样，是所有其他能力的基础。这意味着，未来拥抱工业互联网不是你愿不愿意的事，而是一种必然。富士康、美的等传统制造起家的企业，在面临新技术的临界点时，首先都进行了思想上的变革。他们敢于摆脱对传统制造的路径依赖，不沉溺于低质增长，而是重新建立起信息系统来融入生产制造，以壮士断腕的觉悟开启变革之路。

这说明变革要从思想开始。佛山企业首先应该学的，是那些标杆企业兼具自省与果决判断的改革意识。

用新技术工具服务品质革命

调研过后，我感受到了求精电气变革的紧迫性。其实，我们在自动化上有过摸索，比如从软硬件设施和组织架构上进行自动化变革，以强化企业交付能力。但这些探索并不系统。调研结束后的这段时间，我开始在企业内部扎实推进工业互联网改造。

我们从整体上做了统一规划，然后分步实施。我们要打造基于互联网的平台。我们会把企业的自动化控制、能源管理、内部运营管理等内容全部链接到这一平台上。在此基础上，我们收集设备数据、生产信息等，并通过数据分析来监控管理设备与工厂运行，提升生产效率、优化产品性能。如此一来，我们把工厂变成数字化工厂，大力推进企业从传统制造向智能制造的转变。

为了更好推进变革，我们注重“软硬兼施”。在硬件即生产设备方面，我们引入了自动化的检测设备，比如迅速上马了机械手，应用于焊接工艺等领域。在管理软件上，我们导入 ERP、CRM、MES、OA 等系统，为自动化数字化变革提供支撑。求精电气还和院校、专业机构进行合作，打造数字化的管理后台，目前双方已签订合约。

总之，我们进一步坚定了拥抱互联网的决心。这段时间，企业频繁召开相关会议来研究布局。在我看来，企业越早布局，越早受益。

当然，值得注意的是，工业互联网只是一个工具，可以起到辅助性作用。但企业的核心竞争力，来自其研发生产技术与主营产品的品质。这一点不能本末倒置。就像富士康走到今天，其最“硬”的实力还是精密制造能力和产业链的完整。其领先的工业互联网改造能力，也是建立在强大的产品研发和制造实力上的，比如对各种刀具的研发。这些构成了富士康的底层竞争力。

反观自身，求精电气也一直在研发、品质、服务上追求突破。我们从电气设备的零部件生产到成套设备开发，再进一步拓展到电力安装工程总包。我们的应用场景，比如机场、轨道交通、数据中心等大型工业项目，对工业电气设备的性能有着极高的要求。求精电气的产品技术目前已获取 ABB、施耐德、西门子等国际巨头授权，这是对我们产品技术实力的认可，也是我们进入高端项目、去更广阔平台参与竞争的“敲门砖”。

让更多奋斗者在企业集结

除了工业互联网变革，调研中还有一点令我印象深刻，那就是华为“以奋斗者为本”这句话及其背后的制度理念。对于这句话，不同人有不同的理解。在我看来，它提醒了我分配与激励机制的重要性。

八九年前我去华为参观过，也听取了华为模式的介绍。当时我就对“以奋斗者为本”这句话印象深刻，以至于后来把这句话纳入了企业的价值观中。

在华为，企业员工分三种。第一种是即将要淘汰的员工；第二种是普通的员工，比如朝九晚五、中规中矩上班的员工；第三种就是奋斗者。华为将奋斗者界定为能跟着企业同甘共苦、艰苦奋斗的一群人。他们把企业当成家，把工作当成生活的一部分。同时，其奋斗是围绕着给客户创造价值而展开的。所以，奋斗者不是谁都能当的，而是要经过申请和组织考核。也因此，企业的政策都应该向奋斗者倾斜。

所以，围绕奋斗者的分配与激励机制非常重要，这包括分红等，但又并非只是分红这么简单。针对不同类型人才，企业应该制定差异化的考核和分配制度。唯有如此，企业才能聚集一批真正优秀的人才和奋斗者，彼此朝着共同的愿景进发。

这些年，求精电气也非常注重分配与激励机制的设立与变革。

疫情期间，求精电气推出了“合伙人制度”。合伙人分为内部合伙人和外部合伙人，企业核心管理人员可以通过股权激励计划由雇佣关系变为合伙人。

合伙模式分为三种，一种是项目合伙人，合伙人带着项目进入企业，利用企业资源共同完成项目；第二种是城市合伙人，由求精电气提供技术、资质、经验支撑，协助符合条件的合伙人在各地开展业务；第三种是股东合伙人，企业招揽有资源、有能力的人才，共同对接更多的资源，把求精电气打造成可供更多人创业的智能电气平台。

目前，合伙人制度试运行的结果不错，已经有城市合伙人和项目合伙人。求精电气也在企业内部推行股权激励计划。这些制度都取得了一定实效。

不过，这些制度只是根据求精电气当下所处发展阶段所制定的。目前，这一分配激励机制还比较初级，日后也需要随着企业发展变化而不断调整。

总之，企业要根据新时代需求运用先进的技术和工具，建立现代化的体制机制，如此，才能切实驱动企业迈向高质量发展。

充分挖掘制造业的“数据富矿”

文/姜晓平（广东星联精密机械有限公司董事、总经理）

作为深耕精密模具行业多年的企业从业者，我充分认识到工业互联网的威力，并在企业经营和客户服务中大力推广数字化新技术的应用。本次深圳、东莞和南沙之行，对美的、富士康等智能制造先锋的观摩学习，更加让我看到了工业互联网的能量。我认为，佛山企业应该主动拥抱工业互联网，让传统制造业实现新的升级，让佛山制造再上新台阶。

工业互联网赋能智造升级

这次调研，我们先后走访调研了华为终端研发总部、富士康工业园、美的南沙工厂、腾讯等公司，科技色彩鲜明：前三家都是科技型企业，是应用工业互联网和自动化、数字化的先锋，而腾讯更是知名的互联网企业。

身在制造业企业，工业互联网是我们最关心的话题之一，因此富士康之行引起了我极大的好奇心。

在这里，我们参观了“黑灯工厂”：车间内作业区域的照明灯光被关闭，从原材料到最终成品，所有的加工、运输、检测过程均在空无一人的“黑灯工厂”内完成，完全交给机器人进行。我们还听取了工厂相关负责人的介绍，了解到富士康使用智能叫料系统，降低了缺料停机的风险，还用贴片生产线提高了产品质量。

这些自动化系统引发了我的思考。在我看来，富士康对工业互联网的应用，与它所从事的电子行业是密不可分的：电子行业的特点是产品体积小、精度高、价值高，同时生产数量大，如果依靠人手装配，容易因为操作失误、情感波动等因素导致产品质量波动；连续重复劳动更是极易造成工人疲劳，不利于员工福利待遇的改善。所以，利用工业互联网技术，对生产线进行数字化和智能化改造，让生产线能够自动高效地自动运行，不仅是富士康提高生产品质的必须，更是富士康能够胜任苹果等国际一线客户的杀手锏。方式和方法都是相通的，不仅电子行业，工业互联网同样可以成为机械、模具、家居建材等其他行业提质增效的利器。

首先，从供给侧结构性改革的角度分析，当下人们需要的不仅是产品，而是好的产品，任何行业都是如此。以模具行业为例，模具精度越高，下游产品 PET 瓶的瓶壁厚度就能得到更精准的控制。饮料行业客户的生产量非常庞大，在满足强度要求的前提下，更轻薄的瓶壁所带来的成本降低十分可观，工业互联网恰好可以帮助模具行业实现更加精准的模具设计、更加精密的模具生产，从而做出更好的产品。

其次，工业互联网及其赋能下的自动化、数字化生产有助于改善工人的劳动环境。例如富士康的贴片生产线，作为生产工具的吸嘴孔径只有头发丝般粗细，工人要将针尖大小的锡膏焊接在面板上，时间久了容易头晕眼花，损伤视力。现在改用自动化操作，工人只需要负责监督机器运行，不用担心视力下降。在新生代难以适应传统工厂环境、制造业时常面临用工紧的当下，改善劳动环境显得尤为重要。

实现生产流程全数据对接

在富士康“黑灯工厂”参观贴片生产线时，我还留意到一个细节：富士康在吸嘴布置了传感器，实时收集数据，使用大数据工具智能分析后发现，吸嘴的保养周期可以从 24 小时延长至 76 小时，这就降低了生产成本、提高了生产连续性。

无独有偶。在美的南沙工厂，M. IoT 工业云平台的应用，使南沙智慧工厂原材料和半成品库存减少八成。此外，自主开发的注塑平面库自动配送系统让物流周转率提升 2—4 倍。传感器和云平台的应用带来这么大收益，背后正是大数据的力量，这启迪我们必须重新看待作为数据富矿的制造业，充分挖掘“数据富矿”的潜能。

从产品生产到使用，制造业每一步都在产生大量的数据：产品的生产环节，涉及零部件的制造、不同部件的装配组合，产品的使用又涉及各个零部件之间的相互磨合、消费者在每个环节的使用感受……

这些数据至关重要。还是拿我们模具行业作为例子：模具的加工材料来自高强度的模具钢，由于合金成分不同，生产过程中温度、形状的细微变化，都会对产品精度产生影响；而作为制成品的模具，由多个部件组成，模具的正常使用需要各个零部件的顺利配合，这就要求我们尽可能掌握各个零部件的运行状态。

收集这些数据，就要靠万物互联的工业互联网。这也是我们全力投入的。我们很早就完成了数控化管理改革，近年来还组建了企业内部设备的局域网，搭建整体数据网络，以实现从研发到制造、物流运输等环节的全数据对接。

从客户和消费端来说，数字化的意义更加重要。一线饮料品牌的时间成本非常高，如果设备出现问题，整条生产线就必须停下来，等待我们的工程师上门检修，这对客户的利益影响非常大。尤其在这次疫情当中，上门为客户提供服务更加难得。所以，如果能够将客户纳入我们搭建的工业互联网平台，在公司内部能够实时看到客户工厂中设备的运行状态，再结合 3D、AR/VR 技术实时回传设备运行的场景，工程师就能远程找到问题的原因并立刻解决，最大程度减少客户的停机时间。

现代社会分工日益明确，我们的客户在市场营销、市场开拓等领域具有深厚积累，如果他们能把能力和精力放在自己最擅长的行业上，通过供应商完成其他环节，这样，客户与我们合作就会越来越紧密，理念的契合度也会越来越高，真正实现共赢。

佛山必须用好工业互联网

制造业是佛山的支柱。数据显示，改革开放以来，佛山 GDP 从 1978 年的 12.96 亿元增长到 2020 年的 10816.47 亿元，增长了 800 多倍。其中，第二产业在佛山 GDP 的占比依然超过五成，2020 年达到 56.4%。

制造业繁荣，佛山就兴盛。在佛山实现传统制造业弯道超车的关键时期，佛山的传统制造业必须提质升级，也只有升级传统制造业，佛山才有未来。

制造业蕴含着创造更大价值的潜能。2019 年，第二产业增加值占我国 GDP 的比重为 39%，虽然低于第三产业的占比，但不可忽视的是，第三产业中同样有相当比例的物流、贸易、金融等产业，属于为制造业配套的生产性服务业。如果我国的制造业顺利迈上新台阶，我国第三产业也将迎来新的发展动能。

当然，用好工业互联网平台、实现从传统制造业向数字化、智能化生产的转变，并非一朝一夕之功，也不能仅仅依赖佛山自身的力量。令人欣喜的是，国内，腾讯、华为等互联网企业已经在数字化智能化领域进行了卓有成效的探索，美的、富士康等也可以输出自身的工业互联网解决方案，这些都是佛山可遇不可求的机遇。

腾讯与富士康两家企业各有特色。正如周其仁教授所说，腾讯等互联网企业可以做好公共服务，在佛山搭建大数据中心，为本地企业提供数字化工具和服务，从而提高对传统制造业的支持，尤其是对贸易、销售为主的企业；富士康则在设备联网、制造、数据采集方面更加擅长，也贴合制造业企业的需求。

用好工业互联网，企业还必须打好自身基础。一年多前，我们已经在做 3D 系统建设，首先必须建好基础数据库，包括数百家企业、上万台设备的数据，而这些就来自我们多年以来的积累。

企业的信息化是一步一步推进，是由单个功能模块建设起来的，希望每个模块之间的数据能够很好的互通，在数据基础上能够进行很好的应用。我们有条件去主动拥抱互联网，希望佛山制造业企业可以抓住机遇，实现新的突围。

以财务思维主导工业互联网应用

文/刘伟（宏旺投资集团有限公司副总裁兼财务总监）

探寻佛山制造业发展工业互联网的路径，是2020年品质革命珠三角调研的重要课题之一。

工业互联网发展日新月异，其作为新一代网络信息技术与现代工业融合发展催生的新事物，将推动生产制造领域全要素、全产业链、全价值链连接。

经历了萌芽与深耕，珠三角已有不少龙头企业进入工业互联网主战场。调研中，通过与华为、富士康、腾讯、美的等企业的对比与交流，企业家们形成了一个更清晰的认识：发展工业互联网是大势所趋，也是制造业品质革命的新战法。

工业互联网这条路一定要走，但步子怎么迈，要走到什么程度？结合企业发展水平和实际情况，笔者所在的宏旺集团也正在开展自己的探索实践。

搭好顶层中枢，万变不离其宗

企业内部的变革往往与生产的跨越相伴发生。我们在品质革命珠三角调研中了解到，2012年美的销售额突破千亿元，达到了企业发展的新里程碑，但业务端、管理端也遭遇了新挑战。为了追求更高质量的增长，美的开始了工业互联网改造。

宏旺集团是专业生产冷轧不锈钢卷板和彩钢精加工产品的企业集团。2014年，公司产能急剧上升，按照传统的系统，大量数据需要重复录入，劳动生产率较低，阻碍了公司快速发展。

企业要推行工业互联网，必须在信息化、自动化、数据化等多方面齐头并进推行改革。其中，信息化是企业推行工业互联网的必修课。

当年，经过与软件公司三个月的研讨开发，我们尝试打通生产L2、MES、ERP系统，落地了第一条工业自动化生产线，大部分系统实现了BS架构。通过建立健全L1－L5各个层级的系统，逐步形成了数据发送、收集、回传、分析利用的闭环，大大减少人工作业，建立了各种场景应用的数据模型，提升了生产效率与产品质量。

2018 年，集团在国内的生产基地建设基本完成，我们紧接着对信息化系统进行全方位升级，截至目前，累计已调整优化了 120 余次，开发投入超 4000 万元。

工业互联网已深深融入企业运作的各个方面。不同于单一生产环节的自动化改造，我们实现了全集团生产、销售、质检、财务管理等全流程的互联互通。

万变不离其宗。之所以能较为顺利推动工业互联网应用，笔者认为，最根本的原因是企业做好了顶层设计，一开始就把事情做对了。

不管用哪种信息化手段，都要考虑与财务对接的问题。做信息化，最好用财务管理结合供应链管理的眼光来做。

公司的发展是以财务为导向的，追求最佳的效益。这一简明道理，同样适用于推广工业互联网，主导推进的部门需要有调动资源的权限，需要掌握业务能力，需要全局眼光。如果企业的信息化改造是 IT 或销售部门来推动，做到一定程度是会出现弊端的。

宏旺集团的工业互联网建设以财务部门主导，包含投融资、信息化、审计、内控、核算等团队，高度参与信息系统搭建。财务部门一方面收集系统运作中出现的问题，向外包技术团队提出改进需求，另一方面集纳海量数据，再按各业务部门需求精准服务，成为一个信息中枢。

总的来说，工业互联网，意味着采取大数据、物联网、云计算等互联网手段来进行生产技术手段和生产方式方法的革新，以此最大限度地提高竞争力。财务管理引导制造业企业转型的必要性十分明显。企业转型离不开起重要作用的财务管理，它对企业运作前、中、后的判断分析引导着制造业生产的方方面面，促进企业的决策，影响着企业的良好发展。

100 万换 1 人，投入产出见真章

钢铁行业内，宝钢是应用工业互联网的榜样，信息化水平很高。他们的“黑灯工厂”，我去参观过很多次。由于基本不用人力，所以工厂里亮灯也就没了必要。此次参观的华为、富士康也同样实现了这样的生产。

珠三角调研中，北京大学国家发展研究院教授周其仁提出“人就是造工具来替代人的”。以工业互联网为手段和工具，我们也实现了人力解放。我们在阳江的工厂年产能达到 100 多万吨，却只有 100 多个员工，全集团共解放了 70% 的人力作业。

最初实施自动化改造，主要是基于安全考量，钢厂生产需要确保绝对安全，减少人的参与就是提升安全系数。向更深层推进自动化、数据化和信息化，工业互联网切

实提升了生产品质，产生了实实在在的效益。

工业互联网让产品质量更稳定。因为，人会产生情感波动，手工生产出来的产品质量不如机器稳定，机器可以避免一些重复性的错误。

以轧钢为例，集团一年产量大概是400万吨。以前轧钢是通过人去做检测，看钢表面有没有色差、有没有划伤等。但是，用人眼去检测，考验的实际是质检员的良心。工业互联网改造后，产品品质上去了，单价也就上去了，这样我们与同行之间的价差就更小。我们算一笔简单的账目：产品质量不稳定，单价就少100元/吨；产品质量稳定，就多100元/吨。

与国际市场相比，良品率不高是国内制造业的主要差距，提高良品率，企业效益自然会提升。调研中，华为也介绍了相似的理念——解决一个问题要从本源想起，不一定是从技术层面去想问题，大量企业在IT化、数字化、工业互联网方面半途而废，实际上是缺少了以结果为导向的倒逼。

当然，落实工业互联网改造投入是巨大的。我们提出一个方向，愿意用100万元“换”1个人。这即是说，在花100万元买设备升级自动化，或100万元支付人力成本的两个选项之间，果断实施前者。早期，不少企业形成了宁愿用劳动力去替代资本、替代工具的想法，近年随着劳动力红利消失，一些企业才被动对要素价格作反应。我们认为，在选择的分岔路口，往往需要辨别趋势的前瞻眼光。

2014年至今，我们在工业互联网软硬件投入约2.5亿元，肇庆、阳江、福建、山东等地的无人化工厂顺利投产，智能制造的水平迈上新台阶，相比投入成本，企业高质量发展是长久之策。

流程再造，织就可延展的“网”

20年前，行业有句话说“不用ERP等死，用ERP找死”。到了现在，很多企业还是用不起来。究其原因是企业在单品生产上“浅尝辄止”，或者没有搭建符合企业自身需求的“网络”。

互联网的本质是可延展和包容，如果有适宜的顶层规划，加之精准投入，工业互联网改造大有可为。

经历2018年的大改造，我们已建立工业互联网的雏形。一套系统里，实时生产、交易情况海量数据汇集，伴随新数据自动汇入，网络还在不断生长。我认为，一套成功的系统至少具备以下特征：

首先是可操作性强。要将前台应用的界面做得极其简单，但后台极其复杂；二是从生产、销售到财务，规范企业的管理流程，使每一个环节有章可循、有规则可依；

三是系统要贴近所有业务流程，以可控性保证功能性。

这是一场流程再造，解决人与系统之间的矛盾，达到查错防弊、提升效率的效果。为了不断适应新需求，我们由财务部门牵头各部门综合诊断企业问题，报送给外包的软件公司解决问题，让专业的人做专业的事。

至于大型企业，除了再造企业内部流程，还需考虑扩张收购中，如何面向产业链打通网络的问题。

我们在横向、纵向收购企业时，工业数据很容易复制，但是越往下推广就越难，人员的整体素质参差不齐，涉及环节太多。我认为，企业的综合素养和集团的水平很重要，这是实施工业互联网改革的基础。

如何通过资本快速在相关行业通过并购等方式打造生态链？美的有一句话，“让系统先行”。我们收购很多企业，经常面临的问题是管理理念不一致，这个从信息化系统就能看出来。美的让系统融合先行，因为系统能够很客观地反映出企业家对生产、营销与管理的理念。

我们集团的收购条件之一，就是要用工业互联网系统覆盖对方公司的全业务流程。为此，我们还花费大量精力帮助他们培养人才，签完协议之后，我们会让对方公司的财务、业务人员参与培训，求同存异，把大的方向敲定下来，对系统进行修正之后，不停开展阶段性回顾。

工业互联网系统的拓展性很强。在正确规划的基础之上，可以根据业务形态随需要调整。网络大厦的地基打牢了，根据业务变化改进，就是“装饰风格”的问题。

工业互联让企业更贴近消费者

文/曹泽荣（广东坚美定制门窗系统有限公司营销中心副总经理）

如果可以给这次品质革命调研学习加一个副标题，我觉得应该是“工业互联网在企业长远发展当中的重要战略地位”。特别是经过此次疫情之后，在全球化进入到下半场，国内迈向双循环新发展格局的大背景下，提高制造业的自动化、数字化水平，以工业互联构筑产品与产品、产品与上下游、产品与消费者之间的网络，其意义更加彰显。以下是我的思考，与各位同仁共勉。

工业互联重塑生产制造

我们参访的 4 家企业，都不约而同地对工业互联进行了思考和前瞻部署。以富士康和美的为例，富士康搭建了“黑灯工厂”，从原材料到最终成品，所有的加工、运输、检测过程均交给机器人完成；美的自主研发了工业云平台 M. Iot，使原材料和半成品库存减少八成，物流周转率提升 2—4 倍，空调内销交付周期由 20 多天缩短到最快 3 天。

两家制造业同行在工业互联网上的探索，展示了工业互联网的无限可能，并释放出事关制造业未来的重要信息：运用得当，工业互联网不仅可为企业节省大量的管理成本，还能为企业的战略制定和执行提供更高效、更精准的决策依据。因此，工业互联将是制造业发展的重要分水岭。

这一道理，对铝型材行业同样适用。近年来，铝型材的应用不断扩展，下游应用领域不断对我们提出更高要求，例如，配套新能源车企和通信类企业的铝制车用踏板、电机壳、纵梁，及光伏逆变器、5G 天线、5G 基站散热材料等工业铝材，有些部件的不达标率按百万分比来计算，远超普通建筑铝型材的 1‰—3‰。

为适应新的要求，我们不仅需要加大力度进行自动化改造，在行业内率先制定和推动“坚美智能制造规划”（2019—2025 年），还引入数字化工具，实现产能和品质的最优解。这也是坚美过去几年在做的。我们未来将会在加工的各个环节分布实现自动化，结合多个移动终端实时监控生产的每一个过程，实时反馈生产数据，实现产能可视化。虽然只是数字化的第一阶段，但在更加深度的工业互联网应用上，坚美距离工业4.0的标准仍有空间，门窗行业依然有相当比例的组装连接工序需要人工完成，不少部件也没达到高度标准化，行业在自动化方面也有很长的路要走。

幸运的是，这次调研告诉我们，已经有制造业同行打通了路，当前国家出台的促进装配式建筑发展的政策，也让门窗走向标准化面临广阔前景。展望未来，我们行业可向美的、富士康、维尚等借鉴经验，持续提升门窗行业的自动化和数字化水平，最终让工业互联网重塑铝产业。

以数字化连接企业与消费者

数字化的潜力并非只体现在生产端，其在消费端的应用同样潜力无限。尽管本次调研并未直接涉及产品的售后服务，但在华为和腾讯的走访，再次让我对新生代的需求有了新的认知——产品是否足够个性化、使用是否足够便捷、售后是否足够省心，已经上升到与品质相提并论的程度。

这就对铝型材行业尤其是门窗行业提出更高的要求。为此，我们唯有依靠数字化，正如定制家居行业那样，打通消费者和生产线之间的数据链条，快速改变生产组合、做到大规模柔性化定制化生产，并借助智能排产系统，自动将一定数量的订单进行“合并同类项”，以降低生产成本。为了让定制门窗早日进入千家万户，打通工程订单和零售订单的“分界线”，是我们必须努力的方向。

为此，今天的坚美集团正通过互联网、实体店及智能工厂的结合，构建O2O服务平台，实现“专业、面对面、一对一”的个性化需求定制服务，引领门窗行业向服务业延伸；每一扇定制门窗都会有独立的二维码，顾客通过扫码就能享受到快捷的售后服务。同时，为了进一步靠近消费者，坚美还通过产业链整合，加强与消费者的连接，以“定制+互联网”的模式开启系统门窗的新销售模式。经过五年多的耕耘，如今这块业务已经成为新的增长点。

实际上，从作为建材的传统铝型材，到定制门窗、工业铝材的转变，本身就寄托了我们更加贴近消费者的战略目标。消费者的需求在哪里？他们的痛点在哪里？如何不断优化他们的使用体验？坦白来说，铝型材只是半成品，传统铝型材厂家是很难接触到终端消费者的，而定制门窗可以让我们更贴近消费者，并通过配套的商业模式提供更多服务，更加了解用户痛点。

有句话说，“你容得下世界，世界才容得下你”。以优质的产品和服务为载体，直达消费者的心灵，不断地提供新的附加值，这才应是佛山制造业的生存之道。毕竟精益生产所带来的效益只是一方面，附加值所带来的纯利增长才是企业持续健康发展的根本。在我看来，越靠近消费者的地方就越有价值。无论是什么行业的公司，如果能够尽可能贴近消费者、准确把握用户痛点的话，我相信就会迎来广阔的前景。

工业互联网是一把手工程

华为、富士康、腾讯、美的的分享，都强调了决策者在企业战略执行过程中的参与深度，是成败的决定性因素。我认为，工业互联网涉及企业改革的方方面面，涉及的维度和深度都不是一两个部门能够单独完成的，它需要我们扎扎实实地做好每一个细节，不像以前引入 ERP 系统、引入某个办公软件那样简单，而是涉及每一位员工。

因此，工业互联网的应用，需要高层管理者在思想上的高度重视、持续投入，通过不断的探索，找到一条符合企业自身发展实际、具有鲜明特色的工业互联网道路。可以说，工业互联网是“一把手工程”。

在此方面，坚美集团董事长曹湛斌先生是高度关注、亲力亲为的。我们基本上每两到三周就会组织召开一次智能制造主题会议，把握智能制造每一点进度，曹董还带领着集团主要核心骨干深入一线，现场查看进度执行状况。

作为“创二代”，我在工业互联网工程上也是倾力投入、全力以赴。就像推进工业互联网需要持续不懈的投入，“传承”也是一场横跨几代人的世纪工程，是一场没有终点的团体长跑，因为这不只是企业管理交接的问题，更是一个家族文化、企业愿景和民族使命传递的必然过程。“创二代”唯有真正理解了自己的使命，才能实现属于自身企业发展的承上启下。

同时，传承意味着两代人在企业经营管理中需要直面很多深层次的矛盾，也是新旧思想的博弈、一场文化的冲突。疫情之下，国内各行业马太效应持续加快，国际秩序也在深刻地变革，这样的挑战是改革开放以来几代企业家从未遇到过的。对于很多“创二代”来说，真正的接班关键期才刚刚开始。

作为参与企业管理的一员，深感很多的变革需要时间，这就要求我们这些后来者在推进改革的过程中把握好“度”和“节奏”，在尊重各方面意见的同时，也做到有理有节、求同存异。这个工程实属不易，也是中西方企业对于“管理的艺术”分歧比较大的其中一点。毕竟，感情因素很多时候也是管理决策的关键因素，这未必都能在书本上找到答案。

做企业有如一场马拉松长跑，跑赢三五年没有意思，通过这次疫情就可以看得很清楚，企业必须要拥有长期、稳定、健康的盈利模式和能力，不能只看规模盲目扩张，一定要培养出自己的核心竞争力。这次调研，让我更加坚定了坚美集团拥抱工业互联网这个战略机遇的重要意义。

创新需把科技当作最高生产力

文/彭东琨（佛山市顺德区乐普达电机有限公司董事长）

2020年我有幸参加由佛山市工商联与南方日报社组织的以“品质革命与市场突围”为主题的调研。我与佛山企业家先后调研走访了华为、腾讯、富士康、美的（南沙工厂）等知名企业。这次访学活动让我感触很深，我认为创新是企业发展的立身之本，也是核心技术不断取得突破的关键。

没有创新就没有未来

当我们走进华为松山湖的研发基地，我就感到震撼。一个企业将研发中心建成一个欧式小镇，每一个细节都规划设计成一道道风景，放眼世界，只有华为能如此。我也不得不惊叹华为对技术的重视、对技术团队的重视、对产品技术创新的重视。

当今世界，科学技术日新月异。要在一个行业、一个领域获得长足发展，必须要有工匠精神，精耕细作，掌握核心技术，突破核心技术，如此才能在行业中立于不败之地。科技创新，是我们走访企业共同关注的重点，这是企业发展的根本，也是突破核心技术的关键。

透过华为欧洲小镇，我们看到了华为的大格局。华为很多东西都是为未来而生，并在很多年前就开始思考和布局。华为对研发的投入也是大手笔。如2018年底，华为就拨出20亿美元，计划用5年时间来全方位提升软件工程能力，在整个公司范围内开展软件工程能力的变革，使产品更好地面对未来更复杂的网络安全环境。

一个企业要成功，要获得明显的竞争优势，离不开创新，而创新之源在于人才和投入。

我所在的企业乐普达对创新和投入有深刻的体会。乐普达是专业从事微特电机研发、生产与销售为一体的高科技企业，产品涵盖各类电机，水泵电机、贯流风机、有刷直流电机和无刷直流电机、罩极气泵电机、串激电机、电容式电机和直流电机，共八大系列产品。这是伴随公司近20年的发展，研发团队在长期的努力与实践中形成的产品体系，是无数乐普人前赴后继、努力创新的结果。

我们一直重视研发团队的投入。这种投入，不仅仅是硬件研发设施的大量投入，更重要的是人才引进，与外部同行标杆人才的合作。公司专注于技术创新与研发，与湘潭大学联合成立乐普电机研究所、研究生实习基地，聘请教育部“长江学者”郑学军教授担任项目负责人，致力于电机技术创新、智能装备及智慧工厂创新、智能控制软硬件创新研究，以及基于流体力学的仿真优化设计等项目的开发与创新。

为与世界前沿技术接轨，学习他们先进的经验与技术，提升我们自身的研发能力，乐普达还与韩国海坚电机合作，成立了海乐伺服公司。海坚电机作为韩国电机工业的领先者，致力于电机和能量转移的解决方案，包括发电机、电机及伺服电机。强强联合，相互学习别人的长处，对我们的研发创新具有重要的借鉴意义。

乐普达非常重视后备力量储备，每年都会到大中专院校挑选优秀的毕业生，充实我们的研发队伍。热情而上进的热血青年，有着丰富的理论知识，为公司的研发队伍增添了生机和活力，经过反复的磨炼，很多毕业生都成长为研发的骨干力量。

可以说，没有创新，就没有现在的乐普达；没有科技创新，就没有未来的乐普达。我们也会和这些领先的企业一道，长期重视技术团队建设与产品的技术创新，建设创新人才梯队，打造核心研发团队，为企业持续创新奠定人才基础。

科技创新“不进则退”

众所周知，华为几十年的发展壮大，根源在于核心技术。只有不断突破自己、超越同行，迎合甚至引领技术发展趋势与方向，才能在市场上占有一席之地，才不会为其他同行所替代。

本次走访的企业无一例外，都将科技创新视为企业发展的重中之重。他们在企业发展历程中，无时无刻不把科技当作最高生产力，并因此受益无穷。

乐普达也经历了无数次技术的革命与创新。在这期间，研发团队也做出了不懈的努力与付出。比如现在，电机的发展方向，是由磁极电机向罩极电机发展。罩极电机是技术发展的方向，比磁极电机更稳定，功能也更优。在磁极电机仍占主流的情况下，我们的研发团队反复探索，攻破技术难关，技术不断成熟。相信在不久的将来，我们将更好地满足客户的需要。

科学与技术不断向前发展，也必须不断向前进步。现代社会，“不进则退”已成为大家共识的市场法则。不断突破现有的技术，才能占领市场的前沿阵地。

我们拥有一系列的行业专利，这是乐普达的核心技术。不久的将来，我们会研发更多优质的专利技术。通过这次参观学习，我们更加坚定核心技术对企业发展的重要性，会加大研发的投入，为公司的核心技术发展不断添砖加瓦。

让信息化管理成为企业标配

参观的几家企业还有一个共同点，那就是无处不在的科技因素。当前的企业，已不是早先纯劳动力密集型企业。科技因素蕴含于管理的每一个环节，传统的管理方式已不适应如今的发展速度，必须借助先进的信息管理技术为企业发展助力。传统的管理模式，理应得到优化与进行取舍，企业才会发展更快。

随着企业的发展壮大，乐普达也不断引进新的信息管理技术，提高工作效率。ERP、钉钉等软件早已是乐普达管理的标配，渗入到企业管理的每一个细节中。为了随时了解每一条产线的生产状况，我们还投资 100 多万元引进了 MES 系统。每一个工序、每一台设备、每一条产线、所有的产品信息，时刻都会显示在系统中。系统的显示器，如同前方战场的指挥部，随时显示车间的实时战况，让管理时效性更强。公司高层领导，如同这个无声战场的指挥官，随时灵活及时地指导战斗。

通过提升管理信息化水平来提升决策效率，公司旗下的多家工厂（顺德各工厂与安徽工厂），通过持续投入技术改造，提升了生产关键设施的自动化和智能化水平，打造了稳定的生产体系。其在降低制造成本、提升产品质量、保证交付及时、提升生产运营效率等方面起到了至关重要的作用，同时也解决了生产工厂分散给管理者带来诸多不便等困扰企业多年的老问题。

工业的信息化管理是大势所趋。这不仅仅是大公司或知名企业的事情，也是任何一个谋求长远发展、打造核心竞争优势的中国制造企业的共同选择。乐普达也会适时而动，选择更多的信息化技术为我们服务，提升管理。

文化成就“一条心，一起拼”

在 2020 年的访学活动中，我还对企业文化的理解感触颇深。

企业管理最难做到的莫过于让所有人心往一处走，力往一处使，将企业的目标变成每个人的目标，让每个人的行为都与企业发展的步调一致。而这正是我们在几家知名企业所看到的，也应是优秀的企业所必须做到的。所以，如何将文化建设应用于企业管理，加强人员凝聚力同样是企业面临的一个重要课题。

乐普达对企业文化的理解感同身受。为加强员工凝聚力，我们进行了无数次的尝试与努力，将文化建设与企业管理有机结合起来。2020 年 9 月，我们特别请顾问老师进行辅导，进行了乐普达责任制方案的宣贯，强调了企业目标、部门目标、个人绩效三者与个人收入的关系。我们将三者相关联，将企业发展与个人发展相关联，目的就是“乐普人，一条心，一起拼，一起赢”。员工心在一起了，才能将工作当事业，将企业做好。

学习与运用永无止境，需要不断探索与磨合。关键是，我们已认识到了企业文化对企业管理的重要性，要运用管理手段与工具，将文化与管理更好地结合起来。

回首参观的几家企业，他们的理念，他们对科技研发的重视、对核心技术攻关的支持、对信息管理系统的运用、对企业文化的营造，与乐普达的经营宗旨与探索不谋而合。“市场为导向，以科技为先导”，乐普达更加坚定了走科技创新之路的信心和决心。我们会和佛山其他科技公司一道，务实创新，不断突破核心技术，持续进步、共同发展。

技术管理改革要“刀刃向内”

文/张穗华（广东华特气体股份有限公司副总经理）

2020年，我参加了由佛山市工商联与南方日报社共同发起的“育新机 开新局：品质革命与市场突围”2020佛山企业迈向高质量发展之珠三角调研，参观学习了华为、腾讯、富士康、美的等先进范例，感触颇深。

华特气体的主体业务是特种气体，其中，电子特种气体被广泛应用于半导体行业，可以说我们制造的是“工业的血液”，目前已进入中芯国际、长江存储、台积电、英特尔等国内外领先半导体企业供应链体系。放眼全球市场，工业气体的市场规模有望达1万亿元。

此次学习考察，为企业继续发展点明了方向。未来，企业发展要有更清晰的定位，推动产能新跨越，也要开展刀刃向内的技术、管理改革，用好工业互联网，实现品质再攀峰。

万亿市场下，如何找准定位?

华为发展为全球领先的科技企业，离不开最初的准确定位和战略规划。我随调研团队去华为参观学习，最大的感触是，自己所在的公司缺少定位。

华特气体已走过20多年发展历程，如今才实现年产值约8亿元，和国内以及全球头部同行相比，仍存在较大差距。来自华为的专家提出“侧翼攻击”的概念，即不追求大而全，而是以己之长走特色化、差异化发展道路。在我看来，这也是适合华特气体的发展模式。

据预计，全球工业气体市场将达1万亿元，其中特种气体市场达1500亿元左右，中国将占20%—30%。未来，华特气体要继续深耕特种气体，推动产能新跨越，向100亿产值目标进发。

2002年开始，华特气体确定了以特种气体为发展方向，时至今日，我们的特种气体主要用于半导体芯片行业，目前已实现对国内 8 寸以上集成电路制造厂商超过 80%的客户覆盖率。

我们的客户不仅覆盖了中芯国际、华虹宏力、长江存储、台积电、京东方等国内一线知名企业，华特还进入了英特尔、美光、德州仪器、海力士等全球领先的半导体企业供应链体系。2017 年，华特气体的光刻混合气通过阿斯麦认证，在这个认证名单中，全球仅有四家企业，华特气体是中国唯一一家。

由于集成电路产业是我国战略性新兴产业，基本不受疫情影响，因此 2020 年我们也保持了较好的增长。

回顾华特气体的发展，我认为，根本原因还是华特气体产品的产品种类多元化及高品质。电子特种气体是真正意义上的高精尖产品，在芯片制造中必不可少，要做到进口替代，必须做到具备与国际同等品质。

新的竞争形势下，如何让制造更高效、更具品质和竞争力，是我们一直思考的问题，也是此次调研的核心课题之一。

到富士康参观后，我发现华特气体的自动化水平相对落后。我们的自动化多集中在充装气体这一环节，与富士康的“黑灯工厂”相差甚远。这方面，我们要深入学习富士康。如有可能，希望能请到相关的经验人员到公司指导，为“互联网 + 工业 4. 0”打基础。

到腾讯后，我发现他们的跨界能力很强，年轻人成为企业创新的主力军，企业非常有活力。反观我们公司，进入管理层的“90 后”屈指可数，我们要重新检讨体制是否存在问题。

走进美的广州南沙工厂，这是美的 30 家工厂中首个引入美的工业互联网平台 Midea M. IoT 的试点项目，美的将整个空调生产过程细分为 20 大流程，涉及 7 大部门、17 个重要岗位，每一个流程的完成时间精准到分钟——比如某个泡沫物料入库时间晚了 1 分钟，系统就会弹出警告，对负责人进行追责。这些智能化的管理是我们非常想学习的生产管理方法。美的相关负责人介绍，生产管理就是异常管理，良率很高就不用管理了。这一点，我十分认同。

自动化由点到面，舍得投资

在调研中，北京大学国家发展研究院教授周其仁说，美的的改革路径更符合佛山制造业企业的实际。的确，企业要一下子就变成一个“黑灯工厂”，大多无法实现。但所有制造业都可以改革，而改革的步骤完全可以循序渐进。

改造的过程中，美的南沙工厂“小步慢跑”地控制节奏，优先在最重最累的工序上进行“机器换人”。对比我们公司，我们还处在部分生产线半自动化阶段，必定要经历由点到面的自动化改造。

一方面，自动化、数据化、信息化非常适合大批量产品生产，对我们控制良品率、选择原材料和供应商有帮助；另一方面，劳动力成本红利逐渐消失，倒逼我们将有限人力投入到更高技术含量的工作中去。

2015 年，华特气体开始生产小瓶充装气体。在此之前，气体充装都是 40 升装、如成人般高的大瓶充装生产，新的精密作业要求工艺和流程的创新。

目前，华特气体有 4 台用于充装小瓶气体的半自动化作业机器，我们计划增加投资 100 万—200 万元，扩大到 9 个自动化充气点，只需 3 个人作业。

生产线上的自动化控制装置，来自公司自行研发设计。由于应用于半导体行业的气体都是真正的高精尖产品，0.1 克甚至更低的质量变化，都会影响产品性能。为此，公司组建了 50 多人的研发团队，不仅包括化学工程师，也包括设备、电气、安全等配套工程的技术人才；公司的工程技术研究中心和企业技术中心还分别获得省级认证。为了设计自动化控制装置，华特气体引进了电气工程师，自行开发操作软件，反复测试温度、压力、流量等多种指标，寻求最佳的精馏控制方法、精馏工艺控制点。

在自研生产设备和自动化生产的助力下，华特气体生产的六氟乙烷电子气体纯度达到 99.999%，高纯氢气、二氧化碳的纯度达到 99.9999%。体现在产品良品率上，实现了 2—3 个百分点的提升。

最近，我刚好在学习“技控与人控”这门课程，如果说自动化升级是技控必经之路，那么处理好它与人为操作的关系，就显得十分重要。我们要从手段看结果、以结果导向看绩效，实现自动化改造的最终目的。

改造到一定阶段，自动化设备使用对生产场地提出了更高要求。以往，我们的车间是隔断的，无法满足整线连片改造要求。为提高生产效率、适应市场需求，我们拟扩大“气体中心建设及仓储经营项目”和“电子气体生产纯化及工业气体充装项目”的建设面积，并计划在公司改建第三车间和仓库。

持续“工具革命”，解放生产力

周其仁教授分享了一个观点：从本质上看，人就是来造工具替代人的，好的企业家都是“军备”竞赛狂。重复计算不是人干的工作，是机器干的工作，企业要秉持以人为本的理念。

佛山是制造业大市。早期，我们国家有几亿农民工出来，没有经受过太多技能培训，变成了廉价劳动力，导致有企业形成了宁愿用劳动力去替代资本、替代工具的想法。直到2004年，劳动力成本大幅上升，企业才被动开始思考，“全以人为劳动力”的认知是个大问题。

我们认为，解放生产力，让人参与到更高级工序岗位上，如推动发明创造力，是下一步要处理好的工作，哪怕企业暂时没动力，但是要具备长远的目光，不断找到好的办法来替代人力。要用其所长、避其所短，那时候的人力将会发挥更大的价值。

比如，我们把生产力从低端工序上解放出来，就能有更多精力聚焦高端研发。华特气体每个月都会和自己的高端客户面对面交流，交换行业前沿信息，改进技术、储备技术。更重要的是，华特气体在鼓励自主研发、技术改造方面已形成相对完善的机制。

目前，华特气体研发中心从实验、小试、中试到量产都具有完善的流程、计划、资金和管理制度。不仅如此，华特气体还设立研发项目奖励，提升公司研发人员的积极性。

出自华为的专家分享了这样一个观点：战略就是要看到客观事实，然后去做，同时要认清客观规律。对未来的华特气体来说，第一要看到客观的需求，第二要看客观规律，然后做出我们的策略。策略出来之后，我们要把它分解，分解到具体的业务方式，然后确定我们的战术方针，再基于这个把它分解成详细的任务。最后是要有效地执行到位。

朝着100亿元产值的目标进发，华特气体将更积极拥抱工业互联网，结合企业实际，循序渐进地改革创新，从一台设备，到一条生产线，再到一个品类的生产，推动品质再攀新高峰，“和大趋势同步，就不会被时代抛弃”。

从调研看珠三角制造业未来

文/罗聿晖（广东康宝电器股份有限公司总经理助理）

2020 年 7 月，我参加了由佛山市工商联和南方日报社共同发起的品质革命珠三角调研。北京大学国家发展研究院教授周其仁带队，是此次调研吸引我的关键因素。之前他到访康宝电器时，所提出的一些建议让我深受启发。

通过这次走访和调研，我确实看到了很多、学到了很多。我感悟到，企业必须为人才营造包容、优越的环境，让人才的创新精神充分涌动；数字化、自动化和工业互联网的结合，是解决劳动力短缺的窘境的根本途径。同时，身为“企二代”的我也在调研中持续思考着接班人的使命。我认为，“企二代”不仅需要接受新思维、新观念，更需要上好沟通聆听这门“必修课”。

走进松山湖，感受华为人才观

调研的第一站，我们走访了位于东莞松山湖的华为园区。对这一美轮美奂的欧洲小镇，我其实早已有所耳闻：曾有位在华为工作的朋友，入职第一天带着家人来到欧洲小镇，参观、游览了整整一天。他的这番经历就让我感到了华为对人才的重视。

这次亲身体验华为欧洲小镇，我再次感受到了华为对人才的尊重。从空间规划、建筑设计到环境绿化，欧洲小镇都营造了放松、舒展的氛围，这种氛围最适合专注研发，最有利于人才发挥创造力。

对于我们中型制造业企业来说，随着 90 后、00 后员工的加入，我们也要不断改造自身环境，让环境与他们的需求相匹配。比如现在公司入口的广场，以前颜色是灰的，装饰砖瓦也非常老旧，我们刚刚把它进行了重整，让大家感觉耳目一新。

除了硬件，在软性的制度与管理文化上，相信华为同样有独到的安排、深入的考量，只是这次调研未来得及具体了解。事实上，通过创新管理文化，促进员工的成长，也是我们近年来用心去做的事情之一。

根据我们的观察，有的员工比较擅长技术和设计，善于处理技术方面的问题，而有些员工的思维则比较宽广，全局观会更好一些。为了了解他们的强项，员工入职初期，我们就会安排专业测试，并结合观察和交流，了解员工对自身职业发展规划的看法。综合对比后，我们就会为他提供清晰的职场发展路径：第一类人才最高可以做到总工程师，而后一类人才则有机会担任公司管理层。此外，我们还在重用更多的年轻工程师，并改进了晋升的制度。这也是为了更好地留住人才，尤其是技术人才。

应该说，这种方法还在测试阶段，效果还需要一定时间才能显现。但通过同行的例子，我相信这种办法一定行之有效。

走进富士康，看到制造业未来

调研的下一站，我们来到了位于深圳的富士康工厂。我们参观的一个“黑灯工厂”，已经基本接近“无人工厂”：它的产能超过百万，但整个车间只用了大概5名员工，而且员工并非从事具体操作，而是负责自动化生产线的检查，维持生产秩序的正常运行。这就让员工的负担大大减轻，改变了我们对制造业的传统认知。

在我看来，减轻员工的负担，对于我国制造业下一步的发展意义至关重要。第一，我国正面临老龄化加快的局面，很多生产线上的工人年龄都超过50岁，自动化对于他们来说是一种难得的减负；第二，现在年轻人越来越不习惯传统的制造业，加上淡旺季用工需求的波动，很多工厂频频遭遇招工难。因此，倘若富士康能够成功探索“黑灯工厂”的经验并向全行业推广，这无疑是我国制造业的福音。

目前，康宝在嵌入式消毒柜的生产线及包装生产线上已经实现了一定程度的自动化，但其他诸多品类仍以传统的手工装配为主。这部分来自传统产品SKU比较多，产品型号比较繁杂，不利于自动化生产。现在产品部的同事也在做梳理，希望通过优化产品、整合平台，加快推进自动化，提高生产效率。

调研的最后一站是美的集团。虽然我没有进入参观，但从侧面了解到，美的打造了非常完善的生产管理系统，比如说上午10时需要某种原材料，供应商刚好被安排在上午9时送到，即送即用，实现了“零库存”。

对于康宝来说，我们的生产组织、计划能力肯定有非常大的提升空间，因为我们库存很多，占用了不少资金，也不利于生产效率的提升。当然，解决这些问题需要时间和过程。在产品方面，周其仁教授建议我们要找准定位，确定企业要走哪一条赛道，这个意见也给我们重要启发。大家一提起康宝，就条件反射地想到消毒柜。如何用好这份独特的品牌效应？我们就想，要扩大消毒的范畴，不能只局限为餐具消毒。适逢这场疫情，大家健康观念显著提升，我们就推出了鞋子消毒柜、母婴用品消毒柜、空气消毒电器，还细化到化妆用品消毒柜。未来，只要人们对某一个领域有消毒需求，我们都会去研究推出专属的消毒产品。

学会沟通是“企二代”重要功课

几年前，我从香港回到内地，回到父亲的企业工作。之间经历了几个比较大的转变。行业上，我从建造业转到制造业；职位上，我从一家小企业的老板，变为一家大公司的总裁助理。

这几个转变，在我回来的初期带来极大的不适应。首先，行业上所有的知识，都要重新学习；其次，以前做小老板的时候，很多事情都是要自己来决策，现在则要跟许多部门协商，向上级汇报工作，咨询董事会的意见和看法；最后，是不一样的社会文化和职场文化。以前做生意和工作比较单纯，如今要考虑很多其他因素，尤其是人情的因素。接班这些年，在工作中体会比较深的，可能就是沟通了。我花了不少时间来摸索和转变自己的思维方法，和跟别人相处的方式。

首先，除了完成任务以外，和客户、供应商和同事建立良好的人际关系，也成为工作中一个很重要的部分。因为有了良好的关系，沟通也容易变得顺畅，事情的进展也自然变得顺利。

其次，聆听也是沟通中最重要的一环。举个例子，公司里面有一位总监，我们之间的沟通也比较顺畅。有一次他来找我，跟我说了三件关于他自己业务的琐事。没想到，他说完并未要求我帮忙解决，而是说：“吐槽完毕，我又有力量去工作了。”这件事让我看到了聆听的重要性。

以前学习的时候，老师说聆听是领导力很重要的一部分。这个事件让我有了很深的体会：给下属赋能是作为领导很重要的一件工作，而聆听是理解别人的途径。得到别人的理解，原来也是很重要的力量来源。

再次，谦虚和尊重别人很重要。作为未来的企业接班人，与同事们的沟通是一件非常重要的事情。曾经有一段时间，我总觉得跟老板们的沟通不是很顺畅。静下心来自我反省，才发现自己有一些骄傲的心态在里面，觉得自己的学历比别人高。当我发现自己错了，更正了态度，用“三人行必有我师”的心态多跟其他人请教。姿态放低了，别人也更容易接纳，沟通也就变顺畅了。

前辈们时常鼓励我们，要不忘初心砥砺前行，秉承低调实干的顺德企业家精神。接班这条路并不好走，偶尔也会有想放弃的念头。但是听过很多企业家的故事以后，我感恩有很多同路人仍然坚持在制造业奋斗，希望可以继续为祖国的发展贡献自己的一分力量。

以客户为中心，用好工具让企业“进化”

文/彭伟东（佛山市宝索机械制造有限公司助理总裁）

2020 年，我参加了佛山市工商联与南方日报社联合组织的“育新机　开新局：品质革命与市场突围”之珠三角调研活动，有机会到华为、富士康（工业富联）、腾讯、美的这 4 家知名企业参观学习，并且与 4 家企业高层及同行的佛山企业家们进行深入探讨，为期三天两夜的珠三角之行，让我收获很大。

以客户为中心，在拜访客户中发现痛点

本次调研活动的首站，我们参观了华为松山湖“欧洲小镇”研发园区。这个占地 1900 亩的园区，配套优美的办公环境以及充足的休闲措施，足以让员工全身心投入工作当中。在这里，我们回顾华为的成长史。自 1987 年创立以来，在发展的过程中，华为面对很多偶然性和必然性，也作出过很多关乎生死存亡的决定，在巨大的不确定性中，华为依然能够把握住方向和节奏，一步步走向强大。

华为的发展历程值得制造企业再三深入研究，不仅在决策思维上，还在用人方面上：如何驱动一群才华横溢又雄心勃勃的人才，如何通过有效组织结构设计授权，如何激励员工等。此次走进华为，更让我在组织结构搭建和驱动人才方面有所启发。

另外，珠三角之行走访的几家企业的愿景和使命，也让我深有感触。华为的愿景是“丰富人们的沟通和生活”；使命是“聚焦客户关注的挑战和压力，提供有竞争力的通信解决方案和服务，持续为客户创造最大价值”。腾讯的使命愿景是“用户为本，科技向善”。美的的愿景是“科技尽善、生活尽美”；使命是“联动人与万物，启迪美的世界”。

华为、腾讯、美的这三家公司的使命与愿景中，都共同提及“人”。其中“人”包含了客户和员工。华为、腾讯、美的这三家公司在其愿景与使命中都表达了一切工作的出发点就是为了客户，而从客户处获得的收益使公司及员工获得发展。企业以人

为本，可以为客户创造价值，可以为员工（企业）提高收益。

客户是企业生存的根本，那么又如何知道企业是否以客户为中心？在走访企业后，北京大学教授周其仁在与我们佛山企业的一众同行进行复盘研讨中的一句话让我印象深刻：“一家企业是否以客户为中心，可通过其拜访客户的数量和频率来判断。”

通过拜访客户，实时了解客户所关注的痛点及本公司提供的产品在客户现场工作环境中的性能表现，是否能为客户创造最大的价值，有哪些不足的地方可以优化。这些信息都非常重要，并且关乎“人”。这也启发我们，以客户为中心不是放在口号里，而是需要脚踏实地的行动。

要对工具“着迷”，着力搭建工业信息体系

周其仁教授讲到，“优秀的企业家要对工具‘着迷’，正好比好的将军对兵器‘着迷’”。当下，工业互联网已经成为最重要的工具之一，也许已经没有哪个产业、行业或企业敢视而不见。工业互联网也正是此次珠三角调研的重点。

我们首先走访了以制造为基础打造的工业互联网企业——工业富联。工业富联在内部工业互联网平台的搭建过程中，把富士康沉淀下来的制造工艺，以信息化的形式形成了刀具云、机床云、机器人云、冲压云等，并且把这些数据通过工业互联网平台共享给合作伙伴。在参观过程中，我除了对工业富联“灯塔工厂”实施现场感到震撼，更钦佩工业富联在生产制造工艺方面的沉淀。

走进美的空调广州南沙的智慧工厂，我们看到一个大办公室内集合了四大类信息数据（物料、流程、人员、设备），办公室内的调配计划人员根据车间现场的实时数据对生产进行统筹。而在生产车间现场，流水线上的自动化率非常高，设备利用智能网关技术与工业互联网平台互联，充分体现了生产现场的精益化、自动化、数字化和智能化。

期间，我们还走访了腾讯。腾讯在工业互联网上，与工业富联、美的的路径有所不同。工业互联以制造为基础，腾讯是以互联网为基础。根据腾讯工业云负责人的介绍，腾讯目前已在产业互联网进行布局，并且展示了腾讯产业互联网和工业互联网的能力。两种截然不同的路径，很难说谁更胜一筹，毕竟，工业互联网还在起步阶段，还有待更多的落地实践。

总的来说，工业富联和美的作为工业互联网的提供方和实践者，以及腾讯作为工业互联网的提供方，都充分地展示工业互联网助力传统制造企业的技术升级、管理模式优化、品质管理提升，最终使企业做到提高品质、增加效益、降低成本、减少库存。

在这次调研中，我对工业信息体系最为关注。这次调研给我的启发是，工业信息

体系的搭建，是通过信息化手段打通企业整个价值链和全流程管控，涉及企业的组织架构、流程管理、生产自动化水平等；同时，信息化建设的最大优势不在于减少人力，而是通过先固化后优化流程来保证产品质量。所以完善信息化建设，最大的目的不是减少人员，而是解放人去从事更有价值的事情，并且保证产品品质的一致性。

拓展海外市场，为全球客户提供好产品

此次走访学习的 4 家企业，在各自行业领域都具有极高的知名度，不仅在国内家喻户晓，还响彻国际。众所周知，中国市场是规模巨大的，仅专攻中国市场也能做成百亿、千亿规模的大企业，但是国际市场规模比中国市场更加庞大，14 亿人很多，但是 70 亿人更多！我认为，中国企业要真正成为大企业，一定要走出国门！

周其仁教授也一再强调这一点。他举例，很多大公司成立于小地方，比如佛山的很多企业都在小镇上，世界 500 强美的也是在小镇上，他们都有着草根基础。在国外，德国、荷兰、丹麦等一些小镇上也诞生了不少跨国企业，比如全球龙头电子企业飞利浦就诞生于荷兰一个人口不足 22 万人的小镇上。

周其仁教授认为，小地方出好公司，条件就是“心”要非常大。要相信好产品不仅只有某一个区域、某一个圈子的人需要，好产品全人类都需要。企业要突破这个观念，要积极走向全球市场，要跟着全球好客户走，让客户带着企业提升。

因而，企业“走出去”的意义不仅仅是拓展市场规模，更要以全球市场为练武场，不断提升产品品质，以满足全球客户的需求。我们甚至要主动进攻高端市场及挑剔客户，不断打破自己的上限。

这一点对我也颇有启发，我所在的企业主营产品为生活用纸配套设备，致力于为客户提供生活用纸设备整体解决方案，全球的生活用纸加工厂商都是我们的潜在客户。如何进入全球生活用纸造纸巨头的供应链？如何成为他们的首选合作对象，这是我们需要思考的重要课题。

此次走访企业的全球化经历也值得参考，比如在全球市场，不同区域的客户有其当地的独特需求，在海外市场拓展的过程当中，拓展到哪里就要“扎根”到哪里，而“扎根”的表现包括产品和服务满足当地客户的需求，要适应和融合当地文化（人文和法律等），并且要善于起用当地人才等。

完善生产管理，进一步推动品质提升

文/申旭清（佛山市中研非晶科技股份有限公司副总经理）

2020 年，我参加了佛山市工商联与南方日报社联合组织的“育新机　开新局：品质革命与市场突围”之珠三角调研活动，有幸走访了华为、腾讯、美的等世界 500 强企业，并与企业高层展开深入探讨，此行让我收获很大。

华为、腾讯等企业在全国乃至全球的知名度，已经毋庸赘言。但是过去对这些企业的了解主要是来自媒体、书籍等渠道，都是经由别人之口传播的，对于一般人来讲，这种程度的了解也是足够的了，但是作为企业家来讲，要向这些优秀的企业学习，这些还远远不够“解渴”。我们要更加靠近、深入，通过切身体会去激发对标学习的动力。

吸纳好经验提升自我

经过此次珠三角调研的洗礼后，我非常强烈地建议佛山多组织、举办类似的参观企业的活动，让本土的企业家可以有机会多去参观、学习优秀的企业。因为这种参观学习对企业家的影响真是很大的，这不是看一篇文章、参加一次培训可以相比的。只有身临其境，你才能深刻感受到，顶尖企业的氛围是怎么样的、管理是怎么样的，你会反思企业自身的不足，会产生强烈的提升自我的冲动。

我们首站参观的是华为，全球领先的信息与通信技术解决方案供应商，世界 500 强企业。在松山湖，我们看到一群雄心勃勃的人秉持“以客户为中心”的理念奋斗不息。接着到了工业富联，它可以说是“世界代工大王”富士康在智能制造上的成果的集中展示及对外输出的载体。在这里，我们看到生产车间就像“暗房”，基本不用人力，连开灯的电力都可以省了。

我们探访美的南沙工厂发现，美的也在做类似的探索，美的南沙工厂经过 8 年的改造后，工厂人数从 6000 人减少到 3000 人，工厂的净利润却比改造前增长了近 20%。而且美的也通过美云智数在对外输出这些智能制造成果。在腾讯集团，我们看到顶尖的互联网企业，利用其互联网优势进入工业互联领域，帮助制造业转型升级。

我们以工业互联网为课题参观了这几家优秀企业，除了感受到工业互联网浪潮的澎湃，也很深刻地感受到，当今中国，在各个领域涌现出了一些世界顶尖的企业。我们在自己家门口就有很多对标学习的对象。

对标学习是我们提升自我的极其重要的方式。参观得多了，学习得多了，哪怕不会创新也会模仿，模仿就是前进的第一步，把别人好的东西、好的经验吸纳到我们自己企业里面来，再根据我们自己企业的特点、产品的特点，进行调整，最终制定一套适合自己的管理模式。

此次珠三角之行是一次宝贵的取经之行，我也期待接下来有更多的机会去参观各个领域的顶尖企业，多对标、勤学习，并且学习要以我为主，学习的成果要真正落到实处，推动企业提升。

好产品离不开好管理

这一趟调研给我最深刻的一个感受就是，好产品都离不开好的管理。管理包括很多方面，其中我最想说的就是生产管理，因为富士康和美的两家制造业的标杆企业都将生产管理做到了极致。正是因为有一套完善的生产管理体系，我们今天能看到富士康、美的的产品质量是受到大众认可的。

我去之前就知道，它们的生产管理必定是做得很好的，但是好到哪种程度，如何做到这么好，这就要打个问号。去了之后发现，它们的生产管理比想象的更好，非常到位。在工业富联，工厂里的全自动化作业设备无需人力，都是机械化生产。同时，每台设备都装有传感器，用于采集分析数据，捕捉产品质量变化趋势并预测预警，从而及时发现、预防产品品质异常。美的南沙工厂也是，一台机器人能够顶替过去好几个人。

高度智能化首先节省了人工成本，其次，机械是可以一天 24 小时工作的，生产效率会得到极大的提升；还有，机器人在生产一致性及检测准确性等方面，是人力不可及的，产品品质也会有很大提升。

相比之下，我所在的中研非晶在智能化方面仍处于起步阶段，目前实现了流水线的半自动化，对人力仍然有一定的依赖。我看了工业富联和美的南沙工厂后，自觉我们还有很大的进步空间。接下来，我们也要逐步改善，首先尽可能实现机械化，一些明显可以机械替代的工序尽量机械化，一步步走向智能化。

但是，我们也要意识到，一定要向优秀的企业学习生产管理，但是不能生搬硬套。有不少企业实践不成功就是全套照搬，没有根据自己的情况进行调整。以中研非晶为例，我们主要生产高性能纳米晶和非晶合金等新型软磁材料及其元器件产品，我们的特别之处是，产品种类非常多，达到上千种。因此，我是无法生搬硬套其他优秀企业的生产管理模式，必须要根据自身的生产特性进行调整。

总的来说，这几家企业可以学习的地方很多，包括员工在册操作，他们也做得非常规范。规范就是基于好的管理，好的管理来源于它们长期积累的先进管理经验。我们有幸能够深入接触这些企业，并与高层管理人员进行研讨，对它的实践经验进行提炼，我们也许可以少走一些弯路。

打造引人留人的环境配套

除了管理方面留下了深刻印象，深圳的人才吸引力再一次让我深有感触。深圳为什么那么吸引人才，我认为是环境的原因。这里的环境不是指青山绿水的环境，而是创业的环境，是奋斗的环境。这里对创业人的包容，是其他地方很难媲美的，所以有志之士都往深圳走。

现在很多地方都在强调吸引人才，来了就给钱给房子，但是现在的高端人才不仅仅是看中薪资待遇，他们还注重城市配套、工作环境、企业氛围、发展前景等。有的地方花很大力气把人挖过来了，但是配套不够，没有达到高端人才的要求，最后人才一样还是会走的。

这次除了去深圳，我们还去了松山湖。事实上，2012 年以前，我是在东莞工作的，我是看着松山湖开发出来的。2012 年以前，松山湖还是一片山，后来东莞着力开发松山湖，像第一批企业入驻，广东医学院松山湖分院、东莞理工学院松山湖分院等院校落户，这些我都亲眼见证过。

2020 年再次去松山湖，感觉环境真的特别好。尤其是占地 1800 多亩的华为落户后，其甚至为员工方便上下班和就餐而修建开通了小火车。走访华为园区，我感受到的氛围和企业文化都非常好、非常有活力。所以，当地方政府把基础配套做好了，就有更大的可能把优秀的企业吸引过来；有了优秀的企业，优秀的人才自然而然也会被吸引过来。并且，优秀的企业还会吸引其他企业，形成产业集聚。

如何打造引人留人的环境配套，这不仅是地方政府的重要课题，也是企业的重要课题。在走访了 4 家顶尖企业后，我认为，企业要引人留人，必须做出改变。第一就是环境的改变，政府着力在大环境的改变，企业自身也要提升企业环境，包括住宿环境、餐饮环境这些硬件环境，还有企业文化等软件环境。

过去我们其实不太强调企业文化，但是到了今天，企业文化已经成为一个企业发展壮大不可回避的一个问题。企业如果没有好的企业文化，没有树立起大家认可的共同目标，没有营造奋斗进取的企业氛围，是没有凝聚力的，也注定是走不远的。

率先垂范，让企业文化真正“以文化人”

文/何广荣（佛山市南海新达高梵实业有限公司董事长）

得益于佛山市工商联的组织以及北京大学国家发展研究院教授周其仁的循循善诱，本次“育新机　开新局：品质革命与市场突围”2020佛山企业迈向高质量发展之长三角调研，成为一场难得的收获满满的学习之旅。

调研中，我看到了长三角企业在技术创新方面的斐然成果，领略了核心技术对企业的意义；体会了长三角企业对人才的重视，领悟到企业家必须成为“魅力型领袖”，才能与尖端人才良好相处。而方太集团的故事启示我们，作为企业家，我们必须身先士卒实践企业文化、带头贯彻企业理念，如此才能有效激发团队的动力，成功以文“化”之。

力推数字化，强化企业竞争力

长三角调研首日，我们抵达无锡，参观学习无锡维尚家居科技有限公司（简称“维尚家居”），维尚家居总经理黎干向我们作了详细的介绍，清晰地描绘了公司的定位和未来。

调研中，我深深体会到，一家企业只有实现数字化，才能实现信息化、自动化，才能升级到智能化，最终实现个性定制生产。正如维尚家居创始人李连柱当初的规划，维尚家居最终会成为整合全生态链的科技型企业＋线上线下平台，在个性化中找到共性，实现高效制造；李连柱还提出“定价要用未来时”、企业升级要小步快跑，这更是给我极大的启发，这也是维尚家居互联网思维的体现。

为传统产品赋予新的生命，同样是伟大的创新。在其仁夜话中，周其仁教授指出，维尚凭什么杀进家具行业？正是“利器”新技术（维尚的基因）与产业的结合，才给传统产业带来活水。所以，企业家必须“下水”，躬身入局，将新技术与传统产业紧密结合。

为了进一步启发身在传统制造业的我们，周教授还以小熊电器的创始人李一峰为例，评价他做的不是家用电器，而是“人用电器”，重塑了人与家电的关系，如此才得以在“大树”下开出新花。一字之差，让我们开悟不少。

调研中，我体会到核心科技对企业的战略价值。在双良集团有限公司，总裁马培林介绍了集团多元化经营、专业化导向和精细化管理，透露双良集团多年来始终紧跟国家政策、掌握核心技术，收获了足够大的市场，实现了人均高产出、高附加值。

经营策略上，双良集团提出“优良产品、优良服务”，双良集团创始人缪双大也提出“科技是真佛，谁拜谁受益”，这句话震撼着每一位参观学习者，为我们指出了未来之路。

调研中，我还体会到长三角企业的家国情怀。法尔胜泓昇集团有限公司创始于 1964 年，随着国家发展实现了从麻绳到钢绳，再到光绳（光纤）的升级和迭代，这亦体现了第一代创始人周建松的时代眼光和家国情怀；现任董事长、总裁周江真情不设防的分享令在座的佛山企业家无不感动，这也让我感受到，只有凭借勇气、感情和情怀，第二代才能接好这个班。

用好千里马，夯实企业基本盘

在亨通集团有限公司，该公司党委副书记、副总裁吴如其指出，必须心无旁骛地坚守实体主业，准确识变、积极应变、主动求变；还要建立合理的人才利用机制、事业合伙制度，形成企业责任、事业、利益、命运共同体，有多少人才就能成就多大规模的公司。

吴如其还建言，企业要打造“全线专家”，从事研发、生产、销售、安装、售后服务每一个环节的员工都要成为专家，单个员工要实现从合格到胜任、从胜任到专家、从专家到行家，从专才到通才的跃变；企业更要有“仰望星空的人”，要打造一支具有全球视野的、技术过硬的团队，并保持脚踏实地，时刻保持对市场的洞察。

随着中国制造的不断升级，近年来，不少中国制造业企业陆续实现了从引进消化到自主研发，再到出口赶超的飞跃。不过，吴如其提醒，企业也要牢记“共生共荣”的道理，与海外市场建立密切合作关系，才能在国际化的浪潮中真正站稳脚跟。

在博众精工科技股份有限公司，该公司副总经理杨愉强分享了他们智慧生产的解决之道，并指出，智慧生产的关键在于整体设计和交付能力。当晚，周其仁教授的精辟提问让大家陷入深思：“技术可能性”如果不能转换为“经济可行性”，最终只是纸面上的亮点；想要成功转型智慧生产，投入多少资金、时间，在何时何地转向，都必须仔细审时度势。

周教授还指出，“人类发明机械是因为人类无法达到机械的能力”，我们必须仰望星空，“研发一代、改进一代、预言一代”。

在宁波吉利汽车研究开发有限公司，我们看到吉利从造“每个人买得起的车”到“买得起的好车”的转变，一字之差却对企业发展影响深远。我认为，吉利汽车能够进军欧洲，不仅充分体现出浙商敢想敢干的基因，还体现出收购与整合的平衡之道：吉利汽车的创始人李书福能够做到“放虎归山、主动融合”，做到“亲兄弟、明算账、公开透明”，这种智慧让我获益匪浅。

通过收购兼并引进“良种”的同时，企业自己也要育好新苗。为了培养内部人才，吉利汽车推出了“大雁计划”和“156 战略”，推行“人人都是老师、人人都是学生”的全员培训机制，打造快乐经营体，这些都非常值得佛山企业家借鉴。

在复盘时，周其仁教授发问：为什么我们的企业吸引不了行业顶尖人才？我认为，为具备吸引顶尖人才的本事，企业家必须反思如何与尖端人才良好相处。成为“魅力性领袖”，是成就一番事业的基石，企业家只有心怀世界，才能纵横四海。

念好管理经，引领公司基业长青

在方太集团，我们感受到该集团润物细无声的哲学，感受到方太集团“以道御术”（创新文化和儒家文化双轮驱动）的智慧，可谓“有道无术、术尚可求，有术无道止于术”，让我体会到“纸上得来终觉浅，绝知此事要躬行”的道理。

方太集团的做法，更让我体会到该集团董事长茅忠群带头践行企业价值理念、使命愿景的毅力。正如古人云：“君者仪也，民者景也，仪正而景正。君者盘也，民者水也，盘圆而水圆。……君者，民之原也；原清则流清，原浊则流浊。”榜样的力量是无穷的，该公司负责人率先垂范，更让榜样的力量倍增；同时，公司第一代创始人茅理翔的传承智慧、父子“约法三章”的契约精神，亦为业界推崇。

在公牛集团，该集团战略企划副总裁、董秘刘圣松介绍称，在多年的发展中，集团从最初的从事民用电工，到以家电的标准要求自己，最后升级到用电子产品的标准要求自己，最终成为国际民用电工领域的引领者。而公牛集团为了培育“先进制造”的基因，核心产品从不找人代工，亦给我上了一个很好的产品经理课。

当天的参观学习夜话中，周其仁教授指出，企业要拓宽思维、突破局限，“所有国际线、省际线都是用来穿越的”，“只有‘拿下’了别人的眼光，才能‘拿下’别人的口袋”，这些观点更是振聋发聩。

在宁波天生密封件有限公司，该公司创始人励行根分享：没有竞争对手，企业一定会落后，所以没有对手都要培养一个对手；成功的三要素是智慧、努力和机遇。周其仁教授则鼓励我们，“平台往哪搭，就有哪儿的人与你连接”，军工也不是民营企业遥不可及的，百无禁忌地想，脚踏实地地干，正是企业家最稀缺的劲头、思想方式与行动方式。

在我看来，文化是世界上最迷人的力量，文化如同系统，要自己先实践，首先自己要相信，不然怎么让大伙动起来？至于文化自信，《易经》里说“观乎人文，以化成天下”，企业文化不能只“文”不“化”，组织精神、价值观、信仰和理念就是要以“文”而“化”之，才能真正发挥成风化人的作用。